송자대전

한국고전번역원 한국문집번역총서

송자대전 19

宋子大全

송시열 지음
宋時烈

박미경 옮김

일러두기

1. 이 책《송자대전》은《국역 송자대전》(1981~1988)의 미번역 부분을 포함하여 수정·번역한 완역서이다.
2. 이 책의 번역 대본은 한국고전번역원에서 간행한 한국문집총간 108~116집 소재《송자대전(宋子大全)》으로 하였다. 번역 대본의 원문 텍스트와 원문 이미지는 한국고전종합DB(http://db.itkc.or.kr)에서 확인할 수 있다.
3. 역주는 내용이 간단하면 간주(間註)로, 길면 각주(脚註)로 처리하였다.
4. 한자는 필요한 경우 이해를 돕기 위하여 넣었으며, 운문(韻文)은 원문을 병기하였다.
5. 원문의 오류를 수정하였거나 오류가 의심되는 경우, 교감자료와 중요한 자구(字句)에서 차이가 있는 경우에는 그 내용을 각주로 밝혔다.
6. '한글 맞춤법'의 용법과 다르거나 새로 만든 문장 부호는 다음과 같다.

   「 」: ' ' 안의 재인용을 나타낼 때 사용한다.

   『 』:「 」안의 재인용을 나타낼 때 사용한다.

   …… : 원문의 '云云'을 처리할 때, 각주에서 긴 인용문을 처리할 때, 각주의 표제어가 네 어절 이상일 경우 생략되는 말을 처리할 때 사용한다.

   - - : 본문에서 소자(小字) 원문 주(註)의 처음과 끝에 사용한다.

   □ : 원문의 글자가 빠진 빈 난을 표기하거나 '결락과 판독 불가 글자에 대한 지침'에 따라 번역할 때 사용한다.

   ▨ : 훼손 등으로 인해 판독이 불가능한 원문을 표기할 때 사용한다.

차례

송자대전 제84권

서 書

송자대전 제85권

서 書

송자대전 제86권

서 書

송자대전 제87권

서 書

송자대전 제88권

서 書

송자대전

제84권

書서

김경능[1] 만증 에게 답함 경자년(1660, 현종1) 1월 24일[2]

答金景能 萬增○庚子正月二十四日

보내신 편지는 몹시 감사합니다. 저는 병고가 빈번하니 시골집에 있으면서도 평상심을 가지기 어렵습니다. 와서 지내는 산방(山房)은 몹시 궁벽하고 적막하지만 쓸데없는 시비가 없으니 이것은 기뻐할 만합니다. 말씀하신 남의 말은 한바탕 크게 웃을 만합니다. 오늘날의 일은 자책할 뿐이고 본래 소홀히 할 뜻이 없었으니 화해하고 못 하고는 말할 바가 아닙니다. 더구나 모모 형[3]이 저를 위해 모 대감에게 화해를 구한 것은 더욱 부끄러워 죽고 싶게 합니다. 재앙과 복은 명이 있으니, 어찌 사람의 힘으로 재앙을 피하거나 복에 나아가거나 할 수 있겠습니까. 두 형은 지나치다고 할 만합니다. 하고 싶은 말은 많으나 병중이라 일일이 말씀드리지 못합니다.

1 김경능(金景能) : 김만증(金萬增, 1635~1720)으로, 경능은 그의 자이다. 김장생의 손자인 김익희(金益熙)의 아들이다. 송시열의 문인으로, 1663년 사마시(司馬試)에 합격하였다.

2 1월 24일 : 송시열은 당시 효종의 복제(服制) 문제로 비난을 받자 벼슬을 그만두고 1659년 12월 초에 서울을 출발하여 12월 24일 고향 소제(蘇堤)에 도착했으니, 고향에 돌아온 지 한 달쯤 된 때이다. 《宋子大全 附錄 卷4 年譜3》

3 모모 형 : 송준길(宋浚吉)과 이유태(李惟泰)를 말하는 것으로 보인다. 《宋子大全隨箚 卷9》

김경능에게 답함 경자년(1660, 현종1) 7월 24일

答金景能 庚子七月二十四日

윤(尹) 생질[4]이 와서 그대 형제들이 올 것이라고 말하였는데, 우두커니 기다리는 마음 몹시 간절합니다. 또 과장(科場)의 일을 말했는데 놀라운 마음 견딜 수 없습니다. 아비 없는 여인에게 장가든 자가 참으로 장인을 때린 격입니다. 형제 중에 손상을 입은 분은 없더라도 세태의 변화를 볼 수 있습니다. 그러나 또한 어찌 더 훌륭한 사람이 되도록 하는 계기가 아니겠습니까. 이는 바로 초형(草兄 이유태(李惟泰))과 아우들의 날카롭고 엄정한 의론[5]으로 여러 사람의 노여움이 과녁에 화살이 꽂히듯 집중되었기 때문입니다. 그러나 문을 닫고 책을 읽기에 딱 좋습니다. 방문해 주기로 하신 일은 전날처럼 약속을 저버리지 않는다면 다행이겠습니다. 그곳에 저의 종이라 가칭하는 자가 마을에서 뽕밭을 빼앗겼다며 남의 사당을 허물고 신주를 넘어뜨린 일이 있다니 몹시 미운 마음 견딜 수 없습니다. 조만간 그 실상을 캐내어 군의 관아에 정장(呈狀)해서 특별히 징계하여 다스리라는 뜻으로 잘 말씀해 주시는 것이 어떻겠습니까? 이만 줄입니다.

4 윤(尹) 생질 : 윤섬(尹爓)에게 시집간 누이의 아들 윤계거(尹季擧)를 말하는 것으로 보인다. 《宋子大全 卷155 皇考睡翁府君神道碑》

5 초형(草兄)과……의론 : 윤휴(尹鑴)를 배척한 의론을 말한다. 《宋子大全隨箚 卷9》

김경능에게 답함 경자년(1660, 현종1) 8월 8일

答金景能 庚子八月八日

강어귀에서 헤어진 것이 지금까지도 서글프더니, 이제 막 산속에 앉아서 조용히 시원한 솔바람 소리를 듣고 있는데 문득 멀리서 보낸 편지를 받고서 천 리 떨어져 지내는 마음이 위로되었습니다. 하지만 '도위공(都尉公)'이라는 세 글자는 옛 시내와 푸른 벼랑과는 너무 맞지 않습니다.[6] 자연스럽게 흘러가는 대로 맡겨 둔 지 이미 오래니 수천 마리의 모기와 파리처럼 미친 듯이 떠들어 대더라도 제가 어찌 터럭만큼이라도 동요되겠습니까. 다만 우상(迂相)을 연루시킨 것[7]이 적지 않으니 이 점이 몹시 편안하지 못합니다. 나머지는 어찌 다 말씀드리겠습니까. 모두 묵묵히 이해해 주시기를 바랍니다.

6 도위공(都尉公)이라는……않습니다 : 도위공은 효종(孝宗)의 둘째 딸 숙안군주(淑安郡主)와 혼인한 익평위(益平尉) 홍득기(洪得箕)를 말한다. 상례 때의 잘못으로 책임을 지고 시골로 물러난 송시열의 입장으로 볼 때 김만증이 그 일을 다시 언급하는 것은 적절하지 않다는 말이다. 송시열이 1659년 12월, 효종을 염(殮)할 때 관을 덧댄 일을 해명하는 상소를 하고 고향으로 내려왔는데, 상소의 내용 중 '차마 듣지 못할 바'라고 언급한 것은 원래 소렴과 대렴 때 직접 참여했던 홍득기에게서 나왔다는 이야기가 있었기에, 김만증이 편지에 이 일을 언급했고 송시열의 답이 이러했던 것이다. 《宋子大全隨箚 卷9》《宋子大全 卷9 引罪乞退疏》《顯宗實錄 卽位年 5月 6日, 8日》

7 우상(迂相)을 연루시킨 것 : 우상은 우재(迂齋) 이후원(李厚源)을 말한다. 효종이 때아닌 눈이 내리는 변괴에 대해 구언(求言)하자, 경성 판관(鏡城判官) 홍여하(洪汝河)가 응지 상소를 올렸는데 그 상소 중에 이후원을 두고 '사대부 중에서 가장 완고하고, 자기가 제일이며 그름을 알고서도 반드시 꾸미는 자'라며 공격한 말이 있었다. 《宋子大全 附錄 卷3 年譜2》《顯宗實錄 卽位年 6月 2日》

김경능에게 답함 경자년(1660, 현종1) 8월 16일

答金景能 庚子八月十六日

어제저녁에 만나리라 여겼는데 이내 동쪽으로 돌아가셨다는 소식을 듣고 밤새도록 서운하더니, 보낸 편지가 문득 와서 그지없이 위로되었습니다. 이어서 형제들이 함께 지내실 즐거움을 생각하니 몹시 부러웠습니다. 저는 병든 몸을 애써 부지하여 성묘하였는데 살날이 얼마 남지 않았습니다. 관산연령(管山連嶺)[8]은 본래 몹시 험한 지역인데, 그곳에서 백부에게 두 자루 도끼 소리[9]가 조금이라도 난다면 원숭이나 새처럼 찍찍대는 비방이 장차 이루 다 헤아릴 수 없을 정도로 많아질 것입니다. 이것은 그대의 책임이라 지나친 염려를 견딜 수 없어, 그저 말씀드립니다. 이만 줄입니다.

8 관산연령(管山連嶺) : 옥천(沃川)의 또 다른 이름이다. 당시 김만증의 백부 김익렬(金益烈)이 옥천 군수로 있었다. 《宋子大全隨箚 卷9》《承政院日記 顯宗 1年 6月 21日》

9 두……소리 : 술이나 미색을 밝힌다는 소문을 말하는 것으로 보인다. 《宋子大全隨箚 卷9》

김경능에게 답함 경자년(1660, 현종1) 9월 24일

答金景能 庚子九月二十四日

미처 다시 만나지 못하고 멀리 이별하였으니 섭섭한 마음 어찌 끝이 있겠습니까마는 옥천(沃川)에 머무른다는 편지를 보고서 저의 마음이 조금 위로되었습니다. 앞으로의 약속은 기쁘고 기대되지만, 사람의 일이란 잘 어긋나니 어그러지지 않으리라 어찌 보장할 수 있겠습니까. 말씀하신, 호남 유생 가운데 제가 장차 다스릴 것이라고 말한 익명의 사람[10]에 대해서는 그 유생이 누구인지 넌지시 말씀해 주실 수 있겠습니까? 이러한 일은 모르는 것이 낫지만 또한 알지 않을 수 없는 점이 있습니다. 험난하고 평탄함, 정성스럽고 요사스러움에 대해 까마득히 모른 까닭에 종전에 남에게 속은 경우가 적지 않습니다. 충성스럽고 신실함이 믿음을 주지 못한 점을 스스로 반성해야겠지만 나를 해치려는 자를 나를 아끼는 자라고 여겨, 어질거나 어질지 못한 사람을 전혀 분별하지 못해서도 안 됩니다. 요즈음 이곳에는 이른바 익명의 사람이 운운한 말이 아직도 그치지 않고 있으니 그대를 위해 몹시 괴롭게 여깁니다. 그러나 타산지석이라고 간주한다면 자신에게 유익함이 없지 않을 것이니 부디 더욱 힘쓰십시오. 그렇게 하지 않는다면 점점 더 풀숲

10 익명의 사람 : 당시 호남의 아무개 등이 윤휴를 도우면서 송시열과 김익희(金益熙)의 자식들 및 이유태의 집을 원망했는데, 마침 김만증 형제가 향시를 치러 갔을 때 어떤 사람이 과장(科場)에서 익명으로 시험관에게 불측한 내용의 글을 제출하였다. 일이 회덕(懷德)과 관련되었으므로 사람들은 모두 송시열 측 사람이 한 행위라고 의심했다. 《宋子大全隨箚 卷9》

으로 들어가서 3년이 되어도 일어나지 못할 뿐만이 아닐 것입니다.[11] 깊이 인정해 주시는 덕에 이렇게까지 남김없이 말씀드렸습니다.

아이의 병은 이미 나았는지요? 이만 줄입니다.

11 3년이……것입니다 : 스스로 올바른 도를 견지하지 못하면 오래도록 소인배의 흉계에서 벗어나지 못하리라는 말이다. 3년이 되어도 일어나지 못한다는 말은 《주역》 〈동인괘(同人卦) 구삼(九三)〉의 "병사를 풀숲에 숨겨 두고 높은 구릉에 올라가서 3년이 되어도 일어나지 못하는 것이다."라는 말에서 온 것으로, 그 〈상전(象傳)〉에서 "병사를 풀숲에 숨겨 두는 것은 적이 강하기 때문이다. 3년이 되어도 일어나지 못하니 어떻게 행하겠는가."라고 하였다.

김경능에게 답함 신축년(1661, 현종2) 1월 23일

答金景能 辛丑正月二十三日

앞뒤로 보내신 편지는 그지없이 위로되었습니다. 11월에 온 것은 끝까지 보기도 전에 저도 모르게 눈물이 흘렀습니다. 누가 백 년도 살지 못하게 하여 문득 후손이 그 뜻을 살펴볼 수 없게 하고 벌써 그 사업을 계승하는 입장에 서게 했단 말입니까.[12] 비통합니다. 요즈음 남은 추위가 쌀쌀한데 어버이를 모시는 여가에 학문하면서 보내는 생활은 어떠한지요? 나날이 새로 아는 것이 있어 사문(師門)이 그 덕을 입게 되기를 깊이 빌고 빕니다.

저의 병은 해마다 깊어져 겨우 부지하고 있는 목숨이 얼마 남지 않았습니다. 참으로 명성도 없이 죽게 될 것이니 돌아가신 스승께서 가르쳐 주신 은혜를 저버리는 것이라, 이런 생각이 한 번씩 날 때마다 저도 모르게 등에 땀이 나서 옷을 적십니다. 군평(君平)[13]과 오랫동안 같이 지내다가 문득 헤어지니 병중에 있는 저의 마음이 몹시 괴로웠습니다.

12 누가……말입니까 : 부모나 선조의 뜻과 하던 일을 계승하는 계지술사(繼志述事)를 하는 입장에 서게 했다는 것으로, 집안에 상사(喪事)가 있었음을 알 수 있다.

13 군평(君平) : 김익희(金益熙)의 삼남으로 김익렬(金益烈)의 양자가 된 김만준(金萬埈)의 자이다. 김만증과는 사촌 간이다.

김경능에게 답함 신축년(1661, 현종2) 6월 24일

答金景能 辛丑六月二十四日

저의 집 상사(喪事)[14]는 죽고 싶은 사람이 들더라도 코가 찡할 것입니다. 문을 한 발짝 나서자 다시 옳지 못하다는 누명을 뒤집어쓰고 낭패스럽게 도망하여 돌아와서는 문을 닫고서 허물을 반성하고 있습니다. 그 외에 다른 일은 없습니다. 늙은이의 마음이란 감회에 젖기 쉬워 어린 손자를 어루만지며 장례를 계획하고 있는데, 부딪히는 일마다 슬프고 괴로운 것을 어쩌겠습니까. 사문(師門)의 정향(庭享)[15]은 사림의 영광입니다. 다만 저의 죄명이 몹시 무거워 위패(位牌)를 쓰는 날 그대의 끝자리에 참여할 수 없으니 무슨 한스러움이 이만하겠습니까. 일전에 경평(景平)이 오는 편에 위로하는 편지를 받았습니다. 몹시 감사드립니다.

14 저의 집 상사(喪事) : 1661년 4월 송시열의 자부(子婦) 이씨(李氏)의 상이 있었다. 《宋子大全 附錄 卷4 年譜3》

15 사문(師門)의 정향(庭享) : 김집(金集)을 효종의 묘정(廟庭)에 제향하는 것을 말한다. 《宋子大全隨箚 卷9》

김경능에게 답함 임인년(1662, 현종3) 2월 27일

答金景能 壬寅二月二十七日

해 주신 말씀이 진지하고 간절하니 감사한 마음 실로 깊습니다. 제가 이 일에 대해 본래 좌지우지하려는 마음이 없었는데, 다만 서울의 젊은 이들이 성의를 가지고 묻기에 대략 답해 주었습니다. 아무개는 평소 청렴하다는 명망이 없으니 오늘날의 일은 자초한 듯하나[16] 이군서(李君瑞 이응시(李應蓍))가 입증한 일로 보자면 이번의 일은 억울한 듯합니다.

아무개 집[17]이 이 대간(李臺諫)을 위해 기치를 세운 뒤에는 젊은이들을 위해 계책을 꾸며 이 사람을 위할지언정 저 사람을 위하지 않았으니, 아무개가 지금부터 마음을 바꾼다면 문로공(文潞公)이 되는 데 해롭지 않을 것이고,[18] 저 사람 집[19]은 사대부들이 함께 어깨를 나란히

16 아무개는……듯하나 : 아무개는 이일상(李一相)으로, 이지익(李之翼)에게 탄핵을 받았던 일을 가리킨다.《宋子大全隨箚 卷9》1660년 정언 이지익 등이, 전남 우수사 이동현(李東顯)이 이조 참판 이응시와 전임 이조 판서 이일상에게 뇌물을 보냈다는 소문이 있으니 추궁해야 한다며 탄핵했는데, 증거가 없어 일이 묻혔다.《顯宗實錄 1年 6月 11日, 2年 6月 21日·9月 15日》

17 아무개 집 : 누구를 가리키는지 확실하지 않다.《宋子大全隨箚 卷9》

18 문로공(文潞公)이……것이고 : 어쩌다 잘못을 저지르게 되었더라도 마음을 바꾸기만 하면 훌륭한 인물이 될 수 있다는 말이다. 문로공은 노국공(潞國公)에 봉해진 송나라 때의 재상 문언박(文彦博)을 말한다. 인종(仁宗) 때 전중어사(殿中御史) 당개(唐介)가 문언박을 등롱금(燈籠錦)의 뇌물을 바치고 집정(執政)이 되었다며 탄핵하여 파직시키고 자신도 좌천되었는데, 문언박은 뒤에 다시 재상이 되자 인종에게 청하여 당개를 조정으로 불러들였다.《宋史 文彦博列傳, 唐介列傳》

하는 것을 부끄러워하게 될 것입니다. 나 자신의 처신에 대해 말하는 것을 빼고는 입을 다물고 닭이나 치고 기장이나 심는 것이 도리에 맞지만 서로 친한 사이는 더러 말을 참지 못하기도 하는데, 이는 실로 역량이 부족해서 그런 것입니다. 밝은 가르침을 감히 따르지 않겠습니까. 나머지는 만나 뵙고 말씀드릴 때를 기다리겠습니다. 이만 줄입니다.

19 저 사람 집 : 위에서 말한 아무개 집을 가리킨다.《宋子大全隨箚 卷9》

김경능에게 보냄 임인년(1662, 현종3) 3월 8일

與金景能 壬寅三月八日

강어귀에서의 작별로 아쉬움이 봄풀에까지 맺혔습니다. 저는 오늘 낮에 막 제천(堤川) 현아(縣衙)에 도착했습니다. 강원도 관찰사[20]는 5일에 막 영월(寧越)에서 묵고 이어서 삼척(三陟)으로 향했다고 합니다. 그런데 이로부터 선산(仙山 금강산)으로 가는 길을 물으니 철원(鐵原)에서 곧장 단발령(斷髮嶺)[21]으로 올라가야 한다고 하므로 모레 원주(原州)로 향할 계획입니다. 말은 약하고 종은 어려 그저 가다가 쉬다가 할 것입니다. 그대가 바로 즉시 오신다면 산간에서 만나게 될 것이니 한편으로는 강원도 관찰사에게 알리겠습니다. 이번 유람이 어긋나지 않는다면 참으로 일생에서 유쾌한 일이 될 것입니다. 오실 때 부디 저의 유천(柳川) 집[22]에서 보낸 편지를 보여 주시면 더욱 좋겠습니다.

20 강원도 관찰사 : 이홍연(李弘淵)을 말한다. 송시열의 아내 한산 이씨(韓山李氏)의 집안사람이다. 《承政院日記 顯宗 2年 6月 22日》《顯宗實錄 3年 6月 12日, 9月 26日》

21 단발령(斷髮嶺) : 금강산 서쪽 천마산(天磨山)에 있는데, 사람들이 이 고개에 올라 금강산을 바라보면 머리를 깎고 중이 되어 속세를 떠나고 싶은 생각이 든다고 해서 붙여진 이름이다. 《新增東國輿地勝覽 卷47 淮陽都護府》

22 유천(柳川) 집 : 당시에 송시열은 공주(公州) 유천에 거주했으니, 바로 원기촌(遠基村)에 있는 집을 말한다. 《宋子大全隨箚 卷9》

김경능에게 보냄 임인년(1662, 현종3) 4월 29일

與金景能 壬寅四月二十九日

저는 집안의 재앙이 그치지 않아 올해 다시 여러 번 곡했습니다.[23] 목숨이 얼마 남지 않았는데, 몹시 괴로운 일입니다. 이런 때에 형제분들의 편지를 한꺼번에 받으니 저의 마음이 몹시 위로되었습니다. 그대가 유람하려던 일이 어그러진 것은 본래 세상에는 양주학(楊州鶴)이 없어서인데[24] 어찌 이렇게까지 자신을 탓하시는지요. 다만 서재가 가까운 것을 알았으니 이것이 위로됩니다.

죽장(竹丈)[25]의 편지는 그리움이 쌓이던 중에 받았으니 얼마나 반가웠겠습니까. 다만 서울에서는 제가 지난날 산을 유람한 것에 대해 비난하는 자가 많다고 하는데, 이것으로 비로봉의 스님조차 세상의 시비에서 자유로울 수 없다는 것을 알았으니, 그야말로 붉은 절벽의 만폭동(萬瀑洞)조차 탄핵하는 글에 들어가지 않겠습니까.[26] 홍애(洪崖)와 안

23 올해……곡했습니다 : 1662년 3월에 고모의 상이 있었고, 4월에 며느리 대상(大祥)을 치렀으며 종형(從兄) 송시담(宋時倓)의 상이 있었다. 《宋子大全 附錄 卷4 年譜3》

24 양주학(楊州鶴)이 없어서인데 : 좋은 일이 한꺼번에 실현되기는 어렵다는 말이다. 어떤 이는 양주 자사(楊州刺史)가 되고 싶다고 하고, 어떤 이는 많은 재물을 얻기를 원한다고 하고, 어떤 이는 학을 타고 하늘로 오르고 싶다고 했는데, 이 말을 들은 한 사람이 "나는 허리에 십만 관(貫)의 돈을 두르고 학을 타고서 양주로 날아가고 싶다."라고 했다는 이야기가 있다. 《淵鑑類函 鳥部3 鶴》

25 죽장(竹丈) : 죽동(竹洞)에 거주하던 김익훈(金益勳)을 말한다. 《宋子大全隨箚 卷9》 본관은 광산(光山), 자는 무숙(懋叔)으로, 김장생의 손자이자 김반(金槃)의 아들이다.

기생(安期生)의 무리[27]가 종적을 숨기고 돌아오지 않은 것처럼 하지 못한 것이 한스럽습니다.

단오절에 그대로 판교(板橋)에 머물러 초형(草兄 이유태(李惟泰))을 불러와서 노선생(老先生 김장생(金長生))의 유고를 교정하려 합니다. 이 일은 지체한 지 오래되었으니 이번에는 꼭 이 계획을 저버리지 않으렵니다. 혹시 와서 만나 일을 도와주실 수 있겠습니까?

26 붉은……않겠습니까 : 터무니없는 모함을 받게 된다는 말이다. 유성룡이 단양군 남쪽의 운암(雲巖)에 있는 작은 정자를 보고는 그곳 경치에 매료되어 구매하여 머물고자 했으나 뜻대로 하지는 못하고 시를 쓰고 노닐었는데, 나중에 어떤 사람이 이 일을 두고 "나라 안에 두루 전원을 갖고 있다."라고 하자, 유성룡이 "단애취벽(丹崖翠壁)도 모두 탄핵하는 글 속에 들어갔다."라고 하였다. 《西厓集 年譜 卷2》

27 홍애(洪崖)와 안기생(安期生)의 무리 : 홍애는 황제(黃帝)의 신하로서 신선이 된 영륜(伶倫)을 말하며, 안기생은 백운산(白雲山)에서 살았다는 신선의 이름이다. 《說郛 卷28下》

김경능에게 답함 임인년(1662, 현종3) 5월 8일

答金景能 壬寅五月八日

아침에 초형(草兄 이유태(李惟泰))에게 편지를 썼는데 그대가 보낸 편지가 먼저 오니 그리운 마음이 몹시 위로되었습니다.

어제 의정부 아전이 왔을 때 여러 편지를 보았는데, 모두 영력황제(永曆皇帝)가 청의(青衣)를 입었다는 말[28]이 있어 저도 모르게 놀랍고 애통하여 숨이 끊어질 것만 같았습니다. 위재(韋齋)가, 북쪽으로 순수(巡狩)했다는 소식을 들었을 때[29]의 그 마음을 오늘날의 일과 비교해 보면 과연 어떠합니까? 이전의 좋은 소식은 모두 허사가 되었고 좋지 않던 것이 끝내는 모두 사실이었는데, 오늘의 일이 그렇지 않은 줄 어찌 알겠습니까. 새로 받은 명(命)에 대해서는 초형도 상소하여 아뢰는 것이 마땅하다고 했습니다. 안읍(安邑)의 발인[30] 뒤에 즉시 돌아와

28 영력황제(永曆皇帝)가……말 : 영력은 명나라의 명맥을 유지한 계왕(桂王) 주유랑(朱由榔)의 연호이다. 청의는 진(晉)나라 회제(懷帝)가 유총(劉聰)에게 사로잡혔을 때 유총이 광극전(光極殿)에서 연회를 베풀면서 회제에게 천한 사람이 입는 푸른색 옷을 입고 술을 따르게 했던 고사에서 온 말로, 계왕이 황제의 대우를 받지 못했음을 의미한다.《宋子大全隨箚 卷9》영력황제는 청나라 군사에게 쫓겨 면전(緬甸)으로 도망갔다가 1662년 청나라에 송환된 뒤 곤명(昆明)에서 살해되었고 명나라는 멸망했다.《浙江通志 卷首2》

29 위재(韋齋)가……때 : 위재는 주희(朱熹)의 부친 주송(朱松)의 호로, 금(金)나라와 대항해야 한다는 주전파(主戰派)에 속하는 인물이다. 북쪽으로 순수했다는 것은 북송 흠종(北宋欽宗) 정강(靖康) 연간에 금나라의 침공으로 북송이 멸망하고 휘종(徽宗)과 흠종이 금나라에 포로로 잡혀갔던 일을 말한다.

서 쓸 것입니다. 별지(別紙)에 대해서는 바쁜 틈을 타서 답해 드립니다. 타당하지 않은 점이 있으면 다시 말씀해 주시는 것이 어떻겠습니까.

30 안읍(安邑)의 발인 : 1662년 3월 고모의 부고를 받고 송시열이 옥천(沃川) 안읍리(安邑里)로 간 일이 있다.《宋子大全 附錄 卷4 年譜3》

김경능에게 답함
答金景能

편지를 보고서 편안한 줄 알게 되었으니 어떤 위안이 이만하겠습니까. 물어보신 '잇는 것이 선(善)'[31]이라는 것은, '흘러 운행하는 것〔流行〕'은 '기를 탄다〔乘氣〕'고 하겠지만 성인이 가리키는 것은 단순히 '이(理)'라는 한쪽을 들어서 말한 것이니, 《중용》에서 이른바 '비은(費隱)'의 '비'와 같은 경우입니다. 《중용》의 이 장(章)에서 '연어(鳶魚)' 한 단락 뒤의 주자(朱子) 소주(小註)[32]는 지극히 명백하고 분명하니 시험 삼아 보시는 것이 어떻겠습니까?

31 잇는 것이 선(善) : 《주역》 〈계사전 상(繫辭傳上)〉 제5장의 "일음일양을 도라고 하니, 잇는 것이 선이고 이루는 것이 성이다.〔一陰一陽之謂道, 繼之者善也, 成之者性也.〕"라는 내용을 말한다. 주희의 《본의(本義)》에 "도(道)는 음(陰)에 갖추어져 있고 양(陽)에 행해지니, '잇는 것〔繼〕'은 도가 발현되는 것을 말한 것이고 선(善)은 화육(化育)의 공(功)을 말하는데, 이는 양의 일이다. 성(成)은 갖추고 있음을 말한 것이고 성(性)은 사물이 받은 것을 말하니, 사물이 태어나면 성(性)을 간직하고 있어 각기 이 도를 갖추고 있음을 말하는데, 이는 음의 일이다."라고 풀이했다.

32 연어(鳶魚)……소주(小註) : 《중용장구(中庸章句)》 제12장에 "군자의 도는 광대하면서도 은미하다.〔君子之道, 費而隱.〕"라고 하고, 천지의 도가 상하로 밝게 드러나 있음을 말하기 위해 《시경》 〈대아(大雅) 한록(旱麓)〉의 "솔개는 날아서 하늘에 이르고, 고기는 연못에서 뛰어오르네.〔鳶飛戾天, 魚躍于淵.〕"라는 말을 인용하였다. 주희는 주에서 "비(費)는 용(用)이 넓은 것이고, 은(隱)은 체(體)가 은미한 것이다. …… 자사(子思)는 이 시를 인용하여 화육(化育)이 유행(流行)하여 상하에 밝게 드러나는 것이 모두 이 이(理)의 용(用)임을 밝혔다."라고 풀이했다.

김경능에게 답함 임인년(1662, 현종3) 5월 24일
答金景能 壬寅五月二十四日

그저께 돌아와서 어제 가화(嘉禾)를 지났습니다. 개울 길에 빗물이 불어 넘칠까 염려되어 황급히 건너 소제(蘇堤)의 집에 도착했더니 아이들이 아직 천연두 증세가 시작되지 않았다[33]고 하였습니다. 그래서 우선 여기에 머무르면서 다시 벗들을 불러 이전에 하던 일을 마치려고 합니다.

장사(葬事)[34]는 비가 대략 그치기를 기다려 겨우 마쳤습니다. 비 때문에 장사를 치르지 못하다가 이튿날 장사를 치렀으니 성인께서 하신 훈계가 밝고 밝으나 속설(俗說)이 이긴 것이라 그다지 상쾌하지 못합니다.[35]

지금 저보(邸報)를 보니 허적(許積)의 상소에 대한 성상의 비답에

33 소제(蘇堤)의……않았다 : 송시열은 당시에 본가가 있던 소제에 전염병이 있으므로 원기(遠基)로 거처를 옮겼다.《宋子大全 附錄 卷4 年譜3》

34 장사(葬事) : 연보를 보면 1662년 4월에 송시열이 예산(禮山) 술곡(述谷)에 있던 종형(從兄) 송시담(宋時倓)의 상사(喪事)에 간 일이 있다.《宋子大全 附錄 卷4 年譜3》

35 비……못합니다 : 노(魯)나라 정공(定公)을 장사 지낼 때 비가 와서 이튿날 저녁 무렵에야 장사를 지냈는데, 공자가 "정공 15년 정사일에 우리 군주 정공을 장사 지내려 했는데 비가 와 장사를 지내지 못했다. 무오일 해가 기울자 이에 장사 지냈다.〔丁巳, 葬我君定公, 雨不克葬; 戊午, 日下昃, 乃克葬.〕"라고 한 것에 대해 두예(杜預)의 주에 "'내(乃)'는 완곡하게 한 말이니, 신하들이 늦춘 것을 나무란 것이다."라고 하였다.《春秋左氏傳 定公15年》'속설'은 무엇을 말하는지 알 수 없으나 당시에 비가 오면 장례를 늦추어야 한다는 말이 있었던 듯하다.

"좋지 못한 인심이 이미 갈 데까지 갔다."라는 말씀이 있어 남궁(南宮)의 몸이 거의 새파랗게 질리게 되었으니[36] 그가 장차 어떻게 처신할지 모르겠습니다. 우의정이 다시 제 무리를 보호하고 백종(伯宗)을 공격하면서 법 집행을 매우 강력하게 하니 너무 심한 듯합니다.[37]

36 허적(許積)의……되었으니 : 남궁은 남별궁동(南別宮洞)에 거처하던 김만기(金萬基)를 가리킨다. 당시에 김만기가 집의로서 허적을 탄핵하려고 했는데, 미처 하지 못하고 체직되었다가 도리어 저쪽에게 해를 당했던 것을 말한다. 《宋子大全隨箚 卷3, 卷9》 '좋지……갔다.'라는 말은 병조 판서에 임명된 허적이 소명을 받고 올라오다가 여주(驪州)에 이르러 올린 사직소에 대한 비답 중에 나온다. 《顯宗實錄 3年 3月 7日, 5月 12日》

37 우의정이……듯합니다 : 당시 우의정은 정유성(鄭維城)이었다. 그가 호남 어사 이숙(李翻)이 공산현(公山縣)에서 하리(下吏)를 형신(刑訊)한 일을 현종에게 아뢰었는데, 공산현 하리가 공초(供招)한 내용이 정유성이 진달한 것과는 달랐다. 이렇게 되자 장령 이동명(李東溟)이 공산 현감 최문식(崔文湜)을 파직시킬 것을 청하였는데, 정유성은 최문식을 변론하면서 "서로 앞다투어 칭찬하고 아첨해서 공을 바치려 하니, 이숙의 위세가 이처럼 대단하다."라는 등의 말을 한 일이 있다. 백종은 이동명의 자로, 이이(李珥)의 동생 이우(李瑀)의 증손이고, 이숙은 송시열의 문인이다. '제 무리'란 최문식을 지칭하는 것으로 보인다. 《顯宗實錄 3年 3月 23日, 4月 8日, 5月 27日》

김경능에게 보냄 임인년(1662, 현종3) 6월 19일

與金景能 壬寅六月十九日

새벽에 미처 풀지 못한 회포를 편지로 받았습니다. 계속되는 더위가 혹심한데 부모님을 모시고 잘 지내시는지요? 저는 이전의 증세가 더욱 심해지니 파공(坡公)의 〈병서부(病暑賦)〉[38]는 죄다 헐후한 말이며, 회옹(晦翁 주희)이 "곧장 맑고 시원한 못으로 뛰어들고 싶다."라고 한 말이 바로 실지 형편인 줄을 알겠습니다. 행로(行路)는 언제쯤 서쪽을 향할는지요? 다시 뵙지 못한 것이 아쉽습니다. 서울의 일[39]은 듣고서 경악스러웠습니다. 주자(朱子)가 일찍이 "서강 물결이 어느 때나 잦아지려나."[40]라는 구절을 외면서 귀신이 울 만하다고 했는데, 저의 마음

38 파공(坡公)의 병서부(病暑賦) : 〈병서부〉는 더위의 괴로움을 서술한 글이다. 파공은 호가 동파(東坡)인 소식(蘇軾)을 말하나, 같은 이름으로 된 소식의 작품은 없다.

39 서울의 일 : 서필원(徐必遠)이 상소하여 최유지(崔攸之)를 배척하면서 "인아(姻婭)의 세력 덕분에 외람되게도 도당록(都堂錄)에 들어갔다."라는 말을 한 때문에 이경석(李景奭)이 파직을 청하는 상소를 올렸는데 이 일을 말하는 듯하다. '인아'란 당시 영중추부사 이경석을 지칭하는데, 최유지의 형 최휘지(崔徽之)의 아내가 이경석의 누이이다. 이경석은 김장생의 문인이고, 최휘지는 송시열이 이조 판서로 있을 때 발탁된 인물이다. 《顯宗實錄 3年 6月 14日》《文谷集 卷18 翊衛崔公墓碣銘》

40 서강……잦아지려나 : 원통함으로 인해 들끓는 마음을 서강의 거친 파도에 비유한 것으로, 송(宋)나라 황정견(黃庭堅)이, 시집가서 시어머니에게 사랑을 받지 못하고 억울하게 죽어 간 여동생을 위해 지은 〈훼벽(毁璧)〉이라는 부(賦)에 "돌아가 소요하려나. 서강의 물결 언제나 잦아지려나.〔歸來兮逍遙, 西江波浪何時平?〕"라는 구절이 있다. 《晦庵集 別集 卷1 林井伯》《古今事文類聚 後集 卷11》

을 먼저 알았다고 하겠습니다. 나머지는 관동으로 가는 길에 아울러 몸을 잘 아끼시기를 빕니다.

김경능에게 보냄 임인년(1662, 현종3) 11월 14일

與金景能 壬寅十一月十四日

소식이 뜸한 지 오래라 그리운 마음 이루 말할 수 없습니다. 요즈음 추위가 심한데 여러분의 근황은 어떠한지요? 이곳 회덕(懷德)은 먹을 만한 것이 없습니다. 은진(恩津)에 있는 작은 별장의 수확이 충분하기에 간성(杆城)[41]이 그곳으로 가기 위해 막 강경(江景)을 떠났는데, 바람의 기세가 나빠서 잠시 황산(黃山)으로 옮겼습니다.[42]

이전의 일을 추억하자니 노쇠한 사람의 눈물만 더할 뿐입니다. 앞의 편지에서 하신 말씀은 매우 감사하게도 저를 비루하게 여기지 않은 것입니다. 그 당시 대략 저의 마음을 말씀드렸는데, 보셨는지요? 세간에 어찌 분노를 억제하고서도 자신에게 무익한 경우가 있겠습니까. 자제하시기를 간절히 빕니다.

서(徐 서필원(徐必遠))를 공박했다는 말은 전한 자의 잘못입니다. 서의 일[43]은 자세히 몰랐기에 일가 사람이 당시에 애석하다는 말을 했는

41 간성(杆城) : 간성은 오늘날 강원도 고성군에 있는데, 《송자대전수차》 권9에 "돈녕부 도정 이정한(李挺漢)의 근무지인 듯하다."라고 했으나 송시열의 자부 완산 이씨(完山李氏)의 아버지 이정한은 1661년에 개성부 별문안사(開城府別問安使)로 있었으니 누구를 가리키는지 알 수 없다. 《顯宗實錄 2年 2月 4日》《萬家譜 冊2 全州李氏》

42 잠시 황산(黃山)으로 옮겼습니다 : 송시열은 1661년 12월 원기촌(遠基村)으로 이사했다가 1662년 10월 다시 황산으로 이사했다. 《宋子大全 附錄 卷4 年譜3》

43 서의 일 : 최유지(崔攸之)가 도당록(都堂錄)에 들어가는 데 이경석(李景奭)이 간여했다며 대사간 서필원이 여섯 차례에 걸쳐 차자를 올렸으나 간여한 일이 없다고 밝혀

데, 이는 사람의 정으로 한 말이지 저 사람을 화나게 할 뜻이 있었던 것이 아닙니다. 대개 젊은이들이 전하는 말은 자세히 살피지 않는 점이 심하니 개탄스럽습니다. 패(浿)는 옛날 한배를 탔던 사람인데 큰 잘못이 없다면 어찌 관계를 끊기까지 했겠습니까. 그러나 과연 죽은 벗을 팔았다는 것은 참으로 의심스럽습니다. 다만 자신의 도리로서는 "감히 의심하지 못한다."라고만 하면 될 것입니다.

지면서 서필원이 체차된 일이 있는데, 이와 관련된 일이 아닌가 추측된다.《顯宗實錄 3年 7月 6日, 10月 4日》

김경능에게 답함 계묘년(1663, 현종4) 5월 2일

答金景能 癸卯五月二日

소과(小科)에 합격한 것은 그대에게는 그다지 중요하지 않겠지만, 축하하는 것이 마땅합니다. 그런데 요즈음 한가한 데 익숙하여[44] 게을러져서 앞뒤로 세 통의 편지를 받고도 전혀 답장을 못 하였습니다. 이곳의 일은 아마도 어쩌면 이해해 주시겠지요. 말씀하신 대로 제가 지은 죄가 실로 크니, 참으로 이른바 "신의 죄는 만번 죽어 마땅하고 천왕께서는 현명하시다."[45]라는 경우입니다. 벗이 어찌 이렇게까지 안타까워할 것이 있겠습니까. 막 호상(湖上)에서 돌아와[46] 몹시 고단하여 이만 줄입니다.

44 한가한 데 익숙하여 : 1659년 발생한 예송논쟁과 관련해서 1663년에 조정 안팎에서 다시 논란이 일어나면서 송시열에 대한 비난이 있자 사직하고 고향으로 갔기에 하는 말로 보인다. 《宋子大全 卷123 上仲氏, 附錄 卷5 年譜4》《顯宗實錄 4年 4月 19日, 23日》

45 신의……현명하시다 : 자신의 잘못이 아닌데도 억울하게 비난을 받는 처지에 놓인 송시열 자신의 심경을 대변한 말이다. 상(商)나라 말기 주(紂) 임금의 신하 숭후호(崇侯虎)가 서백(西伯) 문왕(文王)을 시기하여 주에게 참소함으로써 문왕이 유리(羑里)의 감옥에 갇힌 일이 있는데, 한유(韓愈)가 〈구유조(拘幽操)〉에서 문왕의 그 당시 심경을 추리하였다. 즉 문왕은 감옥에 갇혀 억울하게 죽을 처지에 놓였으나 오히려 자신의 부덕함을 탓하고 포악한 임금을 성스럽다고 여겼을 것이라고 하였다. 《韓昌黎集 卷1》

46 호상(湖上)에서 돌아와 : 호상은 충청우도 공주목 회덕현 황호리(黃湖里)를 말한다. 송시열은 1662년 10월 충청남도 논산군 은진현(恩津縣)에서 공주목 진잠현 연기읍(燕岐邑) 황산(黃山)으로 이사하였는데, 호상에서 돌아왔다는 것은 황호리에서 황산으로 돌아왔다는 말로 보인다.

김경능에게 보냄 계묘년(1663, 현종4) 5월 8일

與金景能 癸卯五月八日

어제 거정(居正)[47]을 지나면서도 이런 시기에 이런 처지로 사람이 많은 곳을 나들 수 없어 감히 나아가지 못했습니다. 언제쯤 포(浦)로 가십니까? 다름 아니라 전라도 관찰사가 율옹(栗翁)의 《소학(小學)》[48]을 바야흐로 간행하려는데, 제가 노선생(老先生 사계(沙溪) 김장생)이 기록한 2판(板)을 아울러 간행할 것을 권했더니 이미 허락했습니다. 다만 그 2판의 10여 조목에 대해 어떤 사람이 "사계가 기록한 것은 몇 조목이 넘는다."라고 하고, 또 "호칭이 없는 것은 후대 사람들이 끝내 누가 기록한 것인지 모르게 되며, 그 모양새도 끝내 이루지 못한다."라고 합니다. 호칭이 없는 것은, 자제와 문인이 기록한 것이더라도 이미 똑같이 노선생에게서 나왔다면 모두 사계가 기록한 것으로 칭하는 것이 무방하다고 생각합니다. 《서전(書傳)》으로 말하자면, 스승의 설을 아울러 문인의 설에 넣고 다시 식별하지 않았습니다.[49] 더구나 문인의 말을 바탕이 되는 스승의 말에 아울러 넣는 것은 더욱 꺼릴 것이 없다고

47 거정(居正) : 연산(連山)의 지명으로, 돈암서원(遯巖書院) 근처에 있다. 《宋子大全隨箚 卷9》

48 율옹(栗翁)의 소학(小學) : 율곡 이이가 이전의 《소학》 주석을 종합하여 편집한 《소학집주(小學集註)》를 말한다.

49 서전(書傳)으로……않았습니다 : 《서전》은 채침(蔡沈)이 스승 주희의 명을 받아 집필한 책으로, 주희의 설이 다수 있어도 주희의 설이라는 언급을 따로 하지 않았기에 하는 말이다.

여기는데, 어떨지 모르겠습니다. 부디 헤아려 보시고 말씀해 주십시오. 주상께서 막 진노하여 원 대간(元臺諫)[50]이 특별히 체직되기까지 했다고 하니 두려워 몸 둘 곳이 없습니다.

50 원 대간(元臺諫) : 사간원 정언 원만리(元萬里)를 말하는 것으로 추측된다. 당시에 윤선도가 상소하여 예를 논하자 홍우원(洪宇遠)이 그 예설을 옹호했는데, 사헌부가 홍우원을 공격하자 신후재(申厚載)가 '의견을 밝힌 것뿐'이라며 비판했고, 이관징(李觀徵)은 홍우원과 오촌 숙부모 관계에 있다며 인피(引避)했다. 원만리는 이러한 일이 '시비를 분명히 가려야 하는데도 불분명한 왕의 태도로 인하여 일어난 것'이라며 군왕을 비판했는데, 현종은 노여워하며 임금을 조종하고 능멸하려 한다며 체직한 일이 있다. 《顯宗實錄 4年 4月 27日, 29日》

김경능에게 보냄 갑진년(1664, 현종5) 2월 26일

與金景能 甲辰二月二十六日

별장으로 돌아간 뒤로 무슨 공부를 하시는지요? 그리움을 이루 말할 수 없습니다. 저는 여전히 병으로 칩거하고 있어서 말할 만한 것이 없습니다. 북소(北疏)[51]를 조목마다 공격하여 설파하는 것은 서로 겨루는 것 같으니 또한 몹시 치욕스럽습니다. 다만 그 말이 이미 유행하여 지지하는 자가 많으니, 주상께서 그 말을 받아들이신다면 연관되는 것이 작지 않습니다. 마땅히 북소에 대해 말하여 도리에 어긋난 것을 대략 밝혀야겠습니까? 아계(丫溪)[52]의 편지에서는 밝히지 않을 수 없다고 하는데 동춘(同春 송준길(宋浚吉))의 뜻은 이와는 반대이니 어느 것을 따라야 할지 모르겠습니다. 오는 인편이 있다면 부디 헤아려 보시고 말씀해 주십시오.

51 북소(北疏) : 경성 판관(鏡城判官) 홍여하(洪汝河)의 상소를 말한다. 27쪽 주7 참조.

52 아계(丫溪) : 아연(丫淵)에 살던 김익렴(金益廉)을 가리킨다. 본관은 광산(光山), 자는 원명(遠名), 호는 적곡(赤谷)이다. 김장생의 종손(從孫)이다.

김경능에게 답함 갑진년(1664, 현종5) 12월 30일[53]

答金景能 甲辰十二月三十日

소식이 오니 몹시 기뻤습니다. 다만 성실하지 않은 만남은 할 필요가 없다고 말씀하시니, 옛날 정자(正字)를 지낸 그대 숙부께서 돌아가실 때가 생각납니다. 저는 마침 부름을 받고 서울에 도착하여 우선 첨정 숙부[54]의 집에 묵으면서 장차 나아가 조문하려는 뜻으로 선대감(先大監)[55]께 먼저 갔는데, 선대감께서는 "비통한 회포를 몹시 서둘러 펴고 싶다면서 '장차 장(將)' 자를 어찌 말하는가?"라고 답하셨으니, 그 말씀이 지당합니다. 잠시 동안에 사람이 세 번이나 왔건만 저는 전배(前輩)와의 정의(情義)가 도타웠던 것이나 말하고 있습니다.

내일 우선 북쪽으로 가려는데, 그대를 위해 머물러 기다리려 합니다. 부디 와서 함께 자고 모레 헤어지는 것이 어떻겠습니까? 이를 위해 심부름꾼을 보내어 알립니다. 내일 오실 수 없으면 모레 아침 회덕 북쪽, 장동(長洞) 생원 정종수(鄭宗遂)의 산소에서 만나 아침밥 먹는 동안에 잠시 이야기 나누는 것이 어떻겠습니까?

53 12월 30일 : 1664년 11월에 송시열의 며느리 문화 유씨(文化柳氏)가 사망하여 12월 28일 은진에서 장사 지내고 판교(板橋)의 선영으로 갈 때이다. 《宋子大全 附錄 卷5 年譜4》

54 첨정 숙부 : 송시열의 숙부 항렬로 첨정을 지낸 사람은 종숙부(從叔父) 송희조(宋熙祚)가 있다. 《宋子大全 卷188 從姪基善墓誌》

55 선대감(先大監) : 김만증의 아버지는 이조 판서를 지낸 김익희(金益熙)로, 김장생의 손자이다.

김경능에게 보냄 정미년(1667, 현종8) 1월 1일
與金景能 丁未正月一日

사람이 와서 선영(先塋)에 갔었다는 말을 들었습니다. 추위를 무릅쓴 나머지 몸을 상하지는 않았는지요? 저는 잠시 향리로 돌아왔으나 번잡함을 견디지 못하겠습니다. 모레 춘형(春兄 송준길(宋浚吉)) 집에서 관례를 행하고 나면 즉시 동쪽으로 가서 가만히 틀어박혀 몸조리를 할 것입니다. 막내아우가 자식의 우환 때문에 함께 돌아갈 수 없다니 몹시 염려스럽습니다. 그 편지에서 누누이 한 말씀은 다 진심에서 나온 것입니다. 그런데 늘 골육과 같다고 여겼건만 오히려 이 두 사람은 직접 겪어 보아도 잘 알지를 못하겠습니다. 의리가 어떻든 상관없이 병든 몸을 억지로 추슬러 추위를 무릅쓰고 가다가 도로에서 죽는다면 이는 무슨 마음이겠습니까. 게다가 저는 일찍이 거취에 대해 도모한 적이 없었는데, 벗들은 모두 나아가지 않을 것처럼 저를 대합니다. 이는 반드시 나아가지 말라는 뜻이 있으니, 이 때문에 더욱 저를 머뭇거리게 합니다. 서울의 인편이 있으면 이 편지를 부디 전달해 주십시오. 죽동(竹洞 김익훈(金益勳)) 어른은 참으로 이른바 왕 장군(王將軍)이 늙은 것[56]입니다.

56 왕……것 : 두려움이 많다는 말이다. 진 시황(秦始皇)이 왕전(王翦)에게 초(楚)나라를 치도록 했는데, 왕전이 병사 60만 명을 청하자 시황이 "장군이 늙었나 보구려. 어찌 그리 겁을 내시오."라고 했다고 한다. 《宋子大全隨箚 卷9》《史記 白起王翦列傳》

김경능에게 답함 정미년(1667, 현종8) 6월 18일

答金景能 丁未六月十八日

답장을 받고 무척 위로되었습니다. 다만 건강이 좋지 못하다고 들었는데, 이는 이상할 것이 없습니다. 그저 건강을 잘 돌보신다면 매우 다행이겠습니다. 저의 병은 지금까지 차도가 없어 괴롭습니다. 문계(文季)[57]가 당한 일은 참으로 불행입니다. 그러나 일이 이 지경이 되었으니 입을 다물고 그의 득실에 대해 말하지 않는 것만이 진정시키는 방도가 될 것입니다. 상주가 집안의 친척에게 편지를 쓴 것이 무슨 잘못이며, 또 남에게 의심받을 일이겠습니까. 참으로 없는 일이 없다는 것은 바로 이를 두고 하는 말입니다.

신생(申生)의 일[58]은 아직 허실을 모릅니다. 그러나 집 안에서 나눈 말을 바깥사람이 듣게 해서는 안 되니 또한 부디 말하지 마시고 서서히 일이 끝나기를 기다렸다가 그에게 물어보는 것이 좋을 듯합니다. 노선생(老先生 김장생)께서 남기신 글은 전날 과연 보여 주시는 은혜를 입었습니다. 그러나 여기에 그치지 않으리라 여겼기에 어제 편지에서 운운했던 것입니다. 《가례집람(家禮輯覽)》을 베껴 쓰는 것은 참으로 말씀하신 대로이나 종이를 마련하기가 쉽지 않으니 이것이 염려됩니다.

57 문계(文季) : 김장생의 서손(庶孫) 김익견(金益熞)의 자이다. 《宋子大全隨箚 卷9》

58 신생(申生)의 일 : 신생은 송시열의 문인 신만(申曼)을 말하는 듯하다. 본관은 평산(平山), 자는 만천(曼倩), 호는 주촌(舟村)이다. 그의 막내딸이 송시열의 손자 송은석(宋殷錫)에게 시집갔다. 신생의 일이 무슨 일인지는 확인하기 어렵다. 《寒水齋集 卷29 舟村處士申公曼墓誌銘》

자고(子固)[59]의 편지에 한마디도 다른 말이 없었습니까? 관찰사가 '의심이 없을 수 없다'는 것은 무슨 일을 가리키는 것입니까?

59 자고(子固) : 《동춘당집》을 참고하건대 관찰사 이홍연(李弘淵)의 아들 이기직(李基稷)의 자(字)인 듯하다. 민재문(閔在汶) 집의 복제(服制) 문제가 발생했을 때 김집(金集)이 한 말을 잘못 전달하여 논란을 불러일으켰던 인물이다. 《同春堂集 卷14 答李子固基稷》《宋子大全 卷43 答李靜叔泰淵》《萬家譜 4冊 韓山李氏》

김경능에게 답함 기유년(1669, 현종10)
答金景能 己酉

소식이 오니 몹시 기뻤습니다. 태안(泰安)에 창고를 설치하는 일[60]에 대한 지령(持令 민유중(閔維重))의 뜻은 비용을 아까워하는 것일 뿐입니다. 성상의 뜻은 민생이 매번 물고기 밥이 되고 마는 것을 불쌍히 여긴 것이니 살리기를 좋아하는 덕이 지극하다 하겠습니다. 그러므로 다른 나머지를 생각지 않고 장차 따르려 합니다. 사람들이 백성을 아끼는 것이 재물을 아끼는 것만 못하다면 큰 근본을 이미 잃은 것이니 오히려 무엇을 바라겠습니까. 게다가 창고를 설치하고 나서 관인(官人)이 출납하게 되면 사복(私卜)에 대단히 불리하므로 온갖 방법으로 저지하는 것이니, 마음에 몹시 답답합니다. 지령의 경우 결단코 다른 뜻이 없는 줄 알지만, 또한 근거 없는 의론에 동요될까 두렵습니다. 이것이 잠곡(潛谷 김육(金堉)) 상공(相公)에게서 나왔다고 여겨 하고자 하지 않는다면[61] 이 또한 공정한 마음이 아닙니다. 대체로 보아 예조

60 태안(泰安)에……일 : 김육이 처음으로 주장했고, 1669년에 와서 실시했다. 《顯宗實錄 10年 1月 8日》《宋子大全 附錄 卷6 年譜5》 1669년 2월 서필원(徐必遠)이 태안에 창고를 설치하는 것을 반대하는 차자를 올리자 송시열이 차자를 올린 일이 있다. 비슷한 시기에 송시열이 쓴 안흥창(安興倉)과 공물의 일을 논한 차자에 수사(水使)나 병사(兵使), 읍재(邑宰)로서 권문(權門)에 사복을 바치는 자들이나 사복을 받아들이는 권문들은 반대하며, 민유중만 공심(公心)을 가지고 반대한다는 등의 말이 있다. 《顯宗實錄 10年 2月 7日》《宋子大全 卷13 論安興倉及貢物事仍乞遞箚》 사복은 지방 관리가 서울의 관리에게 사사로이 바치던 선물 보따리를 말한다.

61 이것이……않는다면 : 김육이 처음으로 태안의 사창(司倉)에 대한 논의를 했는데,

판서(김좌명(金佐明))가 내려갔으니 지령과 상의하여 설치하거나 그만 둘 것이기에 우선 기다리고 있습니다. 아이가 병으로 누워 있으니 몹시 걱정스럽습니다.

민유중이 수도(隧道)를 논했던 일로 김육의 집안과 사이가 나빴기에 하는 말이다. 《宋子大全隨箚 卷9》 수도의 일은 현종의 장인 김좌명과 그 아우 김우명(金佑明) 형제가 그 아버지 김육의 장사(葬事)에 천자의 무덤에만 설치할 수 있는 묘도(墓道)인 수도를 쓴 일에 대해 민유중이 비판했던 것을 말한다. 《孝宗實錄 10年 4月 8日》

김경능에게 답함 기유년(1669, 현종10)

答金景能 己酉

거듭해 주신 말씀에 위로가 됩니다. 지난번 편지에서 "지령(持令)이 그렇지 않다."고 한 말이 있었는데, 어찌하여 저의 생각을 몰라주십니까. 대개 지금 사사로운 뜻이 하늘을 뒤덮고 시속의 의론이 산처럼 높으니, 두 가지를 제거하지 않으면 다시는 손쓸 곳이 없습니다. 저는 조만간 한강을 건널 사람이니, 이것은 참정(參政)이 할 근심입니다. 율곡이 "나는 이미 돌아갈 뜻을 결단했으니 노상(盧相)은 걱정할 것이 없다."라고 했습니다.[62] 엊그제 성상이 대략 남쪽으로 돌아가는 것을 윤허했으니, 지금의 사람들 또한 장차 오래 괴롭지는 않을 것입니다.

62 율곡이……했습니다 : 《송자대전수차》 권9에는 1575년(선조8)에 이이가 우의정 노수신(盧守愼)에게 심의겸(沈義謙)과 김효원(金孝元)을 내칠 것을 말하자, 노수신은 동인(東人)에게 의심받을 것을 꺼려 허엽(許曄)에게 자기의 뜻을 밝혔는데, 식자들이 그 일을 웃었기 때문에 이이의 말이 이러했다는 설명이 있다. 한편 《월사집(月沙集)》 권53 〈율곡선생시장(栗谷先生諡狀)〉과 《율곡전서(栗谷全書)》 권29 〈경연일기(經筵日記)〉 선조 7년 조에는 소재(穌齋) 노수신이 사람들에게 "이모(李某)가 경연의 자리에서 상이 듣기 싫어하는 말을 많이 했으니 일이 생길까 두렵다. 내가 만류하고자 했으나 뜻대로 되지 않았다." 하자, 이이가 웃으며 "내가 조정에서 물러가면 말하는 사람이 없을 터이니, 소재는 걱정하지 않아도 될 것이다."라고 한 내용이 있다.

김경능에게 보냄 기유년(1669, 현종10)

與金景能 己酉

이전의 일[63]은 그저 자손이 잘 지키지 못하여 끝내 성상의 뜻을 매몰할까 두려웠으므로 만번 죽음을 무릅쓰고 저창(苧倉)[64]의 뜻에 부응했습니다. 그 뒤에 생각해 보니 그 죄가 작지 않습니다. 게다가 화복(禍福)으로 말한 것이 만에 하나 새어 나간다면 친족이 모조리 죽는 참담함이 즉시 닥칠 것이니 어찌 크게 두려워하지 않을 수 있겠습니까. 그러나 뉘우친들 어쩔 수가 없습니다. 어찌합니까?

박화숙(朴和叔 박세채(朴世采))이 예(禮)에 관해 묻는 편지가 있었지만 오래도록 감히 답을 하지 못하다가 이제야 보내 드립니다. 부디 즉시 전해 주시고 답장을 할 것인지에 대해 물어 주십시오.

63 이전의 일 : 《송자대전수차》 권9에서 "효종 때 경연에서 나누었던 대화를 이광직(李光稷), 이세장(李世長) 두 내한(內翰)에게 부쳐 실록에 수록하게 했던 일을 말하는 듯하다."라고 했다. 이세장은 김만증의 사위이다. 《현종개수실록》 즉위년 9월 5일 기사 뒤 사관이 한 말에 "이 일은 1659년(효종10) 3월 11일 효종이 북벌과 강빈(姜嬪)에 대한 일 등 당시의 중요한 문제에 대해 송시열과 독대했는데, 송시열은 그날의 대화를 직접 기록해 비장해 두었다. 그 후 사관 이광직이 책서(策書)에 덧붙이기를 원한다고 하여 송시열이 글을 보내려는데 그날 마침 이광직의 부음(訃音)이 와서 보내지 못했다. 그 뒤 사관 이세장과 이선(李選) 등이 청하자 송시열이 그 청에 부응했고, 이선이 이것을 1661년 5월 송시열이 입대하고 물러간 뒤에다 추록(追錄)했다."라고 했는데, 1661년 송시열이 현종을 인견한 것은 5월 26일, 28일 두 차례 있지만, 오늘날 남아 있는 실록이나 《승정원일기》에는 추록한 내용이 보이지 않는다. 《宋子大全 卷20 擬進孝廟御札疏》

64 저창(苧倉) : 저동(苧洞)과 창동(倉洞)으로, 저동의 이후원(李厚源)과 창동의 이세필(李世弼)이 거처하는 곳을 말하는 듯하다. 《宋子大全隨箚 卷9》 이세필은 내한 이세장의 아우이다.

김경능에게 답함 기유년(1669, 현종10)

答金景能 己酉

막 편지를 써서 사람을 보냈는데 보내신 편지가 먼저 왔습니다. 이렇게까지 은근하게 말씀하시니 어찌 감격할 줄 모르겠습니까. 다만 오늘날의 일은, 다른 일은 어떻든지 간에 예를 행한 뒤[65] 계속 벼슬살이를 하고 싶다면 괜찮지만, 그렇지 않으면 반드시 사직하지 않고 지레 돌아와야 하는데 신하의 공손함을 손상하는 점이 있습니다. 어찌 군이 그만둘 수 있는데 그만두지 않아서 결국 남을 놀라게 하고 예를 범하는 행동을 하겠습니까. 모형(某兄 송준길(宋浚吉))은 늘 온건하게 시속에 맞추려 힘쓰지만, 속이 좁고 꽉 막힌 저 같은 경우는 끝내 배우지 못했는데 어찌 오늘날 갑자기 예전의 태도를 고치겠습니까. 부디 헤아리시고 다시 말씀해 주십시오.

65 예를 행한 뒤 : 1669년 1월에 있었던 예와 관련된 논의는 신덕왕후(神德王后)의 능을 보수하고 태묘에 배향하는 예와 세자의 종묘 배알 절차에 관한 논의를 들 수 있다. 송시열은 태조의 계비인 신덕왕후의 정릉이 도성 밖으로 옮겨지고 향사가 폐지된 것에 대해, 종묘에 모시고 능묘를 수리할 것을 건의하였다.《顯宗實錄 10年 1月 4日, 10日》《鄭在薰, 17세기 尤庵 宋時烈의 政治思想, 韓國思想과 文化 제42집, 韓國思想文化研究院, 2008, 189~190쪽》

김경능에게 답함[66]

答金景能

10리도 되지 않아 벌써 걸어오는 사람 발걸음 소리에도 기쁘더니 방금 보내오신 편지를 보니 어쩌면 그리도 알 수 없는 말씀을 하는지요. 이곳은 낮에는 시골 노인과 만나기도 하지만 밤에는 굶주린 쥐와 두견새 우는 소리만 있습니다. 내일 저녁에 바위를 쓸어 놓고 기다리겠습니다.

모 영감이 잘못이 전혀 없다고는 말할 수 없고[67] 또 저번에 일찍이 친한 사람에게 "내가 이미 역리(驛吏)와 대질한 뒤[68]이니 스스로 그만두는 것이 맞다."라고 했는데, 그 뒤에 그가 화복(禍福)을 피하지 않고 거리낌 없이 모두 말하는 것을 보고서 그의 지조와 절개가 탁월한 것을 내심 아꼈습니다. 그러므로 오늘날 탄식하지 않을 수 없어서, 그가 시속을 따라 적절히 얼버무렸더라면 잘못이 있어도 필시 이러한 지경에 이르지는 않았을 것이고, 논핵한 사람이 저쪽 집 자제[69]가 아니었다

66 김경능에게 답함 : 김징(金澄)의 탄핵과 관련된 내용이 있는 것으로 보아 1670년(현종11) 2월 13일 전후로 보낸 편지인 듯하다. 《顯宗實錄 11年 2月 13日, 3月 5日》

67 모……없고 : 모 영감은 김징을 가리킨다. 그가 전라도 관찰사로 있을 때 어버이를 위해 잔치를 베풀었는데, 수령들에게 많은 비단을 받았다는 이유로 대관(臺官) 김석주(金錫胄)의 공격을 받아 '크게 불법 뇌물을 받은 죄〔大贓〕'에 걸려 감옥에 갇힌 일이 있다. 《宋子大全隨箚 卷9》《西溪集 卷12 左議政李公墓碑銘》

68 역리(驛吏)와 대질한 뒤 : 김징이 장오죄(贓汚罪)로 심리를 받을 때 역리와 대질한 일이 있었기에 한 말이다. 《宋子大全隨箚 卷9》《顯宗實錄 11年 1月 16日》

69 저쪽 집 자제 : 김석주의 집 자제를 말한다. 김징이 강직함을 자부하여 대각(臺閣)에 있으면서 80여 인을 탄핵했는데, 김좌명(金佐明)에 대해서는 왕실의 인척으로서

면 붙좇는 자가 있어도 그다지 많은 데 이르지는 않았을 것이라고 하였습니다. 대체로 많은 말을 할 것도 없이 먼 외지의 소문을 듣고서 곡절을 헤아리지 않고 "아무 벼슬아치가 어버이를 위해 잔치를 열었다가 중벌을 받았다."라고 한다면 이는 성상께서 듣고 싶은 바가 아닐 듯합니다. 그러므로 당초에 물었던 친한 사람에게 대략 이렇게 답했는데, 이제 듣건대 이 또한 구설에 올랐다니 또 스스로 엄밀하지 못했음을 뉘우칠 뿐입니다.

화양(華陽)은 매우 머니 어찌 가까운 곳을 두고 먼 곳으로 약속하겠습니까. 부디 조만간 있을 만남을 저버리지 마십시오.

총재(冢宰)가 될 수 없다고 탄핵했고, 또 김좌명의 아들 김석주가 이조 좌랑이 되는 것을 막은 적이 있다.《宋子大全隨箚 卷9》《西溪集 卷12 左議政李公墓碑銘》

김경능에게 답함 경술년(1670, 현종11) 5월 5일

答金景能 庚戌五月五日

어제저녁부터 오늘 아침까지 눈이 뚫어질 것만 같았는데 이제 보내오신 편지를 보고 저의 마음이 조금 위로되었고, 하신 말씀이 자세하니 바라는 마음이 더욱 위로되었습니다.

자신을 논한 것이 "어쩌면 괜찮을 듯하다고 말하기까지 했다."라고 한 것은 아주 충분히 사실과 부합하는 의론이라고 할 수 있고, 그 뒤에 "충분히 조사할 수 있는 것을 잔치 전의 일에 억지로 끌어다 붙여서 의론하는 자의 뜻에 따른 것은 마음 씀이 매우 옳지 않다."라고 운운했다면 더욱 완비되었을 듯합니다.[70] 그러나 조사한 자의 말도 다 믿을 수는 없습니다. 대개 아랫사람들이 진술한 것이 윗사람이 넌지시 지시한 것에 비위를 맞춘 것이라면, 없는 것을 있는 것으로 만들고 작은 것을 큰 것으로 만드는 경우는 옛날부터 있었으니, 유독 부자득(傅自得)의 행장[71]에서 보지 못했습니까. 이는 반드시 그의 대면 진술을 본

70 자신을……듯합니다 : 1670년에 전라도 관찰사 김징(金澄)이 임지에서 모친의 회갑연을 베풀었는데, 대간(臺諫)들이 그 잔치가 지나치게 사치스러웠고 수령들에게 많은 뇌물을 걷었다는 혐의로 그를 탄핵하였고, 김징은 도형(徒刑) 3년의 처분을 받고 배천(白川)의 금곡역(金谷驛)에 유배되었다.《顯宗實錄 11年 2月 13日, 3月 5日, 4月 11日, 7月 16日》《西溪集 卷12 左議政李公墓碑銘》

71 부자득(傅自得)의 행장 : 주희가 지은 부자득의 행장 말단에 "오직 젊은 시절에 깊이 자신을 감추지 못했기에 불행하게도 권신(權臣)에게 인정을 받았는데, 허물을 피하다가 흉한 일을 당하여 드디어 중도에 버려졌다. 그러나 당시 식견이 있는 자들은 참으로 공이 하려고 하던 것이 아닌 줄 알았다."라고 하여, 부자득이 전후로 비방을

뒤에야 알 수 있습니다.

북척(北隻) 운운하거나 성교(聖教) 운운한 것[72]은 제가 저보(邸報)를 보지 않은 지가 벌써 4개월째이므로 전혀 알지 못했습니다. 김(金)·민(閔) 운운한 것[73]은 처음에는 경솔하고 소견이 얕은 사람들이 지어낸 것에 지나지 않았지만, 점점 가짜가 진짜가 되기에 이르렀습니다. 이것을 바로잡는 데는 다른 약이 없고 그저 두 집안의 정의(情義)가 서로 막히지 않는다면 뜬소문은 저절로 사라질 것입니다. 우매한 저조차도 그 속에 들어갔고 보면 한바탕 크게 웃을 만합니다.

하지만 우매한 제가 반드시 형서(邢恕)가 말한 '토막토막 잘라 죽인다.'라는 말[74]을 배운 뒤에야 죽동(竹洞) 이하[75]가 '어쩌면 말한 자의

받았던 것은 부모 때문에 어쩌지 못해 권신에게 붙었다가 억울한 일을 당한 것으로 돌렸다.《宋子大全隨箚 卷9》《晦庵集 卷98 朝奉大夫……傅公行狀》

72 북척(北隻)……것 : '북척'은 김만증이 송시열에게 보낸 편지에 "겸하여 북척(北戚)이라는 혐의가 있으니, 사(邪)와 정(正)으로만 논한다면 공격하는 자의 마음을 복종시킬 수 없을 듯하다."라고 한 것 중의 '북척'과 같은 말로, 앞뒤의 정황으로 볼 때 김징을 옹호하는 측, 혹은 친척을 지칭하는 말로 추측된다. 또 성교(聖教)는 김징 등의 일로 양사(兩司)가 인피하는 것에 대해 현종이 "김징과 박이명(朴而昭)은 두 명의 죄수인데, 삼사의 논의가 줄곧 어찌하여 여기에 이르렀는가."라고 한 것을 가리키는 것으로 보인다.《承政院日記 顯宗 11年 4月 13日, 14日》《遯村遺稿 卷2 上尤庵先生》

73 김(金)……것 : 당시에 김만증의 사촌 김만기(金萬基)와 민정중(閔鼎重) 두 집안이 조금 화목하지 못했기에 하는 말이다.《宋子大全隨箚 卷9》

74 형서(邢恕)가……말 : 스승을 배반하는 말을 뜻한다. 북송(北宋) 때의 학자인 형서는 명도(明道) 정호(程顥)의 문인이었는데 뒤에 스승을 저버리고 간신 장돈(章惇), 채경(蔡京) 등에게 붙었다. 임희(林希)가 어사(御史)가 되어 정호의 아우인 이천(伊川) 정이(程頤)를 공격할 때, 형서는 철종(哲宗)에게 "이천이 천 도막으로 잘려 죽더라도 저는 구원할 수가 없습니다."라고 했던 일이 있다.《朱子語類 卷130 自熙寧至靖康人物》

말대로일 것'이라고 저를 의심하는 것이 맞습니다. 또 반드시 양외(楊畏)가 눈 깜짝할 사이에 뒤집었던 것[76]을 배운 뒤에야 서문(西門) 사람들[77]이 제가 전날만 못하다고 의심하는 것이 맞습니다. 이런 두 가지 일이 있기 전에 두 집이 서로 의심한다면, 의심할 만한 것은 저들에게 있지 제게 있지 않습니다. 우습습니다.

저는 열흘쯤 뒤에 산중으로 돌아가려 합니다. 그때 아무리 대단한 일이 있더라도 꼭 한번 뵈었으면 합니다.

75 죽동(竹洞) 이하 : 김만기의 집안을 말한다. 《宋子大全隨箚 卷9》

76 양외(楊畏)가……것 : 양외는 왕안석(王安石)의 당으로, 동료를 지지하거나 배척하는 일을 무상하게 번복하므로 사람들이 양삼변(楊三變)이라고 지목했다. 《宋子大全隨箚 卷9》《宋史 楊畏列傳》

77 서문(西門) 사람들 : 민씨 집안 사람으로, 민정중 형제를 가리킨다. 《宋子大全隨箚 卷9》

김경능에게 답함 임자년(1672, 현종13) 윤7월 24일

答金景能 壬子閏七月二十四日

일찍이 위로 편지로 인해 감사의 편지를 써서 인편에 부쳤는데 받아 보셨는지요? 방금 군평(君平 김만준(金萬埈))의 인편으로 7월 14일 보내신 편지를 받았습니다. 제 형님의 안부를 물어보셨는데, 형님[78]이 돌아가신 지는 그 당시 벌써 열흘이나 되었으니, 애통한 마음이 배로 새롭습니다.

《가례집람》 중 미처 교정하지 못한 것이 아직도 대책(大冊)이 둘이나 됩니다.[79] 늦가을에 다시 이동(梨洞)에서 모임을 가지는데 마가 낄지는 모르겠습니다.[80] 송옹(松翁 정철(鄭澈))의 연보는 아직 도착하지 않았습니다. 도착하면 마땅히 말씀하신 대로 다시 부쳐서 가려 뽑게 하겠습니다.

군평과 자적(子迪 김만길(金萬吉))이 깊은 산으로 찾아왔다가 헤어질

78 형님 : 송시열의 중씨(仲氏) 송시묵(宋時默)을 말한다. 진산 군수(珍山郡守)로 있으면서 사망했다. 《宋子大全 附錄 卷5 年譜4》

79 가례집람……됩니다 : 1685년(숙종11)에 간행된 《가례집람》은 전체 10권 6책으로, 미처 교정하지 못한 것은 아마도 상례(喪禮)의 조석곡전(朝夕哭奠)으로부터 제례(祭禮)의 기일(忌日) 묘제(墓祭) 등의 16항목이 수록된 권7부터 권10까지의 제5책과 제6책을 말하는 것으로 보인다.

80 늦가을에……모르겠습니다 : 이동은 연산(連山)에 있는 마을 이름이다. 1672년 6월 연산에서 이유태와 함께 김장생의 유고를 교정하던 중 7월에 중씨의 사망 소식을 듣고 화양(華陽)으로 돌아갔으며, 8월에 공산(公山)의 신오(新塢)에서 장사를 치른 뒤 10월에 신오에서 이유태와 다시 만나 유고를 교정했다. 《宋子大全 附錄 卷6 年譜5》

때 글을 보여 주었습니다. 동파(東坡 소식(蘇軾))의 시에 "청산을 마주하여 세상일을 말하거든, 큰 술잔으로 자네에게 벌주를 먹이리라.〔若對青山談世事, 要須擧白便浮君.〕"라고 했는데 이제 '천장을 쳐다본다'는 말씀을 받으니, 벌주는 드리기 어렵고 그저 청산을 시켜 이문(移文)으로 꾸짖는 말을 보냅니다.[81]

81 청산을……보냅니다 : 송시열 자신은 세상일에 관심을 끊고 지내려 하는데 김만증이 쓸데없이 세상일로 근심하게 만든다는 뜻이다. 이문으로 꾸짖는다는 것은 공치규(孔稚珪)의 〈북산이문(北山移文)〉에서 온 말이다. 〈북산이문〉은 은자로 자처했던 주옹(周顒)이 조정에 출사한 것을 두고 그의 변절을 배척하는 내용으로 지은 글이다. 《古文眞寶 後集 卷2》

김경능에게 답함 갑인년(1674, 현종15) 3월 8일

答金景能 甲寅三月八日

이달 초에 비로소 남쪽에서 설날에 보낸 편지를 보았고, 지금 또 이번 달 3일에 보낸 편지를 받았는데, 전후로 일러 주신 말씀을 자세히 알고는 대단히 위로되고 후련하였습니다. 또 말씀하신 급한 용무 몇 조목은 공명(孔明 제갈량(諸葛亮))이 다시 살아나더라도 쉽사리 이렇게 할 수 없을 것입니다. 북쪽 소식[82]은 지난달 그믐에 처음 들었는데, 조정이 서둘러 처치하는 바가 있으리라 여겼더니 지금까지도 조용합니다.

정신을 쏟아 일을 계획하고 의논하는 것이 오직 산릉(山陵)에 대해서이고 그 외에는 미치지 않는 듯하니, 사안의 완급이 적절하다고 할 수 있겠습니까. 병조 판서 같은 경우는 임무가 무겁고 일이 중요하며, 또 그의 의리는 남과 견줄 바가 아닙니다.[83] 그대 같은 경우는 반드시 밤낮으로 협조하고 힘껏 자주 말하여 서둘러 방법을 구해야 할 것입니다.

82 북쪽 소식 : 청나라의 오삼계(吳三桂)가 동남쪽에서 군대를 일으킨 것을 말한다. 《宋子大全隨箚 卷9》 오삼계는 명말 청초의 무장인데 청나라에 투항한 뒤에 청나라의 중국 정벌에 혁혁한 공을 세워 1662년 운남(雲南)을 봉지로 평서친왕(平西親王)에 봉해져 광동(廣東)의 상가희(尙可喜), 복주(福州)의 경정충(耿精忠)과 함께 삼번(三藩)으로 불렸다. 1673년 강희제(康熙帝)가 삼번 철폐의 명을 내리자 그해 11월 상가희, 경정충과 함께 반란을 일으켰다. 《淸史稿 卷474 吳三桂列傳》

83 병조……아닙니다 : 김만기(金萬基)가 당시 병조 판서로 있었는데, 청나라에 대해 복수할 뜻이 있었기 때문에 하는 말이다. 《宋子大全隨箚 卷9》

저는 성복(成服)한 뒤 즉시 곡하러 길을 나섰다가[84] 진천(鎭川)에 도착했을 때 큰 병이 났는데, 비옷을 준비하지 않았던 탓에 옷이 젖어서 그렇게 되었습니다. 길 곁의 산사(山寺)에 들어가 사흘 동안 조리하면서 줄곧 위태롭고 괴로웠기에 오늘 아침 상소하여 사정을 아뢰었는데, 밑에 있는 사람의 숨은 사정을 성상께서 살펴 주실지 모르겠습니다. 사세로 보아 우선 물러나 돌아가서 병세가 괜찮아지기를 기다렸다가 다시 움직이려 합니다. 할 말은 많으나 가까스로 병을 참고 쓰느라 이만 줄입니다.

84 성복(成服)한……나섰다가 : 1674년 2월 24일 효종의 비이자 현종의 모후인 인선왕후(仁宣王后)의 국상이 있었다.

김경능에게 답함 갑인년(1674, 현종15) 8월 5일
答金景能 甲寅八月五日

근래의 일[85]은 운운할 필요가 없습니다. 오직 저의 병이 이러하니, 문득 먼저 죽어서 끝내 형벌을 면함으로써 후련하게 청의(淸議)에 사죄할 수 없을까 두려울 뿐입니다. 병세가 조금 차도가 있으면 혹시 염치를 무릅쓰고 도성에 나아갈 수 있겠지만 또한 두려워하는 마음이 없지 않습니다. 대개 잠복하고 있는 실마리가 헤아릴 수 없는 점이 있으니 다만 여기에 엎드려 있으면서 조정의 명을 기다리려 합니다. 산간이 몹시 후미지고 일도 점차 드무니 6월에 교정한 것[86]이 온다면 다시 검토할 수 있습니다. 이 뜻을 옥천(沃川)[87]에 전하는 것이 어떻겠습니까?

85 근래의 일 : 2월 인선왕후의 국상 때, 시어머니 자의대비(慈懿大妃)가 입을 상복을 두고 서인들이 대공복(大功服)으로 결정했으나 대구 유생 도신징(都愼徵)이 상소하여 서인들의 주장을 반박하고 기년복을 주장했다. 이에 현종은 대공복으로 정한 이유를 추궁하고 재검토할 것을 지시했는데, 송시열이 체이부정(體而不正)의 논리에 따라 대공복을 계속 주장했다. 현종은 기해년(1659)에 국제기년설(國制朞年說)을 채택했음을 이유로 7월 15일에 복제를 기년복으로 개정하고 서인의 중심인물들을 처벌하도록 했기에 송시열은 수원의 만의(萬義)로 가서 처벌을 기다리고 있었다.《顯宗實錄 15年 2月 24日, 7月 6日, 15日》《宋子大全 附錄 卷7 年譜6》

86 6월에 교정한 것 : 1665년 11월 8일 이유태와 함께 김장생의 유고 교정에 착수하여 1674년 6월 26일 교정이 완료되었는데, 이를 말하는 것으로 보인다.《宋子大全 附錄 卷5 年譜4, 卷7 年譜6》

87 옥천(沃川) : 김만증의 형 김만균(金萬均)의 임소(任所)이다.《宋子大全隨箚 卷9》《承政院日記 顯宗 13年 8月 7日, 9月 10日》

김경능에게 답함 갑인년(1674, 숙종 즉위년) 9월 27일

答金景能 甲寅九月二十七日

진퇴양난이라 말〔馬〕이 필요 없을 듯했는데 주는 자가 있었습니다. 간신히 험천(險川)에 도착하여 묵었다가 지금 만의(萬義)에 도착하자마자 이 추신을 받으니 위로되고 감사한 마음 그지없습니다. 편지에서 하신 말씀은 삼가 잘 알았습니다. 성상께서 잘잘못을 논단하는 것[88]은 반드시 그 조리를 얻을 터이고, 소인의 마음으로 엿보거나 헤아릴 수 있는 바가 아니니 그저 조용히 생각할 뿐입니다. 그러나 이같이 걱정 없이 있는 것은 또한 신하의 충성스럽고 슬퍼하는 도리가 아니기에 한밤중에 일어나 앉아 밤새 잠들지 못하니, 이것이 어찌 이 한 몸에 대한 계책 때문이겠습니까.

88 성상께서……것 : 자의대비(慈懿大妃)가 입을 상복으로 인한 논란에 판단을 내리는 것을 말한다.

김경능에게 답함 갑인년(1674, 숙종 즉위년) 10월 12일

答金景能 甲寅十月十二日

제 아우가 와서 백령(伯令)[89]의 말을 전하여 그대의 행차가 왕림하리라 하기에 벗이 오기를 기다리는 마음 한창 간절했는데, 문득 위로 편지를 받으니 서운한 마음이 어찌 끝이 있겠습니까. 서울 소식은 참으로 듣고 싶지 않거니와 비록 듣고 싶더라도 들을 길이 없습니다. 지금 보내오신 글은 또한 대략이지만 일이 사그라지거나 자라는 기미는 대개 알 수 있습니다. 부디 공무를 보는 여가에 경서와 역사서를 부지런히 읽어 왕자연(王子淵)의 송(頌)[90]에 잘 화답할 수 있다면 성조(聖朝)에 더욱 광채가 있을 것입니다.

89 백령(伯令) : 김만증의 형 옥천 군수 김만균(金萬均)을 말하는 것으로 보인다. 《承政院日記 顯宗 13年 9月 10日》

90 왕자연(王子淵)의 송(頌) : 자연은 한(漢)나라 왕포(王褒)의 자로, 어진 임금이 현명한 신하를 얻은 것을 축하하는 내용의 〈성주득현신송(聖主得賢臣頌)〉을 말한다.

김경능에게 보냄 을묘년(1675, 숙종1) 윤5월 14일

與金景能 乙卯閏五月十四日

처음에 거주하던 읍내 거처는 바닷바람이 곧바로 불어닥치는 까닭에 산골짜기의 촌집으로 조금 옮겼습니다.[91] 그런데 유(柳)의 옥사[92]가 갑자기 일어나니 구(狗 구동(狗洞)의 윤휴(尹鑴))의 본래 뜻이 실로 여기에 있었던 것이라 바야흐로 죽을 날을 기다리고 있습니다. 이런 즈음에 문득 천 리 밖에서 보낸 편지를 보니, 죽기 전에 소식을 받은 것이라 참으로 저의 마음과 부합했습니다. 또 여러 편의 아름다운 시가 있어 반복하여 읊자니, 저도 모르게 맑은 바람이 가슴 가득 불어오는 듯하여 더욱 다행이었습니다.

회옹(晦翁 주희)이 '굴자(屈子)가 장수하기를 바란 것은 당시 사람들이 어떤 결말이 날지 보고 싶었던 것'이라 하였는데,[93] 오늘날 절실한

91 읍내……옮겼습니다 : 송시열은 1675년 1월에 함경남도 덕원(德源)에 유배되었으며, 5월 29일 우교촌(牛橋村)으로 옮겨 거처했다. 《宋子大全 附錄 卷7 年譜6》

92 유(柳)의 옥사 : 유는 유필명(柳弼明)이다. 유필명은 청주(淸州)의 유학(幼學)으로, 송시열의 제자라고 자칭하며 송시열을 옹호하는 상소를 올렸는데, 이로 인해 옥사가 벌어졌다. 《肅宗實錄 1年 5月 19日·22日·28日, 閏5月 23日》

93 굴자(屈子)가……하였는데 : 굴자는 초나라 충신 굴원(屈原)으로, 〈원유(遠遊)〉라는 초사(楚辭)를 통해, 자신이 참소를 당해 조정에서 축출된 뒤에 선인(仙人)과 함께 천지를 두루 다니며 세상 밖에서 노닐고픈 염원을 노래했는데, 주희가 유광조(劉光祖)에게 답하는 편지에서 "굴원은 지나간 일은 미칠 수 없고 앞으로 올 일은 알 수 없어, 오래 살아서 속세를 벗어나 신선이 되기를 원했다. 그런데 이것은 당시 사람들의 망녕된 일을 견디지 못하여 그들이 마침내 어떻게 되는지 보고자 한 것일 뿐이다."라고 한

저의 소원은 실로 옛사람보다 배나 됩니다. 그리고 유의 옥사에 죽게 된다면 죽는 것은 한스럽지 않으나 이 한은 끝이 없을 것입니다. 더욱 죽고 싶지 않은 또 한 가지 일이 있습니다. 저승에서 돌아가신 판서 대감을 뵙는다면 반드시 웃고 꾸짖으며 "내 말을 듣지 않더니 네가 윤휴와 지금 어떠하냐?"라고 하신다면 장차 무슨 말로 대답하겠습니까?

계축년(1613, 광해군5)과 정사년(1617)의 변고는 그 징조가 이미 싹텄는데 다행하게도 구규(久揆)의 한마디 덕분에 그 꼬리의 독을 잘랐습니다.[94] 그러므로 감히 다시 준동하지 못했으니 석실(石室 김상헌(金尙憲))에 참으로 자손이 있다 하겠습니다. 그가 이미 대왕대비에 대하여 다시는 꺼리는 것이 없는 만큼, 저의 몸에 '하늘이 토벌한다.〔天討〕'라는 글자를 놓은 것이 무엇이 이상하겠습니까. 저는 그만이지만 초려(草廬 이유태(李惟泰))와 운거(雲擧 이상(李翔))를 한 번의 계사(啓

말이 있다. 《楚辭集注 卷5》《晦庵集 續集 卷4 答劉德脩》

94 계축년과……잘랐습니다 : 계축년의 일은 연흥부원군(延興府院君) 김제남(金悌男)이 인목왕후 소생인 영창대군을 추대하려 했다는 무고를 받고 죽은 일을 말하고, 정사년의 일은 인목왕후를 폐비(廢妃)시켜 서궁(西宮)에 유폐한 변고를 말한다. 1675년 김우명(金佑明)이 복창군과 복원군이 궁녀와 간통한 일을 소를 올려 논의를 일으키자 윤휴와 허목이 반좌율(反坐律)을 적용하자고 주장하여 국구 김우명을 곤란에 처하게 하는 한편 윤휴는 자전(慈殿)의 동정을 잘 살필 것을 권하는 밀소(密疏)를 올렸다. 구규는 자가 구지(久之)인 김수항(金壽恒)이다. 김수항은 1675년 복제(服制)와 관련하여 죄가 있으니 처벌해 주기를 청하며 4월부터 7월 초순까지 14차례에 걸쳐 사직소를 올렸는데, 윤5월 초에 올렸을 것으로 추측되는 네 번째 상소가 《문곡집》에 빠져 있어 이 편지에서 말하는 '한마디'가 무엇인지는 확인하기 어렵다. 김수항은 김상헌의 손자이다. 《顯宗實錄 15年 7月 1日》《文谷集 卷12 待罪疏》《宋子大全隨箚 卷9》《宋子大全 卷77 答柳悠久(癸亥五月十四日)》《承政院日記 肅宗 1年 閏5月 15日》

辭)로 한꺼번에 내쫓았으니[95] 그 사세(事勢)가 대개 아직 끝나지 않은 것입니다.

우스워할 만한 것은 막 운거의 농담하는 편지에 "선생은 한평생 주자(朱子)를 높이고 숭상했습니다. 주자는 낙직(落職)만 했는데 선생은 쫓겨났으니, 도덕이 주자에 미치지 못해서 그런 것이 아닙니까."라고 한 말이 있었는데, 이 편지에 미처 답하기도 전에 그가 또 이러한 신세를 면치 못했으니, 마주하여 손뼉 치지 못하는 것이 한스럽습니다. 이렇게 배를 잡고 웃을 일이 매우 많으나 멀어서 많이 언급하지 못합니다.

○ 지난달에 사위 윤박(尹搏)의 부고를 들었고, 이어서 내일 장사를 지낸다고 들었습니다. 자질이 아름답고 행실이 도타웠으니 세상에 다시 이러한 사람이 있겠습니까. 애통한 마음 견딜 수 없어 저절로 병이 들려고 합니다.

95 한……내쫓았으니 : 당시 대사헌이던 윤휴 등이, 기년복을 주장한 것은 송시열이지만 이유태, 이상, 김익렴(金益廉)이 따라서 찬조했다며 처벌을 청하였다. 그러자 숙종이 아뢴 대로 하라고 비답하였다. 《承政院日記 肅宗 1年 5月 26日》

김경능에게 답함 을묘년(1675, 숙종1) 6월 19일

答金景能 乙卯六月十九日

보내온 편지에서 하신 말씀은 잘 알았습니다. 회옹(晦翁 주희)은 늘 동자(董子 동중서(董仲舒))의 "의리를 바르게 행하고 이익을 도모하지 않으며, 도를 밝히고 공로를 따지지 않는다."라는 말을 외며 이 말로써 학자들을 깨우쳤으니, 할 수 있는 것을 할 뿐이지 이로움과 해로움, 재앙과 복 따위에 대해 어찌 염려할 것이 있겠습니까. 옛적에 소자용(蘇子容)은 그 부친이 초두목각(草頭木脚)이라는 비방을 받은 일에 대해 조정에서 밝히며 국사(國史)에서 산삭(刪削)할 것을 청하기까지 했는데, 회옹이 그 사실을 〈태극도설(太極圖說)〉에 실었습니다.[96] 더구나 지금 모함받은 사실을 밝히는 것은 초두목각을 산삭하는 정도일 뿐만이 아닌 경우이겠습니까. 백씨(伯氏 김만균(金萬均))의 총명함으로 반드시 이 일을 처리할 수 있을 것입니다.

96 소자용(蘇子容)은……실었습니다 : 자용은 소송(蘇頌)의 자로, 송 철종(宋哲宗) 때의 재상이다. '초두목각'은 소신(蘇紳)과 양적(梁適)이 함께 한림원에 있을 때, 사람들이 그들의 음험하고 편파적인 것을 조롱한 은어(隱語)로, 초두와 목각은 각각 소신과 양적의 성에 포함된 초두와 나무목을 취하여 두 사람을 가리킨 것이다.《宋史 蘇紳列傳》 황정견(黃庭堅)이 사관으로서 《송사(宋史)》 〈주돈이열전(周敦頤列傳)〉에 〈태극도설〉을 기록하면서 주(註)에 나오는 "태극의 밖에 또다시 무극이 있다는 것이 아니다.〔非太極之外, 復有無極.〕"라는 부분을 고쳐서 "무극으로부터 태극이 된다.〔自無極而爲太極〕"라고 했는데, 주희가 '자(自)'와 '위(爲)' 자를 제거할 것을 청하면서, 소송이 그의 아버지 소신의 비방에 대해 변명하면서 국사(國史)에서 '초두목각'을 삭제할 것을 청했던 일을 인용하여 증거로 삼았다.《宋子大全隨箚 卷9》《宋稗類鈔 卷4》《性理大全書 卷1 太極圖》

김경능에게 답함 을묘년(1675, 숙종1) 7월 15일

答金景能 乙卯七月十五日

보내온 편지는 매우 감사드리며, 오이와 젓갈도 아울러 잘 받았습니다. 저는 외딴섬에 유배하라는 명을 공손히 기다리고 있으며, 창졸간에 만나지 못하고 떠나리라 생각됩니다. 중숙(重叔)은 사람 죽이는 도적을 잡아 놓고 갈고리를 훔쳤다는 죄를 물은 격으로, 사소한 말을 했다가 큰 죄를 얻었다고 말할 만하고,[97] 조사한 일은 바른 것을 믿고서 경계하지 않았다고 말할 만합니다. 토호들이 반드시 구(狗 윤휴)에게 호소했을 것이니 몹시 위태롭습니다. 그러나 주 선생(朱先生 주희)은 관직에 있을 때 일절 용서하지 않았으며 모함을 받고서도 뉘우치지 않았습니다.

○ 정길보(鄭吉甫)가 승정원에 있으면서 또한 미야(眉爺)라고 불렀는데 이 대감이 우스개로 "길보가 '미야'라고 부른 것은 이웃집 아이들이 하는 대로 따라 한 짓이다."라고 했더니, 듣는 자들이 크게 웃었습니다.[98] 지금 보내온 편지에 또한 '미(眉)'라고 칭하였으니 길보에

97 중숙(重叔)은……만하고 : 중숙은 김만중(金萬重)의 자이다. 김만중이 윤휴의 큰 잘못은 묻지 않고 사소한 잘못을 따졌다는 말이다. 1675년 여름 윤휴가 경연에서 주희의 주를 보지 말 것을 진언(進言)하고 또 공자의 이름을 휘(諱)하지 말 것을 청했는데, 김만중이 그 말을 반박하여 바로잡다가 내쳐졌다. 《宋子大全隨箚 卷9》《承政院日記 肅宗 1年 閏5月 26日》

98 정길보(鄭吉甫)가……웃었습니다 : 길보는 정유악(鄭維岳)의 자이다. '이 대감'은 김석주(金錫胄)를 가리킨다. 남인이 새로 권력을 잡고서 허목을 추대하여 당의 영수로

가깝지 않겠습니까. 구(狗)가 반드시 억울하다고 할 것입니다. 참 우습습니다.

삼고 정유악과 함께 대궐 안에 모였을 때 남인들이 일제히 허목의 호를 써서 '미수 어르신〔眉叟爺〕'이라고 부르자 정유악도 따라서 '미수 어르신'이라고 불렀다. 김석주가 마침 자리에 있다가 "길보가 어르신이라고 부른 것은 이웃집 아이들을 따라 한 짓이라고 할 만하다."라고 하자 정유악은 부끄러워 기가 죽었고 남인들은 놀라서 실색했다고 한다.《陶谷集 卷27 雲陽漫錄》

김경능에게 답함 을묘년(1675, 숙종1) 7월 21일

答金景能 乙卯七月二十一日

19일의 편지는 몹시 위로되었습니다. 저도 제 아우가 가는 편에 편지를 부쳤습니다. 남은 목숨을 아직 이어 가고 있으나 자전(慈殿)께서 이미 입을 닫고 죽겠다는 말씀을 했으니,[99] 한 나라의 신하 된 자가 어찌 살고 싶은 마음이 있겠습니까. 별안간 이 세상을 하직할 수 없는 것이 한스럽습니다. 기억하건대 옛날에 이 사람(윤휴(尹鑴))이 젊어서 명성이 대단하던 때에, 돌아가신 어르신[100]께서 유독 그의 불길함을 말씀하시면서 벗을 잘 모른다며 넌지시 나무라셨으나 당시에는 깊이 받아들이지 않았습니다. 어느 날 아침 눈을 감으면 곧장 저승에서 가시를 지고 사죄할 것입니다.

99 자전(慈殿)께서……했으니 : 왕대비 김씨의 아버지 김우명(金佑明)이 안으로는 환관들에게 질시를 받고 밖으로는 당시 정권을 잡고 있던 윤휴, 허목(許穆), 홍우원(洪宇遠) 등에게 배척을 당해 근심과 분노를 이기지 못하여 식음을 전폐한 채 술만 마시다가 죽었기에 이러한 말을 한 것으로 보인다. 《肅宗實錄 1年 6月 18日》

100 돌아가신 어르신 : 김만증의 부친 김익희(金益熙)를 가리킨다.

김경능에게 답함 을묘년(1675, 숙종1) 7월 28일

答金景能 乙卯七月二十八日

보내온 편지에서 하신 말씀은 저의 시야를 확 트이게 했습니다. 하신 말씀은 잘 알았습니다. 청음(淸陰 김상헌(金尙憲))에게 자손이 있다고 말할 만합니다. 귀양지가 서로 가깝다면 참으로 회옹(晦翁 주희)이 "산과 바다 사이에서 쓸쓸하지 않다."라고 한 경우일 것입니다. 차자(箚子)의 원본을 보게 되면 말씀해 주시는 것이 좋겠습니다. 장본(張本)[101]을 보냈으니 보신 뒤에 돌려주십시오. 별지의 말씀은 우습습니다. 참으로 오랜 세월을 기다린 뒤에나 알 수 있을 것입니다. 과일과 채소는 감사합니다.

101 장본(張本) : 영릉(寧陵)에 하자가 있다는 소식을 듣고 1673년(현종14) 6월 14일 장응일(張應一)이 올린 응지 상소(應旨上疏)의 상소문 원본을 말한다. 장응일은 장현광(張顯光)의 아들로서, 효종의 능인 영릉의 역사(役事)를 감독했던 관원들과 봉심(奉審)했던 대신들의 실책을 거론하면서 이익수(李翼秀)의 천릉(遷陵) 주장을 적극 지지했다. 《顯宗實錄 14年 6月 14日》

김경능에게 답함 을묘년(1675, 숙종1) 8월 9일

答金景能 乙卯八月九日

편지가 도착했으니 감사합니다. 천하의 일[102]은 듣고서 벌떡 일어서게 합니다. 태조(太祖)의 신하는 서로 소식을 들을 길이 더욱 없으니 몹시 한탄스럽습니다. 사(邪)로써 사(邪)를 공격한다는 것에 대해서는 주자(朱子)가 이미 말했는데,[103] 나라에 해롭다는 점은 같습니다. 두 개의 답을 써서 올렸는데 절대로 동요하지 마십시오. 우습습니다. 오늘날의 세상에 다시 엄군평(嚴君平)과 같은 사람[104]이 있겠습니까. 호남에서 천여 명의 유생이 상소를 올리는 일이 있으리라고 들었습니다. 이 한 번의 일 뒤에 대단한 일이 있을 듯합니다. 7월 이후로는 정말로 두렵습니다.

102 천하의 일 : 청나라에 발생한 삼번(三藩)의 난을 말한다. 67쪽 주82 참조.

103 사(邪)로써……말했는데 : 소식(蘇軾)이 왕안석(王安石)의 신학(新學)에 대해 불교와 노자의 주장과 비슷하여 공자의 참된 가르침을 어지럽힌다며 배척한 것을 두고 주희가 "사(邪)로써 사(邪)를 공격한 것이지만 소식은 습관과 기질의 폐단 때문에 도를 모르기는 해도 사심(邪心)은 없어서 천착하고 견강부회하여 사사(邪私)의 학문을 이룬 왕안석과는 다르다."라고 한 것을 말한다. 《晦庵集 卷30 答汪尙書》《東坡全集 卷34 六一居士集敍》

104 엄군평(嚴君平)과 같은 사람 : 세상일에 담담한 사람을 말한다. 군평은 한(漢)나라 때의 은사(隱士) 엄준(嚴遵)의 자이다. 그는 성도(成都) 저자에서 복서(卜筮)를 일삼아 늘 시귀(蓍龜)에 의지하여 충효와 신의로써 사람들에게 가르치고 하루에 백전(百錢)을 얻으면 곧 문을 닫고 《노자》를 읽었다. 《漢書 王貢兩龔鮑傳》

김경능에게 답함 을묘년(1675, 숙종1) 8월 17일

答金景能 乙卯八月十七日

안부 편지 및 싸서 보내 주신 납향고(臘享膏)[105]는 모두 감사합니다. 동파(東坡 소식(蘇軾))가 젊은 시절 부처를 공격한 것을 주자(朱子)는 사(邪)로써 사(邪)를 공격한 것이라 여겼습니다. 만년에 실의(失意)했을 때 드디어 부처와 하나가 되었는데, 그 마음이 이미 바르지 않았던 만큼 떠나고 합하는 것은 다만 잠시 동안의 일일 뿐이었으니, 대체로 의리에서 나오지 않고 이익에서 나오는 것이 으레 이와 같습니다. 앞의 편지에 약재(藥材) 이름을 말씀드렸는데 구하기가 어렵지는 않은지요? 영흥(永興)이 답장을 보내려고 해도 인편이 없어 보내지 못하는 듯합니다.

105 납향고(臘享膏) : 약재에 섣달의 돼지기름이 들어가기에 붙은 이름으로 보이며, 동상 치료에 쓰이는 약이다. 《醫林撮要 卷10 凍瘡》

김경능에게 보냄 을묘년(1675, 숙종1) 8월 29일

與金景能 乙卯八月二十九日

참판 어른[106]이 끝내 병석에서 일어나지 못하였으니, 부음을 받고서 통곡하며 무슨 말을 해야 할지 모르겠습니다. 지난날 허목(許穆)이 재차 조정에 들어왔을 때를 회상하건대, 이 어른이 동춘(同春)에게 "혹 나도 그에게 물들까 염려된다. 차라리 속히 나가서 이를 모면하는 것이 옳다." 하고, 드디어 관동(關東)의 외직을 청하여 떠났습니다. 저도 늘 사대부의 몸가짐은 그분처럼 해야 한다고 여겼는데, 이제는 그런 풍채를 다시 뵐 수 없으니, 더욱 세상의 도를 위하여 개탄스럽습니다. 이는 다 운기(運氣)에 관계된 것이니 어찌겠습니까. 보내 주신 고기는 잘 받았습니다. 노병(老病)이 너무 심하여 소식(素食)을 오래 할 수 없으므로 내일 당장 고기를 먹어야겠습니다.

별지

저는 벌써 풍토병에 걸렸으나 의약을 구할 길이 없으니, 죽을 뿐 어찌하겠습니까. 캐 놓은 약재는 마르는 즉시 보내 주기를 간절히 바랍니다. 요즈음은 서울 사정뿐 아니라 고향 소식도 들을 수 없으니, 어찌 나루가 막혀서 그렇겠습니까. 왜인(倭人)의 정세는 어떠한지 모르겠습니다.

106 참판 어른 : 김장생의 장손 김익경(金益炅)을 말한다. 《宋子大全隨箚 卷9》《肅宗實錄 1年 8月 15日》

윤휴의 복제(服制)에 대한 의론은 늘 자식이 어머니를 신하로 간주한다는 설을 주장했는데, 주자가 《논어집주(論語集註)》에서 유 시독(劉侍讀)의 설[107]로 단언한 것도 거들떠보지 않은 것이니, 도리에 어긋난 것을 어찌 다 말하겠습니까. 이로부터 어머니 쪽이 매우 가볍게 간주되어, 심지어 박헌(朴瀗)[108]을 구하려는 논의까지 극도로 일어났으니, 이 어찌 홍수가 하늘에까지 넘치는 재앙이 아니겠습니까.

박헌의 옥사가 어떻게 결정되었는지요? 간사한 무리들이 흩어졌다 모이는 것은 이익만 보고 하니, 어찌 상도(常道)가 있겠습니까. 일찍이 택지(擇之 이선(李選))의 서찰을 보던 날 벌써 이같이 될 줄 짐작했습니다. 구(狗 윤휴(尹鑴))는 곧 복당(福黨)[109]으로, 그 강세를

107 유 시독(劉侍讀)의 설 : 유 시독은 북송 인종 때 한림 시독학사(翰林侍讀學士)를 지낸 유창(劉敞)으로, 아들이 어머니를 신하로 삼을 의리가 없다고 하였는데, 이 주장을 말한다. 《논어》 〈태백(泰伯)〉에 "무왕이 '나는 다스리는 신하 10명이 있다.'라고 했다."라는 《서경》 〈태서(泰誓)〉의 내용이 실려 있는데, 한(漢)나라 마융(馬融)의 주에 "한 사람은 문왕(文王)의 비 태사(太姒)이다."라고 했으나, 주희가 집주에서 유창이 "아들이 어머니를 신하로 삼는 의리는 없는 만큼 대개 읍강(邑姜)이라고 해야 할 것이다."라고 한 말을 인용하여 자신의 주장에 대한 근거로 삼았다. 문왕은 주(周)나라 무왕의 아버지이고, 읍강은 무왕의 비이다.

108 박헌(朴瀗) : 1675년 6월에 윤휴의 사주를 받아 소를 올려 송시열을 극형으로 처벌하도록 청했던 사람이다. 상소 중에 송시열에 대해 "음험한 말을 창도(唱導)하여 한때의 명류(名流)들을 일망타진하려고 했다."라고 하고, 복창군(福昌君) 이정(李楨)과 복평군(福平君) 이연(李㮒)의 일로 복선군(福善君) 이남(李柟) 등을 옹호하면서 "자성(慈聖)을 놀라게 하고 전하를 의혹하게 했다."라는 등의 말을 했다. 한편 윤휴는 이정과 이연 등이 궁녀와 간통한 옥사에 관계했던 일로 명성왕후(明聖王后)의 동정을 단속할 것을 청한 일이 있다. 《肅宗實錄 1年 4月 1日, 6月 14日 · 18日》

대적할 자가 없으니 직(稷 직동(稷洞)의 허적(許積))이 어찌 거기에 붙지 않을 수 있겠습니까.

109 복당(福黨) : 복창군, 복선군, 복평군의 일당이라는 말이다.

김경능에게 답함 을묘년(1675, 숙종1) 9월 13일
答金景能 乙卯九月十三日

그립던 중에 편지를 보니 무척이나 위로되고 기뻤습니다. 별지 또한 근심과 울적함을 풀어 주었습니다. 그러나 기상(起相)[110]의 편지를 보니 반드시 무사할 수 없으리라고 하였습니다. 채경(蔡京)과 채유(蔡攸)가 알력이 있었는데[111] 휘종(徽宗)이 채경을 존중하고 채유를 총애했습니다. 그런데 휘종이 끝내 북쪽으로 가게 되자[112] 간사한 무리가 서로 싸웠으니, 또한 나라에 이로운 것이 아니었습니다.

두 종류의 약은 말씀하신 대로 복용하겠습니다. 저의 증세는 대략 조금 더해지는 추세이지만 대단하지는 않습니다. 죽서(竹書)[113]는 보

110 기상(起相) : 자가 기지(起之)인 김수흥(金壽興)으로, 김수항(金壽恒)의 형이다. 1674년(현종15) 영의정에 올랐으나 기사환국으로 장기(長鬐)에 유배되어 그곳에서 죽었다.

111 채경(蔡京)과……있었는데 : 채경과 채유는 권력을 쟁취하기 위해 부자와 형제간에 반목하여 원수가 되고 서로 배척했다. 권력의 부침이 많았던 채경이 78세가 되어 네 번째로 기용되자 채경은 일체의 결단을 막내아들 채조(蔡絛)에게 맡겨 처리했다. 이 일은 맏아들 채유의 불만을 야기하여 휘종에게 여러 번 채조의 죄를 고자질하고 죽이라고 권하니, 휘종은 채조를 조정 일에 간섭할 수 없게 하였다. 《宋史 姦臣列傳 蔡京》

112 휘종이……되자 : 휘종은 금나라의 침략을 받아 수도 변경(汴京)이 함락되자 그 아들 흠종(欽宗)과 함께 금군(金軍)에게 사로잡혀 북으로 갔다가 돌아오지 못하고 오국성(五國城)에서 죽었다. 이를 정강(靖康)의 난이라 한다. 《宋史 徽宗本紀》

113 죽서(竹書) : 1675년 8월 18일 송시열이 윤증에게 보낸 편지에서 죽림서원(竹林書院)의 위차(位次) 문제를 언급하고 있는 것으로 보아 죽림서원에서 보낸 편지를 말하는 것으로 추측된다. 《宋子大全 卷110 與尹拯》

고서 눈이 번쩍 뜨였습니다. 전에 보낸 조문 편지는 받으셨는지요? 몹시 바빠서 이만 줄입니다.

김경능에게 답함 을묘년(1675, 숙종1) 9월 19일

答金景能 乙卯九月十九日

두 차례 보내신 편지를 한꺼번에 받으면서 아울러 서울 편지도 받으니 무척 위로되고 또 다행스럽습니다. 저의 병은 조만간에 차도를 바랄 수 있는 것이 아니니, 형편상 더디거나 빠른 상태에 따라 서서히 약을 복용하여야 합니다. 저 윤(尹 윤휴)이 논척(論斥)을 받았다는 것과 논척받은 이조 판서가 출사(出仕)했다는 두 가지 이상한 일[114]을 말씀하신 편지를 보았는데, 세상에 오래 있다 보니 일찍이 들어 본 적이 없는 것을 다 듣습니다. 이것이 바로 굴자(屈子)가 죽지 않고 당시 사람들의 결말을 보고 싶어 했던 까닭입니다. 그러나 주 부자(朱夫子 주희)가 아니라면 또 어찌 1500년 뒤에 그 뜻을 얻을 수 있었겠습니까.[115] 감과 고기는 매우 감사합니다.

114 저……일 : 당시 이조 판서는 윤휴인데, 이복(李馥)과 권환(權瑍)이 윤휴를 모욕한 일이 있자마자 9월 1일 사헌부 장령 이복이 사간에 임명된 일이 있었다. 또 사헌부에서 임상원(任相元)이 헌납에 임명된 것과 오시복(吳始復)이 부응교에 오른 일로 이조를 허물하여 이조 정랑을 추고(推考)할 것을 청하였는데, 윤휴가 상소하여 사직하고 출사하지 않다가 패초(牌招)하자 즉시 나왔다. 《肅宗實錄 1年 8月 23日・25日, 9月 1日・2日》

115 굴자(屈子)가……있었겠습니까 : 72쪽 주93 참조.

김경능에게 답함 을묘년(1675, 숙종1) 11월 7일

答金景能 乙卯十一月七日

한없는 위로를 받았습니다. 약재 외에도 보내신 선물을 아울러 감사히 받았습니다. 다만 인삼은 은자(銀子)가 되살아난 넋[116]이니 한두 푼이라 해도 두려운 마음이 있습니다. 성을 쌓는 것은 왕공(王公)이 시설을 험하게 한다는 경서의 가르침[117]이니, 어찌 그만둘 수 있겠습니까. 다만 역적 이계(李烓)의 죄를 이미 씻어 주었고,[118] 이이첨(李爾瞻)[119]의

116 은자(銀子)가 되살아난 넋 : 당시 윤휴가 은자를 뇌물로 받는 일이 많아서 은강(銀釭), 은궤(銀櫃)와 같은 말이 있을 정도였기에 송시열이 이렇게 말한 것으로 보인다. 《宋子大全隨箚 卷9》

117 왕공(王公)이……가르침 : 성을 견고하게 하는 것을 말한다. 《주역》〈습감괘(習坎卦) 단(彖)〉에 "사람이 올라갈 수 없는 것은 하늘의 험함이요, 산천과 구릉은 땅의 험함이다. 그래서 왕공이 시설을 험하게 해서 나라를 지키나니, 험한 이치를 때에 맞게 이용하는 것이야말로 그 뜻이 크다고 할 것이다."라는 말이 나오는데, 이에 대해 《정전(程傳)》에 "성곽을 쌓고 그 주위에 못을 파서 험하게 만들어 나라를 지키고 백성을 보호하는 것을 말한다."라고 했다.

118 역적……주었고 : 이계는 효령대군의 8대손으로, 간관으로 있으면서 청나라와의 관계에서 주화파로서 척화파 김상헌 등을 공격하는 데에 앞장섰다. 1641년(인조19) 말 선천 부사(宣川府使)로 있을 때 명나라 상선과 밀무역을 하다가 청나라에 발각되었는데 청나라 장군 용골대(龍骨大)의 심문으로 처형을 받게 되자, 구명책으로 최명길 등이 명나라와 밀통한다는 사실과 또 우리나라의 음사(陰事) 12조를 고했다. 용골대는 이계를 우리나라에서 처단하도록 연락했고 조정에서는 의금부 도사 정석문(鄭錫文)을 보내어 1642년에 참수했다. 1675년에 허적이 이계를 역률(逆律)로 논하지 말고 이계의 아버지 이진영(李晉英)의 벼슬을 돌려줄 것을 청하니, 숙종이 그대로 따랐다. 《仁祖實錄 20年 1月 6日, 10月 18日·23日, 11月 12日》《肅宗實錄 1年 11月 3日》

손자가 그 조부의 억울함을 풀어 줄 것을 청하여 일이 해당 관서에 내려졌다고 들었습니다. 참으로 그렇게 된다면 큰 인륜이 없어지고 큰 법도를 잃을 것이니, 몹시 통곡하게 합니다. 조종(祖宗)이 무엇을 하늘에 저버렸기에 이 윤휴(尹鑴)를 낳았으며, 허목(許穆)의 무리가 이러한 일[120]을 저지르게까지 하는지 모르겠습니다. 너무나 마음 아픕니다. 이 일을 듣고부터 자지도 먹지도 못하였으니 실로 살고 싶지 않습니다. 옻칠한 그릇은 칠의 색이 아주 윤이 나니 몹시 분수에 넘치는 물건입니다. 어찌 맞지 않을 이치가 있겠습니까. 사천(泗川)에 귀양 간 사람[121]에 관해 묻고 싶다는 말씀은 대단히 선을 쌓는 일이라 할 만하니 탄복을 금할 길이 없습니다. 속히 도모해 주시기를 바랍니다.

119 이이첨(李爾瞻) : 대북의 영수로 정인홍(鄭仁弘)과 짜고 광해군의 옹립을 주장했으며, 광해군이 즉위하자 예조 판서에 올랐다. 권세를 장악한 후 임해군(臨海君)과 유영경(柳永慶)을 사사하게 하는 등 소북 일파를 숙청했으며, 1612년(광해군4) 선조의 손자 진릉군(晉陵君) 등을 죽이고, 1613년 영창대군을 서인(庶人)으로 강등하여 강화에 안치했다가 살해하였고, 1617년 인목대비에 대한 폐모론을 발의하여 이듬해 대비를 서궁(西宮)에 유폐시켰다. 1623년 인조반정으로 도망가던 중 광주의 이보현(利甫峴)을 넘다가 관군에게 잡혀 참형당했다.

120 이러한 일 : 이이첨 등 광해군 때 세도를 부리던 대북파가 남인에 들어갔기에 허목 등은 신면(申冕), 이계 등의 복관(復官)과 사면 등을 통해 자신들의 정치적 입지를 다지려고 하였다. 《肅宗實錄 1年 10月 29日, 11月 3日》

121 사천(泗川)에……사람 : 송시열의 문인인 함경도 회령(會寧) 유생 최신(崔愼)을 말한다. 1675년에 송시열의 대공복(大功服) 주장을 강경하게 지지한 유필명(柳弼明)의 상소를 작성한 죄로 사천에 귀양 갔다. 《肅宗實錄 1年 閏5月 23日》

김경능에게 답함 을묘년(1675, 숙종1) 12월 17일

答金景能 乙卯十二月十七日

부음[122]을 받고 통곡하며 말할 바를 모르겠습니다. 그가 옥천(沃川)에 있을 때 사람들은 그의 얼굴이 붉고 윤택하다고 했으나, 저는 실로 그의 눈꼬리가 처지고 눈동자가 흐릿한 것을 우려했습니다. 그러나 대대로 쌓은 덕이 높고 두터운데도 재앙이 이처럼 참혹하니 신의 섭리가 어찌 이토록이나 어긋났는지요. 거듭 그를 위해 통곡합니다.

물어보신 제사는, 사오(沙塢)는 물론 당연히 지내지 않으며, 정민(貞民) 이상은 간략히 제수를 진설하여 제사 지내야 합니다. 다시 《격몽요결(擊蒙要訣)》 끝부분의 '복을 입는 중에 제사 지내는 조목〔服中行祀條〕'을 참고하여 처신하시는 것이 어떻겠습니까?

○ 사오는 상주를 위주로 말한 것이므로 장례 전에는 결코 행할 수 없고, 정민 이상은 군평(君平 김만준(金萬埈))을 위주로 말한 것인 만큼 이는 대공복이니 아주 그만둘 수는 없을 듯합니다.[123]

122 부음 : 김만증의 형 김만균(金萬均)의 부고를 말하는 것으로 보인다. 《宋子大全隨箚 卷9》

123 사오(沙塢)는……듯합니다 : 사오는 김만증의 아버지 김익희를 장사 지낸 마을이고 정민은 조부 김반(金槃)의 시호이다. 김만증은 당시 계부(季父) 김익경(金益炅)의 복을 입던 중 형 김만균의 상을 당하여, 김만균의 아들 김진옥(金鎭玉)과 아우 김만준이 김익경의 제사에 어떻게 해야 하는지 물었던 것으로 보인다. 이에 대해 송시열은 김만균의 아들 입장으로는 아버지의 장례 전에 김익경에 대한 제사를 할 수 없고, 김만준은 김익렬(金益烈)의 후사로서 김반의 제사를 주관해야 하므로 김만균에 대해 대공복을 입어야 하니 제사를 아예 그만둘 수는 없다고 답한 것이다. 《宋子大全隨箚 卷9》

김경능에게 보냄 병진년(1676, 숙종2) 2월 8일

與金景能 丙辰二月八日

저곳의 일은 생각하면 목이 막힙니다. 발인은 언제쯤이며 장례는 어느 날입니까? 관아로 돌아가는 시기 또한 언제인지 알 수 없으니 몹시 답답합니다. 앞의 편지에서 "올바름을 얻고서 죽는다."라고 한 것은 실로 노선생의 가법(家法)입니다. 노선생이 계축년의 재앙[124]을 만나 한 번도 찬남(纘男)[125] 등에게 안부를 묻지 않고 그저 문을 닫고 고요히 기다렸습니다. 이제 그대가 오직 이러한 가법을 이어받았으니 공경할 만합니다. 언제 뵐 수 있을는지요. 이만 줄입니다.

124 계축년의 재앙 : 1613년(광해군5) 폐모론(廢母論)이 일어났던 것을 말하는 것으로 보인다. 《光海君日記 5年 5月 19日, 6月 3日》

125 찬남(纘男) : 한찬남(韓纘男, 1560~1623)을 말한다. 정치적으로 대북파에 속하며, 영창대군과 영창대군의 외할아버지인 김제남(金悌男)의 처벌을 주장했고, 1616년에는 이이첨의 사주를 받고 해주옥사(海州獄事)를 일으켜 소북파 제거에 앞장섰으며, 백대형(白大珩)과 함께 폐모론을 적극적으로 주장했다. 1623년에 인조반정이 일어나자 서인들에게 주살되었다.

김경능에게 답함 병진년(1676, 숙종2) 3월 8일

答金景能 丙辰三月八日

간절히 기다리다 보내온 편지를 받으니 저의 마음이 퍽 위로되었습니다. 저는 봄이 돌아온 뒤로 하루도 평온한 때가 없으니, 한 달 내내 장맛비가 이어져 더욱 몸이 많이 상해서입니다.

변무(辨誣)[126]는 어떤 사람이 "장차 녹훈(錄勳)으로 자신을 스스로 높이고 추대하려고 하며, 또 이어서 종적(宗嫡)에 대한 일을 말했다. 강희공(康熙公)[127] 등 몇 사람이 일등공신이 된다.……"라고 했는데, 이는 실로 구배(狗輩 윤휴(尹鑴)의 무리)의 기이한 모책입니다. 그런데 이제 두 번째 것으로 말씀하시니 첫 번째 것은 무슨 일인지 모르겠습니다. 어찌 햇살이 서로 부딪히는 것[128]을 가리켜서 말한 것이겠습니까.

126 변무(辨誣) : 1676년 허적 등이 청나라에서 편찬한 《명사(明史)》에 인조반정 때의 일이 사실과 다르게 기록되어 있어 청나라에 변무사를 파견하면서 인조(仁祖)의 자손이 나아가 힘써 다투는 것이 사리에 당연하다 하여 이정(李楨)과 이남(李柟) 등을 사신으로 보내었는데, 이 일을 가리키는 듯하다. 《宋子大全隨箚 卷9》《肅宗實錄 2年 1月 28日, 3月 6日, 8月 6日, 12月 15日》

127 강희공(康熙公) : 김수홍(金壽弘)을 가리킨다. 김수홍이 청나라 강희(康熙) 연호를 쓰자고 주장했기에 하는 말이다. 《宋子大全隨箚 卷6》

128 햇살이……것 : 《송자대전수차》 권9에 진교(陳橋)에서 있었던 일을 말하는 것이라 했는데, 진교는 송나라 태조 조광윤(趙匡胤)이 병란을 일으켰던 장소이다. 또 《수차》에서는 이 말이 《송자대전》 권71에 나오는 이택지(李擇之)에게 답한 편지와 관련 있다고 했는데, 그 편지에는 "진교의 말이 벌써 어전에서 발설되었고, 또 여론이 시끄럽다."라는 내용이 있다. 이로 볼 때 당시 오가통(五家統)과 지패법(紙牌法) 및 축성

이미 이 말로 해를 입고도 편안히 여기며 바꿀 줄 모르니 참으로 충분히 이러한 일을 저지를 자인 것을 어쩌겠습니까.

보내신 선물은 잘 받았습니다. 일찍이 편지를 조랑(趙郎)에게 부쳤는데, 받으셨는지요? 고단하여 누워 있느라 이처럼 대충 썼습니다.

○ 사전(四殿)[129]이 화목하니 무엇이 이보다 즐겁고 경사스럽겠습니까. 이는 실로 문곡(文谷)의 힘입니다.[130] 이 사람이 아니라면 수경(壽慶)과 임후(任詡)[131] 같은 무리가 나라 안에 가득 퍼졌을 것입니다.

역사와 수레를 만드는 일 등으로 민심이 흉흉하여 도성에서 병거를 만들어 압록강을 건너리라는 소문이 나돌자, 인심을 안정시키기 위해서 심재(沈梓)가 진교의 변을 들어 모두 중지할 것을 주장하면서 나온 말을 가리키는 것으로 보인다. 한편 앞에서 언급한, 1676년 4월 1일 송시열이 이택지에게 답한 편지에서는 윤휴의 초명(初名)이 경(鍞)이었는데 휴(鑴)로 고친 것이 《주례(周禮)》에서 '경'의 뜻을 '태양 부근의 구름 기운이 태양을 찌르는 것'이라고 한 것과 연관이 있다는 말이 있다. 《주례》의 이 내용 역시 반역 등의 변란을 초래할 수 있는 조짐과 관련이 있다.

129 사전(四殿) : 인조 비 장렬왕후(莊烈王后), 현종 비 명성왕후(明聖王后), 숙종 비 인경왕후(仁敬王后)와 숙종을 말하는 것으로 보인다.

130 문곡(文谷)의 힘입니다 : 김수항(金壽恒)이 차자를 올려 박헌(朴瀗)의 소 등을 비롯한 남인의 횡포를 논하면서 김우명(金佑明)과 대비 즉 명성왕후에 대한 숙종의 처신을 논했는데, 이 차자로 인해 대비가 보전되었다. 《肅宗實錄 1年 7月 12日》

131 수경(壽慶)과 임후(任詡) : 수경은 이수경(李壽慶)을 말한다. 윤휴가 대비의 동정을 관속(管束)할 것을 청하고부터 홍우원(洪宇遠)이, 대비가 자리를 바로잡지 않았다는 말을 올렸고, 이수경이 이어서 대비의 처소를 옮기기를 청하는 소를 지었으며, 임후와 이윤경(李潤慶)이 또 상소하여 양궁(兩宮)을 따로 거처하게 할 것을 청했다. 《宋子大全隨箚 卷6》《肅宗實錄 1年 閏5月 24日, 11月 4日》

김경능에게 답함 병진년(1676, 숙종2) 4월 8일
答金景能 丙辰四月八日

이미 발걸음을 돌리셨다는 소식을 받았습니다. 다만 땅에 들어간 사람은 다시는 볼 수가 없으니, 눈물이 흘러 뺨을 적시는 것을 금할 수 없습니다. 살아 있는 사람은 아직 정을 잊지 못하는데 그는 이미 아득해져 버렸습니다. 시는 아주 좋습니다. 다만 삼굴(三窟)이 배와 물과 서로 관련이 있는지요?[132] 구권(狗權)[133]에 대해서는 아직 듣지 못했습니다. 체임되는 자는 무슨 말로 그렇게 되었고 나포되는 자는 무슨 죄로 그렇게 되었습니까? 부디 뒤의 인편에 상세히 말씀해 주십시오.

저는 일어나 앉아 있을 때가 아주 적은데, 그러다가 아주 일어나지 못하는 것도 어려운 일은 아닐 것입니다. 미숫가루는 감사합니다. 조만간 틈을 내어 한번 오시는 것이 어떻겠습니까. 정동계(鄭桐溪)의 위리설(圍籬說)[134]을 보니 나무 평상을 설치하여 손님을 접대하는 곳으로

132 삼굴(三窟)이……있는지요 : 김만증이 봄에 낙동강에서 감회가 일어 지었다는 두 수의 시 중 두 번째 시에 대해 물은 것으로, 해당 시는 다음과 같다. "백 길 큰 파도가 배를 삼킬 듯 덮쳐 오는데, 산더미같이 관망하는 자들 얼굴빛은 죽은 회색이네. 하나의 호중천(壺中天)이 참으로 보배라면, 사람이 삼굴을 꾀하는 것이 어찌 슬프지 않으랴.〔洪濤百丈沒舟來, 觀者如山色死灰. 天如一壺眞是寶, 人謀三窟豈非哀?〕" 삼굴은 교토삼굴(狡兔三窟)의 준말로 빠져나갈 길을 미리 마련한 사람을 비유하고, 호중천은 호리병 속에 있는 별천지로 세속의 번잡함에서 벗어난 곳을 말한다.《遯村遺稿 卷2 失題二首》

133 구권(狗權) : 구는 구동(狗洞)의 윤휴를 말하는 것으로 보이는데, 권은 누구를 가리키는지 확실히 알 수 없다.

삼았다는 말이 있는데, 그렇다면 손님은 그의 처소 안에 들어간 적이 없는 것입니다. 어찌 오늘날의 군자가 오히려 정인홍(鄭仁弘)과 이이첨(李爾瞻)[135]보다 낫겠습니까. 한바탕 웃을 만합니다. 이만 줄입니다.

134 정동계(鄭桐溪)의 위리설(圍籬說) : 동계는 정온(鄭蘊, 1569~1641)의 호이다. 1610년(광해군2) 별시 문과에 급제했으나 1614년 영창대군이 강화 부사 정항(鄭沆)에게 피살되자 정항의 처벌과 폐모론의 부당함을 주장하다가 제주도에 위리안치되었다. '위리설'은 〈대정현 동문 안에 위리된 내력을 적은 기문〔大靜縣東門內圍籬記〕〉을 말하는 것으로 보인다. 그 내용에 "현(縣)에는 객사(客舍)가 있고 그 객사의 동쪽이자 성의 동문 안에서 남쪽으로부터 북쪽으로 수십 보쯤 떨어진 위치에 울타리를 둘러친 데가 바로 내가 거처하는 곳이다. …… 서쪽 두 칸은 중앙을 막지 않고 터놓은 다음 나무 평상을 두어 손님을 접대하는 곳으로 삼았다. 평상이 차지 않는 곳은 대나무를 엮어서 깔았다."라는 말이 있다. 《桐溪集 卷2》

135 정인홍(鄭仁弘)과 이이첨(李爾瞻) : 광해군 지지 세력으로, 임해군과 영창대군을 죽이고 폐모론(廢母論)을 주장하여 인목대비를 서궁(西宮)에 유폐(幽閉)하는 일을 주도하였다.

김경능에게 답함 병진년(1676, 숙종2) 5월 1일

答金景能 丙辰五月一日

지난달 21일 회덕서원(懷德書院) 유생 서너 명이 들러서 인사하고 싶다기에 대략 편지 한 통을 부쳤고, 또 그끄저께 제 아우가 가는 편에 말을 전했습니다. 이제 편지를 받았는데, 편지를 받았다는 말씀이 없으니 어쩌면 아직 받지 못한 것이 아니겠습니까. 저는 학질을 앓은 뒤에 몹시 고달파서 아침저녁으로 쓰러져 누워 있는데, 아마 끝내 일어나지 못할 듯합니다.

허목(許穆)의 일[136]은 또한 기이하게 여길 만합니다. 그러나 사(邪)로 사(邪)를 공격하는 것으로는 모두 양(陽)이 회복될 단서[137]가 없습니다. 혹 경안령(慶安令)[138]이 다시 살아난다면 저들이 유림(儒林)에 해독을 끼치는 것이 마땅히 더욱 깊었을 것입니다.

정씨(鄭氏)의 소식[139]이 진짜라면 사세는 몹시 어렵습니다. 저들이

136 허목(許穆)의 일 : 《송자대전수차》 권9에서는 허목이 차자(箚子)를 올려 윤휴와 허적이 체찰사가 주둔하는 군영을 설치한 것에 대해 논척한 것으로 보고 있으나 앞뒤 내용으로 보아 1676년 4월 12일 종신(宗臣) 영평정(寧平正) 이사(李泗)가 허목을 배척한 것을 가리키는 듯하다. 《肅宗實錄 2年 4月 12日》

137 양(陽)이 회복될 단서 : 《주역》에서 음(陰)은 악(惡)으로 소인을, 양은 선(善)으로 군자를 가리키는데, 양이 회복되었다는 것은 소인들이 물러나고 군자들이 다시 등용됨을 말한다.

138 경안령(慶安令) : 종친 이요(李瑤)이다. 선조 때 상소하여 동인(東人)을 배척했다. 《宋子大全隨箚 卷9》 《宣祖實錄 16年 4月 17日》

139 정씨(鄭氏)의 소식 : 당시에 오삼계(吳三桂)와 함께 명나라를 위해 의병을 일으

당나라 말의 번진(藩鎭) 정도라면, 또한 일개 도적입니다. 그들과 함께 일을 하다가 청나라의 화(禍)를 초래하는 것은 그다지 말할 거리가 못 됩니다. 하지만 오랑캐와 맹약을 지키다가 박상(剝床)의 재앙으로 멸망을 취한다면[140] 또한 천하의 웃음거리가 되고 말 것입니다. 참으로 "이 계책은 내가 미칠 수 있는 바가 아니거니와, 굳이 계책을 내어 본다면 성을 높이 쌓고 못을 깊게 파서 백성과 함께 사직에 목숨을 바칠 뿐이다."라는 격입니다. 정씨가 환공(桓公)과 문공(文公)[141]을 위하리라는 것을 확실히 안 뒤에 서서히 일어나서 응해야 하지만, 성패와 생사는 혹시라도 미리 헤아릴 수 없으니 이 어찌 마땅한 도리가 아니겠습니까. 시류에 영합하는 자들이 장차 어떻게 논의할지 모르겠습니다. 들은 바가 있다면 부디 보여 주시기를 바랍니다. 그러나 그것은 오히려 밖에서 오는 근심입니다. 나라 안을 돌보는 대책은 또 어떠한지 모르겠습니다.

양식이 막 모자랐는데 보내신 쌀 한 말은 감사히 받았습니다. 어사

킨다고 가탁(假托)한 사람의 소식을 말한다. 정씨는 복건(福建)의 섬에서 해적으로 있던 정지룡(鄭芝龍)의 아들을 말한다. 정지룡이 청나라에 항복한 뒤 그 아들이 홀로 섬에서 군대를 장악하자, 청나라 사람이 그의 아버지를 죽이겠다고 협박했으나 끝내 항복하지 않고 아버지를 삶아 만든 국을 나누어 마시겠다는 결사(決死)의 말을 했다. 뒤에 복건의 주씨(朱氏)에게 사로잡혔다. 《宋子大全隨箚 卷9》

140 오랑캐와……취한다면 : 박상의 재앙이란 재앙이 점차 닥치는 형상을 상(牀)을 깎아 내는 것으로 비유한 말이다. 《周易 剝卦》 오랑캐와의 맹약이란 청나라와 군신 관계를 맺는 것, 명나라를 정벌하려고 할 때 군대를 파병할 것 등의 내용을 말하는 것으로 보인다. 《仁祖實錄 15年 1月 28日》

141 환공(桓公)과 문공(文公) : 춘추 시대에 패업(霸業)을 이루었던 제 환공(齊桓公)과 진 문공(晉文公)을 말한다.

(御史)가 북쪽으로 강을 건넜으니, 한번 오시기 바랍니다. 이만 줄입니다.

별지

화양(華陽)의 승려 묘상(妙祥)이 석장(錫杖)을 날려[142] 멀리서 찾아왔다가 돌아갔습니다. 동파(東坡 소식(蘇軾))가 이른바 "신의가 방외(方外)의 무리에게 있다."라는 말이 참으로 맞습니다. 부디 불러 보시고 돌아갈 양식을 조금 주는 것이 어떻겠습니까? 불과 몇 되면 됩니다.

거란과 북한(北漢)의 경보 때문에 마침내 진교(陳橋)의 변란이 있었습니다.[143] 오늘날의 근심이 어느 곳인들 없겠습니까. 모(某) 대감의 생각이 여기에 미치는지 모르겠습니다. 사람들이 유(柳)를 의심한 지 오래인데도 그는 편안히 지내며 변할 줄 모르니 길 가는 사람도 알 바가 아니겠습니까.[144] 유사시에 서울 이외의 병마를 통제

142 석장(錫杖)을 날려 : 석장은 승려의 지팡이로, 승려가 방문한 것을 말한다. 고승 은봉(隱峯)이 오대산을 유람하고 회서(淮西)로 나가서는 석장을 던져 공중으로 날아서 갔다는 고사가 있다. 《山堂肆考 卷146 釋教 擲錫飛空》

143 거란과……있었습니다 : 주 공제(周恭帝) 1년(960)에 북한이 거란과 연합하여 공격하자, 주 공제가 군사를 보내어 방어하게 했는데 진교역(陳橋驛)에 이르렀을 때 군사들이 태위(太尉) 조광윤(趙匡胤)에게 황포(黃袍)를 입혀 천자로 옹립한 일을 말한다. 《宋史 太祖本紀》

144 유(柳)를……아니겠습니까 : 유는 유혁연(柳赫然)을 말한다. 당시 허적이 체찰사가 주둔하는 군영을 그의 집 동산 주변에 설치할 것을 모의하면서 은밀히 훈련대장 유혁연과 결탁했다는 혐의를 받았다. 《宋子大全隨箚 卷9》 유혁연은 조정의 명을 받지 않고 마음대로 사목(事目)을 만들어 허적과 함께 산성에 모일 것을 약속하고, 기일을

하게 했는데, 이미 서울에서는 군대를 동원할 수 없으니 또 몹시 두려워할 만합니다. 장차 어떻게 처리할지 모르겠습니다. 대체로 신(申)[145]이 한 발짝도 움직이지 않아 조금 믿을 만한 단서가 있더라도 모 대감의 견해도 이와 같겠습니까. 고려 심왕(瀋王)의 변란[146]을 안다면 두려운 바를 알 것입니다. 생각이 여기에 미치니 실로 살고 싶지가 않습니다. 이 종이는 서둘러 없애 주십시오.

정하여 군사를 조련하고 사열했다는 이유로 1680년 경상도 영해에 유배되었다가 9월 5일 사사(賜死)되었다. 《肅宗實錄 6年 4月 10日・16日, 閏8月 11日・28日, 9月 5日》《樊巖集 卷43 知訓鍊院事柳公諡狀》

145 신(申) : 영의정 신경진(申景禛)의 아들 신여철(申汝哲)을 말한다. 《宋子大全隨箚 卷9》 1676년 신여철은 행 부호군(行副護軍)으로 있었다. 《承政院日記 肅宗 2年 4月 13日》

146 고려 심왕(瀋王)의 변란 : 심왕은 충선왕(忠宣王)의 조카인 심양왕(瀋陽王) 왕고(王暠)를 말한다. 당시 충선왕의 장자인 충숙왕(忠肅王)과 고려 국왕의 자리를 놓고 치열한 쟁탈전을 벌여 원나라 왕에게 충숙왕을 참소하는 등 왕위를 차지하고자 여러 문제를 일으켰고 신하들도 이에 따라 지지하는 파가 갈라져 대립했는데, 그 와중에 충숙왕이 참소를 받고 5년 동안이나 연경(燕京)에 억류되는 수난을 겪기도 했다. 《高麗史 卷35 忠肅王世家, 卷122 宦者列傳 任伯顔禿古思》《高麗史節要 卷23 忠宣王 癸丑5年》

김경능에게 답함 병진년(1676, 숙종2) 5월 26일

答金景能 丙辰五月二十六日

편지를 보고 몹시 위로되었습니다. 저는 학질을 앓은 뒤로 남은 증상이 아직도 오락가락하니, 이는 속이 쇠약해지자 바깥에 있던 병이 쉽게 틈타서 그러한 것입니다. 근래 소식은 다시 어떠합니까? 이름이 어매(禦魅)[147]이지만 도깨비도 만나기 어렵습니다. 경원(慶元) 연간에 당파로 인한 재앙[148]이 닥쳤을 때 주 선생(朱先生 주희)의 편지에 '웃음〔笑〕'이라는 글자를 많이 썼는데, 오늘날에야 그 실상을 알겠습니다. 저 쥐 같은 자들의 정상(情狀)이 별의별 꼴이 많다지만 원래 그 본색이니 말할 것이 못 됩니다. 그리고 명색이 선량한 인사라는 자가 본래 지닌 모습을 잃는 경우가 많으니, 이것이 선생이 처음에는 탄식하다가 끝내 웃은 까닭입니다.

수(壽)는 김수(金壽)의 수가 아니지만 홍(弘)은 인홍(仁弘)의 홍[149]

147 어매(禦魅) : 어리매(禦螭魅)의 준말로, 유배를 당한 것을 뜻한다. 순(舜)이 요(堯) 임금의 신하가 된 뒤에 "네 흉족인 혼돈, 궁기, 도올, 도철을 귀양 보내 사방 변경으로 쫓아내어 도깨비의 재앙을 막게 했다.〔流四凶族, 渾敦窮奇檮杌饕餮投諸四裔, 以禦螭魅.〕"라는 말에서 유래하였다. 《春秋左氏傳 文公18年》

148 경원(慶元)……재앙 : 남송 영종(南宋寧宗) 경원 연간에 한탁주(韓侂胄)와 조여우(趙汝愚)가 권력 쟁탈전을 벌일 때 주희 등이 조여우의 편을 들었는데, 한탁주가 득세한 뒤에 승상 조여우 이하 59인을 모조리 몰아내는 한편, 도학(道學)을 위학이라고 규정하고 일절 금지하도록 했다. 《宋史 蔡元定列傳, 韓侂胄列傳》

149 수(壽)는……홍 : 김수는 김수홍(金壽興)·김수항(金壽恒) 등 서인의 지도층을, 인홍은 정인홍(鄭仁弘)을 가리키는 것으로, 이를 조합하면 김수홍(金壽弘)이 되는

이라는 것은 당초에 몹시 미워서 한 말인데 지금 그것을 본받는 자가 점점 많아지니, 이는 실로 윤휴가 괴통(蒯通)의 모책을 써서 연조(燕趙)의 계책을 과시한 것입니다.[150] 길보(吉甫)가 늘 소탈하다고 여겼던 것[151]은 어찌 참말이겠습니까. 또한 가소롭습니다. 저동(苧洞 이후원(李厚源))의 편지는 확실한 인편을 통해 보내 주시면 감사하겠습니다. 이만 줄입니다.

데, 그가 같은 서인(西人)이면서도 자의대비(慈懿大妃)의 복상(服喪) 문제가 발생했을 때 남인의 주장에 동조하고, 송시열의 주장과는 달리 청나라 연호를 쓸 것을 주장하는 사람이었기에 하는 말로 보인다.

150 괴통(蒯通)의……것입니다 : 괴통은 제(齊)나라 출신의 책사(策士)이다. 한신(韓信)이 제왕(齊王)이 되고 난 다음에, 독립하여 연나라와 조나라 세력을 합쳐 유방의 한나라와 항우의 초나라에 맞서는 삼분(三分) 계책을 올렸으나 받아들여지지 않았다. 한신은 잡혀 죽을 때 괴통의 말을 듣지 않은 것을 후회했다.《史記 淮陰侯列傳》김수홍을 발탁, 등용해서 의탁하여 빌붙는 서인을 불러들인 윤휴의 계책이 괴통과 같은 점이 있다고 말하는 것이다.《宋子大全隨箚 卷9》

151 길보(吉甫)가……것 : 길보는 윤선거(尹宣擧)로, 그가 늘 윤휴를 소탈하다고 여긴 것을 말한다.《宋子大全隨箚 卷4》

김경능에게 보냄 병진년(1676, 숙종2) 6월 4일

與金景能 丙辰六月四日

며칠 사이에 얼핏 들은 것이 있었지만 아직 반신반의하고 있었는데 편지를 보고 서글펐습니다. 이는 50년 전에 익히 보던 일이지만 오늘날 오직 '인분(引分 인책(引責))'이라는 두 글자가 으뜸가는 방법입니다. 별지는 또한 50년 전의 일입니다. 이는 유림에 대해 다시는 손댈 수 없기에 서로들 원수처럼 물어뜯는 것입니다.

이곳은 요즈음 찌는 듯 덥고 답답하여 참으로 이른바 견디지 못할 일이지만, 또한 점점 익숙해지고 있습니다. 다만 하루아침에 갑자기 죽는다면 다시는 만날 수 없으니 이것이 서글프고 한스럽습니다. 돌아간 뒤에 부디 방 하나를 구해서 깨끗이 청소하여 차분히 앉아 책을 보시고, 또 편의를 따르자는 말 때문에 그르치지 마시기를 간절히 바랍니다. 보내신 선물은 감사히 받았습니다.

○ 편의를 따르자는 말이 나라를 위해 꺼낸 것이라 해도 그 마음은 오히려 나쁜 씨앗이 되는데 더구나 대부분 자신을 위해 도모한 경우이겠습니까. 근래에 월사(月沙 이정귀(李廷龜))의 후손이 바로 이러한 경우입니다. 회옹(晦翁)이, 진군(陳群)과 순욱(荀彧)이 절개를 굽힌 것이 또한 진식(陳寔)과 순숙(荀淑)이 열었던 것이라고 말했으니[152] 오늘

152 회옹(晦翁)이……말했으니 : 주희(朱熹)가 유청지(劉淸之)에게 보낸 편지에 "순씨(荀氏) 일문으로 논하자면, 순숙은 양씨(梁氏)가 권력을 잡았던 날에 바른말을 했는데, 그 아들 상(爽)은 이미 동탁(董卓)이 명을 오로지하던 조정에 발을 들여놓았

날에 더욱 증명됩니다.

고, 그 손자 욱(彧)에 이르러서는 당형(唐衡)의 사위와 조조(曹操)의 신하가 되고서도 그릇됨을 알지 못했다. 이는 강하고 크며 곧고 바른 기운이 흉악함에 꺾인 나머지 점점 자신을 보전하고 일을 성취할 계책을 도모했기에 자신도 모르는 사이에 빠져들어 가 이 지경에 이른 것이다."라고 한 말이 있다. 주희의 글에서는 순숙과 순욱의 일만 언급했으나 진식과 진군도 조손간이고, 진식이 자제들과 함께 순숙의 부자들과 모여 토론할 때 덕성(德星)이 모이는 현상이 있었는데, 뒤에 진군이 조조를 섬긴 점에서는 같기에 송시열이 이렇게 말한 것으로 보인다. 《晦庵集 卷35 答劉子澄》《世說新語 德行》

김경능에게 보냄 병진년(1676, 숙종2) 6월 24일

與金景能 丙辰六月二十四日

한번 서쪽으로 돌아가신 뒤로는 더욱더 무료합니다. 처음에는 곧장 서울로 가시리라 여겼는데 아이를 통해 대략 황강(黃岡)에 머물고 있다는 말을 듣고는 짐짓 은둔한 사람이 된 것이라 다행으로 여겼습니다. 부디 젊은이들을 모아서 함께 지내며 글을 읽으십시오. 이곳은 후덥지근할 뿐만 아니라 벌레나 뱀이 떼 지어 들어오니, 의자에서 내려오기가 두려울 뿐만이 아닙니다.[153] 그러나 또한 어쩌겠습니까. 때때로 인편을 통해 대략 몇 글자 부치며 이러한 궁벽한 곳에서의 적적함을 달랩니다.

○ 고장 사람과 만나면 상의해야 합니다. 원적(院籍)에 들어 있는 자는 한결같이 벗으로 여겨 수감(首監)[154] 같은 부류라도 반드시 공경하는 것이 옳을 듯합니다. 일찍이 신재(愼齋 김집) 선생이 노선생(老先生 김장생)과 유별났던 것을 보았는데, 오늘날은 신재 선생을 더욱 달리 대해야 하고, 친족에 대해서는 더욱 정성과 공경을 다하지 않을 수 없습니다.

153 의자에서……아닙니다 : 풍토와 기후가 맞지 않아서 병이 들까 걱정스럽다는 뜻이다. 한유(韓愈)의 〈팔월십오야증장공조(八月十五夜贈張功曹)〉 시에 "침상 아랜 뱀 겁나고 밥 먹을 땐 독 겁나며, 바다 기운 습하여 안개 냄새 비릿하네.〔下牀畏蛇食畏藥, 海氣濕蟄熏腥臊.〕"라고 하였다. 《韓昌黎集 卷3》

154 수감(首監) : 호적 작성을 감독하는 아전의 우두머리를 말한다.

김경능에게 답함 병진년(1676, 숙종2) 7월 16일

答金景能 丙辰七月十六日

제 아우가 와서 지난달 27일 편지를 받아 보니 그대를 마주한 듯 기뻐 고질병이 문득 몸에서 떠나는 것만 같았습니다. 더구나 아이에게 책을 읽도록 다그쳐 날마다 고문(古文)을 읽는다는 것을 알았으니, 이는 실로 대단히 좋은 소식이라 듣고서 너무나 좋았습니다. 이제 사면하여 바란다[155]는 교서는 장생(莊生 장주(莊周))이 이른바, 계란을 보고 새벽에 울어 주기를 바란 경우[156]가 아니겠습니까. 한수(漢水)는 아직 서북쪽으로 흐르지 않고 있습니다.[157]

모우(某友)의 예설(禮說)[158]은 아마도 문장이 그의 뜻을 밝히지 못해

155 사면하여 바란다 : 1676년 6월 초에 왕대비의 병이 심해지자 사면령을 내렸고, 병이 회복되자 15일 "어찌 사면령을 내리지 않겠는가. …… 교화에 빛남이 있기를 바란다."라는 내용의 교서를 내렸는데, 이를 말하는 것으로 추측된다. 《肅宗實錄 2年 6月 1日, 5日, 12日, 15日, 16日》

156 계란을……경우 : 너무 성급하게 결과를 기대한 경우라는 말이다. 《장자(莊子)》 〈제물론(齊物論)〉에 "계란을 보고는 벌써 새벽에 울어 주기를 바라며, 탄환을 보고는 올빼미 구이를 생각한다."라는 말에서 유래하였다.

157 한수(漢水)는……있습니다 : 송시열이 1675년 9월 27일 홍석기(洪錫箕)에게 보낸 편지에 "그러나 한수는 응당 서북으로 흐를 것이니, 당신 정원에 서 있는 낙락장송이 주인의 늘그막 절조와 서로 잘 어울린다는 것을 늘 생각해 봅니다."라고 한 구절로 짐작해 볼 때 서북은 서인을 지칭하는 말로, 서북쪽으로 흐르지 않고 있다는 것은 정치적 풍향이 서인 쪽으로 아직 흘러가고 있지 않다는 뜻으로 추측된다. 《宋子大全 卷47 答洪元九》

158 모우(某友)의 예설(禮說) : 모우는 이유태(李惟泰)를 말하는 것으로 보인다.

남의 의심을 산 것이 아니겠습니까. 내버려 두고 다시는 말하지 않는 것이 좋을 것입니다. 어찌 일찍이 사람을 독살하는 양숙자(羊叔子)를 본 적이 있습니까.[159] 공주(公州)의 서원[160]을 그에게 맡기는 것이 어떻겠습니까? 어쩔 수 없지만 생각건대 여철(余嚞)과 심계조(沈繼祖)[161]가 어느 시대인들 없겠습니까. 더구나 지금 정인홍과 이이첨의 잔당이 뜻을 얻어 기세가 좋으니 사후에 모함을 받은 자가 어찌 퇴도(退陶 이황(李滉))뿐이겠습니까.

말씀하신, 죽고 싶다 운운하신 것은 실로 천리(天理)로 보아 그만둘 수 없는 것입니다. 주 부자(朱夫子 주희)를 옮겨 봉안(奉安)했다고 운운한 것은 아마 기억이 자세하지 않은 듯합니다. 당시에 봉안하여 고유

《宋子大全隨箚 卷9》 기해예송 당시, 인조의 계비 자의대비(慈懿大妃) 조씨(趙氏)가 이미 소현세자를 위하여 장자복(長子服)인 참최 삼년복을 입었으므로 송시열은 효종을 위해 서자복(庶子服)인 기년복을 주장했으며 적자(嫡子)라는 말을 하지 않았는데, 이유태는 송시열과 약간 달리 효종을 적자라 했다. 이것이 이른바 갑인예설인데 송시열의 문인들은 이것으로 이유태가 배신했다 여겼다.

159 어찌……있습니까 : 서로 다른 입장이 있어도 개인적으로 침해하지 않는다는 말이다. 숙자는 진(晉)나라 장수인 양호(羊祜)의 자이다. 양호는 오나라 장수 육항(陸抗)과 절친했는데, 각각 적국의 장수로서 국경에서 마주 대하고 있을 때, 육항이 양호에게 술을 보내니 양호는 의심 없이 마셨다. 또 육항이 병이 들었을 때 양호가 약을 보내자, 육항은 "어찌 사람을 독살하는 양숙자이겠는가."라고 하며 보내온 약을 의심 없이 마셨다고 한다. 《三國志 吳書 陸抗傳》

160 공주(公州)의 서원 : 공주 공암(孔巖)에 있는 충현서원(忠賢書院)을 말하는 것으로 보인다.

161 여철(余嚞)과 심계조(沈繼祖) : 송 영종(宋寧宗) 경원(慶元) 연간(1195~1200)에 재상 한탁주(韓侂胄)의 편에 섰던 인물로, 주희의 학문을 위학(僞學)으로 규정하여 탄압했다. 《宋史 寧宗本紀1》《宋史紀事本末 卷21 道學崇詘》

(告由)할 때 어떤 사람이, 진서산(眞西山 진덕수(眞德秀))을 주자와 나란히 모셨다가 그 뒤에 서산을 배위(配位)로 옮겨서 모셨다고 말했을 뿐입니다. 그 일은 《기보통편(記譜通編)》[162]에 나오는 듯한데 창졸간에 고증해 낼 수 없습니다. 생각건대 잠곡(潛谷 김육(金堉))이, 중봉(重峰 조헌(趙憲))이 전팽령(全彭齡)과 곽시(郭詩)의 서원에 있는 것을 치욕스럽게 여겨 중봉을 옮겨서 모셨던 것[163]입니다. 이만 줄입니다.

162 기보통편(記譜通編) : 송시열이 1665년(현종6) 2월 8일 정양(鄭瀁)에게 보낸 편지를 보면, 주희의 연보와 주자 실기(朱子實記)가 나누어져 있는 것을 번거롭게 여겨 합하여 한 책으로 만들고 붙인 이름이다. 《宋子大全 卷35 答鄭晏叔》

163 잠곡(潛谷)이……것 : 전팽령과 곽시는 모두 중종 때의 문신이다. 전팽령은 처가의 재물을 탐내어 처남을 죽인 김축(金軸)의 사위로, 김축의 악행을 알면서도 그의 재물을 탐내어 그 딸을 아내로 맞이했고, 곽시는 학문은 있었으나 행실이 좋지 못했는데도 옥천(沃川) 사람들이 조헌과 함께 한 사당에서 제향했다. 이에 김육이 조헌을 전팽령, 곽시 등과 함께 향사(享祀)하는 것은 모욕하는 일이라는 장계를 올리고 조헌의 위패를 다른 곳으로 옮겨 봉안했다. 《宋子大全 卷44 與張淨之, 卷72 與李擇之》

김경능에게 답함 병진년(1676, 숙종2) 9월 14일

答金景能 丙辰九月十四日

손자 주석(疇錫)[164]이 돌아와서 지난달 14일 보내신 편지를 전해 주었고, 지난번 청주(淸州)에 있을 때 보내신 편지도 보았습니다. 저는 설사 증세가 그치지 않아 몹시 괴롭습니다.

배향한다는 말씀[165]은 참으로 그렇습니다. 통탄할 만한 것은, 효묘(孝廟)께서 타고난 덕성을 지니셔서 계획이나 사업에 드러난 것이 한결같이 천리(天理)를 밝히고 인심을 바르게 하는 것을 주로 했는데, 오늘날에 와서는 주자를 배척하는 자가 공성(孔聖 공자(孔子))을 휘(諱)할 필요가 없다는 말을 임금께 말씀드리기에 이르렀고, 화친을 주장하며 의리를 내던진 사람을 또 대례(大禮)로 기리고 숭상하게 된 것입니다. 세 임금을 거치면서 근근이 끊어지지 않고 있던 바른 의론이 지금에 와서 여지없이 사라져 버렸으니, 세상에 노중련(魯仲連)[166]이

164 주석(疇錫) : 송시열의 둘째 손자이며, 자는 서구(敍九), 호는 봉곡(鳳谷)이다. 홍문관 박사, 수찬 등을 지냈다.

165 배향한다는 말씀 : 최명길(崔鳴吉)을 배향한다는 의론을 말한다. 숙종이 최명길과 김육(金堉)을 배향하는 것에 관해 묻자, 허적(許積)이 최명길은 사생을 걸고 국가가 위급할 때에 몸을 바쳤고, 김육은 대동법을 실시하여 그 이익이 백성에게 미쳤으나 유자(儒者)에게 영합하지 못했기 때문에 배향에 들어가지 못했다고 답했더니 숙종이 실록을 상고해 보라고 했다. 뒤에 이옥(李沃), 김해일(金海一)이 불가함을 논하자 숙종은 논의를 그만두도록 명했다.《宋子大全隨箚 卷9》《肅宗實錄 2年 7月 8日, 8月 27日, 9月 5日》

166 노중련(魯仲連) : 전국 시대 제(齊)나라 사람인데, 진(秦)나라가 조(趙)나라를

있다면 어찌 바다에 뛰어들고 싶지 않겠습니까.

또 서울에 있는 한 후생(後生)의 편지를 보니, 어떤 명문가 자제들은 모두 농담이나 하면서 날을 보내고 있어서 머리를 굽히고 과거 시험장에 나아가는 자들이 마음 쓰는 것보다 도리어 못하다고 하니, 이는 참으로 한심합니다. 정자(程子)가 일찍이 "뜻이 부귀에 있는 자는 뜻을 잃으면 슬퍼하고 근심하며 언행에 거리낌이 없다."라고 했으니, 이것이 어찌 몹시 부끄러워할 만한 것이 아니겠습니까. 옛날 스승의 문하에 있던 자들도 이러할까요?

양기(良器)[167]의 일은 몹시 경악할 만합니다. 어제 그의 편지에 답장하면서 농담으로 "이것은 축하할 만하다. 산해(山海)의 손자[168]가 '우리는 녹림(綠林)과 적미(赤眉)의 무리[169]이다.'라고 했는데, 이제 군이 '저들은 녹림과 적미의 무리가 아니다.'라고 말했기에 내쳐졌지만, 그

포위하고서 천자로 섬기면 포위를 풀어 주겠다고 하자 "진나라가 방자하게 천자를 참칭(僭稱)하면 동해에 빠져 죽겠다."라고 말했던 인물이다. 《史記 魯仲連列傳》

167 양기(良器) : 《송자대전수차》 권1을 참조하면 신성(申晟)의 자로 보인다. 본관은 평산(平山), 호는 청산(靑山)이다. 주촌(舟村) 신만(申曼)의 동생이고 진잠(鎭岑)에서 살았으며, 도사를 지냈다. 《송자대전》 권2에 송시열이 그의 시에 차운한 시가 있다. 한편 《송자대전수차》 권9에는 누구인지 잘 모르겠다고 했으니, 다른 인물인지 확신하지 못하겠다. 《宋子大全隨箚 卷1》《愼獨齋全書 卷18 門人錄》《同春堂集 卷12 門人錄》

168 산해(山海)의 손자 : 이산해의 손자 이무(李袤)를 가리키는 듯하다.

169 녹림(綠林)과 적미(赤眉)의 무리 : 역적에게 반기를 든 무리를 말한다. 녹림은 본래 중국 호북성(湖北省)에 있는 산 이름인데, 왕망(王莽)이 한나라를 찬탈하자 이에 반대하는 사람들이 이 산을 근거로 왕망의 관군에 대항했다. 적미는 왕망에 반대하여 낭야(琅邪)에서 봉기한 번숭(樊崇)의 군대를 가리킨다.

대는 면했다."라고 했는데 그가 어떻게 생각할지 모르겠습니다. 그러나 그 말은 몹시 두려우니, 절대로 본색을 알 수 없는 잡인의 왕래를 허락해서는 안 됩니다. 두촌(豆村)이 술에 게를 함께 보낸 것[170]은 참으로 이상합니다. 게는 바로 갑주(甲胄)를 두르고 있는 물건이니, 장차 두 대의 병거(兵車)[171]로 요동을 건너 오랑캐를 치려는 것일까요? 우습습니다.

170 두촌(豆村)이……것 : 두촌은 김장생의 서자 김규(金槼)와 김비(金棐)를 가리키는 듯하다. 송시열이 김만기(金萬基)에게 보낸 편지를 보면 그들이 이원정(李元禎)에게 붙어 출세하려는 계책으로 삼고자 했으니, 술과 게를 바쳐 윤휴 등에게 아첨한 것이다. 《宋子大全隨箚 卷9》

171 두 대의 병거(兵車) : 당시에 윤휴가 병거를 만들 것을 청했다. 《宋子大全隨箚 卷9》《肅宗實錄 1年 1月 28日, 2月 21日, 4月 2日・10日》

김경능에게 답함 정사년(1677, 숙종3) 3월 19일
答金景能 丁巳三月十九日

오래도록 안부를 듣지 못하여 말할 수 없이 그립더니, 문득 인편으로 보내신 편지를 받으니 위로되는 마음 어찌 이루 말할 수 있겠습니까. 근래에 하시는 말씀은 근심스러우나 어쩌겠습니까. 오직 능침의 변(變)[172]은 얼마나 놀랍고 간담이 떨어지던지 살고 싶지 않은 듯했습니다. 철옹(鐵瓮)[173]의 일은 어찌 사람의 생각이 미칠 수 있겠습니까. 또 제가 한가하게 일소에 부치는 것은 도량이 커서 그런 것이 아닙니다. 절치부심한다는 성상의 말씀을 받들고부터 의리상 목을 베고 배를 갈라 우리 임금께 사죄해야 하지만 우선 사사(賜死)하라는 명이 없다는 핑계로 감히 낮에는 먹고 밤에 잠자며 몸을 땅에 두고 있으니, 이는 바로 지각이 없는 일개 흙덩이나 나무토막입니다. 철옹의 행위는 끝까지 가서 여지가 없다고 하지만 더불어 시비와 득실을 따질 수 있겠습니

172 능침의 변(變) : 현종과 현종 비 명성왕후(明聖王后) 김씨를 모신 숭릉(崇陵)의 사초(莎草)가 무너진 것을 말한다. 《肅宗實錄 3年 2月 28日》

173 철옹(鐵瓮) : 이유태의 유배지로, 여기서는 이유태를 가리킨다. 그는 1660년(현종1)에 일어난 복제 시비(服制是非) 때 송시열의 기년설을 옹호했으나 기해복제설(己亥服制說)을 지은 뒤에 이전의 주장을 뒤집어 벗을 배반하고 시론(時論)에 붙었다는 오해를 사 송시열과 사이가 벌어졌으며, 1675년(숙종1)에 남북으로 갈라져 유배되어 서로 멀리 떨어져 있게 되면서 오해가 쌓여 회복하기 어려운 지경으로 갈라졌다. 기해복제설은 귀양 가 있던 이유태가 풀려나도록 하는 바탕이 되기도 한다. 《宋子大全隨箚 卷4, 卷10》《宋子大全 附錄 卷7 年譜6, 卷8 年譜7》《草廬先生年譜 卷4》《肅宗實錄 5年 7月 13日, 6年 5月 12日》

까. 제가 늘 그를 위해 혐의를 벗어나게 했던 것을 그가 서서히 알게 되면 마땅히 스스로 부끄러울 것입니다. 그렇지 않고 그 행위가 더욱 방자해진다 해도 그대로 맡겨 둘 뿐입니다. 어찌 시끄럽게 변명하여 옛사람의 훈계를 어기기까지 하겠습니까. 이것이 사리에 합당한지 모르겠습니다. 부디 자세히 생각해 보고 말씀해 주십시오. 병으로 몹시 괴로워 대신 쓰게 하느라 이만 줄입니다.

김경능에게 보냄 정사년(1677, 숙종3) 4월 24일

與金景能 丁巳四月二十四日

늙은 아내가 마침 이런 때에 세상을 떠났습니다. 아플 때 치료하지도 못했는데 죽고 나서는 영결도 할 수 없습니다. 앞으로 장사 지낼 때 다시 관을 어루만질 수도 없을 것이니, 50년 부부의 의리가 어찌 이와 같단 말입니까. 이는 인정상 지극히 슬퍼해 마지않을 일입니다. 멀리서 위로의 편지를 받으니 슬픈 마음이 더욱 더합니다.

저는 이달 초에 급성 설사병을 얻어 배 속에 아무것도 없이 다 쏟아내었고, 그런 뒤에 마침내 기절했습니다. 지금 비록 목숨이 연장되기는 하였으나 스스로 짐작건대 오래가기 어려울 것입니다. 장지(葬地)는 말씀하시는 뜻이 참으로 맞습니다만, 만의(萬義)를 무덤으로 정한 지 오래되었습니다.[174] 오늘날 어려운 것은 모두 일의 형편과 재력(財力)이라고 하지만, 저의 생각은 그렇지 않습니다. 죄인 집안의 장사는 의리상 감히 제물(祭物)을 갖추지 못합니다. 그리고 동파(東坡)가 말한, 연릉 계자(延陵季子)가 영박(嬴博)에 장사를 치른 뜻[175]을 자식이

174 만의(萬義)를……오래되었습니다 : 송시열의 부인 한산 이씨(韓山李氏)는 평소 병이 많았는데 송시열의 귀양 소식을 듣고 놀라고 근심한 나머지 병이 덧나서 죽기에 이르렀다. 송시열이 주장한 '체이부정(體而不正)'이라는 설과 대왕대비의 복(服)을 기년(朞年)으로 한 일로 대통이 어지러워지고 효종의 지위가 낮아졌는데 현종이 이를 바로잡았으니, 이 일을 '종묘에 고하자는 논의〔告廟論〕'가 당시 급박하게 돌아가고 있었기에 황급하게 공주 신오(新塢)의 산기슭에 임시로 장례를 치렀다가 1680년 원래 정해 두었던 만의로 이장했다.《宋子大全 附錄 卷7 年譜6, 卷8 年譜7》

유독 아버지에게 시행하지 못하겠습니까. 자식이 아버지에게 오히려 베풀 수 있다면 어찌 남편이 아내에게 시행하지 못하겠습니까. 대충 소가 끄는 수레라면 멀리까지 갈 수 있습니다.

곽(槨)이 관을 두르고 흙이 곽을 두르며 봉분이 높아서 사람이 숨을 만할 정도라면 한 집안의 종으로도 이 일을 해낼 수 있습니다. 다만 아이들이 산운(山運)에서 꺼리는 것 때문에 장애가 된다고 하는데, 제 생각에 이것은 또한 너무 그 말을 따를 필요는 없습니다. 사마공(司馬公)이 그의 친족을 속였던 일[176]에서 산운이란 믿기 어렵다는 것을 더욱 알 수 있습니다. 오직 잘 생각하여 아이들이 어떻게 해야 할지 이끌어 주시기 바랍니다. 나머지는 이만 줄입니다.

175 동파(東坡)가……뜻 : 연릉 계자는 오(吳)나라 공자(公子) 계찰(季札)로, 제(齊)나라에 갔다가 돌아올 때 그 맏아들이 죽자 고향으로 반장(返葬)하지 않고 제나라 땅인 영현(嬴縣)과 박현(博縣) 사이에서 장사 지냈다. 뼈와 살은 흙으로 돌아가지만, 혼기(魂氣)는 어디로든 갈 수 있다고 여겼기 때문이다. 《禮記 檀弓下》 동파는 소식(蘇軾)의 호로, 그가 황주(黃州)로 귀양 가 있을 당시 그의 아들 과(過)와 매(邁)에게 연릉 계자의 말을 빌려 자신이 죽으면 고향으로 반장하지 말고 황주에서 장례를 치를 것을 당부했다고 한다. 《宋子大全隨箚 卷9》《東坡全集 卷77 與王敏仲八首》

176 사마공(司馬公)이……일 : 사마공은 북송 때의 사마광(司馬光)을 말한다. 그의 조부 사마정(司馬政)을 장사 지낼 때 음양가에게 물어보지 않으니 친족들이 모두 불가하다고 했다. 그러자 그의 형 사마단(司馬旦)이 이웃에 사는 장생(張生)이라는 지관(地官)과 약속하여 2만 전(錢)을 주며 "그대가 내 말대로 한다면 나는 그대가 장사를 지내게 하겠다. 그렇지 않으면 다른 지관을 찾겠다."라고 했다. 그리고 자기가 뜻하는 곳을 일하는 데 편한 점을 취하여 연월일시와 광(壙)의 깊이와 너비 등을 잡은 다음 장생에게 장지(葬地)에 대한 글을 "아주 길하다."라고 꾸며 친족에게 보여 주게 했더니 친족들이 모두 기뻐하여 어기거나 이상하게 여기는 자가 없었다고 한다. 《宋子大全隨箚 卷9》《古今事文類聚 前集 卷58 葬論》

별지

이른바 서린 용 모양이란 어떤 물건인지 뒤의 편지에 은밀히 말씀해 주십시오. 묘지 소송에 대한 뜻은 누구에게서 나온 것입니까? 저들이 송(松 송강 정철) 때문에 파(坡 파주의 성혼)에게까지 미칠 것이라고 하는데 참말입니까? 그 당시 사화(士禍)는 모두 공량(公諒)이 그 사이에 있었던 데서 말미암은 것[177]이지만 오늘날 말하기 어려운 점이 있는 것을 어쩌겠습니까. 이무(李袤) 할아버지의 정상(情狀)[178]은 끝내 드러낼 수 없으니, 한스럽지 않겠습니까. 그러나 몹시 어려운 것을 어쩌겠습니까. 앞뒤로 하신 말씀은 몹시 마음을 놀라게 합니다. 오늘날 믿는 것은 그저 종묘와 사직이 보살펴 주고 있다는 것입니다.

장지는 새로 터를 잡았으나 반드시 만의보다 더 길하다고는 할 수 없고, 만의보다 반드시 거리가 가깝다고 할 수는 없습니다. 논의가 없는 것은 필시 만의를 언급하지 않아서인데, 남과 다툴 소지가 있다면 이해와 관련된 것은 말할 수 없는 점이 있습니다. 그러므로 저의 마음은 단연코 다른 생각이 없습니다.

177 공량(公諒)이……것 : 공량은 선조의 후궁으로 총애를 받았던 인빈 김씨(仁嬪金氏)의 오빠 김공량(金公諒)을 말한다. 이산해(李山海)와 그 아들 이경전(李慶全)이 김공량의 집을 드나들면서, 왕자들을 없애고 광해군을 끼고 난을 일으킬 것이라는 말로 정철을 모함했는데, 1591년(선조24) 서인들의 실각은 여기에서 말미암은 것이다.《宋子大全隨箚 卷9》《光海君日記 卽位年 4月 2日》

178 이무(李袤) 할아버지의 정상(情狀) : 이무의 할아버지는 이산해로, 정철을 모함한 정상을 말한다.

김경능에게 답함 정사년(1677, 숙종3) 11월 14일

答金景能 丁巳十一月十四日

이토록 오래 소식이 막혀 있으니 우러러 그리운 마음이 날로 은근했는데, 문득 멀리 삼산(三山)에서 보낸 편지가 왔기에 읽어 본 뒤에, 저도 모르게 묵은 병이 몸에서 떠난 듯했습니다. 이렇듯 흉년이 들었는데 그곳의 생활은 어떠한지요? 다람쥐와 민첩함을 겨루지 않으면 반드시 나물 뿌리를 씹어야 할 터인데, 어떤 일이라도 할 수 있을는지요?[179] 저는 요즈음 치질을 앓아 실처럼 쇠잔한 목숨이 끊어질 듯하지 않은 경우가 거의 드뭅니다. 또 절도(絶島)로 이배(移配)한다는 의론이 있다고 들었는데 목숨을 조정과 재야에 맡겼으니 간절하지 않을 뿐만이 아닙니다. 탐라(耽羅)로 가게 되면 영영 뵐 기약이 없으니, 중도에 뵐 수 있을지 모르겠습니다.

20자의 주단(紬段)은 멀리서 지극한 마음을 알겠으니 감사한 마음 이루 다 표현할 수 없습니다. 가난한 여인의 손에서 나와 한라(漢拏)의 비에 젖으니, 사물의 이치를 따질 수 없는 점이 있습니다. 인생인들 또한 무엇이 이와 다르겠습니까. 군평(君平 김만준(金萬埈))은 지금 어디에 있으며, 자식의 상을 당해 병들지는 않았는지요? 그리움에 탄식

179 다람쥐와……있을는지요 : 도토리를 줍지 않으면 풀이나 나물 따위라도 먹어야 하는데, 어려움을 견딜 수 있겠느냐는 말이다. 왕신민(汪信民)이 "사람이 항상 나물 뿌리를 캐 먹고 살 줄만 알면 어떤 일이라도 행할 수 있다."라고 한 말이 있다. 《小學 卷6 善行》

할 것만 같다[180]는 것이 참으로 빈말이 아닙니다. 누워서 대신 쓰게 하느라 이만 줄입니다.

180 그리움에……같다 : 한유(韓愈)의 시 〈송문창사북유(送文暢師北遊)〉에 "어둡고 곤궁한 데서 누구와 이야기 나눌까, 그리운 마음 몹시 탄식하네.〔幽窮共誰語? 思想甚含噦.〕"라고 한 데서 유래한 표현이다. 《韓昌黎集 卷2》

김경능에게 답함 무오년(1678, 숙종4) 4월 11일

答金景能 戊午四月十一日

그립던 중에 인편으로 보내오신 편지를 받고 만나서 이야기를 나누는 듯하여 저의 마음이 몹시 위로되었습니다. 저는 지난달부터 음식을 먹지 못하여 숟가락을 놓았으니, 거의 곡식을 끊은 승려가 되었습니다. 게다가 영남의 상소가 올라갔다고 들었는데, 사슴과 같은 목숨은 또 매달려 있습니다.[181] 평생을 돌아보건대 끝내 무엇을 했는지요. 시사(時事)는 듣고 싶지 않습니다. 다만 무장(懋丈)[182]이 여러 차례 곤욕을 당했다고 들었으니 몹시 한탄스럽습니다. 군평(君平 김만준)이 윤체원(尹體元)[183]과 찾아올 뜻이 있다고 들었습니다. 불쑥 문으로 들어오는

181 사슴과……있습니다 : 목숨은 천명에 달려 있다는 말이다. 중국 제(齊)나라의 최저(崔杼)가 장공(莊公)을 시해하고 사대부들을 모아 맹약을 맺으면서 그 뜻에 동조하지 않는 자는 모두 죽이겠다고 했는데, 안영(晏嬰)이 이를 거절하고 돌아가는 길에 마부가 급히 수레를 몰자, "사슴은 산속에 있지만 그 목숨은 주방에 있네. 목숨은 매인 바가 있으니 어찌 빨리 달리겠는가."라고 말하고 수레를 느긋이 절도에 맞추어 몰게 하면서 떠나갔다고 한다. 《韓詩外傳 卷2》

182 무장(懋丈) : 자가 무숙(懋叔)인 김익훈(金益勳)을 말하는 것으로 보인다. 김장생의 손자로, 송시열보다 몇 살 젊다. 당시 광주 부윤(廣州府尹)에 천거되었는데 사헌부에서 논하여 파직할 것을 청한 일이 있었으며, 또 어영대장에 임명한 것을 두고 사헌부와 사간원이 환수(還收)하라고 아뢰고, 허적(許積)이 임금에게 말하여 체직하게 한 일 등이 있었다. 《肅宗實錄 4年 3月 19日, 閏3月 16日》

183 윤체원(尹體元) : 윤이건(尹以健, 1640~1694)으로, 체원은 그의 자이고, 본관은 남원(南原), 호는 일소재(一笑齋)이다. 송시열의 문인으로 공조 좌랑, 진산 군수(珍山郡守) 등을 역임했다. 학사(學士) 윤집(尹集)의 손자로, 송시열이 골육지친처럼 여

것을 보게 된다면 이는 참으로 바닷가에서 안기생(安期生)을 만나는 격입니다.[184] 그대는 요즘 무엇을 하고 있는지요? 세월이 아까우니 부디 큰형님과 마주하여 책을 보십시오. 이것이 벗의 바람입니다. 이만 줄입니다.

겼다고 한다.《宋子大全隨箚 卷13 目錄》

184 안기생(安期生)을 만나는 격입니다 : 신선을 만나는 것과 같다는 말이다. 안기생은 동해 봉래산에서 살았다는 전설상의 선인이다. 진 시황과 사흘 밤낮을 이야기한 뒤에 자기를 찾고 싶으면 동해 봉래산으로 오라고 말하고는 바닷속으로 떠났다는 고사가 있다.《高士傳 卷中 安期生》

김경능에게 답함 무오년(1678, 숙종4) 5월 29일

答金景能 戊午五月二十九日

그리움에 탄식할 것만 같다가 편지를 받고 조금 마음이 트였습니다만 나태하다는 말씀은 듣기가 싫습니다. 모(某) 대감이 그대와 주고받은 말은 참으로 지론입니다. 정 부자(程夫子)가 신하의 의리는 왕릉(王陵)을 표준으로 삼아야 한다고 했습니다.[185] 저 진평(陳平)과 주발(周勃)이 큰 공로가 있다 한들 덕에 부끄러운 점이 적지 않은데, 더구나 왕릉의 정정당당함을 잃고 진평과 주발의 공로가 없는 경우이겠습니까.

그대 조카가 최근 서울에서 보낸 편지를 받았는데, 많은 말이 있었으나 저의 계획은 수성(隋城 수원(水原))의 수혈(壽穴)을 귀장(歸葬)할 곳으로 정했습니다. 죽은 아내를 먼저 옮기면 피차가 모두 일이 없을 것입니다. 저의 병은 날로 위태롭고 괴롭게 여겨집니다만 무엇보다

185 정……했습니다 : 한(漢)나라 혜제(惠帝)가 죽은 뒤에 여 태후(呂太后)가 자기 친정 집안의 여씨(呂氏)들을 왕으로 삼기 위해 신하들에게 의견을 묻자, 우승상 왕릉이 "유씨(劉氏)가 아닌데도 왕이 된 자는 천하가 함께 공격하라."라고 한 고조(高祖)의 유언을 거론하며 반대했다. 그러나 좌승상 진평과 태위(太尉) 주발은 여후와 맞서다가 유씨의 후예가 모두 죽음을 당할 것을 염려하여, 일단 여후의 뜻에 찬동하여 여씨들이 왕이 되도록 내버려 두었다. 여후가 실질적인 국권을 장악하여 8년간 한나라를 통치하다가 죽자, 진평과 주발은 여록(呂祿)과 여산(呂產)의 병권을 빼앗고 마침내 모든 여씨를 참수하여 유씨의 한나라를 굳건히 하는 공을 세웠다. 《史記 呂太后本紀》 정이(程頤)는 이에 대해 진평과 주발이 공을 세운 것은 모두 우연한 행운일 뿐이라고 깎아내리고, 신하의 의리는 오로지 왕릉을 정도로 삼아야 한다고 평한 바 있다. 《二程遺書 卷19 楊遵道錄》

그대 선대의 비명(碑銘)[186]을 아직 짓지 못했으니 눈을 감지 못하겠습니다. 제 아우가 늙고 병들어 홀아비가 되었으니 무엇보다 그대 며느리[187]가 가련합니다. 다만 임신했다고 들었으니, 이는 두 집안의 다행입니다. 나머지는 누워서 대신 쓰게 하느라 이만 줄입니다.

186 그대 선대의 비명(碑銘) : 《송자대전》 권84 중 송시열이 김만증(金萬增)에게 '선명(先銘)'이라고 표현한 곳이 여섯 군데 있다. 1678년에 두 번, 1682년과 1687년 각각 한 번, 1688년 두 번인데 1682년 편지에서 '비명의 초본', '비명의 말은 그 당시 여러 날 깊이 생각해도 온당한 말을 얻지 못하여 그럭저럭 지금까지 왔다.'라는 등의 말이 있는 것으로 보아 1678년에서 1682년 사이에 1편을 저술하고, 1687년부터 1688년 사이에 1편을 저술한 것으로 추측된다. 김만증의 중조부(仲祖父) 김집(金集)의 것을 먼저 저술하였을 것으로 추측되지만 아버지 김익희(金益熙)의 사망 연도가 1656년(효종7)으로 같고, 각 비명의 저작 시기를 고증할 길이 없어 '선대'로 통일하여 번역하였다. 《宋子大全 卷155 愼獨齋金先生神道碑銘, 卷158 滄洲金公神道碑銘》

187 그대 며느리 : 김만증은 1남 4녀를 두었는데 아들은 장수 현감(長水縣監)을 지낸 김진망(金鎭望)이다. 송시열의 아우 송시도(宋時燾)의 손녀이자 송기억(宋基億)의 딸이 김만증의 며느리이다. 《宋子大全隨箚 卷9》

김경능에게 답함 무오년(1678, 숙종4) 7월 1일

答金景能 戊午七月一日

낙정(樂靜)[188]의 부인이 세상을 떠났다는데, 참말입니까? 중숙(重叔 김만중(金萬重))이 신식 세계 지도를 만들었다고 들었는데, 볼 수 있겠습니까? 문상(汶上)의 말씀은 잘 알았습니다. 그러나 박랑사(博浪沙)에서 철퇴가 적중하지 않았어도, 천하가 진(秦)나라를 가볍게 여긴 마음이 실로 여기에서 비롯되었으니 그 공로가 어찌 작겠습니까.[189] 다만 누가 유비와 항우가 되는지 모르겠습니다. 우습습니다.

188 낙정(樂靜) : 조석윤(趙錫胤, 1606~1655)의 호이다. 본관은 배천(白川), 자는 윤지(胤之)이다. 김상헌과 장유(張維)의 문인으로, 대사간, 이조 참판 등을 역임했다.

189 문상(汶上)의……작겠습니까 : 문상은 민정중(閔鼎重)을 말한다. 계씨(季氏)가 공자의 제자인 민자건(閔子騫)을 비(費) 땅의 수령으로 삼으려 하자, 민자건이 "다시 한 번 나를 부르러 온다면, 나는 필시 노(魯)나라를 떠나 제(齊)나라의 문수(汶水)가에 있게 될 것이다."라고 한 고사가 있는데, 당시 민정중이 은퇴해 있었기에 하는 말이다. 《論語 雍也》 민정중이 상소하여, 윤휴가 자신의 천거로 발탁되고 나서는 자신이 나라 걱정을 하는 말에 대해 '감히 융숭한 은례(恩禮)와 총애하는 대우만 믿고 방자하게 굴며 아첨하여 영합한다'며 자신을 비방하고 있음을 들어 윤휴를 잘못 천거했다고 자책하고, 그의 흉악하고 도리에 어긋난 모습을 아뢰었다. 《肅宗實錄 4年 6月 12日》 장량(張良)이 자객을 구해 박랑사에서 철퇴로 진 시황을 시해하려고 시도함으로써 천하가 진나라를 경시하게 되었듯이, 민정중이 언급한 것이 윤휴에게 치명적 타격을 주지는 못하겠지만 이로부터 윤휴를 경시하게 되리라는 말이다. 《宋子大全隨箚 卷9》《史記 留侯世家》

김경능에게 답함 무오년(1678, 숙종4) 7월 27일

答金景能 戊午七月二十七日

보내오신 편지를 자세히 읽고, 이어서 원로(元老)와 여러 날 밤을 함께 자면서 끊임없이 소식을 듣다 보니 영남 바닷가가 멀리 떨어져 있는 곳인 줄도 모를 정도였습니다. 사오(沙塢)의 일[190]은 듣고 싶지도 않고 말하고 싶지도 않습니다. 속으로 "사람이 살면서 온갖 없는 일이 없다." 라는 구절을 외면서 이따금 눈물을 흘립니다. 생각해 보면 작년에 자식과 손자들이 잘못 알고 가벼이 믿어 처신하기 어려운 일을 초래했는데, 방금 장례 도구를 조치한 것을 보건대 천장(遷葬)할 수 있다면 아무 일이 없을 것이라 이것만 기다립니다. 지금이 어떤 때인데 이러한 일이 있는지요. 이를 어쩌겠습니까.

이태경(李泰卿)[191]은 평지를 걷는 듯[192]합니다. 그 어머니가 범방(范

190 사오(沙塢)의 일 : 사오는 공주(公州) 유성현(儒城縣)의 마을 이름으로 신오(新塢)라고도 한다. 김장생의 손자 김익희(金益熙)를 장사 지낸 곳인데, 송시열의 아우 송시도(宋時燾)의 시골집이 그 곁에 있었다. 김익희의 아우 김익후(金益煦)의 상이 나자 처음에 송시도의 시골집을 무덤으로 쓰려고 했으나 하지 못했다. 송시열의 부인이 세상을 떠나자 집안사람이 이곳에 장례를 치르려고 했으나 송시열은 그곳이 김씨의 산과 가깝고 또 김익후의 상으로 인해 있었던 분란을 꺼려서 장손(長孫)에게 편지를 보내 제지했다. 얼마 되지 않아 조정에서 고묘론(告廟論)이 나와 기색이 급했기에 이곳에 임시로 장례를 지냈는데, 이때 와서 또 송시도 부인의 장례 일로 운운하는 바가 있었다.《宋子大全隨箚 卷6, 卷9》이 일과 관련하여 김만증이 송시열의 아우 송시도에게 두 집안에 불화가 생기는 것을 막기 위해 사오가 아닌 다른 곳으로 장지(葬地)를 바꿀 수 없느냐며 의견을 물은 편지가 있다.《遯村遺稿 卷2 與宋長城時燾》

滂)의 어머니[193] 같다고 들었으니, 사람의 뜻을 강하게 하기에 충분합니다. 오직 채 상사(蔡上舍)[194]의 집은 기아를 견딜 수 없으니 이것이 가련합니다. 채서산(蔡西山)이 귀양 간 뒤에 주 선생(朱先生)이 사람을 통해 그곳의 수령에게 은밀히 부탁하여 그 집을 음으로 보살피게 했습니다.[195] 오늘날 누가 이런 일을 할 수 있겠습니까. 저의 병은 날로 심해지는데, 오직 그대 선대의 비명(碑銘)을 아직 짓지 못한 것이 두렵습니다. 부디 헤아려 주십시오.

191 이태경(李泰卿) : 이동형(李東亨, 1637~1717)으로, 태경은 그의 자이고, 본관은 여주(驪州)이다. 송시열의 문인으로, 삭녕 군수(朔寧郡守)를 지냈다. 1678년 6월에 상소하여 송시열을 변무(辨誣)하다가 육진(六鎭)으로 유배되었다. 송시열이 귀양 간 채하징(蔡河徵)과 그를 위해 지은 시가 있다. 《宋子大全隨箚 卷4》《宋子大全 卷4 憶塞北二謫》

192 평지를 걷는 듯 : 뒤의 내용으로 보건대 칼날 밟는 것을 평지를 걷는 것처럼 한다는 뜻으로, 위태로운 상황에서도 대범하게 대처하는 것을 말하는 것으로 보인다.

193 범방(范滂)의 어머니 : 범방은 후한의 고사(高士)이다. 당고(黨錮)의 화에 휘말려 죽게 되어 어머니에게 영결을 고했더니, 그의 어머니가 "너는 지금 이응(李膺)이나 두밀(杜密)과 명성이 같은데 죽은들 무슨 여한이 있겠느냐. 훌륭한 명성이 있고 오래 살기를 요구하는 이 두 가지를 겸할 수는 없다."라고 하며 오히려 그 아들을 위로했다. 《後漢書 黨錮列傳 范滂》

194 채 상사(蔡上舍) : 채하징(蔡河徵, 1619~1687)으로, 본관은 인천, 자는 희서(羲瑞), 호는 취암(翠巖)이다. 기해예송 때 송시열이 주장한 자의대비 기년복은 제도에 따라 시행한 것으로 왕통(王統)을 부정한 것이 아니라는 상소를 올렸다가 함경도 경흥부(慶興府)로 유배되었다. 《肅宗實錄 4年 7月 5日》

195 채서산(蔡西山)이……했습니다 : 서산은 채원정(蔡元定)의 호이다. 그가 위학당(僞學黨)으로 몰려 귀양을 간 뒤 그의 집이 마을 사람들에게 온갖 해코지를 당해 힘들었기에 주희가 황간(黃榦)에게 편지를 보내어, 임위(任尉)에게 은밀히 돕도록 부탁하는 것이 좋을 듯하다는 말을 했던 일이 있다. 《晦庵集 續集 卷1 答黃直卿》

김경능에게 보냄 무오년(1678, 숙종4) 9월 8일

與金景能 戊午九月八日

운명이 기구하여 또 오래도록 그리워하던 중에 맏딸을 잃으니 아무리 이치로 달래려 해도 그럴 길이 없습니다. 주 선생(朱先生)이 "차라리 살고 싶지 않다."라고 말했던 것은 참으로 저의 마음을 먼저 안 것입니다. 제 아우[196]가 아내를 잃어 결국 한천(寒泉)으로 돌아가게 되었으니, 무슨 다행스러움이 이만하겠습니까. 다만 이미 도착했는지를 몰라 저를 답답하게 합니다. 이 뒤로는 되지도 않는 말이 없기를 참으로 바랍니다. 《시경》에 이렇게 말하지 않았습니까. "내 벗이 자제하면, 참소하는 말이 어찌 일어나랴.〔我友敬止, 讒說其興?〕" 이것이 어찌 오늘날 마땅히 서로 힘써야 할 말이 아니겠습니까.

196 제 아우 : 송시열의 막내아우 송시걸(宋時杰)을 말한다. 앞뒤로 있었던 송시열의 귀양길에 모두 함께하며 보살폈다. 《宋子大全隨箚 卷13 目錄》

김경능에게 보냄 기미년(1679, 숙종5) 6월 13일

與金景能 己未六月十三日

평소 독서한 것이 오늘날에 힘을 얻을 수 있을까요? 곤궁하다고 허둥댄다면 반드시 부엌 종의 웃음거리가 될 것입니다. 짧은 글[197]을 주손(疇孫 송주석)에게 부쳤으니, 가져다 보십시오. 가장(家狀)을 받은 것이 너무 늦었고 마음과 정신을 다 기울일 수 없었기에 몹시 한스럽습니다. 삼가 이것으로 영결하니 부디 몸을 아끼시고 군평(君平 김만준)과 함께 보십시오.

○ 지금 이 뜻은 주 선생(朱先生)이 장정수(張定叟)와 영결한 것[198]과 만분의 일 정도는 비슷합니다.

197 짧은 글 : 김만증 선대의 신도비명을 말하는 것으로 보인다. 121쪽 주186 참조.

198 주……것 : 정수(定叟)는 장식(張栻)의 아우 장작(張杓)이다. 주희가 병이 심해지자 구두(口頭)로 불러 장작에게 영결의 편지를 부쳤는데, 부형의 업(業)을 계승하라고 권면하고 또 자신은 돌아가서 형의 부형과 사우를 지하에서 만날 것이라고 했다. 《宋子大全隨箚 卷9》《晦庵集 卷29 答張定叟書》

김경능에게 답하다 기미년(1679, 숙종5) 9월 22일
答金景能 己未九月二十二日

지난달 25일 편지를 지금에야 받아 보았습니다. 제 병은 원래 증상에다 풍토가 애를 먹이는지라 죽고야 말 것이니 어찌 기쁜 일이 있으리라는 희망이 있겠습니까. 계사(啓辭)를 정지하였다는 말씀은 얼마나 잘못된 것인지요. 이곳에 온 뒤로 모든 일이 다 싫지만, 철옹(鐵甕)의 시비에 대해 들리지 않아 다행이었는데 이제 이렇게 언급하십니까.[199] 그에게 득실이 있으면 벗들의 근심과 기쁨이 되니, 이것이 어찌 인정이 아니겠습니까.

제 아우가 전한 글은 당시에 몹시 거칠고 엉성했습니다. 가장(家狀)의 초고는 이제 듣자니 잘못하여 제 아우의 거처에 있다고 합니다. 조만간 찾아오면 아마 말씀하신 대로 할 수 있을 것입니다. 군평(君平)은 지금 어디에 있는지요? 그리움을 이루 말할 수 없습니다. 형(刑)을 받고 죽거나 병들어 죽는 두 경우가 아니더라도 한 번 죽게 마련입니다. 고죽군(孤竹君)의 두 아들[200]이 손바닥을 비비며 "너는 무슨 남다른

199 철옹(鐵甕)의……언급하십니까 : 철옹은 철옹에 유배 간 이유태(李惟泰)를 말한다. 이때 와서 '잘못을 고친 사람이라면 스스로 갱신할 수 있는 길을 더 주어야 한다.'라며 오시수(吳始壽)가 이유태의 사면을 청하였고, 풀려났기에 하는 말이다. 《宋子大全附錄 卷7 年譜6, 卷8 年譜7》《草廬先生年譜 卷4》《肅宗實錄 5年 7月 13日》

200 고죽군(孤竹君)의 두 아들 : 백이(伯夷), 숙제(叔齊)를 말한다. 주 무왕(周武王)의 혁명을 목격하고 의리상 주나라 곡식을 먹을 수 없다 하여 수양산에 들어가 고사리를 캐 먹다가 굶어 죽었다. 《史記 伯夷列傳》

절개가 있다고 나와 높음을 다투느냐?"라고 할까 두려우니 한바탕 크게 웃을 만합니다. 이만 줄입니다.

김경능에게 답함 기미년(1679, 숙종5) 12월 15일[201]

答金景能 己未十二月十五日

간절히 그리운 마음이 세밑에 더욱 심하더니 문득 인편으로 보내신 편지에서 근래의 상황을 잘 알게 되어 위로되고 기쁜 마음 이루 말할 수 없었습니다. 그대 선대의 가장(家狀)은 삼가 잘 받았습니다. 이 일은 반드시 죽기 전에 마치려 하니 감히 조금이라도 늦추겠습니까. 다만 병이 사람의 생각을 무너뜨리니 이것이 염려스럽습니다. 베 두 필은 지극한 뜻에 참으로 감사합니다. 그러나 마른 웅덩이의 물고기가 서로 적셔 주는 것이 어찌 불망구학(不忘溝壑)[202]이라는 네 글자를 잊지 않도록 힘쓰는 것만 하겠습니까. 이 밖에는 그저 책을 보고 행동을 삼가기를 바라며, 선조의 모범을 실추하지 마시기를 지극히 빕니다. 복초(復初)[203]는 애통하고 참담하기가 이루 말할 수 없습니다. 택지(擇

201 기미년 12월 15일 : 내용으로 보아 이 편지는 신도비명을 쓰기 전 가장을 받았을 때의 것으로 추측된다. 1679년 6월 13일 편지에서 가장을 받은 것이 너무 늦었다는 말이 있고, 9월 22일 편지에서 가장을 김만증에게 돌려주지 못했다는 말이 있으며, 이 편지의 서두에 있는 '세밑'이라는 말과 죽기 전에 마치려고 한다는 말이 있는 것으로 보아 순서상 1678년 12월 편지로 보인다. 연도의 기록에 오류가 있는 것으로 추측되나 확신하기는 어렵다. 121쪽 주186 참조.

202 불망구학(不忘溝壑) : 자신의 신념을 지키다가 죽더라도 한스럽게 여기지 않는다는 뜻이다. 《맹자》 〈등문공 하(滕文公下)〉에 "지사(志士)는 자신의 시신이 구렁에 버려질 것을 잊지 아니하고, 용사(勇士)는 자신의 머리를 잃을 것을 잊지 않는다."라고 한 데서 온 말이다.

203 복초(復初) : 이주(李週, 1625~1679)의 자이다. 김장생의 손녀에게 장가든 우

之)는 어떻게 마음을 가누겠습니까.[204] 우리들의 운수를 어느 누가 주관하는지 따져 볼 수가 없습니다.

의정 이후원(李厚源)의 아들이고 송시열의 문인 이선(李選)의 형이다. 강서 현령(江西縣令)으로 있을 때의 일로 처벌을 받아 벽동군(碧潼郡)에 유배되었다가 황해도 은율현(殷栗縣)으로 이배(移配)되던 중 1679년 12월 15일 병으로 세상을 떠났다.《知守齋集 卷9 忠勳府都事贈吏曹參議李公墓碣銘》

204 택지(擇之)는……가누겠습니까 : 택지는 이선의 자이다. 당시 이선은 송시열과 영합한 자라는 이유로 구성(龜城)에 유배 가 있다가 방면된 지 두 달이 조금 지난 상태였다.《肅宗實錄 5年 6月 8日・14日, 10月 2日》

김경능에게 답함 경신년(1680, 숙종6) 8월 6일

答金景能 庚申八月六日

서산(西山)이 나그네를 거절하지 않는데도[205] 지척에 있으면서 만나지 못하니, 조만간 땅에 들어갈 사람이 어찌 다시 만날 날이 있겠습니까. 한 장 종이를 열어 보니 한편으로는 기쁘고 한편으로는 서글픕니다. 저는 깊이 들어온 처음에는 조용히 앉아 책을 보면서 남은 생애를 마치리라고 여겼습니다. 그러나 처지에 따라 분란하여 한 편의 글도 마치지 못했으니 마음이 아주 마뜩잖습니다. 그대가 지금의 판서에게 운운하지 말 것을 권면하면서 별지의 질문을 하니, 이공택(李公擇)이 동파(東坡)에게 시를 짓지 말라고 경계하면서 도리어 종이와 먹을 준 것[206]과 같지 않겠습니까. 우습습니다.

말씀하신 한탁주(韓侂胄)[207] 운운은 모르겠습니다만 누구입니까?

205 서산(西山)이……않는데도 : 서산은 송나라 때 채원정(蔡元定)의 호이다. 주희가 채원정을 찾아가려고 하였는데, 채원정이 주희에게 자신이 찾아뵙겠다고 하며 주희에게 수고로이 찾아오지 말라고 하자, 주희가 "서산의 약속은 한결같이 어찌 그리 심하게 객을 거부하시는지요."라고 한 말이 있다. 《朱子大全 卷44 答蔡季通》

206 이공택(李公擇)이……것 : 성재(誠齋) 양정수(楊庭秀)가 주희에게 보낸 편지에 "듣자 하니 저술한 《초사해(楚辭解)》가 대단히 훌륭하다고 하는데, 얻어서 볼 수 있겠습니까? 보내 드린 것이 그쪽에 아직 도착도 안 했을 텐데 또 종용하는 것이 마치 이공택이 동파에게 시를 짓지 말라고 훈계하면서 도리어 먹을 보낸 것과 같아 한번 웃습니다."라고 한 것을 가리킨다. 《誠齋集 卷108 答朱侍講》

207 한탁주(韓侂胄) : 북송 인종(北宋仁宗) 때의 명재상인 한기(韓琦)의 증손이다. 자신과 대립하던 조여우(趙汝愚)를 모함하여 유배 보내고, 주희의 학문을 위학이라고

새로 출사하여 임금을 섬기는 자라면 사람들의 품평이 너무 각박한 것이 아니겠습니까.[208] 지난해 길에서 초빈(草殯)할 때[209] 직접 깊은 술잔을 올리고 또 시를 지어 슬퍼했는데, 그 사론(士論)이 여기에 더할 게 무엇이겠습니까. 성상께서 소리공(燒梨公)의 일로 장려하셨는데[210] 아마도 이는 좋은 제목이 될 듯합니다. 그러나 이런 것은 깊은 산촌에 사는 사람이나 가난 때문에 벼슬하는 자들이 알 수 있는 바가 아닙니다. 오직 이달 치 삭필(朔筆)[211] 중 몇 자루는 《태현경(太玄經)》을 쓰는

무함하여 주희의 관작을 삭탈했으며, 주희와 뜻을 같이하는 사람들을 모두 위학당으로 지목하여 귀양 보내거나 출사(出仕)의 길을 막았던 인물이다.

208 새로……아니겠습니까 : 새로 출사하여 임금을 섬기는 자란 바로 이사명(李師命)을 말하는 듯하다. 그는 유생으로서 경신환국의 공로에 참여하여 보사 공신(保社功臣) 2등으로 책록되고 완녕군(完寧君)에 봉해졌던 인물로, 1680년 1월에 춘당대 문과(春塘臺文科)에 장원으로 급제했다. 송나라의 한탁주가 공훈을 매개로 승진을 꾀했기 때문에 당시에 이사명을 한탁주에 빗대어 운운한 비방이 있었던 듯하다. 《宋子大全隨箚 卷9》《肅宗實錄 5年 11月 4日, 6月 2日・22日・24日》《宋子大全 卷153 祭宋子愼文》

209 지난해……때 : 초빈은 송시열의 제자 송상민(宋尙敏)의 초빈을 말하는 것으로 보인다. 그는 1679년에 예송(禮訟)의 일로 송시열의 설을 변호하고, 허목과 윤휴의 잘못을 적은 봉사(封事)를 지어 올렸다가 숙종의 노여움을 사서 장(杖)을 맞다가 죽었다. 《宋子大全隨箚 卷9》《華陽淵源錄 宋尙敏》

210 소리공(燒梨公)의 일로 장려하셨는데 : 소리공은 당(唐)나라 때의 재상 이필(李泌)로, 그가 곡기를 끊자 숙종이 매번 직접 배를 익혀서 주었기에 그렇게 불렸다. 《宋子大全隨箚 卷9》《古今事文類聚 後集 卷26 帝爲燒梨》 수찬 이사명이 사직하는 상소를 올리자 숙종이 이필의 예를 들며, 당 숙종이 이필에게 훈작(勳爵)을 주지 않았던 것은 그의 고상한 뜻을 빼앗지 않으려고 한 것이라며 이사명을 달랬던 일을 말하는 것으로 보인다. 《肅宗實錄 6年 11月 21日, 22日, 24日》

211 삭필(朔筆) : 다달이 왕실에 바치는 붓을 말하는데, 김만증이 왕실에 들어온 붓을 어떤 경로를 통해 얻은 것인 듯하다.

용도[212]로 삼는다면 좋을 듯합니다. 나머지는 누워서 대신 쓰게 하느라 이만 줄입니다.

○ 오늘 밤 운거(雲擧 이상(李翔))가 자신(子愼 송상민(宋尙敏))을 언급하면서 눈물을 삼키며 말을 하지 못했습니다. 지금도 비방하는 저들은 과연 무슨 마음입니까. 섬에 있을 때 '한 자를 굽혀 여덟 자를 편다.'[213]라는 말로 물어보시는 편지에 답했는데, 받아 보셨는지요? 뒤의 인편에 말씀해 주십시오.

212 태현경(太玄經)을 쓰는 용도 : 한가하게 지내는 사람이 소일거리로 글을 쓰는 용도라는 말로, 겸사(謙辭)이다. 한(漢)나라 때 양웅(揚雄)이 세상에 나아갈 뜻을 끊고 집에 들어앉아서 《주역》을 본떠 《태현경》을 지은 데서 유래하였다. 《漢書 揚雄傳》

213 한……편다 : 큰 이익을 얻기 위하여 작은 절개를 버린다는 뜻이다. 맹자의 제자인 진대(陳代)가 맹자가 제후를 찾아보지 않자, "한 자를 굽혀 한 길을 펴면 크게는 천하에 왕자가 될 수 있고 적어도 패자(霸者)가 될 수 있지 않습니까." 했는데, 맹자가 "그것은 이익으로 말하는 것이니, 이익으로 말한다면 반드시 한 길을 굽혀 한 자를 펴는 일도 할 것이다."라고 경계했다. 《孟子 滕文公下》

김경능에게 답함 경신년(1680, 숙종6) 11월 22일

答金景能 庚申十一月二十二日

대행 왕비(大行王妃)[214]의 성대한 덕에 대해 글을 짓는 일을 빼고는 스스로 그 정성을 바쳐 만분의 하나라도 성은에 보답할 길이 없습니다. 그러므로 추위를 무릅쓰고 길을 떠났는데, 갑자기 넘어져 다치는 바람에 병의 증세가 더욱 심해졌습니다. 막 이곳에 머물러 조리하며 치료하고 있는데 문득 풍랑이 크게 일어났다[215]는 소식을 들었습니다. 중지하지 않고 마침내 들어갔다면 몹시 낭패스러웠을 것이니, 새옹지마의 일을 참으로 실감할 수 있습니다. 이 뒤의 일은 부디 회동(灰洞) 형제[216]와 상의하여 은밀히 말씀해 주십시오. 사람들이 호현(好賢)의 일[217]로

214 대행 왕비(大行王妃) : 1680년 10월에 세상을 떠난 숙종의 비 인경왕후(仁敬王后) 김씨(金氏)를 말한다. 《肅宗實錄 6年 10月 27日》

215 풍랑이 크게 일어났다 : 1676년에 정태화(鄭太和)를 현종 묘정에 배향하려고 할 때, 조사기(趙嗣基)가 송시열이 기록한 것을 증거로 '정태화는 송시열과 같이 예를 그르친 사람'이라고 하며 배향에 반대했다. 그러자 정태화의 아들 정재숭(鄭載嵩)이 '그 기록은 송시열이 조작한 것'이라고 상소하여 당시에 공론이 떠들썩했다. 1680년에 와서 송시열이 이 일을 차자에 언급하여 자신의 처지가 편하지 못함을 밝힌 일로 정재숭이 인혐(引嫌)함으로써 공론이 떠들썩하게 되자, 대간이 논핵하려다 그만둔 일이 있다. 《宋子大全隨箚 卷9》《宋子大全 附錄 卷8 年譜7》《肅宗實錄 6年 11月 19日》

216 회동(灰洞) 형제 : 회동은 한글의 잿골이 한자로 표기된 재동(齋洞)과 같은 곳이다. 그곳에 김만기(金萬基)의 집이 있었으므로 그 형제를 말하는 것으로 보인다. 김만기는 김만증과 사촌 간이다. 《宋子大全隨箚 卷6》

217 호현(好賢)의 일 : 정재숭이 송시열의 기록이 조작되었다며 공론을 일으켰던 일을 말한다. 그가 살던 마을 이름이 호현이다. 위의 주215 참조. 《宋子大全隨箚 卷9》

핑계를 대면서 가지 않는다고 여기니 실로 까마귀 날자 배 떨어진 격입니다. 이만 줄입니다.

김경능에게 답함 신유년(1681, 숙종7) 2월 3일

答金景能 辛酉二月三日

말씀하신 뜻을 잘 알았습니다. 송나라 때의 제현(諸賢)은 전(殿)에서는 구차하게 의견을 같이하지 않았지만 그 자리에서 물러 나와서는 서로 얼굴을 붉히는 일이 없었습니다. 이 일로 각자가 인책(引責)하고 들어간다면 찬성과 반대의 의견을 절충하여 합일점을 끌어내는 도리가 아닙니다. 이 때문에 일을 그르치고 만다면 즉시 사직하고 돌아가야 합니다. 대체로 지금 일은 오직 무포(巫布)를 점퇴(點退)한 데서 발생한 것[218]입니다. 병조 판서와는 더욱 상관없습니다. 이만 줄입니다.

218 지금……것 : 무포를 거두는 일에 대해 송시열이 차자로 논한 것이 있었는데, 병조 판서가 이 때문에 책임을 지고 출근하지 않은 것을 말한다. 당시 병조 판서는 민유중(閔維重)이다. 《宋子大全隨箚 卷9》《肅宗實錄 7年 2月 3日》 무포는 무녀포(巫女布)라고도 하는데, 무당마다 5새〔升〕 무명 1필을 징수했으나, 평안도·황해도 지방과 도성 안이 달랐으며 《대전통편(大典通編)》 이후 변동이 있었다. 《萬機要覽 財用編》 점퇴는 공물 따위를 규격 검사에서 퇴짜 놓아 수납하지 않는 일을 말한다.

김경능에게 답함 신유년(1681, 숙종7) 2월 14일

答金景能 辛酉二月十四日

막 승석(承碩)[219]을 시켜 짧은 편지를 드렸는데 보내신 편지가 먼저 왔습니다. 베를 거두는 것[220]은 과연 변통할 수 있겠습니까? 저의 견해로는 아마 할 수 없을 듯합니다. 힘써 만류하는 사람은 그 뜻이 또한 어떻습니까? 아무개의 상소는 참으로 괴이하고, 오늘의 정목(政目)에서 몇 사람은 더욱 이상합니다.[221] 전날 빤히 드러나게 간사한 무리에 붙었던 자가 도리어 총애로 발탁되었으니[222] 훗사람을 어떻게 권면하겠

219 승석(承碩) : 1675년 12월 14일 송시열이 김만기(金萬基)에게 보낸 편지를 참조하면 인조 때 소현세자가 심양에 볼모로 가 있을 때 서리(書吏)로 있었던 강효원(姜孝元)의 손자 강승석(姜承碩)을 말하는 것으로 보인다. 강효원이 정명수(鄭命壽)를 죽이려는 모의에 참여하였다가 죽은 뒤 집안이 쇠락한 것을 안타깝게 여겨 송시열이 데리고 있으면서 가끔 편지 심부름을 시켰다. 《宋子大全隨箚 卷9》《宋子大全 卷73 與金永叔, 附錄 卷16 語錄3》

220 베를 거두는 것 : 송시열이 이해에 대동법의 폐단에 대해 차자를 올려, 창설할 때와 달리 민폐가 크므로 면포(綿布)의 승수(升數)와 척수(尺數)를 덜어 줄 것을 청한 일이 있고, 무녀포를 거두는 일도 폐단이 있음을 건의했다. 《肅宗實錄 7年 1月 13日, 2月 3日》

221 오늘의……이상합니다 : 1681년 2월 14일 이사명(李師命)을 승지로, 윤지완(尹趾完)을 대사간으로, 안세징(安世徵)을 지평으로, 윤덕준(尹德駿)을 정언으로, 박태손(朴泰遜)을 부교리로, 유담후(柳譚厚)를 헌납으로, 박세당(朴世堂)을 공청도 관찰사(公淸道觀察使)로 임명한 것을 말한다. 《肅宗實錄 7年 2月 14日》

222 전날……발탁되었으니 : 1680년 8월 6일 송시열이 김만중에게 답한 편지를 참조하건대 이사명을 말하는 듯하다. 《宋子大全 卷84 答金景能(庚申八月六日)》

습니까. 이 때문에 돌아가려는 생각이 더욱 일어납니다. 옛날 기축년(1649, 효종 즉위년)을 기억하건대 신모(申某)[223]가 승지에 의망(擬望)되자 신재(愼齋 김집) 선생이 탄식하며 "이런 사람을 등용하고도 나랏일을 기대할 수 있겠는가. 우리는 일찌감치 돌아가는 것이 낫겠다."라고 했습니다. 오늘의 도목 정사가 이렇습니다. 나머지는 이만 줄입니다.

223 신모(申某) : 신면(申冕)을 가리키는 듯하다.《宋子大全隨箚 卷9》1651년 김자점의 옥사가 일어났을 때 그의 붕당으로 몰려 국문을 받다가 자결한 인물이다.《孝宗實錄 卽位年 10月 24日, 2年 12月 18日》

김경능에게 답함 신유년(1681, 숙종7) 2월 17일

答金景能 辛酉二月十七日

하신 말씀은 잘 알았습니다. 김(金)의 말에 대해 끼어들고 싶지 않은 것은 아니지만, 대신이 이미 우의정(이상진(李尙眞))의 계(啓)를 하나의 정론(定論)으로 삼았는데, 어찌 감히 그 사이에서 변명하겠습니까. 완녕(完寧)의 일[224]은 막 하나의 큰 시빗거리가 되었으니 수습하지 않을 수 없습니다. 한스러운 것은 이 영공(令公 이사명(李師命))이 문득 사람들의 노여움이 일어나도록 건드려 구설(口舌)을 더했다는 점입니다. 이만 줄입니다.

224 완녕(完寧)의 일 : 완녕은 이사명의 봉호(封號)이다. 송시열이 이사명의 자급을 도로 거둘 것을 건의하였고, 신범화(申範華) 등의 녹훈(錄勳)이 부당하다는 이굉(李宏)의 상소가 있었던 점으로 볼 때, 당시 경신출척(庚申黜陟)에 공을 세웠던 사람들의 인사 문제에 대해 구설이 있었던 듯하다. 1681년 2월 11일 정사에서 이사명을 공청도 관찰사(公淸道觀察使)로 임명했는데 송시열은 그가 일에 익숙하고 시무(時務)에 유의하는 사람이므로 조정에 머물게 할 것을 건의했다.《肅宗實錄 7年 1月 14日, 2月 8日・11日・13日》

김경능에게 답함 신유년(1681, 숙종7) 10월 6일

答金景能 辛酉十月六日

우두커니 깊은 산에 앉아 굶주림을 달게 참고 있는데 문득 이 편지가 오니 위로되는 마음 그지없습니다. 다만 일찍이 상(喪)이 있었다[225]는 소식을 듣고 깜짝 놀랐습니다. 광남(光南) 어른이 당한 일[226]은 시비를 막론하고 이러한 시기에 이러한 일이 있으니 어찌 우연한 운수이겠습니까. 몹시 근심스럽고 한탄스럽습니다. 황강 대야(黃岡大爺)가 연산(連山)에서 조정으로 돌아간 뒤로 삼윤(三尹)을 심하게 공격하고 탄핵하자[227] 문성(文成 이이(李珥)) 노선생이 일찍이 그분의 솔직함이 일을 그르치는 것을 항상 아쉬워했던 기억이 납니다. 어찌 이 운수가 한 바퀴 돌아서 자신이 한 일에 대한 대가를 받는 것이 아니겠습니까.

225 상(喪)이 있었다 : 김만증은 1남 4녀를 두었는데, 아들 김진망(金鎭望)은 1714년 장수 현감으로 있었으므로 딸 중에서 사망한 자가 있었던 것으로 추측된다.《肅宗實錄 40年 12月 27日》

226 광남(光南)……일 : 광남은 숙종 비 인원왕후(仁元王后)의 종조부 김익훈(金益勳)의 봉호(封號)이다. 김장생의 손자이고, 김반(金槃)의 아들이다. 그가 뇌물을 받은 일로 탄핵당한 것을 말한다.《宋子大全隨箚 卷9》《肅宗實錄 7年 9月 27日》

227 황강……탄핵하자 : 황강은 김장생의 아버지 김계휘(金繼輝)의 호이며, 삼윤(三尹)은 윤두수(尹斗壽), 윤근수(尹根壽), 윤현(尹晛)을 말한다. 양사(兩司)가 김계휘 등의 파직을 청한 일이 있었는데, 이에 사관이 평하여 김계휘 등이 "기가 너무 성하고 말이 방자해서 개인의 사사로운 일을 들추어냄으로써 서로 대립하는 형세를 이루었고, 멋대로 인물을 품평한 일로 사람들의 원한을 샀다. …… 화를 부른 것이 자기에게서 나왔으니 누구를 원망하고 누구를 탓하겠는가."라고 하였다.《明宗實錄 12年 5月 21日》

한바탕 크게 웃을 만합니다. 그러나 다만 이 어른의 한가롭고 솔직한 성품에 달려 있으니, 물결을 일으키고 파란을 조장하는 행위를 하지 않는다면 시사(時事)가 몹시 다행이겠습니다.

김경능에게 답함 신유년(1681, 숙종7) 11월 22일

答金景能 辛酉十一月二十二日

앞의 편지는 벌써 보셨으리라 생각됩니다. 5일에 보내신 안부 편지는 어제 저물녘에 비로소 보았습니다. 따져 물으신 것은 조정 대신의 일인데, 그 사람은 산속에서 아직 식지 않은 시신이니, 몹시 우습습니다. 훌륭한 선물은 보내 주신 대로 잘 받았습니다. 옛날 금천(衿川) 조씨(趙氏) 어른[228]이 제천(堤川)에 있을 때 어떤 사람이 거짓말로 그의 부고를 전했는데, 벗들이 보낸 부의(賻儀)를 조씨 어른이 혹 남겨 두며 "죽은 사람을 염하는 물건을 산 사람이 쓰는 점은 더욱 좋다."라고 했으니, 이제 서울의 집에서 쓸 것을 산간에서 쓰는 것도 무방합니다. 그러나 또한 실상과 맞지 않는 것이 있으니, 게가 채소밭을 걸어가는 격입니다.

《가례집람(家禮輯覽)》의 일이 막 급하여 대교(對校)할 후생을 어제 이미 불러들였습니다. 지난번 편지에서 말씀드린, 공책과 글씨를 베껴 쓸 사람을 서둘러 대어 주시기를 간절히 바랍니다. 군평(君平 김만준)은 지금 어디에 있습니까? 지난달 병영(兵營)에 한 번 간 것에 대해 사람의 말이 몹시 많은데, 회옹(晦翁)의 매계관(梅溪館) 시[229]는 탄식

228 금천(衿川) 조씨(趙氏) 어른 : 조석윤(趙錫胤, 1606~1655)을 말한다. 호는 낙정재(樂靜齋)로 장유·김상헌의 문인이며, 금천에 거주했다.《宋子大全隨箚 卷9》

229 매계관(梅溪館) 시 : 주희가 담암(澹菴) 호전(胡銓)을 위해 지었다는 칠언절구 2수를 말한다. 나라를 위해 죽을 만한 절개를 가졌으면서 여색에 대한 욕심을 막지 못한 것을 나무라는 내용이다.《晦庵集 卷5 宿梅溪胡氏客館觀壁間題詩自警二絶》

할 만하니, 외고 읊을 때마다 저도 모르게 두렵습니다. 나머지는 누워서 쓰게 하느라 편지 모양을 이루지 못합니다.

김경능에게 답함 임술년(1682, 숙종8) 1월 27일

答金景能 壬戌正月二十七日

소식이 이렇듯 오래 막혀 있어 벗과 함께 막 그대에 대해 말하고 있었는데, 말이 끝나자마자 편지가 왔으니 역시 기이한 일입니다. 저는 아직도 자리에 누워 있으면서 음식을 전혀 먹지 못하여 원기가 더욱 시들해짐을 느끼니 이 몸이 세상에 오래 있기 어렵다는 것을 잘 알겠습니다. 이 때문에 《가례집람》을 교열하는 일을 몹시 서둘러 마치려 하는데 정력이 미치지 못하니 어쩌겠습니까. 오래지 않아 판각할 정본(正本)을 베껴야 하는데 종이가 몹시 모자라 장지(壯紙) 아홉 권을 기다리고 있습니다. 가까운 시일에 아전에게 부친 구본(舊本)과 아울러 보내주시는 것이 어떻겠습니까? 베껴 쓰는 사람은 충청도의 큰 고을 두 곳에서 빌리려 합니다.

세 가지 음식은 감사합니다. 군평(君平 김만준)이 복직했다니 기뻐할 만합니다. 그러나 조정이 그를 보는 것이 오히려 모형(某兄)의 손자들[230]만 못한데, 이는 몸단속을 단단히 하지 않은 탓이니 몹시 개탄스럽습니다. 그대도 공무를 보는 여가에 책을 읽어 벼슬살이와 학문이 서로 진보하는 방도로 삼으시고, 귀와 눈의 작은 즐거움은 일절 끊어 없애버리시기를 부디 바랍니다. 나머지는 이만 줄입니다.

230 모형(某兄)의 손자들 : 송준길의 손자를 가리키는 듯하다. 《宋子大全隨箚 卷9》

김경능에게 답함 임술년(1682, 숙종8) 2월 14일

答金景能 壬戌二月十四日

이 편지를 받고 그리운 마음이 퍽 위로되었습니다. 저의 병은 몹시 고달파서 말하는 것도 피로합니다. 무엇보다 음식을 전혀 먹을 수 없으니 다시 무엇을 바라겠습니까. 죽음이 있을 뿐입니다. 문계(文季)의 일[231]은 몹시 불행합니다. 당초에 어찌하여 내버려 두지 않아서 이 지경에 이르게 했습니까? 회옹(晦翁 주희)이 한 말이 있으니, "늙은 이 사람의 명이 박하여 다른 사람을 연루시킨다."라고 했는데, 바로 저를 두고 하는 말입니다. 제가 차라리 잘못 들었다는 허물을 받는 것이 낫지 남을 곤란하게 하고서 스스로 벗어나고 싶지는 않습니다. 단자를 올려 죄를 청하려고 하는데, 어떨지 모르겠습니다. 이렇게 하지 않는다면 아야(阿丫)의 일[232]이 다시 일어날 텐데, 몹시 부끄러워할 만합니다. 잘 헤아려 말씀해 주십시오. 《가례집람》의 신구본(新舊本)은 보내신 대로 잘 받았습니다. 나머지는 이만 줄입니다.

231 문계(文季)의 일 : 문계는 김장생의 서자인 김영(金榮)의 아들 김익견(金益熞)인데, 그와 관련된 일은 자세히 알 수 없다. 《宋子大全隨箚 卷9》

232 아야(阿丫)의 일 : 《송자대전수차》 권9에서 야(丫)는 김익렴(金益廉)을 가리키며 《송자대전》 권29의 1658년(효종9) 9월 이홍재(李洪載)에게 답한 편지와 관련 있는 일이라고 했는데, 그 내용에 송나라 장 귀비(張貴妃)의 등롱금(燈籠錦)에 대한 말이 나오는 것으로 보아 뇌물과 관련된 일인 듯하다. 등롱금은 33쪽 주18 참조.

김경능에게 답함 임술년(1682, 숙종8) 4월 23일

答金景能 壬戌四月二十三日

안부 편지는 감사합니다. 저의 병은 여전하니 말할 만한 것이 없습니다. 군평(君平 김만준)이 발을 다쳤다는 우환은 듣고서 경악스러웠습니다. 수령이 탄핵을 받는 것은 원래 정도(正道)를 지키는 자에게 늘 있는 일이므로 괴이하게 여길 것이 없으니, 또한 어찌 개의할 만하겠습니까. 다만 탄핵을 받은 실마리에 대해서는 깊이 반성하지 않을 수 없습니다. 대체로 벼슬살이하는 도는 청렴결백한 것이 최상이고, 백성을 사랑하는 것이 근본입니다. 이것을 안다면 거의 벼슬살이하는 도에 가까울 것입니다.

구봉(龜峯 송익필(宋翼弼))의 원고는 대숙(大叔)[233]이 거절한다면 사우(士友)들이 함께 권하는 것이 좋습니다. 궁핍한 처지의 회손(晦孫 송회석(宋晦錫))을 도와주시니 몹시 감사하고 몹시 다행입니다. 두 말이라 해도 그에게는 고소(姑蘇)의 배 전부[234]와도 같습니다. 단양절(端陽節)이 벌써 다가왔지만 제가 이곳을 두고 어디로 가겠습니까.

233 대숙(大叔) : 박심(朴鐔, 1652~1707)의 자이다. 본관은 고령(高靈), 호는 지포(芝浦)이다. 박세채에게서 배우다가 송시열이 장기(長鬐)에 귀양 가 있을 때 그곳까지 찾아가서 문생이 되었다. 은일로 천거되어 장령을 지냈다.

234 고소(姑蘇)의 배 전부 : 큰 도움을 말한다. 송(宋)나라 범순인(范純仁)이 고소에서 보리 500곡(斛)을 배에 싣고 오다가 단양(丹陽)에 와서 석만경(石曼卿)이 두 달 동안이나 상(喪)을 치르지 못했다는 말을 듣고는, 그 배를 통째로 그에게 내준 뒤에 자신은 단기(單騎)로 돌아왔다는 고사가 있다.《宋子大全隨箚 卷9》《冷齋夜話 卷10》

김경능에게 답함 임술년(1682, 숙종8) 5월 18일

答金景能 壬戌五月十八日

지난번에 나란히 누워 잤던 일이 지금까지도 마음에 남아 있는데, 이 편지를 받으니 그리움이 조금 위로되었습니다. 엊그저께 상소하러 상경했던 옥천(沃川)의 유생들이 돌아가는 길에 들러서 "서울에 들어가서 갑작스럽게 성균관에서 새로운 논의가 있다는 것을 듣고 감히 아울러 거론하지 않을 수가 없었다."라고 하였습니다.[235] 이 뒤로 일이 어찌 될지 몹시 염려스럽고, 원임(院任)이 여전히 피한다는 말씀도 놀랍습니다. 제 아우가 당초에 듣고도 못 들은 척했다면 매우 좋았을 텐데 무단히 관련되어 들어간 것이 몹시 한탄스럽습니다. 다만 중동(中洞 이유태(李惟泰))에게 글이 있다는 말이 영로(榮老)[236]로부터 나왔고 영로도 꺼리지 않았다고 합니다. 과연 그렇다면 제 아우는 아무런 탈이 없을 것입니다. 다만 막 생겨난 말이 다시 어떻게 될지 모르겠습니다.

대체로 오늘날의 일은 이쪽이 옳거나 저쪽이 그르거나를 막론하고

235 상소하러……하였습니다 : 당시 이경화(李景華) 등이 김장생을 종사(從祀)하자고 청하면서 아울러 송준길을 거론하려고 했던 것을 말한다. 충청도에서 상소하러 올 때는 김장생을 종사하도록 청하려 하였는데, 이조 참의 송규렴(宋奎濂)에게 권유를 받아 송준길도 아울러 종사하도록 청하게 되었다. 《宋子大全隨箚 卷9》《肅宗實錄 8年 5月 6日》 그러나 송시열이 사제(師弟)를 동시에 함께 청하는 것을 옳지 않게 여겼으므로 세 차례 상소하고서 더는 청하지 않았다. 《同春堂集 續集 卷10 附錄5》

236 영로(榮老) : 김구영(金久榮)의 자이다. 본관은 광산(光山)이고 연산(連山)에서 살았다. 《愼獨齋全書 卷18 門人錄》

삭이고 진정시키는 것이 상책이고, 파란을 조장하는 것은 생각이 몹시 모자란 것입니다. 행차가 이미 남쪽으로 떠나 버려 소식을 들을 길이 없으니 저를 지극히 서글프게 합니다. 군원(君遠)의 여러 편지에 대해 병으로 미처 답하지도 못했는데, 군수(君受)의 답장을 받으니 보고서 서글퍼 눈물이 납니다. 나머지는 누워서 대신 쓰게 하느라 이만 줄입니다.

김경능에게 답함 임술년(1682, 숙종8) 11월 8일

答金景能 壬戌十一月八日

일전의 만남이 몹시 마음에 남아 있는데, 지금 안부 편지를 보니 그리움이 퍽 위로되었습니다. 과장(科場)의 일이 피로하고 고달픈 것이야 본디 그렇습니다. 거의 죽을 지경이라고는 하지만 공들인 보람이 없지 않다면 좋은 것입니다. 요즈음 제가 당하고 있는 것은 두려운 마음이 어찌 끝이 있겠습니까. 그러나 이미 도성문을 나와 놓고 곧바로 걸어 놓은 관을 쓴다는 것도 몹시 부끄러워할 만하지 않겠습니까.[237]

대체로 바라는 바대로 이루어졌으니 가고 머무는 데에 거리낌이 없기에 여유롭게 경기도를 유람할 마음이 없지 않았습니다. 그런데 문득 좌의정의 방해[238]로 성상께서 허락하려고 하다가 그만두었으니, 한탄스러움을 견딜 수 없습니다. 맺힌 것이 풀리지 않는다면 이곳에 머무르

237 요즈음……않겠습니까 : 당시에 송시열이 이현석(李玄錫)의 상소 때문에 벼슬을 그만두기를 청했는데, 숙종이 연이어 승지와 종백(宗伯)을 보내어 계속 소명을 전했다. 그러나 송시열은 끝내 벼슬을 그만둘 것을 청하며 나아가지 않았다. 《宋子大全隨箚 卷9》《肅宗實錄 8年 11月 12日》 이현석이 올린 상소의 내용은, 그가 대간으로 있을 때 송시열을 절도(絶島)로 이배(移配)하는 문제를 아뢴 적이 있는데 지금 예방 승지(禮房承旨)로서 송시열에 대한 접대와 예우에 관련된 일을 담당해야 하니 마음에 내키지 않는다는 것이었다. 이에 송시열이 불안하게 여겨 사직 상소를 올리고 서울을 떠났다. 《肅宗實錄 8年 10月 15日, 16日》

238 좌의정의 방해 : 당시 좌의정은 민정중(閔鼎重)이었다. 숙종이 비변사의 신하들을 인견(引見)하는 자리에서 송시열이 벼슬을 그만두는 것을 허락했으나 민정중이 허락하지 말 것을 청했다. 《宋子大全隨箚 卷9》《肅宗實錄 8年 11月 3日, 24日》

는 것은 몹시 편치 않습니다. 사세로 보아 장차 몸을 이끌고 멀리 떠나 석고대죄하면서 유사의 처분을 기다리려 합니다. 물고기와 어패류 두 가지 음식은 그지없이 감사합니다.

별지

조세로 바치는 콩을 전부 감면한 것은 실로 성상의 몹시 크나큰 덕의(德意)이니, 참으로 마땅히 서둘러 공문서를 발송하여 궁한 백성들의 근심과 원망을 덜게 해야 합니다. 그러나 지금 호서 지역의 수령들이 이번 달 4일에 올린 글을 보았더니, 전국에 알리기를 고대했으나 아직 조용하므로 민심이 다시 원망하고 한탄하면서 지난해에 면포의 품목이 변하지 않은 것[239]과 같다고 하니 몹시 괴이합니다.

대체로 이서(吏胥)가 징수를 독촉하는 일은 성화같이 급하게 호령하고, 세금을 덜거나 줄이는 데 관계되는 경우에는 지체하며 알리지 않아 백성들을 낭패스럽게 하니, 몹시 통탄할 만합니다. 이 말을 좌의정에게 할 수 있겠습니까? 지난해 산릉(山陵)에 쓰는 쌀에 대해 제때에 대지 못할 듯이 급히 분부하여 도감(都監)에서부터 곧바로 면제하도록 했습니다. 그러나 면제의 영(令)이 오래도록 내리지 않아 백성들이 모두 바치고 난 다음 다시 흩어 주었는데, 다시 흩어 주는 즈음에는 모두 이배(吏輩)들이 가로채 버렸습니다. 조정의 은

239 지난해에……것 : 1681년 영남의 유생이 이이(李珥)와 성혼(成渾)을 문묘(文廟)에 종사(從祀)하는 거사를 배척하려고 여러 고을에 통문을 돌려 면포[木布]와 지지(紙地) 등의 물품을 14개 고을에서 강제로 징수한 일이 있었다. 이에 대해 관찰사 이수언(李秀彦)이 일정한 규정을 두도록 청하자 조정에서 금하게 했는데, 그 품목이 변하지 않은 것을 말하는 듯하다. 《肅宗實錄 7年 12月 1日》

택이 백성에게까지 미치지 못하는 것을 늘 몹시 미워하곤 했는데, 이러한 일을 오늘에 다시 볼 줄 어찌 생각이나 했겠습니까.

김경능에게 답함 임술년(1682, 숙종8) 12월 22일

答金景能 壬戌十二月二十二日

강가에서 병으로 칩거하고 있어 세밑에 그리움이 더했는데 문득 이렇게 편지를 보니 저의 마음이 퍽 위로되었습니다. 선대의 비명(碑銘) 초본(草本)은 당시에 실로 주손(疇孫 송주석(宋疇錫))이 잘 보관하리라 생각하면서도 혹시 잘 전해지지 못할까 염려하였습니다. 이제 찾아서 보내 주시니 기쁘고 다행스러운 마음 그지없습니다. 비명의 말은 그 당시 여러 날 깊이 생각해도 온당한 말을 얻지 못하여 머뭇거리다 지금까지 왔습니다. 또 보건대 옛사람들은 이런 경우에 한 사람이 서문을 쓰고 또 한 사람은 명(銘)을 썼으니, 공변된 논의에 사사로운 의견을 넣기 어렵다는 것을 더욱 알겠습니다. 오늘날 글을 쓸 장소를 미처 생각하지 못했는데 이제 보내오신 말씀이 이러하니, 마땅히 올해 안에 말씀대로 하겠습니다. 세 종류의 맛있는 음식은 명목이 세의(歲儀)라고는 하지만 또한 편치 못합니다. 나머지는 병중에 대신 쓰게 하느라 이만 줄입니다.

김경능에게 답함 갑자년(1684, 숙종10) 2월 3일

答金景能 甲子二月三日

어제 손자가 갈 때 병중이라 편지를 쓰지 못했는데, 지금 편지를 받으니 위로되고 기쁜 마음 그지없습니다. 사방(士方)[240]이 갑자기 구천(九泉)의 사람이 되었습니다. 늘그막에 사별하니 슬픈 마음이 어떻겠습니까. 즉시 가서 곡하지 못하니 더욱 한스럽습니다. 인심이 소란스러워도 실상이 없다면 오래지 않아 저절로 안정되겠지만 내부의 싸움만은 그칠 때가 없습니다. 지태(砥台 이단하(李端夏))가 한 말은 한 잔의 물로 수레 가득한 땔나무에 붙은 불을 끄는 격일 뿐만이 아니지만, 지극한 정성과 불쌍히 여기는 뜻은 가상합니다. 조카가 죽지 않은 것은, 저의 집으로 말하자면 모든 나무가 시들었는데 한 개의 잎사귀가 푸른 경우라고 말할 만합니다. 서로 만날 기약이 없으니, 한번 와 주시기를 바랍니다.

240 사방(士方) : 김장생의 서자 김구(金榘)의 자인 듯하다. 《宋子大全隨箚 卷9》

김경능에게 답함 갑자년(1684, 숙종10) 5월 5일

答金景能 甲子五月五日

막 최신(崔慎)의 상소[241]를 보고 몹시 놀라 나랏일을 위해 어떻게 해야 좋을지 모르던 중에 여러분께서 보내 주신 서찰을 보았습니다. 현명한 사람들이 어찌 그처럼 어리석단 말입니까. 그 사람(윤증(尹拯))은 저와 정분이 서로 깊지 않다고 할 수 없습니다. 의심나는 일이 있으면 서슴없이 서로 경계하는 것이 참된 친구의 도리인데, 지금은 그렇지 못하니, 이는 또한 제가 남의 책선(責善)을 받아들일 만한 도량이 없어서 이러한 것을 알 수 있습니다. 이것이 또한 어찌 스스로 반성할 점이 아니겠습니까.

또 그가 한 말은 실로 저의 실제적인 병통을 제대로 지적했으니, 제가 아무리 늙고 또 죽게 되었으나 이를 기꺼이 받아들여 만에 하나라도 저 자신을 다스리는 데 도움이 있을까 하였습니다. 그런데 뜻밖에 최신 따위가 갑자기 감히 상소를 올려 일을 촉발시켜 사람 마음을 놀라게 하니, 가슴이 지금까지 서늘합니다. 믿는 것은 여러분이 조정에 있다는 것이었으니, 이를 이어서 아무리 망동하는 자가 있더라도 여러분 덕분에 주선하여 잘 진정되기를 바랐는데, 무슨 까닭에 여러분과 같은 식견

241 최신(崔慎)의 상소 : 최신은 송시열의 문인으로, "윤증은 산림에 빌붙어 선비라 자처하면서 속으로는 바른 사람을 미워하는 마음을 품고서, 송시열을 헐뜯는 데에 여력을 남기지 않았다."라는 등 윤증을 비판하는 내용의 상소를 올렸다.《肅宗實錄 10年 4月 29日》

으로 이러한 상소가 나오게 되었단 말입니까. 가만히 생각하니, 이는 사람의 계책으로 미칠 바가 아닐 듯합니다.

대저 저는 평소 사문(師門)에서 들은 바가 '위기(爲己)' 두 자뿐이었기에 망녕되이 여기에 뜻을 두었습니다. 그러나 실천이 미치지 못하고 이치가 밝지 못하여 이(利)를 의(義)로 착각하는 경우가 많았고, 또 알았다 하더라도 다급한 경우에는 완전히 사욕에서 나오는 경우가 많았습니다. 매번 밤중에 생각해 보면 부끄러움과 두려움이 교차했습니다. 지금 그의 말이 아무리 원한과 불평에서 나온 것이라 하더라도 저로서는 자신을 경책(警責)하는 데 유익한 것으로 받아들이면 큰 다행일 것입니다. 저는 지금 유익한 것으로 받아들여 다행으로 여기고 있는데 여러분이 노하여 그를 공격한다면, 이는 곧 저는 은연중 그의 은혜를 받으면서 여러분은 그를 내놓고 공격하는 셈입니다. 여러분이 저의 마음을 여러분의 마음으로 삼는다면 어찌 이러할 수가 있겠습니까. 저의 이 말이 만약 성심에서 나오지 않아 여러분이 과연 그를 공격하려고 한다면, 저는 진정 계략과 권모술수를 쓰는 자가 될 것입니다.

또 한마디 하고 싶은 말은 오늘날 후생들은 주자(朱子)의 문인(門人)을 본받아야 한다는 것입니다. 주 선생이 '위학(僞學)'이란 오명을 받았을 때 주자 문하의 사람들이 주 선생을 위하여 애써 변명한 적이 있었습니까. 오늘날 여러분의 생각은 주자의 문인들과 어찌 그리도 상반된단 말입니까. 부끄럽고 두려워 몸 둘 곳이 없으니, 부디 여러분은 이 점을 살펴 주기 바랍니다. 저의 이 말이 성심에서 나오지 않았다면 하늘로부터 버림받을 것입니다.

김경능에게 답함 갑자년(1684, 숙종10) 12월 26일

答金景能 甲子十二月二十六日

그대가 돌아가 여장을 풀기도 전에 벌써 옥천(沃川) 사람[242]의 일이 있다는 것을 듣고 몹시 머리가 지끈거렸으니 어서 깊은 산속으로 들어가 영영 듣지도 보지도 않고 싶었습니다. 그러나 연이어 제사가 있어 결단하지 못했는데, 이제 인편으로 보내신 편지를 받고 위로되기는 했습니다. 다만 언급하신 모중(某中)의 일[243]은 장차 파란을 조장하려고 하시는 것입니까? 고래 싸움에 새우 등 터진다는 것은 속된 말이지만 또한 이치가 있으니, 몹시 두렵습니다. 회옹(晦翁 주희(朱熹))이 산곡(山谷)의 "파도는 어느 때나 잔잔해지려나."[244]라는 구절을 외며 "참으로 귀신도 울게 할 만하다."라고 했는데, 오늘날 직접 이러한 상황을 겪을 줄 생각지도 못했습니다. 앞으로 보내시는 편지는 생사를 묻는 외에 외부의 지극히 사소한 일도 언급하지 않는 것이 어떻겠습니까. 나머지는 이만 줄입니다.

242 옥천(沃川) 사람 : 《송자대전수차》 권9에서는 "이경화(李景華)를 가리킨다. 상소하여 송시열의 억울함을 변론했다."라고 했으나, 이경화가 윤증을 비난한 상소는 이듬해인 1685년 4월에 있었다. 옥천의 유학(幼學) 김엽(金曄)이 응지(應旨)하여 상소를 올린 것이 1684년 7월에 있었으니 이를 말하는 것으로 추측되나 확신할 수 없다. 두 상소 모두 송시열을 두둔하고 윤증을 비난하는 내용이다. 《肅宗實錄 10年 7月 23日, 11年 4月 9日》

243 모중(某中)의 일 : 윤증의 일을 말한다. 《宋子大全隨箚 卷9》

244 파도는……잔잔해지려나 : 송시열은 앞서 최신(崔愼)이 올린 윤증을 비난하는 상소에 대해 불편하게 여기고 있었는데, 또 김엽이 상소하였기에 이렇게 말한 것으로 보인다. 산곡 황정견(黃庭堅)의 시구에 대해서는 43쪽 주40 참조.

김경능에게 답함 을축년(1685, 숙종11) 7월 17일
答金景能 乙丑七月十七日

뜻밖에 편지를 보니 무슨 위로가 이만하겠습니까. 자세히 하신 말씀으로 그대의 뜻을 잘 알았습니다. 주 선생(朱先生)이, 범 태사(范太史)가 몇 년이나 뒤에 이천(伊川)을 위해 변명했던 것을 잘못이라고 했는데[245] 이제 제가 여태 입 다물고 있었던 것은 기다리는 것이 있어서였습니다. 그런데 이제 학유(學儒)와 충청도 유생이 이미 다 죄목을 나열하여 탄핵했고, 성상께서도 거듭 사정(邪正)에 대하여 밝혀서 말씀하셨으니,[246] 이제는 시비를 밝히더라도 흐지부지하게 될 뿐입니다. 그러나 유고를 수정하여 올리는 것은 지금이 기회인 듯하니, 이것이 곧 연지(延之)[247]의 뜻입니다.

245 주……했는데 : 주 선생은 주희, 범 태사(范太史)는 범조우(范祖禹), 이천(伊川)은 정이(程頤)이다. 소식(蘇軾)이 정이를 간사한 인물이라고 비방할 때 범조우가 즉시 변명하지 않고 몇 년 뒤에야 변론을 한 것을 두고 주희가 "이는 범공(范公)이 강단이 부족하여 정이와 소동파(蘇東坡) 양쪽 모두를 따르려는 사심을 면치 못했기 때문이다."라고 한 것을 말한다.《晦庵集 卷35 答呂伯恭》《三魚堂文集 卷9 天濤詩文序》

246 학유(學儒)와……말씀하셨으니 : 채진후(蔡振後)와 유직(柳稷) 등이 이이(李珥)가 젊었을 때 산에 들어갔던 것을 지적하여 흠을 잡으니 학유 김성대(金盛大) 등이 통문(通文)으로 그들의 죄를 성토했다. 그러자 봉교 김홍복(金洪福) 등이 그들에게 정거(停擧)의 벌을 내렸는데, 이 일로 보은(報恩)의 유학(幼學) 이진안(李震顔)이 상소를 올려 윤증과 윤선거의 잘못을 논하였다. 이에 숙종은 윤증의 오래된 개인적인 편지를 들춰내어 선현을 모함했다는 죄를 덮어씌웠다며 이진안은 정거하고 상소는 도로 내주라는 명을 내렸다.《肅宗實錄 11年 2月 4日》

무엇보다 정말로 있었다는 글이 처음에 나오지 않고 뒤에 나왔는데[248] 저들이 그것을 대단히 구실로 삼았고 저는 또한 미처 그 연고를 몰랐습니다. 일찍이 편지로 지태(砥台 이단하(李端夏))에게 물었더니 가소롭기 그지없기에 내버려 두었다고 했고, 또 글을 꺼낸 자는 그가 아니니 충분히 할 말이 있었습니다. 그런데 택지(擇之 이선(李選))의 경우는 바로 뒤에서 글을 꺼낸 자임에도 그 까닭을 말하지 않으니, 끝내 저들에게 빌미가 잡히는 것을 면치 못하였고 제게 모인 추악한 비방이 더욱 심하게 되었습니다. 이는 반드시 그 까닭을 분명하게 말해야만 합니다.

책 교정의 절도에 대해서는 군평(君平 김만준)이 아마 자세히 말씀드릴 것입니다. 대략 오래지 않아 교정한 신본(新本)을 보내 드릴 텐데, 취사(取捨)에 최선을 다하는 것은 중숙(重叔 김만중(金萬重)) 등이 물샐 틈없이 해야 할 것입니다. 부디 미리 베껴 쓸 도구를 갖추고 기다리시는 것이 어떻겠습니까.

247 연지(延之) : 김수증(金壽增, 1624~1701)의 자이다. 본관은 안동, 호는 곡운(谷雲)이다. 김상헌의 손자로 1675년 아우 김수항(金壽恒)이 송시열과 함께 유배되자 벼슬을 그만두었다가 1694년 갑술옥사 후 다시 관직에 임명되어 한성부 좌윤, 공조 참판 등에 임명되었으나 모두 사퇴한 뒤 화악산(華嶽山)으로 들어가 은둔했다.

248 정말로……나왔는데 : 이단하가 실록의 사무를 감독할 당시 이이가 실제로 산에 들어가 중이 되었던 일에 관해 적어 놓은 글이 윤증에게 있었으나, 이선이 이단하와 교대하여 사서를 수찬하게 되었을 때가 되어서야 그 글이 비로소 나왔던 것을 말한다. 《宋子大全隨箚 卷9》 이이가 어머니를 여의고 19세에 금강산에 들어가서 선(禪)에 뜻을 두었다가 아버지의 권고를 받고 20세에 다시 내려와 유학에 정진한 일이 있었다는 내용은 《선조실록》에는 없고 수정된 실록에 나온다. 《宣祖修正實錄 1年 5月 1日》

김경능에게 답함 을축년(1685, 숙종11) 9월 16일
答金景能 乙丑九月十六日

연이어 보내신 편지의 말씀은 삼가 잘 알았습니다. 모두 지당한 말씀입니다. 오직 두 집안의 후에 운운하신 것과 방관자 운운하신 것[249]은 지나친 염려의 뜻이겠지요. 우계(牛溪)의 서찰 중 세상에 전해지지 않은 것이 아주 많고, 풍원(豐原 유성룡(柳成龍)) 또한 퇴계(退溪) 문집에서 간행된 내용이 너무 많은 것을 한스러워한다고 했습니다. 그러나 근심할 만한 것은 전유(顓臾)에 있지 않고 담장 안에 있는 듯합니다.[250] 군평(君平 김만준) 부자는 당시에 또 격분했는데 매번 타일렀으나 듣지 않으니 염려스럽습니다. 오직 지극한 정성으로 아끼고 보살펴 원망에서 생긴 독기를 사라지게 하는 것이 당면한 급선무입니다. 얻으려 안달하고 잃을까 걱정하는 마음은 온 세상이 그러하니 오로지 한두 사람을 책망하는 것은 옳지 않습니다.

○ 본말을 갖추어 서술하여 발문으로 삼고 별고(別稿)에 붙이라는 것은 감히 말씀대로 하지 않겠습니까.

249 두……것 : 두 집안은 성문준(成文濬)과 신응구(申應榘)의 집안으로, 김만증이 김장생의 원고 중 신응구에게 보낸 편지를 남길지 뺄지의 일로 운운한 바가 있었기에 송시열의 답이 이러한 듯하다. 《宋子大全隨箚 卷9》《宋子大全 卷74 與金永叔(丙寅八月九日)》

250 근심할……듯합니다 : 자중지란을 뜻한다. 근심할 것이 담장 안에 있다는 것은 《논어》〈계씨(季氏)〉의 "계손(季孫)의 걱정거리가 전유에 있지 않고 담장 안에 있을 것 같다."라는 공자의 말에서 연유한 표현이다. 담장 안은 김장생의 서자 김구(金榘)와 김비(金棐)를 말하는 것으로 보인다. 《宋子大全隨箚 卷9》

김경능에게 답함 병인년(1686, 숙종12) 1월 2일
答金景能 丙寅正月二日

소식이 끊긴 것이 이때보다 심한 적이 없었습니다. 이제 또 해가 바뀌었는데 지난 섣달 20일에 보낸 편지를 받으니 기쁘고 위로되는 마음 이루 말할 수 없습니다. 저는 한 해가 다 가도록 병들어 누워서 아직껏 목숨을 잇고 있는데, 일찍이 여든의 나이를 먹은 사람이 되리라고는 생각지도 못했습니다.

홍(洪)의 실정[251]은 몹시 나쁘지만, 두촌(豆村)과 논산(論山)의 변고를 듣고부터 홍을 미워하는 마음이 문득 지난날과는 바뀌었습니다. 유사가 다스린다 해도 무슨 방법으로 처벌하겠습니까. 또 홍이 선인의 말을 근거로 서술한 만큼 또 처음으로 만들어 낸 자와는 차이가 있습니다. 저편 사람[252]을 구원하는 데 어찌 제 말을 기다릴 것이 있겠습니까. 박(朴)의 상소에서 이른바 "심하게 배척하면서도 처벌이 지나치게 무겁다고 말하는 자"[253]는 누구를 지적한 것인지 모르겠습니다. 그러나

251 홍(洪)의 실정 : 홍은 홍수주(洪受疇)로, 윤증을 변호하려고 올린 그의 상소에서 이이(李珥)가 삭발한 것을 언급하면서 장유(張維)를 증거로 삼았다. 그는 이 일로 경흥(慶興)으로 유배되었다. 《宋子大全隨箚 卷9》《宋子大全 卷19 進文元公遺稿仍辨師友之誣又乞許孫疇錫歸田讀書疏》《肅宗實錄 11年 5月 26日, 10月 9日》

252 저편 사람 : 학유(學儒) 김성대(金盛大), 보은(報恩) 유생 이진안(李震顔), 옥천(沃川) 유생 이경화(李景華) 등 이이의 삭발에 대해 변론하다가 처벌을 받은 사람을 말한다. 《宋子大全隨箚 卷9》

253 박(朴)의……자 : 박은 동부승지 박태손(朴泰遜)을 말하는 것으로 보인다. 언론

오늘날의 일을 조용히 생각해 보면 간지(艮地)[254]보다 위태로운 곳이 없는데 간(艮)의 위태로움[255]은 또 그대 형제와 부자(父子)만 한 경우가 없습니다. 옛 가르침에 "가까운 사람이 기뻐하지 않으면 감히 외부인과 사귀지 않는다."[256]라고 했는데, 늘 스스로 반성하는 도를 생각하는지 모르겠습니다. 또 백이(伯夷)를 대하는 자는 감히 뇌물이라는 말을 하지 않습니다.[257] 그대 형제들이 만약 거처하는 곳마다 승려처럼 담백하다면 이런 말이 어찌하여 이르겠습니까. 한밤중에 생각건대 근심과 한탄을 견딜 수 없습니다. 다섯 권의 책력은 감사합니다.

이 막힌 것을 논하고 홍수주의 처벌이 지나치다는 등의 내용으로 올린 상소에서, 홍수주를 배척하던 사람들도 사사로이 의논할 때는 그의 처벌이 지나치다고 말한다고 했으나 구체적인 이름을 들고 있지는 않다. 《肅宗實錄 11年 12月 13日》

254 간지(艮地) : 김장생의 후손이 사는 충청도 연산(連山)을 말한다. 《주역》 〈간괘(艮卦)〉는 간상간하(艮上艮下)로 간은 산의 형상인데, 산이 연이어 있다는 의미로 간괘를 연산이라고 하므로 나온 말이다.

255 간(艮)의 위태로움 : 남과 반목하고 관계가 끊어지는 일이 발생하는 것을 말한다. 《주역》 〈간괘 구삼(九三)〉에 "한계(限界)에 멈춤이다. 등뼈를 벌여 놓은 것이니, 위태로움이 마음을 태우도다."라고 했는데, 이에 대해 정이(程頤)의 전(傳)에 "멈추는 도(道)는 마땅함을 얻는 것을 귀하게 여긴다. 가고 멈춤을 때에 맞게 하지 못하고 한 가지에 고정되어 그 완강함이 이와 같으면 처신이 어그러져 남과 반목하고 관계가 끊어질 것이니, 그 위태로움이 심하다."라고 풀이하였다.

256 가까운……않는다 : 증자(曾子)의 말로, 원래의 내용은 "친척이 기뻐하지 않으면 감히 외부의 사람과 사귀지 않으며, 가까운 자와 친하지 않으면 감히 멀리서 구하지 않는다."이다. 《小學 明倫》

257 백이(伯夷)를……않습니다 : 백이는 은(殷)나라 고죽국(孤竹國)의 왕자로 왕위를 사양하고 수양산에서 고사리를 캐 먹다 굶어 죽었는데 '성인 중에서 청렴한 사람〔聖之淸者〕'이라고 불린다. 《孟子 萬章下》

김경능에게 답함 병인년(1686, 숙종12) 1월 20일

答金景能 丙寅正月二十日

여러 편지가 문득 와서 새해에 그리워하는 마음을 몹시 위로하였습니다. 저의 병은 줄곧 낫지 않고 있으니 어느 날에나 끝내지 못한 일을 마칠지 모르겠습니다. 그대가 상세하게 하신 말씀은 모두 잘 알았습니다. '스스로 목을 찔러 죽는다〔自刎〕'는 말씀은 어찌 그리도 심한지요. 연(燕)나라와 조(趙)나라 사이의 기상[258]이 있어서 《논어》나 《소학》에 나오는, 자신을 돌아보고 반성하는 규모가 부족한 듯합니다. 흑백이라 운운한 것은 여러 번 가르침을 받았습니다. 그대의 좋은 뜻을 모르는 것은 아니지만 스스로 헤아리건대 저는 위태롭고 욕된 처지에 놓여 있으니, 말하더라도 누가 다시 믿어 주겠습니까. 이른바 허물이 더욱 심하다는 것은 바로 이를 말하는 것입니다.

게다가 손자가 일찍이 주자(朱子)가 범 충선(范忠宣)의 일을 논한 것[259]을 많은 사람이 있는 데서 말하였으니 큰 화가 닥칠 조짐이 이미

258 연(燕)나라와……기상 : 굽히지 않는 강개(慷慨)한 기상을 말한다. 예로부터 연나라와 조나라 일대는 기개가 꺾이지 않고 강개하며 격앙하는 인물들이 많이 배출되었으므로 하는 말이다.

259 주자(朱子)가……것 : 북송(北宋)의 채확(蔡確)이 거개정(車蓋亭)에 올라 당(唐)나라 고종(高宗)이 무후(武后)에게 왕위를 물려주는 것에 반대하다 죽음을 당한 학처준(郝處俊)의 충절을 애도하면서, 섭정(攝政) 중이던 송 영종(宋英宗)의 비 선인황후(宣仁皇后)를 무후에 비겨 시를 읊은 일이 있었다. 이에 간관 범조우(范祖禹) 등이 채확의 죄를 논하여 신주(新州)로 귀양 가게 되었는데 재상 범순인(范純仁)이 채확의 죄를 가볍게 해 줄 것을 청했다. 이를 두고 주희는 훗날 자신을 온전히 하려는 계책이었

싹텄는데, 이제 또 섶을 끌고 와서 불을 끄려고 한단 말입니까. 또 지금의 세상 사람들은 저를 무숙(武叔)과 백료(伯寮)[260]로 여기는데, 여러분은 또 저에게 맹자(孟子)나 한유(韓愈)[261]의 책임을 맡기려고 하니 누구인들 웃지 않겠습니까. 웃을 뿐만 아니라 반드시 장차 노하여 "남은 도척(盜跖)이라고 여기는데 자신은 순(舜)이라고 여긴다."[262]라고 할 것입니다. 타이른 말을 가슴에 새기겠다는 말씀은 감탄을 금할 수 없습니다. 문중자(文中子)가 이른바 "비방을 그치게 하는 데는 자신을 수양하는 것이 가장 좋다."라고 한 말[263]은 참으로 사리를 아는 말입니다.

다고 비판했다. 《宋史 蔡確列傳》《晦庵集 卷37 答鄭景望》 충선은 범순인의 시호이다.

260 무숙(武叔)과 백료(伯寮) : 무숙은 노(魯)나라 대부 숙손무숙(叔孫武叔)으로 공자를 자공(子貢)에 비기며 헐뜯은 사람이고, 백료는 공백료(公伯寮)로 공자의 제자 자로(子路)를 비방한 사람이다. 《論語 子張, 子路》

261 맹자(孟子)나 한유(韓愈) : 전국 시대의 맹자는 대현(大賢)으로 자임했던 사람이고, 당나라의 한유(韓愈)는 도덕과 인의를 말하여 맹자의 순정함을 계승하는 일을 자임했던 사람이다.

262 남은……여긴다 : 도척은 극악한 도적으로 악인의 대명사이고 순은 어진 임금의 대명사이다. 《맹자》 〈진심 상(盡心上)〉에 "순 임금과 도척의 구분을 알고 싶은가? 그것은 다름이 아니라 단지 이익을 탐하고 선행을 좋아하는 그 사이에 있을 뿐이다."라는 말이 있다.

263 문중자(文中子)가……말 : 문중자는 수나라 학자 왕통(王通)의 문인들이 그에게 올린 시호이다. 이 말은 수(隋)나라 이전의 《삼국지(三國志)》 〈위서(魏書)〉에 먼저 나오는데, 왕창(王昶)이 조카들의 자를 지어 주면서 당시 시속에서 쓰던 말을 빌려 행동을 삼가도록 경계했던 말이다.

김경능에게 답함 병인년(1686, 숙종12) 2월 26일

答金景能 丙寅二月二十六日

지난번 편지에 미처 답을 못 했는데 또 지난달 20일 보낸 편지를 받으니 그리워하는 마음을 몹시 위로해 주었습니다. 심(沈)의 비문[264]에 대해 상의할 부분을 이미 서석(瑞石 김만기(金萬基))에게 알렸는데, 아마 벌써 보았을 것입니다. 다섯째 조목은 당초 사실에 근거해서 썼으나 그 문자가 또한 매우 훌륭하고 뛰어난 분에게서 나온 것이라 뒷날의 폐단이 있을 줄 몰랐습니다. 정정한 것도 전혀 고칠 점이 없는 글인지는 모르겠습니다. 이 밖에 의논할 만한 부분은 다시 대조하여 정정하십시오. 실로 좋지 못한 것을 함께 고치는 것은 옛날의 가르침입니다. 손자가 있어서는 안 될 자리에 앉아 있으니[265] 밤낮으로 근심하고 있습니다. 일이 있어 벗어난다면 얼마나 다행이겠습니까. 나머지는 대신 쓰게 하느라 이만 줄입니다.

264 심(沈)의 비문 : 송시열이 지은 심의겸(沈義謙)의 신도비를 가리킨다. 《宋子大全 卷156 靑陽君沈公神道碑銘》

265 손자가……있으니 : 송주석(宋疇錫)이 1686년 2월 예문관 검열로 있으면서 가자(加資)된 것을 두고 한 말인 듯하다. 《承政院日記 肅宗 12年 2月 12日》

김경능에게 답함 병인년(1686, 숙종12) 3월 20일
答金景能 丙寅三月二十日

전날 답한 편지가 착오로 돌아왔으니 한탄스럽습니다. 승석(承碩 강효원(姜孝元)의 손자)이 가지고 온 편지를 받고 그대의 뜻을 잘 알았습니다. 다른 일은 모두 감히 알 바 아니나 제 손자의 거취만은 몹시 염려됩니다. 이번에 나온 것은 잘 되었지만, 앞으로의 수습은 장차 어떻게 대책을 세워야겠습니까? 제 생각으로는 처벌을 받는 한이 있더라도 죽어도 감히 함부로 들어가지 않겠다고 한다면 평탄하게 아무런 일이 없을 것입니다. 계문자(季文子)는 세 번 생각했으나 사사로운 생각이 일어나 도리어 미혹되었으니,[266] 생각을 많이 하는 해로움이 생각지 않는 것보다 심한 것을 어쩌겠습니까.

모 영공(某令公)이 점휴당(漸休堂)에서 궁촌(宮村)의 옛집으로 돌아가서 제린(諸麟)에게 끌려 나오지 않는다면[267] 참으로 장자(莊子)가

266 계문자(季文子)는……미혹되었으니 : 세 번 생각한다는 것은 심사숙고한다는 뜻이다. 《논어》 〈공야장(公冶長)〉에서 계문자가 세 번 생각한 다음 행하는 것을 두고 공자가 두 번이면 된다고 한 말에 대해, 정이(程頤)가 "악을 행하는 사람은 생각할 줄 모른다. 생각이 있으면 선을 행하게 된다. 그러나 두 번 생각하게 되면 이미 깊이 생각한 것인데, 세 번 생각하게 되면 사사로운 생각이 일어나서 도리어 미혹하게 되므로 공자가 꾸짖은 것이다."라고 풀이하였다. 《二程外書 卷3 陳氏本拾遺》

267 모……않는다면 : 모 영공은 완남부원군(完南府院君) 이후원(李厚源)의 아들 이선(李選)을 말한다. 이선은 당시 이조 참판으로 있으면서 청나라에 사행을 다녀왔는데 치욕스러운 글을 가져왔다는 이유로 지평 이삼석(李三碩)이 삭탈관직을 청한 일이 있다. 《肅宗實錄 11年 8月 5日, 12年 4月 16日》 점휴당은 이후원의 별장이다. 궁촌은

말한 "괴롭게 함으로써 즐겁게 되는" 경우[268]일 것입니다. 만날 기약이 없으니 오직 어디를 가나 삼가셔서 멀리서 기대하는 저의 마음에 부응해 주시기를 빕니다.

이후원의 선영이 있는 마을로, 광주(廣州)에 있다. 제린(諸麟)은 자에 '린(麟)' 자가 들어가는 윤지미(尹趾美)의 형제들로, 이선은 그들의 매부가 된다. 《宋子大全隨箚 卷9》

268 장자(莊子)가……경우 : 괴로운 처지에 자신을 두어 그 속에서 즐거움을 찾는 경우를 말한다. 《장자》에서 같은 내용은 확인할 수 없으나 장뢰(張耒)가 지은 〈송진소장서(送秦少章序)〉에 장석(匠石)이 도끼를 잡고 산림에서 노닐다가 한번 도끼를 휘두르면 나무마다 쓰임새에 맞게 다듬어 내는 것을 예로 들면서, '덜어 냄으로써 더해지고, 무너뜨림으로써 이루어지고, 괴롭게 함으로써 즐겁게 되는 경우'라고 하였다. 장석은 유명한 장인(匠人) 이름이다.

김경능에게 답함 정묘년(1687, 숙종13) 1월 20일

答金景能 丁卯正月二十日

지난해에 차마 병든 손자의 뜻을 어기지 못해 여섯 차례나 옮겨서 마침내 산골의 서재로 왔습니다. 적막하게 새해를 맞이하며 무료하였는데, 문득 이러한 즈음에 멀리서 인편으로 보낸 편지와 비문을 받고서 기쁘고 위로되는 마음 이루 말할 수 없었습니다. 비문은 즉시 수정하여 돌려드려야 하지만 지난 섣달에 걸린 감기가 갈수록 심해져 집필할 길이 없으니 형편상 훗날을 기다려야 하겠습니다. 종묘의 제향에 대한 의론이 일어나기 시작했는데, "옛 성인이 정한 제도는 의논할 필요가 없다."라고 하였으니 행하지 않을 수 없다는 뜻이 이미 분명합니다. 그 뒤에 인용한 주자(朱子)의 말은 다만 종묘의 제향을 줄이면서도 자신을 편하게 하는 일은 여전히 하던 것을 염려한 것입니다.[269]

우의정(이단하(李端夏))에게 드렸던 편지는 또렷하게 기억할 수는 없지만, 지적한 것은 벼슬아치와 서리(吏胥)에 대한 것입니다. 예전에 포목의 승척(升尺)을 변경하려고 했더니 서리들이 흉흉하여 변란을

269 종묘의 제향을……것입니다 : 당시 이단하가 거듭되는 기근을 이유로 《예기》 〈잡기(雜記)〉의 예를 들어 종묘 향사에 쓰이는 비용을 절감할 것을 청하자, 숙종이 대신들과 유현(儒賢)에게 문의하였다. 이때 송시열은 주희의 "시속의 절사(節祀)는 예경(禮經)에 근거하여 폐지하면서 산 사람은 먹고 마시며 잔치하고 즐기는 것을 시속에 따라 전과 다름없이 하는 것은, 죽은 이 섬기기를 산 사람 섬기는 것과 같이 하는 본의가 아니다."라는 말을 인용하여 반대 의견을 말했다. 《宋子大全隨箚 卷9》《肅宗實錄 12年 11月 29日, 12月 28日》《晦庵集 卷30 答張欽夫》

일으킬 듯한 형세가 있었고, 이익을 좋아하고 사심을 품은 사대부들은 너도나도 공공연하고도 대담하게 모두 죽기로 저지했습니다. 그래서 저는 "남명(南冥)과 율곡(栗谷)이 모두 '우리나라는 서리에게 망할 것'이라 했는데 이는 참으로 지극한 말이다."라며 탄식했습니다. 실제 일이 이와 같았는데 저는 제 말이 너무 박절한 줄 몰랐습니다. 그러나 협상(峽相)[270]에게만 개인적으로 했던 말인데 협상이 누설하여 떠들썩하게 될 줄 생각지도 못했습니다.

이분은 그 마음이 태곳적 사람의 마음이라 다른 사람을 자기처럼 생각하여 남에게 마음을 다 기울입니다. 이는 비록 군자의 마음이지만 일에는 몹시 해롭습니다. 저 또한 이로부터 경계해야 할 줄을 알겠습니다. "힘을 다해 조정의 반열에 나아가서 자기 힘으로 어찌할 수 없으면 그만두어야 한다."[271]라는 것은 실로 성인의 말씀입니다. 오직 후세에 이 말을 따르는 자가 전혀 없으므로 사람들이 괴이하게 여기는 것을 어쩌겠습니까. 하고 싶은 말은 많으나 누워서 불러 편지를 쓰게 하느라 이만 줄입니다.

270 협상(峽相) : 지협(砥峽) 즉 지평(砥平) 골짜기에 집을 둔 우의정 이단하를 말한다. 《陶菴集 卷43 教官宋公墓誌》

271 힘을……한다 : 이 말은 주나라 때의 대부 주임(周任)이 한 말인데 《논어》 〈계씨(季氏)〉에 공자가 계씨의 비행을 간하여 막지 못한 염구(冉求)를 책망하면서 이 말을 인용했다.

김경능에게 답함 정묘년(1687, 숙종13) 2월 19일

答金景能 丁卯二月十九日

보내온 편지 내용은 잘 알았습니다. 저는 지극히 사리에 어두우나 또한 이곳이 아주 안전하지는 않다는 것을 압니다. 그러나 만의(萬義)라고 해서 또 어찌 별천지이겠습니까. 요컨대 서울에 들어간 뒤에야 걱정할 것이 없음을 장담할 수 있겠지만 서울로 들어가는 것이 어찌 여기에 있는 것보다 더 두렵지 않겠습니까. 《시경》의 이른바 "움츠러들 뿐 갈 곳이 없도다."라는 것은 바로 이 경우를 말하는 것입니다. 이번에 상소한 뒤[272]로 손자의 처지는 아마 더욱 불안할 것입니다. 여러분께서는 부디 벗어날 방도를 말씀해 주시는 것이 어떻겠습니까.

서석(瑞石 김만기(金萬基)) 대감의 병이 점차 회복되고 있으니 얼마나 다행인지요. 그러나 시사(時事)가 이 지경에 이르렀으니 세상에 살아 있은들 무엇이 즐겁겠습니까. 유고(遺稿)를 간행하는 일은 처음에 계획을 잘하지 못하여 중도에 삐걱대기에 이르렀으니 부디 수습할 방도를 자세히 생각하시는 것이 어떻겠습니까. 저의 뜻은 당초에 판을 돈암서원(遯巖書院)으로 옮겨 조용히 교정하려고 했는데, 다시 생각해 보니 떠맡을 자가 없고 또 말을 날조하고 일을 만드는 자가 없지 않으

272 이번에 상소한 뒤 : 《송자대전수차》와 문집에는 1687년 1월 28일에 상소하여 대의를 진술하고 이어서 윤증의 일에 대해 말했다고 기록하고 있지만, 실록이나 《승정원일기》에는 그러한 내용이 보이지 않는다. 《宋子大全隨箚 卷9》 《宋子大全 卷19 論大義仍陳尹拯事疏》

니, 어찌 주 부자(朱夫子)가 책을 간행하는 이로움과 병폐에 대해 논한 말을 살펴보지 않겠습니까. 대체로 이 일은 참으로 우물쭈물해서는 안 되니 반드시 서둘러 상의하여 잘 처리해야 합니다.

○ 돈암서원 배향에 대해서는 저도 내려올 때 그의 구변(口辯)을 받아 주다가 일 없는 중에 일이 생기게 하여, 제가 곤란을 당하고 원망을 사게 되었으니 이 사람의 일은 말할 수 없고, 저는 돈암서원의 유생이 와서 묻는 말에 감히 왈가왈부할 수 없습니다. 또 일가친척과 벗을 돌보는 것은 실로 좋은 뜻으로 한 것인데 그 상황을 조장하여 나쁘게 만드는 것은 또한 도리가 아닌 듯합니다. 어떻게 생각하십니까.

김경능에게 답함 정묘년(1687, 숙종13) 6월 21일
答金景能 丁卯六月二十一日

서석(瑞石 김만기)이 이미 저세상 사람이 되어 버렸으니 편지를 받고 더욱 눈물이 흐릅니다. 시사(時事)는 운수에 내몰리는 것이라 사람의 힘이 미칠 바가 아닌 것을 어쩌겠습니까. 모인(某人)은 제가 바닷가에 있을 때부터 이미 그의 정성스럽고 참된 마음을 겪어 보았으니, 자신(子愼 송상민(宋尙敏))이 늘 "그는 자신이 여기에 완전히 들어오는 것을 내켜 하지 않는다."라고 했다는 것은 의심스럽습니다. 그러나 어찌 남에 대한 기대를 너무 깊이 할 수 있겠습니까. 이제 별지에서 말한 바를 보면 나양좌(羅良佐)[273]를 배척하는 뜻이 지극히 명백한데, 저의 답변은 그가 한 말에 따라서 말할 뿐입니다. 그의 원래 글은 지금 이곳에 있지 않습니다. 뒤에 마땅히 찾아서 드리겠습니다.

'무리를 따른다〔從衆〕'고 할 때의 '중(衆)' 자는 《논어》에 나옵니다.[274]

273 나양좌(羅良佐) : 1638~1710. 본관은 안정(安定), 자는 현도(顯道), 호는 명촌(明村)이다. 윤선거의 문인으로 1687년 송시열이 윤선거를 비판하자 윤선거를 변호하는 상소를 올렸다가 영변에 유배되었다. 《肅宗實錄 13年 3月 17日》

274 무리를……나옵니다 : 《논어》 〈자한(子罕)〉에 "삼베로 만든 면관(冕冠)이 예법에 맞지만, 지금은 생사(生絲)인 준(純)으로 만들어 쓰니 검소하다. 나는 사람들이 하는 대로 따르겠다. 임금을 뵐 때 당(堂) 아래에서 절하는 것이 예인데, 지금은 당 위에서 절을 하니 거만하다. 비록 사람들이 하는 것과 어긋나더라도 나는 당 아래에서 절하는 것을 따르겠다."라는 공자의 말이 나오는데, 이에 대해서 정이(程頤)가 "군자의 처세가 일이 의리를 해치지 않는다면 세속을 따르는 것도 괜찮지만, 의리에 해로울 경우 세속을 따르면 안 된다."라고 하였다.

그는 어찌 미복(微服)이 분수에 넘친 점[275]에 대해 화내지 않고 도리어 이것에 대해 화내는 것입니까. 그러나 제가 가리키는 '중(衆)' 자[276]는 당시 상하와 남녀를 모두 가리켜 말한 것이지 한두 사람을 가리켜 말한 것이 아닙니다. 그러나 저들이 당시의 일을 아주 좋고 아름다운 뜻이라 여기는데 무슨 노여움이 있겠습니까. 스승의 말을 끌어와서 선배를 비평하고 논단하는 것이 어찌 중대하고 곤란한 일이 아니겠습니까. 그러나 이 일이 드러난 지 이미 오래되었는데, 그가 공공연히 노선생의 말이 사실이 아니고 놀랄 만하다며 배척하니,[277] 너무나도 거리낌이 없는 것입니다. 제가 어찌 두려워 눈치를 보면서 사문(師門)에 무함(誣

275 미복(微服)이……점 : 공자가 송(宋)나라를 지날 때 송나라의 사마(司馬) 환퇴(桓魋)가 공자 일행을 포위하여 공자를 살해하려 하자 공자가 옷을 바꾸어 입고 빠져나간 일을 말하는데, 여기서는 윤선거가 강화도에서 진원군(珍原君) 이세완(李世完)의 종자(從者)로 신분을 위장하고 적병을 피해 나온 일을 공자의 사례에 비유한 것에 대해 말하는 것으로 보인다. 나양좌 등의 상소에 "어떤 자는 또 미복을 입고 종으로 변장했다고 욕하려 하는데, 이는 더욱 가소롭습니다. 미복으로 변장한 일은 이미 공자께서도 행했던 것이니 부끄러울 게 뭐가 있겠습니까."라는 말이 있다. 《承政院日記 13年 3月 18日》《肅宗實錄 13年 3月 17日》《宋子大全 卷96 答李同甫(丁卯五月三日)》

276 제가……자 : 김만증이 송시열에게 보낸 편지를 보면 송시열이 '윤선거가 강화도에서 무리를 따라 무릎을 꿇었다'는 말을 한 적이 있었던 것으로 보인다. 김만증은 '무리〔衆〕'라는 글자가 사람들의 원망과 노여움을 더욱 야기할 것이라며, 송시열에게 언급하지 말 것을 권유했기에 송시열이 이렇게 답한 것이다. 《遯村遺稿 卷2 上尤庵先生》

277 노선생의……배척하니 : 김장생이 강화도에서 있었던 일을 기록한 글에 "이산해가 정여립을 김제 군수, 황해 도사 두 자리에 의망(擬望)했다."라는 말이 있는데, 윤선거가 "이는 진실을 상실한 말이다. 참으로 해괴하다."라고 하였다. 《宋子大全 卷71 與李擇之(癸丑十二月五日), 卷72 與李擇之(第4書)》《宋子大全隨箚 卷9》《魯西遺稿 附錄上 年譜》

陷)을 끼칠 수 있겠습니까.

또 말해 보십시오. 그대는 오늘의 일이 오늘날에야 일어났다고 여기십니까? 그 근원은 이미 깊어, 나날이 다달이 점점 쌓여서 무리가 성해지기를 기다린 뒤에 나온 것입니다. 처음 기옹(畸翁)[278]에게서 나왔다가 다시 오늘날에 나온 것이니, 《율곡별집(栗谷別集)》에 실린 성(成)·윤(尹) 두 사람의 기록을 살펴보면 그 실상을 알 수 있습니다. 기록한 것을 실상이라고 하겠지만, 그러나 일의 면모로 말하자면 마땅히 문간공(文簡公 성혼(成渾))의 문집에 붙여야지 여기에 붙여서는 안 됩니다.[279] 또 장래에 끝없이 좋지 않은 일이 있을 생각을 하면 제가 죽은 뒤에 다시 이 일을 말할 수 있는 자가 있겠습니까?

기옹이 잠와(潛窩 이명준(李命俊))에게 보낸 편지는 안숙(晏叔 정양(鄭瀁))이 남의 꾐에 빠져서 두려워 삭제해 버렸습니다.[280] 지금 정리

278 기옹(畸翁) : 정홍명(鄭弘溟, 1582~1650)의 호이다. 본관은 연일(延日), 자는 자용(子容), 또 다른 호는 기암(畸庵)이다. 아버지는 우의정 정철(鄭澈)이며, 김장생의 문인이다. 김제 현감과 대사성을 역임했다.

279 성(成)……됩니다 : 성혼의 현손이자 윤선거의 문인이며 윤증에게 수학한 성지선(成至善)의 기록에 있는 "율곡은 근엄함이 우계(牛溪)에 미치지 못한다." 등 몇 건의 글을 박세채가 《율곡별집》을 편집하면서 붙여 놓았는데, 송시열은 글을 엮는 체계로 보아 그 내용을 《우계집(牛溪集)》에 붙여야지 《율곡별집》에 붙이는 것은 적절하지 않다고 말하는 것이다. 《宋子大全隨箚 卷8》《宋子大全 卷72 答李擇之, 卷84 答金景能(丁卯七月二十二日)》

280 기옹이……버렸습니다 : 윤선거가 정철의 손자 정양에게 권유하여 그의 숙부 정홍명이 이명준에게 준 편지를 문집에서 빼 버린 일이 있었는데, 이에 대한 전말이 정양에 대한 제문에 나온다. 그런데 이 편지는 성문준(成文濬)이 윤근수(尹根壽)에게 글을 올려 쟁변(爭辨)한 것과 서로 참조가 되는 문권(文券)으로, 송시열은 이 일이 윤휴와 허적의 집권 당시 어떤 송관(訟官)이 한쪽을 낙송(落訟)시키고 한쪽의 문권을 빼앗아

(鄭溰)[281]가 몹시 뼈아프게 여기지만 결국은 후집(後集)에 기록되었으니, 이것이 자연스러운 상황입니다. 또 모인(某人)은 당시에 양쪽의 실마리를 미처 보지 못하고 먼저 저를 의심했으니, 황면재(黃勉齋)가 지나치게 양자직(楊子直)을 의심해서 주 선생(朱先生)에게 책망을 받았던 것[282]에 가깝지 않겠습니까. 저는 평소 너무 지나치게 사람을 믿다가 여러 번 낭패를 초래했지만, 또 그다지 뉘우치지는 않습니다. 무릇 제가 하는 말에 부디 일일이 회답해 주시는 것이 어떻겠습니까. 조금 전 현석(玄石 박세채(朴世采))의 편지를 받고는 매우 반가웠습니다. 나머지는 병이 몹시 괴로워 누워서 대신 쓰게 하느라 이만 줄입니다.

불태워 다시는 송사를 못 하게 하려던 의도라고 보았다. 《宋子大全 卷132 偶記》《魯西遺稿 卷17 祭鄭晏叔文》

281 정리(鄭溰) : 정철의 손자이며 정홍명의 아들로, 정양과는 사촌 간이다. 벼슬은 현감을 지냈다.

282 황면재(黃勉齋)가……것 : 면재는 황간(黃榦)의 호이다. 양방(楊方)이 주희에게, 공자가 송나라를 지날 때 위태로운 상황이 닥치자 옷을 바꾸어 입고 지나갔던 일을 예로 들며 말을 삼가 화를 피할 것을 권유했는데, 그 뒤 그가 주희보다 먼저 화를 당하게 되었다. 황간이 주희에게 벼슬을 그만두지 않음으로써 당화(黨禍)를 회피한 양방의 일에 대해 말을 하자, 주희가 "오늘날의 의론은 모두 이러한데, 일일이 공격하고 배척하자면 한 사람도 좋은 사람이 없다. 내부에서 모순을 일으켜 자신을 스스로 약하게 하고 싶지 않다."라고 했던 것을 말한다. 《宋子大全隨箚 卷9》《晦庵集 別集 卷1 劉智夫》《朱子語類 卷107 丙辰後》《勉齋集 卷4 與晦庵朱先生書》

김경능에게 답함 정묘년(1687, 숙종13) 7월 20일
答金景能 丁卯七月二十日

인편으로 보내신 편지를 보고서 위로되었고 하신 말씀은 삼가 잘 알았습니다. 제 아우가 편지에서 한 말을 허락했다는 것도 자세히 들었습니다. 이번 일은 어찌 사람의 힘으로 한 것이겠습니까. 진실로 순순히 받아들여 조용히 기다려야 하고 재앙과 복이 먼저 스스로 다그치도록 해서는 안 됩니다.

주(疇)[283]에게 말을 삼가도록 타이르라는 말씀은 감히 명을 따르지 못하겠습니다. 화를 피하려면 그 자리에 없는 것이 맞습니다. 그 자리에 있으면서 말하지 않는다면 말하지 않음으로써 꾀는 것[284]에 가깝지 않겠습니까. 나아가는 것을 어렵게 여기고 물러나는 것을 쉽게 여기는 것은 임금을 섬기는 큰 덕목이니, 주자(朱子)가 한평생 견지했던 것은 다만 이 한 구절입니다. 더구나 오늘날 하루가 끝나기를 기다릴 수 있겠습니까. 바라는 것은 손을 잡고 함께 돌아가서 목숨을 보전하면 좋겠다는 것입니다. 이 외에 다른 도리가 없습니다.

○ 유고를 정서(淨書)하는 일은 어찌하여 지금까지 조용합니까? 아이의 일[285]은 또한 미리 짐작하기 어려우니 반드시 지금 고쳐 새기는

283 주(疇) : 송시열의 손자 송주석(宋疇錫)을 말하는 것으로 추측된다.

284 말하지 않음으로써……것 : 말할 만한데도 말하지 않는 것을 뜻한다. 《맹자》〈진심 하(盡心下)〉에 "선비가 말할 만하지 않은데도 말하는 것은 말로써 꾀는 것이고, 말할 만한데도 말하지 않는 것은 말하지 않음으로써 꾀는 것이다. 이는 모두 담에 구멍을 뚫거나 넘어가서 도둑질하는 것과 같은 부류이다."라고 하였다.

것이 좋을 것입니다. 이 뜻을 부디 호곡(壺谷 남용익(南龍翼))에게 말씀하십시오.

285 아이의 일 : 관(官)의 일을 말한다. 송시열의 아들 송기태(宋基泰)가 금산 군수(錦山郡守)로서 김장생의 유고를 간행하면서 "관의 일은 미리 짐작하기 어려운 점이 있다."라고 말했다 한다. 《宋子大全隨箚 卷9》

김경능에게 답함 정묘년(1687, 숙종13) 7월 22일

答金景能 丁卯七月二十二日

지난달 29일에 보낸 편지가 문성(文城 문수산(文秀山))에서 오늘에야 비로소 전해졌으니, 어찌 그처럼 지체되었는지요. 자세히 하신 말씀은 실로 저의 나약한 마음에 격려가 되었고 하신 말씀이 다 옳고 마땅하니, 제가 어찌 감히 명심하지 않겠습니까. 주 선생(朱先生 주희(朱熹))은 양자직(楊子直 양방(楊方))에게 속마음을 다 기울였을 뿐 아니라, 말을 하지 않으면 그만이지만 말을 하기만 하면 남김없이 털어놓았고, 율곡 선생도 그러했습니다. 그러나 이로 인하여 일이 잘못되어도 후회하지 않았으니, 군자의 마음가짐은 마땅히 그러해야 하지만, 말세에 처하여 진실하지 않은 말을 배척하는 도는 더욱 그 근원을 철저하게 파헤쳐야 합니다.

현석(玄石 박세채(朴世采))의 서찰을 보내 드립니다. 보고 난 뒤에 돌아오는 인편에 되돌려 주는 것이 어떻겠습니까. 이 서찰로써 본다면 그가 조정하는 뜻을 알 수 있습니다. 대개 오늘날 저의 상소가 윤(尹)이 저를 헐뜯은 데서 나왔다고 한 것은, 남이 자기를 비방하는 것에 화가 나서 남의 부형(父兄)을 욕했다는 나양좌(羅良佐)의 말[286]대로이

286 남이……말 : 송시열의 상소에서 윤증의 부친 윤선거가 주희의 학설에 이견(異見)을 내세운 윤휴를 옹호했던 일을 언급했는데, 윤선거의 문인 나양좌가 성지선(成至善), 조득중(趙得重)과 함께 상소하여 스승의 억울함을 하소연하고, 송시열이 윤증을 미워하여 그 부친의 일까지 소급하여 헐뜯는 것이라고 한 것을 말한다.《肅宗實錄 13年 2月 4日》《承政院日記 肅宗 13年 3月 18日》《黎湖集 卷29 芝村李先生行狀》

니, 그 의미가 매우 심각합니다.

김 영부사(金領府事 김수항(金壽恒))가, 나양좌의 소는 이 사람(박세채)이 격동시킨 데서 나왔다 하는데 이는 어쩌면 전하는 자의 잘못으로 여겨집니다. 저번에 손자 순석(淳錫)이 그 사람을 찾아보았는데, 모든 것을 숨김없이 말하더라고 했습니다. 즉 "처음에는 과연 그만둘 수 없다는 뜻을 말로써 전했고, 상소문의 초고를 보내왔을 때는 보지도 않고 되돌려 보냈는데, 아이들이 편지를 뜯어보고 나서 들어와서 말하기에 아이들을 시켜 급히 서울로 들어가서 저지하도록 했으나 제지할 수 없었다."[287]라고 하니, 이 또한 알 수 없는 일입니다. 처음에 이미 권하여 놓고, 또 어찌 다시 저지시켰단 말입니까.

"사실과 다르니 놀랍다.〔失實可駭〕"[288]라는 말은 저번에 택지(擇之 이선(李選))의 서찰을 통해 알았습니다. 처음에 보았다면 어찌 아무 말이 없었겠습니까. 심지어 저교(楮橋)[289]에서 한 도리에 어긋나는 말과 이유겸(李惟謙)의 빰을 때리기까지 한 것[290]은 매우 놀랍고 해괴한

287 처음에는……없었다 : 박세채가 이렇게 했다는 말이다. 《宋子大全隨箚 卷9》

288 사실과 다르니 놀랍다 : 윤선거의 연보에 나오는 말이다. 김장생이 강화도에서 있었던 일을 기록한 글에 "이산해가 정여립을 김제 군수와 황해 도사 두 곳에 의망(擬望)했다."라는 말이 있었는데 윤선거가 사실과 다르다고 여긴 것이다. 《宋子大全隨箚 卷9》《宋子大全 卷39 與李擇之書, 卷96 答李同甫(丁卯五月三日)》《魯西遺稿 附錄上 年譜》

289 저교(楮橋) : 진산(珍山)의 지명으로, 이유태(李惟泰)의 형 이유택(李惟澤)의 집이 있던 곳이다. 《農隱遺稿 別集 卷1 北疏沃疏辨》

290 이유겸(李惟謙)의……것 : 이유겸은 이유태의 막내아우이다. 윤선거가 김장생에 대해 불평하며 험담을 하자, 이유겸이 이에 대항하여 성혼에 대해 좋지 않게 말하였는데 윤선거가 이유겸의 빰을 쳤다. 《宋子大全 卷112 答李子邵(丁卯六月六日)》

일이므로 저는 앞으로 이전과는 같을 수 없다고 여겼다가, 이튿날 아침에 그가 매우 부끄러워하는 표정으로 사과하기에 그만두었습니다.

성 영동(成永同)의 문자(文字)[291]에서 당초에 사실대로 지목하여 배척하지는 않았으나 그 의도는 이미 문자상에 드러났고, 또 '공(公)'이라 칭했습니다. 윤선거가 여러 번 글을 보내 이를 고쳐 달라고 부탁했으나 제가 고칠 수 없다는 뜻으로 거절하자 계속 간청하면서, 이는 사실 파련(坡連)[292]이 잘 합해질 기회라고 하였습니다. 또 동춘(同春 송준길)에게 표액(表額)을 청하면서 '선생'이라 써 주기를 청했으나 동춘이 승낙하지 않자 다시 여러 번 청하면서, 승낙하지 않으면 그만두지 않을 기색을 보였습니다. 그래서 동춘이 저에게 글을 보내 말하기를 "그의 뜻이 이러하니, 우리가 당초에 경솔히 승낙한 것이 후회된다. 형편상 따라야 하겠기에 나는 그의 말대로 써 주었다."라고 하기에 제가 회답하여 "형이 이미 그리한 이상 제가 어찌 달리할 수 있겠습니까."라 하고, 드디어 그의 말을 따랐는데, 이제 와서 생각해 보면 또한 불쾌합니다. 이는 구차스레 그의 말을 따라 윤휴를 진선(進善)에 주의(注擬)한 일과 무엇이 다르겠습니까. 그때 우재(迂齋 이후원(李厚源))가 저를 나무라고 나서 곧이어 해명하기를 "저들의 의도를 보면 실로 상(上)이

291 성 영동(成永同)의 문자(文字) : 성 영동은 영동 현감을 지낸 성문준으로, 성혼의 아들이다. 송시열이 지은 성문준에 대한 묘갈문을 말한다. 그 글에 "사계 김 선생은 공이 음양이 소장(消長)하는 마당에 있어 처신을 매우 불분명하게 한다 하여 준엄하게 꾸짖고, 또 남에게 공을 잘 보살펴 주도록 간곡한 부탁까지 하였다."라는 말로 성문준을 간접적으로 비난한 내용이 있다. 《宋子大全 附錄 卷5 年譜4》《宋子大全 卷174 滄浪成公墓碣銘》

292 파련(坡連) : 파주(坡州) 성혼의 문파와 연산(連山) 김장생의 문파를 말한다.

친림(親臨)하도록 하려고 했던 만큼, 진선에 제수되기만 한 것도 공(公)의 힘이었다."[293]라고 했습니다.

성 영동에 대한 글을 지을 무렵에 왕복한 서찰이 아직도 남아 있기에 제가 항상 스스로 농담하여 "내가 아니었던들 이렇게 하기도 어려웠을 것이다."라고 했습니다. 이 사람(윤선거)은 기개가 남다르고 농락과 꼬임수에 능하지만, 이는 사실 윤휴의 수단이었습니다. 정안숙(鄭晏叔 정양(鄭瀁))은 벗들 중에 가장 강직한 사람으로 일컬어졌으나 이 사람에게 꾀여 기옹(畸翁)이 성문준(成文濬)을 원망하는 글[294]을 기옹의 문집에서 삭제했기에 제가 매번 이 일로 스스로 용서하여 "정안숙도 이렇게 했다."라고 했으니, 이 또한 우스운 일입니다.

《율곡별집(栗谷別集)》에 대해서는 보내온 편지의 말씀이 옳습니다. 삭제하거나 그대로 두는 것에 대해 앞으로 어찌 남들의 지휘에 따를

293 저들의……힘이었다 : 윤휴가 《중용》의 주를 고친 뒤 송시열이 그를 사문난적으로 지목했는데, 송시열이 이조 판서가 된 뒤에 윤선거가 윤휴를 수용하지 않는다며 책망하자 어쩔 수 없이 그를 진선으로 추천했다. 한편 이후원은 윤휴를 천거하지 않는다고 송시열을 비방하는 자들은 그에 그칠 뿐만 아니라 임금이 친림하여 빈사(賓師)의 예로 대우하게 하고 싶어 한다며 송시열의 추천이 그릇되었음을 나무라고, 그래도 추천하는 정도에서 그친 것도 송시열의 공이라고 치하했다. 《同春堂集 續集 卷8 年譜》《鳳谷集 卷3 構禍事蹟》《艮齋集 後編 卷12 示諸生(壬戌六月三十日)》

294 기옹(畸翁)이……글 : 기옹은 정철의 아들 정홍명(鄭弘溟)으로, 그가 이명준(李命俊)에게 답한 편지를 말한다. 성문준이 부친인 성혼을 변호하기 위해 기축옥사의 잘못을 정철에게 돌리자, 정홍명이 성문준에 대한 원망을 표현한 것인데, 문집을 초간(初刊)할 때 성혼의 외손 윤선거가 정철의 손자 정양에게 삭제하기를 강력하게 요청하여 빠졌다. 중간(重刊)이 계획되던 1684년(숙종10)경 송시열이 이 편지가 빠진 것은 큰 단점이라며 추록을 권장하여 들어가게 되었다. 《宋子大全 卷115 答鄭混源(己巳二月)》《畸庵集 續錄 卷11 答李昌期書》

나위가 있겠습니까. 성(成)・윤(尹)의 두 문건[295]에 대하여는 현석(玄石)도 삭제해야 한다고 했습니다. 오늘날의 급선무는 다만 연(綖 이이(李珥)의 후손)에게 잘 일러서, 그 판본을 깊이 간직하여 사람들이 간행하지 못하게 하는 것입니다.

그 사람(박세채)이 당초에 또한 윤휴에게 중독된 것이 얕지 않으니, 오늘날 간사한 이들의 앞잡이가 된 것이 무엇이 그리 이상합니까. 기유년(1669, 현종10)의 서찰이 첨가하여 들어간 것은 바로 윤선거의 간사함을 증명하는 것입니다. 윤선거가 이미 윤휴와 정신이 서로 통한 때문에 또한 이 일을 남에게 권유한 것이 그러했는데, 윤휴와 이미 절교했다고 한 것은 임금을 속인 것이 너무 지나치지 않습니까.

보내온 편지에서 윤선거의 실상을 논한 말은 깨뜨려도 깨지지 않을 만큼 매우 견고하고 귀신의 간담도 깨뜨릴 만합니다. 그중에 저를 엄격하지 않다고 책망한 것은 맞습니다. 그러나 저도 핑계 댈 말이 있습니다. 제가 일찍이 주석(疇錫)과 시사(時事)를 논할 때 "신로(愼老 김집(金集))에게 약간의 유감이 없지 않다. 당초에 신로께서 윤선거를 배척하여 받아 주지 않았던들 우리에게 어찌 오늘날의 액(厄)이 있겠느냐."라고 했더니, 주석이 "저희도 할아버지께 유감이 없지 않을 수 없습니다."라고 하기에 제가 웃으며 그 말을 인정했습니다. 이를 곁에서 구경한 사람이 있었다면 반드시 손뼉을 치며 크게 웃었을 것입니다.

보내온 편지에 책임을 질 사람이 있다는 말은 정확히 누구를 가리킨 것인지, 사실 듣고 싶습니다. 도당(徒黨)이 이미 결성되어 그 기세가

295 성(成)・윤(尹)의 두 문건 : 성지선과 윤선거 사이에 오고 간 글을 말한다. 173쪽 주279 참조.

점차 확장된 뒤에는 제멋대로 날뛸 것이라는 말은 참으로 확론(確論)입니다. 그러나 저에게도 한 가지 쓸 만한 견해가 있습니다. 저들이 터무니없이 '도학(道學)'이란 이름을 내세워 그(윤선거)를 높이 떠받들어 조정에 알리지도 않고 마음대로 서원을 세우기까지 했으니, 조물주도 사실 이를 미워했던 것입니다. 그러므로 하늘이 그 아들의 마음을 유도하여 율곡 같은 대현(大賢)을 배격하고 또 권(權)·김(金)[296]의 높은 절의를 헐뜯음으로써 올바른 사람들의 의혹과 노여움을 일으켜 묻혀 가던 그의 실상을 모두 드러내었으니, 조물주는 참으로 공평하다 할 만합니다.

저의 상소가 개인의 보복에서 나왔다고 하는 것은 너무도 모르고 하는 말입니다. 옛날 주 선생(朱先生)이 조입지(曹立之 조건(曹建))의 묘표(墓表)에서 육구연(陸九淵)의 학문을 비난하자, 육문(陸門)에서는 선생을 더없는 원수로 여겼습니다. 그러자 선생이 웃으면서 "진정 원수라 해도 어찌 이렇게까지 하겠는가."라고 했습니다. 그렇다면 선생은 육문에 대해 그러한 혐의가 실로 컸지만 육학(陸學)을 배척하지 않으면 그 해독이 홍수나 맹수보다 더 심하다고 여긴 때문에 육씨가 죽은 뒤에도 배척하는 것을 그치지 않았으니, 이는 조그마한 혐의 때문에 큰 화를 잊을 수 없었던 것입니다. 지금 사람들이 주자의 이 마음을 알지 못하고 있으니, 오늘날 저에게 죄를 돌리는 것은 의심할 나위도 없습니다.

296 권(權)·김(金) : 권순장(權順長)과 김익겸(金益兼)을 말한다. 병자호란 때 강화성이 청나라 군사에게 함락되자 이 당시 남문을 지키고 있던 권순장과 김익겸은 김상용(金尙容)을 따라 자결했다.

선대의 비명(碑銘)은 미처 수정하지 못했습니다. 시장(諡狀)은 대제학 이이중(李彝仲 이민서(李敏敍))에게 부탁하는 것이 어떻겠습니까. 나머지는 누워서 입으로 부르자니 숨이 가빠 낱낱이 말씀드릴 수 없습니다. 밥을 먹지 못하고 자리에 누운 지가 벌써 두어 달이 되었습니다. 모두 마음으로 헤아려 주십시오.

김경능에게 답함 정묘년(1687, 숙종13) 8월 7일

答金景能 丁卯八月七日

어제는 죽은 딸[297]의 대상(大祥)을 치르는 날이라 새벽에 일어나 곡읍(哭泣)했습니다. 마침 이렇게 몹시 마음 아파하고 있는데 문득 보내오신 편지를 보니 병든 사람의 마음이 자못 위로되었습니다.

별지의 내용은 삼가 잘 알았습니다. 친소(親疏)를 막론하고 남김없이 말했으니 이는 율곡 선생의 가법(家法)입니다. 그러나 뒤에 군자를 보게 되면 또한 이 때문에 낭패를 볼 것입니다. 저의 자식과 손자는 변통할 줄 모르는 고지식한 사람이니, 우습습니다.

서구(敍九)가 포부를 펴게 된 때가 오히려 좁은 길에서 궁색한 걸음을 걸을 때만 못하니 어떻게 다행이라 하겠습니까. 새로 정승이 된 사람이 저 때문에 염려하니, 더할 수 없이 걱정스럽습니다. 회옹(晦翁)이 "마주 보며 낭패스럽다."라고 한 경우와 근사한 듯합니다.[298]

297 죽은 딸 : 윤박(尹搏)에게 시집간 송시열의 막내딸을 말한다. 1685년 8월 6일 사망했다. 《宋子大全 附錄 卷10 年譜9》

298 새로……듯합니다 : 《송자대전수차》에 따르면 새로 정승이 된 사람은 1687년 5월에 우의정이 된 조사석(趙師錫)을 말한다. 숙종이 영의정 김수항, 좌의정 이단하를 불러 우의정을 뽑도록 했는데, 다섯 차례나 번복한 뒤에야 조사석을 추천하자 숙종이 곧장 임명했다. 조사석이 희빈 장씨를 통해 정승이 되었다며 물의가 떠들썩하자 김만중이 그가 들은 것을 숙종에게 아뢰었는데 숙종이 몹시 화를 내었다. 이 일로 김수항과 이단하는 체직되었으며, 김만중은 선천(宣川)으로 유배되었다. 《宋子大全隨箚 卷2, 卷5, 卷9》《肅宗實錄 13年 5月 1日, 7月 24日, 9月 10日·11日·12日》 그런데 이 편지는 8월에 쓴 편지이고, 김수항과 조사석이 사직한 뒤 7월에 소론의 영수 남구만(南九萬)이

나머지는 자리에 누워 대신 쓰게 하느라 일일이 말씀드리지 못합니다.

영의정에, 송시열의 문인 이숙(李䎘)이 우의정에 임명되었다. 정승의 임명에 대해 좌의정에게 묻는 것이 규례임에도 숙종이 묻지 않고 임명하자 좌의정 이단하마저 물러났는데 8월에 송시열의 손자 송주석(宋疇錫)이 홍문관 박사에 임명되었다. 정황으로 보아 송시열이 언급한 새 정승은 남구만을 두고 말하는 것으로 추측된다. 《肅宗實錄 13年 7月 24日・25日, 8月 16日・18日》 주희가 한 말은 1195년 조여우(趙汝愚)의 파직으로부터 비롯하여 도학(道學)이 위학당(僞學黨)으로 몰려 많은 이들이 파직되고 귀양 가던 당시 주희가 임성계(林成季)에게 보낸 편지 중에 나온다. 《晦庵集 別集 卷1 林井伯》

김경능에게 보냄 무진년(1688, 숙종14) 3월 8일

與金景能 戊辰三月八日

이번 일[299]은 듣지 않는 것이 마땅할 듯합니다. 죽을 날이 머지않아서 장초(萇楚)가 부러운 것[300]도 얼마 남지 않았으니 이것이 즐거워할 만합니다. 굴자(屈子)가 오래 살기를 바랐던 것[301]은 이 무슨 마음입니까. 윤선거의 연보(年譜)는 본 적이 없으나 이제 새 연보가 장차 나오리라고 들었습니다. 그래서 원본과 비교하고 싶은데 아직도 손에 넣지 못했으니 또한 한 가지 괴이한 일입니다. 부디 신경 써서 찾아 입수하여 확실한 인편으로 보내 주시면 매우 다행이겠습니다.

299 이번 일 : 당시에 이상진(李尙眞)과 최석정(崔錫鼎)이 윤증 부자와 나양좌(羅良佐)를 신원(伸冤)하면서, 송시열을 두둔하는 상소를 올린 송시열의 문인 한성보(韓聖輔)를 죄줄 것을 청했는데, 이 일을 가리키는 듯하다. 《宋子大全隨箚 卷9》《肅宗實錄 13年 3月 20日, 4月 14日・19日》

300 장초(萇楚)가 부러운 것 : 장초가 무지하여 근심이 없어 부럽다는 말이다. 장초는 복숭아나무와 비슷한 나무이다. 《시경》〈회풍(檜風) 습유장초(隰有萇楚)〉에 "진펄에서 생장한 저 장초나무, 그 가지 곱기도 하네. 반지르르 귀여운 너, 지각 없는 네가 부럽다.〔隰有萇楚, 猗儺其枝. 夭之沃沃, 樂子之無知.〕"라고 했다.

301 굴자(屈子)가……것 : 굴자는 초나라의 충신 굴원(屈原)을 말한다. 72쪽 주93 참조.

김경능에게 답함 무진년(1688, 숙종14) 6월 19일

答金景能 戊辰六月十九日

앞의 편지에 오래도록 답을 하지 못했으나 재애(齋哀 김만기의 아들)에게 보낸 편지에서 대략 언급했습니다. 지금 주손(疇孫 송주석(宋疇錫))이 내일 돌아온다고 들었습니다. 돌아오면 선대의 비명(碑銘)은 마땅히 상의하여 답해 드리겠습니다. 오늘날 밤낮으로 의심쩍어하는 것은 후량(后亮)[302]의 일입니다. 이 일이 저와 무슨 상관이 있기에 이 고원(李高原)[303]이 저에게 자세히 말하면서 그대를 들어 증거로 삼는단 말입니까. 저는 이러한 시기에 위태롭게 여기며 깊이 들어와 지내고 있는데 이러한 탈이 있으니 참으로 운명이 곤궁하다 하겠습니다. 활에 다친 사람이 굽은 나무에 놀라는 격이라 곁에서 보는 이들의 웃음거리가 되었으나 그 사정은 슬픕니다.

시사(時事)에 대해서는 듣고 싶지도 않고 감히 말하지도 못합니다. 그러나 그대가 아니라면 허연 칼날이 목을 겨누고 있다는 것을 어떻게 알겠습니까. 그대가 일찍이 최(崔)를 매우 안타깝게 여겼는데, 이제 그의 뒤집는 태도는 사람을 매우 참담하게 합니다.[304] 이 사람은 신로

302 후량(后亮) : 최명길의 아들 최후량(崔後亮, 1616~1693)을 말한다. 《宋子大全隨箚 卷9》

303 이 고원(李高原) : 고원 군수를 지낸 적이 있는 이씨 성의 사람으로 보이는데 누구인지 확실하지 않다.

304 그대가 일찍이……합니다 : 최(崔)는 최규서(崔奎瑞)를 가리키는 듯하다. 최규서의 아버지 최석영(崔碩英)이 김집에게 은혜를 입은 적이 있는데, 김장생을 문묘에

(愼老 김집(金集))와 가까운 사람인데 성인의 가르침과 어긋나는 것이 이러하니 두렵고 두렵습니다. 장차 무슨 짓인들 하지 못하겠습니까. 나머지는 이만 줄입니다.

배향하는 일을 추진할 때 최규서가 들어주지 않았던 일을 말하는 것으로 추측된다. 《宋子大全隨箚 卷9》《宋子大全 附錄 卷16 金鎭玉錄》

김경능에게 답함 무진년(1688, 숙종14) 7월
答金景能 戊辰七月

앞뒤로 보내신 편지를 보고서 마음과 눈이 다 열리지 않은 적이 없습니다. 다만 병들어 쇠약해진 몸이 아직 회복되지 않아 늘 음식물이 목구멍에 있는 것만 같습니다. 지금 문의(文義) 현아(縣衙)에서 20일에 보내신 편지를 전달해 주었는데, 하신 말씀은 모두 잘 알았습니다. 이번 일[305]은 하늘도 어쩔 수 없으니 감히 말하지 못하겠습니다.

이곳의 일은 군평(君平 김만준)이 자세히 말씀드렸을 것입니다. 주자(朱子)가 충성을 바치려던 뜻을 한마디 점사(占辭) 때문에 그만둔 것[306]에 대해, '공자에게 말하게 했더라면 어떻다고 하였을까.'라고 생각한 적이 있는데, 이제 직접 그러한 경우를 만나게 되었습니다. 옛날

305 이번 일 : 1688년에 박세채가 수차(袖箚)를 올려 다섯 조목을 아뢰면서 종친인 동평군(東平君) 이항(李杭)을 혜민서 제조에 제수한 것을 문제 삼았는데, 숙종이 노하여 박세채의 모든 관직을 체차하고 그를 변호하기 위해 올린 상소도 받아들이지 못하게 한 일을 가리킨다.《宋子大全隨箚 卷9》《肅宗實錄 14年 7月 13日, 15日》《承政院日記 肅宗 14年 7月 13日, 14日, 15日》

306 주자(朱子)가……것 : 송(宋)나라 영종(寧宗) 경원(慶元) 1년(1195) 5월 주희가 소장(疏章)을 지어, 한탁주(韓侂胄)의 모함으로 영주(永州)로 귀양 간 재상 조여우(趙汝愚)의 억울함을 변론하려고 했다. 자제와 문인들이 화를 당할까 두려워하여 만류했으나 주희가 듣지 않다가, 문인 채원정(蔡元定)이 시초점(蓍草占)을 쳐서 결정하도록 청했는데, 소인이 득세할 때 군자는 집 안에 들어앉아 집안일만 돌본다는 의미의 '돈괘가 가서 변하여 가인괘가 되는[遯之家人]' 점괘를 만나 소장의 초고를 불태워 버린 일이 있었다.《晦庵集 別集 卷1 劉德脩》

주자가 진퇴양난에 처한 것이 바로 을묘년이었는데,[307] 그해에 하늘의 경고가 있었습니다. 제가 북쪽으로 갈 때 유첨연(柳燂然)[308] 군이 농담으로 사람에게 "내가 주자와 같은 분을 전송하여 덕원(德源)에 갔다가 돌아왔는데, 이해의 이변이 어찌 그리도 이처럼 서로 부합하는가. 이분이 주자가 아니고 누구이겠는가."라고 했더니 듣는 자가 크게 웃었습니다. 유군이 오늘날 있다면 반드시 다시 농담하며 마주하여 크게 웃었을 것입니다.[309]

307 주자가……을묘년이었는데 : 한탁주가 주희를 중심으로 한 이학가(理學家) 59명을 위학 역당(僞學逆黨)이라 하며 그 학문을 금지한 경원 당금(慶元黨禁)이 있었던 해가 1195년으로, 을묘년이다.

308 유첨연(柳燂然) : 1619～1686. 본관은 진주(晉州), 자는 중명(仲明)이다. 송시열의 문인으로, 송시열이 덕원에서 유배 생활을 할 때 유배지까지 따라가 1개월 동안 함께 있었다. 《宋子大全 卷199 處士柳君墓表》

309 유군이……것입니다 : 주희가 위학 당금으로 곤란을 겪은 일과 송시열의 상황이 서로 부합한다며 농담을 나눌 것이라는 말이다. 《宋子大全隨箚 卷9》

김경능에게 보냄 무진년(1688, 숙종14) 7월 27일

與金景能 戊辰七月二十七日

근황은 어떻습니까? 저는 평소 앓던 질환이 더욱 괴로우니 더는 이승 사람이 아닙니다. 윤선거의 연보는 돌려드립니다. 그중에서 동학사(東鶴寺) 조목[310]은 그들 부자(父子)의 편지를 부칩니다. 그 아버지가 태도를 뒤집는 것이 이러하단 말입니까? 어찌 흑심이 있고 음흉하면서 인품이 도리어 결백하고 밝을 리가 있겠습니까. 이는 실로 편파적이고 방탕하며 간사하고 도피하는 말인데 오늘날의 사람들이 우계(牛溪)보다 더 존중하고 믿으니 도무지 알 수가 없습니다. 나머지는 대신 쓰게 하느라 이만 줄입니다.

310 동학사(東鶴寺) 조목 : 1665년(현종6) 9월 동학사에서 송시열이 이유태, 윤선거와 만나 윤휴의 정직하고 간사함을 가린 일을 말한다. 《宋子大全隨箚 卷9》

김경능에게 답함 무진년(1688, 숙종14) 8월 4일
答金景能 戊辰八月四日

보내신 글은 잘 알았습니다. 제가 상소를 작성해 놓고 도로 중지한 일과 아울러 뒤에 작성한 상소를 올리지 않은 것은 그 득실이 어떨지 알 수 없습니다. 그러나 무엇보다 "우계(牛溪)를 헐뜯었다.……"라는 말로 서울과 지방이 흉흉한데, 저들이 과연 상소를 올린다면 이쪽에서도 응당 그 자초지종을 자세히 진술해서 저들의 의혹을 풀어 주어야 할 것입니다.

이 일이 발생한 원인은 이러합니다. 예전에 제가 종질(從姪) 기후(基厚) 집에 갔다가 윤휴(尹鑴)의 《중용(中庸)》 주(注)를 보고 이것이 무슨 글이냐고 물었더니, 기후가 "친구들이 이 글을 저에게 보내 주면서 '희중(希仲 윤휴)이 새로 만든 주석인데 주자의 것보다 나으니 그대도 기록해서 읽어 보라'고 했습니다."라고 했습니다. 그래서 제가 그것을 즉시 방바닥에 집어던지면서 "윤휴 따위가 어찌 감히 이럴 수 있단 말이냐. 너는 과연 기록해서 읽으려 하느냐? 너는 이전부터 내가 윤휴를 배척하는 줄 뻔히 알면서 어찌 감히 이런 글을 책상 위에 두느냐."라고 했더니 기후가 "그렇다면 이산(尼山)의 모장(某丈 윤선거)은 우계의 외손으로서 또 어떻게 그를 존경하고 신뢰했습니까."라고 하기에, 제가 "우계의 친자식 중에도 정인홍(鄭仁弘)에게 붙은 자가 있는데 그 외손이 윤휴를 존경하고 신뢰하는 것이 무엇이 이상하냐."라고 했습니다. 이로부터 윤휴가 사문(斯文)을 해칠까 더욱 걱정되어 더 공격했더니, 윤선거가 윤휴를 돕는 것이 더욱 심해졌습니다.

저번에 동보(同甫 이희조(李喜朝))가 조례(條例) 하나를 만들어 낱낱이 물어 온 것이 거의 1만 자나 되기에 저도 낱낱이 답해 주었는데, 그 당시 기후에게 답변한 말도 그중에 들어 있었습니다. 저는 기후에게 답변할 당시에 언사가 너무 거칠었다는 것을 스스로 깨달았고, 또 '우계의 친자식'이란 말도 너무 박절하고 불손하므로 곧 후회했지만, 꺼릴 일이 아니었기에 모두 동보에게 말했습니다. 그런데 지금 듣건대 이산(尼山)에서 '친자식〔親子〕'이라는 두 자를 지워 버리고 바로 '우계가 인홍에게 붙었다〔牛溪附仁弘〕'는 다섯 자로 만들어 서울과 지방을 충동한다고 하니, 이것이 바로 그들의 본색입니다. 저를 문곡(文谷)의 문하와 이간질하려 할 때 회상(檜相)의 글을 위조했고,[311] 옹경(翁慶)의 혼사를 깨뜨리려 할 때는 이태진(李泰鎭)의 글을 가작(假作)했으나 모두 드러나고 말았습니다.[312] 이제는 그만둘 때도 되었는데 끝없이

311 문곡(文谷)의……위조했고 : 나양좌(羅良佐)가 송시열과 문곡 김수항의 관계를 멀어지게 하기 위해, 송시열이 김수항을 남송(南宋)의 간신인 진회(秦檜)와 같은 사람이라고 말했다는 내용으로 편지를 위작했던 일을 말한다. 《宋子大全隨箚 卷9》

312 옹경(翁慶)의……말았습니다 : 옹경은 송시열 외손자 윤주교(尹周敎)의 어릴 때의 자이다. 송시열이 그를 재종손녀의 남편으로 삼으려 했는데, 이성(異姓)의 9촌 숙질간이 부부가 되는 셈이므로 윤증 등이 송시열을 비방하였다. 이에 송시열은 주희가 아들 숙(塾)의 딸을 자신의 사위 황직경(黃直卿)의 아들 노(輅)에게 시집보냈던 예를 들어 끝내 혼인을 성사시켰는데, 이는 동기간의 아주 가까운 남매끼리 서로 혼인을 한 경우이다. 그러자 윤증 쪽은 "주자의 그 일은 본받을 것이 못 된다."라는 말로 비방했다. 《宋子大全 附錄 卷18 崔愼錄下》 윤증은 이 혼사를 깨뜨리려고 송기후(宋基厚)의 딸인 며느리를 시켜 나양좌의 아내에게 편지로 "직산 현감으로 있던 유상기(兪相基)가 이태진에게 편지를 써서 혼약을 어기리라는 뜻을 말했다."라고 운운하게 했는데, 유상기가 송시열에게 혼사에 대한 좋은 소식을 보내오면서 송시열은 상대방이 혼인에 대한 뜻이 견고함을 알았다. 《宋子大全 卷127 答疇錫(丁卯十月), 卷128 寄淳錫》 유계(兪棨)

만들어 내니, 두렵고 또 애석한 일입니다.

금년 6월 18일에 본현(本縣)의 송병현(宋炳賢), 박세웅(朴世雄) 등 30여 명이 읍호정(挹灝亭)에 모여 마시는 중에 문득 어떤 중이 와서 "율곡이 재상 이의(李儀)에게 식량을 꾸었다는 글이 있는데, 그 글에 '소승(小僧)'이라 자칭한 대목이 있다."라고 하였습니다. 모였던 사람들은 아무 영문도 모르는 터라 그 중을 잡아 놓고 따져 물었다 하는데, 이는 틀림없이 어떤 변변찮은 자가 일부러 그 중에게 알려 주어 그 모임에 보낸 것입니다. 이곳의 박세휘(朴世輝) 등이 간신히 그 글을 입수했으나 그 중은 끝내 잡을 수 없었고, 그 중을 잡아서 그 글을 보낸 자를 알아내더라도 어찌할 도리가 없는 일입니다. 세상일이 이와 같으니 어찌겠습니까.

의 손자 유상기는 송시열의 종질 송기후의 사위로, 윤증의 아들 윤행교(尹行敎)와는 동서가 된다. 또 이태진은 이단하(李端夏)의 종손(從孫)이면서 윤박(尹搏)의 사위이고, 윤박은 송시열의 사위이다. 《宋子大全隨箚 卷10》 한편 《동춘당집》 속집 권12 〈문인록〉에는 송기후는 송시열의 손자로서, 송주석(宋疇錫)과 형제간으로 나오고, 《만가보(萬家譜)》 10책 《은진송씨》에는 송시열의 손자로도, 송시염(宋時琰)의 아들로도 나오는데, 《송자대전수차》 권10에서 송시열의 종질로 나오는 것으로 보아 동명이인이거나 양자로 나간 것으로 추측된다. 여러 자료를 종합해 볼 때 재종손녀는 송기후와 유상기의 딸 기계 유씨(杞溪兪氏) 사이의 소생을 말한다.

김경능에게 보냄 무진년(1688, 숙종14) 9월 15일

與金景能 戊辰九月十五日

자성(慈聖)[313]이 승하하여 온 나라가 깊이 슬퍼합니다. 성상께서는 여러 달 병간호를 하던 나머지 마침내 큰 슬픔을 당하셨으니 매우 어두운 얼굴에다 근심으로 애타는 심정을 이루 말할 수 없을 것입니다. 이곳은 회손(晦孫 송회석(宋晦錫))의 병이 매우 위태로우니 심장이 다 볶여서 더는 남은 것이 없는 것을 어찌겠습니까. 앞으로의 거취에 대해서는 말씀하신 것을 모두 잘 알았습니다. 선대의 비명(碑銘)은 주손(疇孫 송주석(宋疇錫))이 어제 막 찾아내었습니다.[314] 첨가하거나 빼고 싶은 것이 있는지요? 다시 말씀해 주시는 것이 좋을 듯합니다.[315]

상소하는 일에 대해서는, 회옹(晦翁 주희)이 일찍이 돈괘(遯卦)를 만나 원고를 불태웠는데[316] 이는 또한 서산(西山)이 도주(道州)로 가게 된 것[317]을 책망한 것이고 이 일과는 상관없으니 두려워하지 마십시오.

313 자성(慈聖) : 인조의 계비 장렬왕후(莊烈王后) 조씨(趙氏)를 말한다. 1688년 8월 26일 승하하여 12월 16일 휘릉(徽陵)에 장사 지냈다.

314 선대의……찾아내었습니다 : 이와 관련된 김만증의 편지에, 선조의 비문이 송시열에게 없다는 말을 그의 조카에게 전해 듣고 다시 써서 보낸다는 내용이 있다.《遯村遺稿 卷2 上尤庵先生》

315 다시……듯합니다 : 대본에는 '甚更示爲可'라고 되어 있다. 문맥에 근거하여 '甚'을 빼고 번역하였다.

316 회옹(晦翁)이……불태웠는데 : 189쪽 주306 참조.

317 서산(西山)이……것 : 서산은 채원정(蔡元定)의 호이다. 주희의 제자로, 한탁주(韓侂冑)에게 몰려 도주로 유배되었다.《宋元學案 卷62》

파소(坡疏)[318]를 올리는 것은 언제쯤인지요? 또 주상께 자세하게 사정을 아뢰려고 한다면 저들도 의심을 풀 것입니다. 일찍이 혼자서 재아(宰我)가 공자에게 "선생님은 요순(堯舜)보다 훨씬 어지십니다."라고 감히 말한 일에 대해 웃었던 적이 있습니다. 그러나 요순이 어찌 이 때문에 거룩함이 폄하된 적이 있습니까. 요순을 존숭하는 자가 재아에게 노하여 상소했다는 말을 들은 적이 없습니다. 또한 우계(牛溪 성혼)를 업신여기는 자로는 여주(驪州)의 윤휴만 한 이가 없고, 여주의 윤휴를 당(黨)이 되어 돕는 자로는 길보(吉甫 윤선거(尹宣擧))만 한 이가 없습니다. 파문(坡門)이 어찌 길보에게 화를 내지 않고 오히려 이렇듯 지극하게 존중하고 숭상하는지 모르겠습니다.

○ 유고의 교정과 간행은 자우(子雨) 형제가 정성과 신의를 다할 것입니다.[319] 감사하고 부끄럽습니다.

318 파소(坡疏) : 파는 파주(坡州) 우계(牛溪)에서 살았던 성혼의 자손을 말한다. 송시열이 1687년 5월 문인 이희조(李喜朝)에게 답한 편지에서 "사계가 우계를 율곡에 비해서는 조금 낮게 보았다."라는 등의 말을 했는데, 나중에 이 사실을 알게 된 성지선(成至善) 등 성혼의 후손과 윤선거의 문인들이 송시열의 말을 성혼에 대한 무함(誣陷)으로 판단하고 변론하는 소장을 올리고자 했다. 《宋子大全 卷96 答李同甫(丁卯五月三日)》《明齋遺稿 卷16 與成汝中(戊辰十月晦日)》

319 유고의……것입니다 : 유고는 김장생의 유고를 말한다. 자우(子雨)는 이유(李濡, 1645~1721)의 자로, 본관은 전주, 호는 녹천(鹿川)이다. 좌의정을 거쳐 영중추부사에 이르렀다.

김경능에게 보냄 무진년(1688, 숙종14) 10월 9일

與金景能 戊辰十月九日

회손(晦孫 송회석(宋晦錫))이 5일에 끝내 저를 버리고 죽었습니다. 아픈 마음을 참을 수 없으니 그저 살고 싶지 않습니다. 마침 제가 앓고 있는 병이 그와 대략 증세가 같아 오늘 아침 태의(太醫)가 진맥하다가 다시 서계(書啓)를 했으니, 병세의 길흉을 이를 통해서 알 수 있습니다. 이대로 죽어 버리면 저의 소원을 이룰 수 있으니 그와 함께 지하에서 지낼 수 있을 것입니다. 다른 것에 대해서 오히려 무슨 말을 하겠습니까. 심부름꾼을 통해 보내신 위문편지를 받으니 감사하는 마음 어찌 말로 하겠습니까. 죽은 아이는 스스로 어쩔 수 없다는 것을 안 뒤에 조용히 제게 "세상을 바르게 다스리는 도에 대한 책임이 아무리 무겁다 해도 큰 화를 어찌 생각하지 않을 수 있겠습니까."라고 했습니다. 제가 맹자와 주자의 일을 들어 일깨워 주었더니 그는 곧 시원스레 믿게 되었습니다. 이제는 그만이니, 백배로 마음 아파서 눈물을 흘립니다.

대체로 오늘날의 일은 처음 율옹(栗翁)에게 손을 대기 시작하여 공자에게까지 미쳤으니,[320] 10명의 맹자나 주자가 나오더라도 어쩔 수가 없는데, 율옹을 존숭하는 방도를 오히려 어찌하겠습니까. 다만 인피(引避)하여 자신을 지키며 저들의 흐름에 어지러워지지 않아야 할 뿐

320 율옹(栗翁)에게……미쳤으니 : 윤휴(尹鑴)가, 이이(李珥)가 머리를 깎고 승려가 되었다고 한 것, 공자의 이름을 휘(諱)하는 것은 부당하다고 아뢰었던 것을 말한다. 《肅宗實錄 1年 閏5月 26日》

입니다. 우리 중에 어쩌면 그렇게 할 수 없는 자가 있으니 어찌 탄식을 금할 수 있겠습니까. 지난번에 이러한 말로 대략 강원도 관찰사[321]를 꾸짖었더니 관찰사가 답장에서 스스로 깊이 뉘우치고 자책했으니, 이러한 사람은 남보다 한 등급 높은 사람이라고 말할 만합니다. 하고 싶은 말이 몹시 많지만 슬픔과 괴로움에 가슴이 막혀 대신 글을 쓰게 하느라 이만 줄입니다.

321 강원도 관찰사 : 김장생의 증손 김만길(金萬吉)이 당시 강양도 관찰사(江襄道觀察使)로 있었다. 《肅宗實錄 14年 4月 21日》 강원도는 숙종 재위 시에 강양도, 강춘도(江春道) 등으로 자주 이름이 바뀌었으며 1693년 다시 강원도로 복칭(復稱)되었다.

김경능에게 보냄 무진년(1688, 숙종14) 10월 23일

與金景能 戊辰十月二十三日

심장이 갈가리 찢어져 참으로 죽느니만 못합니다. 병이 날로 더욱 심해지니 오래지 않아 이 소원을 이루게 되겠지만, 끝내 이름이 알려지지 못해 노선생(老先生 김장생)이 바라던 뜻을 영영 저버리게 되는 것이 실로 마음에 부끄럽고 애통합니다. 군평(君平 김만준(金萬埈))이 당한 것은 당초에 한대(韓臺)의 생각으로 보자면 또한 너무 늦었습니다. 오직 서운하게 여기지 않고 떠난다면 좋을 것입니다. 은손(殷孫)은 바로 이런 때에 현감이 되었으니[322] 몹시 편치 않습니다. 화숙(和叔 박세채(朴世采))이 일찍이 이 손자가 산음(山陰)에 있을 때의 일[323]을 말했다고 들었는데, 시류를 좇는 무리가 어찌 조금이라도 늦추려고 하겠습니까. 부디 사람들의 논의를 잘 살펴보고 서둘러 말씀해 주셔서 낭패스러운 일이 없게 하는 것이 어떻겠습니까?

322 은손(殷孫)은……되었으니 : 은손은 송시열의 손자 송은석(宋殷錫)으로, 1688년 10월 16일 진안 현감(鎭安縣監)에 임명되었다. 《承政院日記 肅宗 14年 10月 16日》

323 일찍이……일 : 송은석(宋殷錫)이 산음 현감으로 있을 때 한 해 농사의 풍흉에 따라 정하는 전세(田稅)의 비율을 속인 사람을 장으로 다스렸다가 죽게 만든 일을 말한다. 《宋子大全隨箚 卷9》

김경능에게 답함 무진년(1688, 숙종14) 12월 21일

答金景能 戊辰十二月二十一日

장사 치르는 일이 낭패스러우니 슬픔이 더욱 심합니다. 보내오신 편지 말씀은 잘 알았습니다. 오늘날의 일은 그저 의리에 맡겨서 행여라도 어그러지지 않으면 그럭저럭 괜찮으니, 이해(利害)와 화복(禍福)은 우선 내버려 두는 것이 좋습니다.[324] 우계(牛溪)와 관련된 한 조목은 여러 사람의 의견이 굳이 먼저 말을 꺼내는 자가 잘못이라고 하는데, 이는 생각건대 그들이 앞에서 했던 말을 꺼리기 때문일 것입니다. 저는 인심이란 서로 그다지 멀지 않다고 여기는데, 어찌 이렇게 하는 것에 대해서 하늘에 전혀 부끄럽지 않겠습니까. 부끄럽지 않아서 행한다면 또 어찌 그들과 잘잘못을 따질 만한 것이 있겠습니까. 납약(臘藥)과 맑은 술과 붓은 감사합니다.

324 오늘날의……좋습니다 : 송시열이 자의대비(慈懿大妃)의 상(喪)에 나아가려고 하는데 호남 사람 백광호(白光瑚)가 상소하여 송시열을 배척했다. 송시열은 사정을 아뢰고 곧장 돌아왔는데 당시에 나라에 원자(元子)가 태어나는 경사가 있었다. 상황이 편안치 않다는 이유로 송시열이 감히 축하의 말을 아뢰지 못했는데, 많은 벗이 조정에 들어가서 대략 하례하는 글을 바치라고 청했으나 끝내 들어가지 않았고 또 상소에서도 말하지 않았다. 김만증이 편지를 보낸 것도 이 일 때문이었기에 송시열의 답이 이러하였다.《宋子大全隨箚 卷9》 원자는 10월 말에 출생했고, 자의대비의 국상은 12월 중순에 치렀다.

김경능에게 답함 기사년(1689, 숙종15) 1월 25일
答金景能 己巳正月二十五日

하신 말씀은 모두 잘 알았습니다. 회(晦 송회석(宋晦錫))의 장례 날이 벌써 다가오니 슬픈 생각이 곱절로 더하여 살 수 없을 것만 같은 것을 어쩌겠습니까. 수촌(藪村)[325] 사람 중에 목천(木川)[326]으로 이사한 사람이 있습니까? 새로운 말을 앞장서서 지어내어 두(豆)의 말[327]이 잘못이고 거짓임을 증명하여 "승려들이 사당을 하나 세워서 그 상(像)을 새기고 상의 뒤에 성명을 썼다."라고 말하기까지 했다니, 이들은 목숨을 걸었다고 말할 만합니다. 이곳 사람이 목천에 가서 듣고 와서 말하는데, 놀랍고 아픈 마음을 견딜 수 없습니다. 우리들의 일 중에 이보다 큰 것이 없으니 장차 어찌해야 하겠습니까.

또 제(堤)[328]가 전직 용담 현령(龍潭縣令 송주석(宋疇錫))을 몹시 다급하게 체포한다고 합니다. 저는 율옹(栗翁 이이(李珥))이 후학에게 은혜를 끼치지는 못하고 도리어 해치는 것은 무엇 때문인가 하고 농담하

325 수촌(藪村) : 김장생이 살았던 연산(連山)의 거처로, 임리(林里)라고 부르기도 한다. 《宋子大全隨箚 卷9》

326 목천(木川) : 1684년 윤선거의 이산서원(尼山書院) 배향(配享)을 반대하는 통문(通文)이 나왔던 곳이다. 목천과 관련된 일은 윤증이 송시열에게 보낸 편지에서 윤증의 입장을 알 수 있다. 《明齋遺稿 別集 卷3 答懷川(甲子五月), 答懷川(甲子五月十六日)》

327 두(豆)의 말 : 두촌(豆村)에 사는 김구(金榘)가, 이이가 머리를 깎았다고 한 것을 말한다. 《宋子大全隨箚 卷9》

328 제(堤) : 김집(金集)의 손자 김만제(金萬堤)를 말한다. 《宋子大全隨箚 卷9》

면서, 선대부(先大夫 김익희(金益熙))께서 계신다면 저들이 아무리 관작(官爵)에 침을 흘리더라도 감히 이렇게 하지는 못할 것이라고 탄식했습니다. 다만 호곡(壺谷)은 늘 시집온 지 사흘도 안 된 신부 같은 모양이었는데, 그들이 날뛰어 이런 지경까지 이르게 한 것이 한스럽기만 합니다.[329] 주 선생(朱先生 주희(朱熹))이 늘 “그가 이미 관작을 좋아한다면 아버지와 임금을 죽이는 것조차 감히 할 것이다.”라고 했는데, 이제 이들을 보니 더욱 증명됩니다.

묵(墨)의 숙질(叔姪)[330]이 모두 죄가 있으나 조카는 그래도 선조의 덕을 모함하지는 않았으므로 늘 만나서 타이르곤 하였습니다. 그런데 이제 거정(居正)의 의론[331]을 듣자니 여지없이 숙부를 돕고 조카를 잡은 격이라 놀랍고 놀랍습니다. 재랑(齋郎)의 뜻 또한 이런지 모르겠으니 물어보는 것이 어떻겠습니까? 수촌의 일이 여기까지 왔으니 과소(果疏)[332]는 오히려 예삿일이 되었습니다. 이만 줄입니다.

329 호곡(壺谷)은……합니다 : 호곡은 남용익(南龍翼)의 호이다. 남용익이 원자(元子)의 호칭을 정할 때 의논을 너무 급하게 할 필요가 없다고 했는데, 장령 김구만(金龜萬)과 지평 성관(成瓘) 등이 삭탈관직할 것을 청하여 함경도 명천(明川)에 유배되어 그곳에서 세상을 떠났다. 《肅宗實錄 15年 1月 10日, 18年 2月 2日》《宋子大全 附錄 卷10 年譜9》

330 묵(墨)의 숙질(叔姪) : 김장생의 서자 김구나 김비(金棐)의 숙질을 가리키는 것으로 보이지만 누구를 가리키는지 자세히 알 수 없다. 《宋子大全隨箚 卷9》

331 거정(居正)의 의론 : 거정은 연산(連山) 돈암서원 근처 지명이니, 돈암서원의 의론을 말하는 것으로 추측된다.

332 과소(果疏) : 나양좌(羅良佐)의 상소를 가리킨다. 그의 집이 과천(果川) 명촌(明村)에 있었다. 《宋子大全隨箚 卷9》

송자대전

제85권

書서

김군평[1] 만준 에게 보냄 경자년(1660, 현종1) 한식날

與金君平 萬埈○庚子寒食日

소식이 오니 몹시 위로됩니다. 다만 불길이 선영까지 번진 것은 몹시 놀랍고 한탄스럽습니다. 《춘추》와 《예기》에 모두 사당의 화재에 곡한다는 글이 있으니, 이것을 기준으로 하여 오늘날 행하는 것이 예에 맞을 것입니다. 존장(尊丈 김익렬(金益烈))이 관장하는, 정위(正位)에 고유(告由)하는 예를 늦출 수 없습니다. 예는 본래 후하게 하는 것을 따르지만 방친(旁親)은 직계(直系)와 차별하는 것이 마땅할 듯한데 어떻게 여기는지요? 찾아와 주신다고 하니 몹시 기다려집니다. 방금 의원 집에서 돌아와 몸이 고달파서 이만 줄입니다.

1 김군평(金君平) : 김만준(金萬埈)으로, 군평은 그의 자이다. 김장생의 증손이다. 김익희(金益熙)의 막내아들로, 백부인 김익렬의 후사가 되었다. 문의 현감(文義縣監)을 지냈고, 송시열이 후명(後命)을 받을 때 임종하였다.

김군평에게 보냄 경자년(1660, 현종1) 10월

與金君平 庚子十月

아이가 마지못해 저를 떠났습니다. 저물녘에 도착하여 아침에 나갔으니 여유가 없을 것입니다. 지금 그의 편지를 전달해 보여 주시고 그대의 서찰도 받으니 위로되는 마음 이루 말할 수 없습니다. 《주자실기(朱子實紀)》의 원본은 상하의 구분이 없으면 정리하기 어려우니, 옛날의 글을 가볍게 고칠 수 없어서입니다. 다만 자정(子精 김익련(金益煉))과 상의하는 것이 어떻겠습니까? 이 책을 늘 책상에 두고 하루라도 보지 않으면 농부가 밭을 갈지 않는 것과 같습니다. 부디 아뢰어 속히 도모하는 것이 어떻겠습니까.

김군평에게 보냄 경자년(1660, 현종1) 11월 28일

與金君平 庚子至月二十八日

보내신 편지를 받아서 읽었는데, 참으로 뛰어난 글을 음미하였습니다. 평원에 벽옥을 깔아 놓은 듯하니, 늙은이가 여기에 흥취가 얕지 않으나 쇠약하고 병든 몸이 추위를 겁내어 시 지을 흥취가 없을 따름입니다. 찾아와 주시겠다고 하니 매우 기다려집니다.

김군평에게 답함 경자년(1660, 현종1) 12월

答金君平 庚子十二月

아침에 그대 아버지께 보내는 편지를 썼으나 심부름할 종이 없어 아직 올리지 못했는데, 문득 편지를 받으니 그리운 마음이 몹시 위로되었습니다. 문목(問目)은 얼핏 보았는데 모두 정밀하여 기뻤습니다. 대체로 책을 읽을 때 의심하기가 쉽지 않고, 의심하면서도 묻기는 더욱 쉽지 않은데 의심하면서 질문하니, 이로부터 무한히 좋은 소식이 있을 것입니다. 부디 묻지만 말고 깊이 생각하는 것이 어떻겠습니까.

군평에게 보냄 경자년(1660, 현종1) 12월 28일

與金君平 庚子十二月二十八日

어제 아픈 몸을 억지로 일으켜 편지를 썼고, 또 의심스러운 뜻을 상의하는 편지 한 통을 함께 보냈는데 이제 보내온 편지에 운운한 것을 보니, 반드시 문지기에게 막힌 것입니다. 오늘 늦게 어쩌면 도달할는지요. 말씀하신 신(申)에 대한 비방[2]은 갑자기 그칠 리가 없을 듯하고 방관자도 반드시 비방하는 대로 둘 것입니다. 제가 늘 그에게 대수롭지 않은 사람을 대하지 말고, 쓸모없는 말을 하지 말며, 문 닫고 책을 본다면 산이 옮겨 가고 땅이 흔들리는 일이 있어도 내 털끝 하나도 움직일 수 없을 것이라고 권하였는데, 어제 그의 편지를 받으니 한창 주자서(朱子書)를 읽고 있다고 하였습니다. 과연 이 책에서 힘을 얻는 점이 있다면 어찌 대단히 기쁜 소식이 아니겠습니까. 그리고 오늘의 일은 도리어 큰 성취를 하는 바탕이 될 것입니다. 다만 번거로움을 견디고서 잘 이해해 내지 못할까 염려스러울 뿐입니다.

2 신(申)에 대한 비방 : 신은 신만(申曼, 1620~1669)을 말한다. 본관은 평산(平山), 자는 만천(曼倩), 호는 주촌(舟村)이다. 행동을 엄격하게 하고 말을 공손하게 하지 못하여 평생 많은 비방을 받았다. 《宋子大全隨箚 卷9》

김군평에게 답함 신축년(1661, 현종2) 1월 24일

答金君平 辛丑元月二十四日

"그대를 옥으로 이루어 준다.〔玉汝於成〕"[3]라는 말에 대해 퇴계는 "하늘이 실로 그대를 보배로이 아껴서 성취시켜 주려고 한다."라고 하였는데,[4] 제 생각에는 이렇게 해설한다면 '어(於)' 자 뜻에 부합하는 해석이 아닐 듯합니다. "너를 이루어 주는 것을 보배롭게 여긴다.〔너를成홈애玉ᄒᆞ다〕"로, '용(庸)'은 '용(用)'의 뜻입니다. 대체적인 뜻은 "하늘이 너를 성취시키는 것을 귀중하게 여긴다."입니다.

3 그대를……준다 : 장재(張載)의 〈서명(西銘)〉에 "부귀와 복록은 나의 삶을 두텁게 해 주는 것이고, 빈천함과 근심 걱정은 그대를 옥으로 이루어 주려고 하는 것이다.〔富貴福澤, 將厚吾之生也; 貧賤憂戚, 庸玉汝於成也.〕"라고 한 데서 가져왔다.

4 퇴계는……하였는데 : 《퇴계집》 권7의 〈서명고증강의(西銘考證講義)〉를 보면 "'너〔汝〕'라고 한 것은 동료를 가리킨 것이고, '옥(玉)'이라고 한 것은 보배로이 아낀다는 뜻이다.〔汝, 指同列也; 玉, 寶愛之意.〕"라고 하여 '옥여(玉汝)'에 대해서만 풀이하였고 '어(於)'에 대한 설명이 없기에 김만준이 질문을 한 것으로 보인다.

김군평에게 보냄 신축년(1661, 현종2) 3월 12일

與金君平 辛丑三月十二日

앞뒤로 보내신 편지는 펴 보고 무척이나 위로되었습니다. 이곳은 모두 여전합니다. 다만 저는 날이 따뜻해진 뒤로 더욱 심하게 쇠약해져 땀이 그칠 때가 없습니다. 이로 인해 원기가 날로 소모되어 책을 보는 시간이 나날이 줄어드니, 마음이 썩 유쾌하지 않습니다. 뒤 편지의 끝에 하신 말씀은 이상합니다. 그러나 또한 반드시 그렇지 않다는 것을 어찌 알겠습니까. 대체로 오늘날의 일은 수천 마리 모기와 파리가 미친 듯이 시끄럽게 떠드는 것과 같아서 일일이 생각해서 귀담아 두려면 날이 또한 부족할 것입니다. 책을 보는 한 가지 일만은 자기에게 속한 것이니[5] 여기에서 맛없는 맛을 얻게 된다면, 저러한 바깥의 일은 들을 가치가 없을 뿐만 아니라 들을 겨를도 없습니다.

5 자기에게 속한 것이니 : 대본에는 '是自己'로 되어 있다. 두주에 근거하여 '是' 뒤에 '屬'을 보충하여 번역하였다.

김군평에게 보냄 신축년(1661, 현종2) 6월

與金君平 辛丑六月

조그만 방에 병으로 누워 있자니 먼지와 파리가 얼굴에 가득합니다. 이따금 아이들이 옷을 끄는 것을 보면 눈에서 눈물이 솟구칩니다.[6] 때때로 한 번씩 "이 삶이 어찌 이렇듯 기구하고 박한가."라며 혼잣말을 합니다. 또 더구나 서울은 아득히 멀어 외로운 회포가 끝이 없으니, 이것으로 사람들이 돌아가지 못했던 것을 헤아려 주는 것이 실로 어진 사람의 마음이니 남이 하는 비난은 어긋난 것이 아니겠는지요.

6 아이들이……솟구칩니다 : 1661년 4월 송시열의 며느리 완산 이씨(完山李氏)가 사망하였다. 《宋子大全 附錄 卷4 年譜3》

김군평에게 보냄 신축년(1661, 현종2) 8월

與金君平 辛丑八月

쇠잔한 목숨이 끊어지지 않아 오늘의 큰 경사[7]를 만났으니 굴 좌도(屈左徒)가 세상을 벗어나고 싶다는 소원에 대해 주 부자(朱夫子 주희)가 크게 웃은 것[8]은 참으로 이유가 있었습니다. 다만 그 끝은 길흉의 다름이 있습니다. 상례를 치른 뒤 선왕(先王)을 추억할 때면 옥음(玉音)이 아직 귓가에 들리는 듯하여 저도 모르게 눈물과 콧물이 뺨에 흐릅니다.[9]

7 오늘의 큰 경사 : 1661년 8월 15일 원자(元子), 즉 미래의 숙종(肅宗)이 탄생한 것을 말한다.

8 굴……것 : 굴 좌도는 초(楚)나라 회왕(懷王)의 좌도를 지낸 굴원(屈原)을 말한다. 주희가 유덕수(劉德脩)에게 답한 편지에서 "굴원이 지나간 일은 미칠 수 없고 앞으로 올 일은 알 수 없기에 오래 살아서 속세를 벗어나 신선이 되기를 원했으니, 이 또한 당시 사람들의 망녕된 짓을 견디지 못하여 그들이 마침내 어떻게 되는지 보고자 한 것일 뿐입니다. 글을 읽다가 늘 여기에 이르기만 하면 한번 크게 웃지 않은 적이 없습니다."라고 한 말이 있다. 《晦庵集 續集 卷4 答劉德脩》

9 선왕(先王)을……흐릅니다 : 효종이 일찍이 동궁 즉 현종이 후사가 없는 것을 근심한 적이 있기에 하는 말이다. 《宋子大全隨箚 卷9》《宋子大全 卷181 仁敬王后誌文》

김군평에게 보냄 신축년(1661, 현종2) 12월 25일

與金君平 辛丑臘月二十五日

헤어진 지 이미 오래되니 그리운 마음 더욱 깊습니다. 어제 편지는 어디서 전해 왔는지요. 별지는 지극한 뜻에 더욱 감사합니다. 저는 집안에 발생한 전염병 때문에 공주(公州)로 이사하여 지내는데 책 몇 권 든 상자 하나만 곁에 있습니다. 아침저녁으로 한가히 보면서 마음에 깨닫는 부분을 만나면 문득 다시 기뻐 피곤한 것도 잊게 되니 그의 성명이 남의 말이나 글에 나드는지도 모릅니다. 생전에 이만하면 되었고 죽은 뒤의 영욕이야 어찌 생각할 겨를이 있겠습니까. 그대는 힘써야 할 것에 힘쓰면서 문득 이러한 일로 근심하지 말고 귀먹고 눈먼 사람들 속에 있는 것처럼 하시기만을 바랍니다. 이 편지를 받으니 한가한 졸음을 막기에 충분합니다. 깊이 감사합니다.

김군평에게 보냄 임인년(1662, 현종3) 1월

與金君平 壬寅正月

새해에 새로 시작한 공부가 있는지만 묻고 싶으니, 그렇지 않다면 옛 마음에 부끄러울 것입니다. 저는 그저 한두 짐 되는 책 상자를 다른 곳에 옮겨 놓고 아침저녁으로 한가히 보고 있으니 또한 소일하기에 충분합니다. 오늘날의 풍파는 작은 못을 만들어 놓고 요부(堯夫)와 함께 보는 것이 마땅하니,[10] 조만간 마주하여 토론할 때가 있을 것입니다.

10 오늘날의……마땅하니 : 오늘날 일어나고 있는 조그마한 풍파는 관망하는 것이 마땅하다는 말이다. 1661년 4월 조경(趙絅)이 상소하여 윤선도를 변호하자, 송시열은 도성을 떠나 공주 원기(遠基)로 거처를 옮겨 지내고 있었다.《宋子大全 附錄 卷4 年譜3》 요부는 북송(北宋) 때의 학자 소옹(邵雍)의 호이다. 그는 집에 작은 못을 만들고 연꽃을 심어 감상하면서 한가한 홍취를 즐겼는데, 그가 지은 시에 "큰 못은 아니지만, 작은 풍파는 있네.〔雖非大藪澤, 亦有小風波.〕"라고 한 구절이 있다.《擊壤集 卷3 盆池》

김군평에게 보냄 임인년(1662, 현종3) 4월 15일

與金君平 壬寅四月望日

저는 다시 종형의 상[11]을 당했습니다. 세간에 슬픔과 괴로움이 어찌 이리도 심한 자가 있겠습니까. 이 두 해는 무슨 운수인지 모르겠습니다. 편지가 와서 부모님 모시고 지내는 안부를 알게 되니 위로되고 기쁜 마음이 평소의 곱절이나 되었습니다. 일깨워 주신 말씀은 참으로 그 뜻이 지극합니다.

슬픈 일이 거듭되고 며느리의 기일도 머지않았습니다.[12] 일찍이 주자(朱子)가 자식을 잃었을 때 상기(祥期)가 가까워지자 온 집이 소식(蔬食)을 했다는 것을 보았습니다. 처음에는 이에 따라 며느리의 대상(大祥) 날에만 고기를 먹지 않으려 했으나 이번에 보내온 뜻이 이러하니 감히 음식을 바꾸는 것에 대해 참작해 보지 않겠습니까. 선친의 골육이라는 말씀에 저도 모르게 눈물이 흘렀습니다. 조카 식(栻 송광식(宋光栻))이 보낸 물건은 그대로 도착했습니다.

11 종형의 상 : 송시담(宋時倓, 1606～1662)의 상을 말한다. 송시담의 자는 대이(大而), 호는 부훤당(負暄堂)이다.

12 슬픈……머지않았습니다 : 송시열은 1661년 세상을 떠난 며느리 완산 이씨(完山李氏)의 대상(大祥)을 지내고, 종형의 상에 갔다. 《宋子大全 附錄 卷4 年譜3》

김군평에게 보냄 임인년(1662, 현종3) 10월 4일

與金君平 壬寅十月四日

어제 편지는 참으로 위로되었습니다. 저는 지금 강촌으로 갑니다. 늘그막에 길을 나서는 고달픔은 달갑지 않지만, 옛사람이 멀리 강호(江湖)로 가는 것을 흥취로 여겼으니, 또한 전혀 즐겁지 않은 것은 아니겠지요. 근래에 그대가 《사기(史記)》의 문장 보는 것을 좋아하는 것을 알았으니 어찌 귀하게 여길 만하지 않겠습니까. 그러나 여기에만 전심한다면 실로 외면의 성쇠에 마음이 끌리는 잘못이 있어서, 사마천(司馬遷)을 공자보다 어질다고 여겨 회옹(晦翁)이 나무란 것[13]과 같은 데까지 이르지 않을 경우가 거의 드물 것입니다.

이제 《명신언행록(名臣言行錄)》을 보내 드리니 주자(朱子)에 대해 기록한 부분을 조만간 찾아보십시오.[14] 주자(周子)와 정자(程子)에 대해 기록한 권(卷)[15]은 마침 없어서 보내지 못합니다. 퇴계가 늘 배움을

13 사마천(司馬遷)을……것 : 주희(朱熹)와 절친한 벗으로 함께 북송 도학자들의 어록인 《근사록(近思錄)》을 엮기도 했던 여조겸(呂祖謙)이 사학(史學)에 힘썼기 때문에 주희가 질책한 일이 있다. 《宋子大全隨箚 卷9》《晦庵集 卷47 答呂子約》

14 명신언행록(名臣言行錄)을……찾아보십시오 : 《명신언행록》은 송나라의 이름난 신하들의 언행을 기록했기에 《송명신언행록(宋名臣言行錄)》이라고도 하는데, 전집(前集) 10권과 후집(後集) 14권은 주희가 지었다. 그리고 속집(續集) 8권, 별집(別集) 26권, 외집(外集) 17권은 그 뒤에 이유무(李幼武)가 남송의 인물까지 포함하여 보완하고 편집하여 모두 225명의 인물에 대해 기록하였는데, 외집 권12에 주희에 대한 내용이 있다.

15 주자(周子)와……권(卷) : 주자는 주돈이(周敦頤), 정자는 정호(程顥)와 정이

놓친 사람에게 반드시 먼저 이 책을 보라고 말했던 것은, 대개 사실을 기록하고 말을 편찬한 실제를 겸하고 있어 번거로운 것을 싫어하는 자라도 쉽게 입문할 수 있기 때문입니다.

물어보신 과수(果隋)는 거두어 모은다는 뜻이고, 나합(蠃蛤)은 장강(長江)과 회수(淮水) 유역에서 나는 먹거리이며, 절장쾌(節駔儈)의 '절'은 양을 조절한다는 뜻이고 '장쾌'는 사고파는 것이니[16] 대개 가지고 있는 물건의 다소에 따라 양을 조절하며 사고파는 것을 말합니다. 별지의 말씀은 부디 아침저녁으로 부모님 안부를 살필 즈음에 살짝 여쭈어 보고 말씀해 주시는 것이 어떻겠습니까.

(程頤) 형제를 말하며, 《명신언행록》 외집 권1에 주돈이, 권2에 정호, 권3에 정이에 대해 실려 있다.

16 과수(果隋)는……것이니 : '과수', '나합', '절장쾌'는 《사기》 〈식화전(食貨傳)〉에 나오는 말이다. 다만 '절장쾌'는 《사기》에는 '節駔會'로 《한서(漢書)》에는 '節駔儈'로 되어 있는데, 판본에 따라 같거나 다른 것으로 보인다.

김군평에게 보냄 임인년(1662, 현종3) 11월

與金君平 壬寅十一月

11월이 되었는데 부모님을 모시며 지내는 생활은 좋은지요. 저는 은진(恩津)에서 황산(黃山)으로 조금 옮겼는데, 옛일을 추억하자니 저도 모르게 눈물이 흐릅니다. 지난번 편지는 가리키는 뜻을 모두 잘 알았습니다. 지금의 법문(法門)[17]은 쇠퇴하여 무너졌는데 일찍이 대방(帶方) 사람[18]의 말을 듣자니 그대 사촌이 《근사록(近思錄)》과 《심경(心經)》을 그대 집의 가업이라고 했다는데, 이는 격동되어 한 말이겠지만 등도자(登徒子)의 바로잡아 주는 유익함[19]을 받아 마땅합니다. 전날의 참람한 말은 실로 정성스러운 마음에서 나왔는데, 저를 못난 사람이라 여기지 않으시니 기쁘고 감탄하는 마음이 교차합니다.

17 법문(法門) : 보통 정주(程朱) 성리학의 정통을 이어받은 사문(師門)을 말하는데, 여기서는 김장생의 학통을 이어받은 사람들을 말하는 것으로 보인다.

18 대방(帶方) 사람 : 윤휴를 가리킨다. 대방은 남원(南原)의 옛 이름으로, 윤휴의 본관이 남원이다. 《宋子大全隨箚 卷1》

19 등도자(登徒子)의……유익함 : 말하는 사람은 욕심을 가지고 한 말이라도 받아들이는 사람은 기쁘게 받아들이는 경우를 말한다. 제나라 맹상군(孟嘗君)이 초(楚)나라의 초빙을 받고 갔을 때 왕이 상아로 만든 상(床)을 선물하면서 등도자를 시켜 보내게 했다. 너무도 값비싼 것이기에 운반하다 손상되면 갚을 길이 없다고 생각한 등도자가 가보로 내려오는 검(劍)을 맹상군의 막료 공손수(公孫戍)에게 선물하며 도움을 청하였더니 공손수가 상아로 된 상을 받을 수 없는 이유를 들어 간하였는데 맹상군이 기쁘게 받아들였다고 한다. 《資治通鑑 卷2 周紀2 顯王48年》

김군평에게 보냄 계묘년(1663, 현종4) 1월 1일

與金君平 癸卯正月一日

금강(錦江)에서 보낸 편지는 객지 생활 중에 놀랍고도 위로되었습니다. 요즈음 부모님 모시는 생활은 어떻습니까? 날씨는 따뜻해지고 해는 길어져 마침 책 읽기에 알맞으니, 오직 책을 읽는 데 전념하시기를 바랍니다. 경능(景能 김만증(金萬增))은 언제 내려옵니까? 자립하지 못하고 벼슬아치의 말 머리만 보고서 나아가거나 물러난다면 개도 그 남은 밥을 먹지 않을 것입니다. 저는 배를 곯더라도 기어가는 지경까지 이르지는 않았으니 이 또한 과분할 따름입니다.

김군평에게 보냄 계묘년(1663, 현종4) 8월 10일

與金君平 癸卯八月十日

수정봉(水晶峯)[20] 아래서 열흘을 앉아 있다가 오늘 다시 사람 사는 곳으로 돌아왔습니다. 이제 다시 얼마나 비난을 야기하고 얼마나 좋지 못한 꼴을 볼는지요. 산신령은 응당 한가로움을 사랑하지 않는다고 비웃을 것입니다. 산에서 그대 편지를 받고 벌써 돌아가서 부모님을 모시고 있다는 것을 알고서 가까이 있게 된 것이 몹시 기뻤습니다. 절사(節祀)를 지낸 뒤에는 즉시 서쪽으로 돌아갈 것입니다. 만나서 회포를 펼 길이 없으니 서운하고 한탄스러움이 어찌 끝이 있겠습니까. 앞서 드린 책자는 부디 일일이 돌려주십시오. 몸에 지니고 호(湖)[21]로 가고 싶은 마음 간절합니다.

20 수정봉(水晶峯) : 속리산에 있는 봉우리 이름이다. 송시열은 1663년 8월에 제생(諸生)을 이끌고 속리산을 유람하면서 강론하다가 17일 황산(黃山) 마을로 돌아왔다. 《宋子大全 附錄 卷5 年譜4》

21 호(湖) : 회덕현 황호(黃湖)를 말하는 듯하다. 1662년 10월 송시열이 유천(柳川) 원기(遠基)에서 진잠현 황산으로 이사했다는 기록이 있고, 1664년 맏손부가 황호에서 맏증손을 낳았다는 기록이 있는 것으로 보아 이즈음 황호와 황산을 왕래했을 것으로 추측된다. 《宋子大全 附錄 卷4 年譜3, 卷5 年譜4》

김군평에게 보냄 갑진년(1664, 현종5) 6월 9일

與金君平 甲辰六月九日

일찍이 그대 아버지 편지를 받고서 광주(光州) 관아로 갔다는 것을 알았습니다. 한 차례 병시중 드는 것은 물론 해야 하겠지만 편안하고 즐거움은 빠지기 쉽고 서책은 가까이하기 어려운 것이 염려스러울 뿐입니다. 더구나 번화한 남쪽 지역은 삼계(三戒)의 처음[22]을 더욱 두려워할 만하다고 들었습니다. 부디 늘 회옹(晦翁 주희)이 담암(澹菴)을 풍자하던 시[23]로 경계하는 것이 어떻겠습니까. 근래의 일[24]은 두렵기만 할 뿐 언제나 결말이 날지 모르겠습니다. 한 차례 망발로 많은 사람이 낭패를 당했지만, 또한 많은 사람의 속마음을 드러내게 했으니 더욱 감히 편안하지 못합니다. 저는 병중에 때때로 옛 서적을 보면서 긴긴날을 보내고 있어서 전연 아무 일도 없기까지 한 것은 아닙니다.

22 삼계(三戒)의 처음 : 삼계는 여색(女色)을 경계하고 싸움을 경계하고 이익 얻는 것을 경계하는 것을 말하는데, 그중에 여색이 가장 먼저 경계해야 하는 것이다.《宋子大全隨箚 卷9》《論語 季氏》

23 회옹(晦翁)이……시 : 담암은 송나라 호전(胡銓)의 호이다. 호전이 간신(奸臣) 진회(秦檜) 등을 참수(斬首)하자고 주청하다가 귀양 갔는데, 돌아오는 길에 상담(湘潭) 매계(梅溪)의 호씨(胡氏) 집 후원에서 여천(黎倩)이라는 시녀와 정을 통하였다가 그녀의 남편에게 봉변을 당한 일이 있었다. 이에 주희는 나라를 위해 죽을 만한 절개를 가졌으면서도 여색에 대한 욕심을 막지 못한 것을 나무라는 시를 지은 적이 있다.《晦庵集 卷5 宿梅溪胡氏客館觀壁間題詩自警二絶》《鶴林玉露 卷12》

24 근래의 일 : 김만균(金萬均)이 병자호란 때 할머니가 죽은 일로 청나라 사신이 올 때 공무를 행하지 못하겠다고 상소하였는데, 서필원(徐必遠)이 지목하여 배척한 일을 말한다.《宋子大全隨箚 卷9》

김군평에게 보냄 갑진년(1664, 현종5) 7월 3일

與金君平 甲辰七月三日

그립던 중에 편지가 와서 위로된다는 것은 빈말이 아닙니다. 저의 병은 여전합니다만 식(栻 송광식(宋光栻))의 증세가 아직 위태로운 지경을 완전히 벗어나지 못한 것이 몹시 답답할 뿐입니다. 명보(明甫 송준길(宋浚吉)) 영공(令公)의 말은 알 수 없는 점이 있습니다. 의혼(議昏)의 가르침은 《근사록》과 《소학》 등의 책에 상세하게 나와 있습니다. 이는 옛날 노선생께 가르침을 받은 것인데 이 영공이 이러한 말을 할 줄 어찌 생각이나 했겠습니까.

옛사람이 자사(子思)에게 "그대는 성인의 후손이다. 어찌 삼가지 않는가."[25]라고 했는데, 이 영공이 이런 생각이 없었다 해도 참으로 이것을 구실로 삼아 '사람들의 바람'이라고 하는 것은 마땅치 않습니다. 이 혼례가 성사되느냐 마느냐는 아주 작은 일이지만 말실수가 애석합니다. 또 일찍이 성주 목사(星州牧使) 이두양(李斗陽)이 하는 말을 들으니, 그 아들이 박씨 어른의 가문에 들어갔을 때는 그 일이 다반사는

25 그대는……않는가 : 공자의 손자 자사의 어머니가 남편인 백어(伯魚)가 죽은 뒤 위(衛)나라로 개가(改嫁)했다가 죽었는데, 부고가 오자 자사가 상(喪)에 급히 달려갔더니 위나라 사람 유약(柳若)이 자사에게 한 말이다. 《禮記 檀弓上》 위의 '의혼(議昏)의……있습니다.'라는 말이나 아래의 '가난하다는 이유로 사양한다면'이라는 말로 추측하건대 누군가의 혼례에 재물을 논한 듯하다. 《소학》 〈가언(嘉言)〉에 "혼인하면서 재물을 따지는 것은 오랑캐의 도이다. 군자는……재물을 예로 삼지 않는다."라고 한 말이 있다.

아니었다고 하지만 한쪽의 소문을 알 수 있습니다.

우리는 물론 군이 이를 배울 필요는 없지만 가난하다는 이유로 사양한다면 저 가문의 웃음거리가 되지 않겠습니까. 그러나 나름 하늘이 주는 인연이 있는 법이니 어찌 인력으로 될 수 있겠습니까. 이 영공이 끝까지 처음의 견해를 지킨다면 반드시 신속히 앞에 한 말을 삼켜 남이 듣지 않게 하는 것이 맞고, 다른 곳에는 사양하고 물리쳤다는 것으로 답하기만 하면 됩니다.

사서(四書)를 인쇄할 것은 보내온다면 마땅히 도모하겠습니다.

김군평에게 보냄 갑진년(1664, 현종5) 윤달[26] 21일

與金君平 甲辰閏月二十一日

병든 중에 편지를 보니 괴로운 마음이 몹시 위로되었습니다. 다만 봉림(鳳林)의 유람에 함께할 수 없는 것이 한스럽습니다. 그러나 풍악(楓岳)에 비긴다고 한 것은 지숙(持叔 민유중(閔維重))의 평이 공평하지 못한 듯합니다. 요즈음 풍악의 운수가 틀려 길보(吉甫 윤선거(尹宣擧))도 몹시 소홀하게 보는데 누가 저와 함께 원통함을 호소할 수 있겠습니까. 식(栻 송광식)의 병이 날로 차도가 있으니 성공(成公)은 신의(神醫)라고 할 만합니다. 황장(黃場)은 제가 말하기에는 불편한 듯합니다. 제호(醍醐)[27]를 조금 보내어 드리니 사방(士方 김구(金榘))과 함께 나누어 드시는 것이 어떻겠습니까.

26 윤달 : 1664년은 윤달이 6월에 들었다.

27 제호(醍醐) : 연유 위에 기름 모양으로 엉긴 맛좋은 유제품이다.

김군평에게 답함 갑진년(1664, 현종5) 8월 12일

答金君平 甲辰八月十二日

일전에 잠시 나가 있어 만나지 못하였으니 뒤미처 한탄스럽던 마음 어찌 끝이 있겠습니까. 정다운 편지가 문득 오니 이러한 마음이 퍽 위로되었습니다. 편안함에 빠지지 말라는 말은 순(舜) 임금에게 경계하도록 할 것이 아닌데도 백익(伯益)이 오히려 또한 운운하였으니,[28] 전날의 말이 지나치게 망녕된 것은 아닙니다. 더구나 신하가 한 말이 들어맞지 않는 것은 나라의 복이라는 것이 오늘날 빌려 쓰기에 딱 좋습니다. 창상(倉相)[29]은 그 스스로 이러한데 저와 무슨 상관이 있습니까. 또 그가 원래 스스로 기약한 것이 이러하니 남들이 어찌 주공(周公)과 소공(召公) 같은 분[30]에게 동박삭(東方朔)[31] 같은 우스갯소리를 기대할 수 있겠습니다.

식질(栻姪 송광식(宋光栻))의 장지(葬地)를 아직 정하지 못했으니 걱

28 편안함에……운운하였으니 : 백익이 순(舜)을 경계하여 "백성의 뜻을 거슬러서 자기의 욕심에 따르지 마소서."라고 하였는데, 순 임금에게는 굳이 그런 말로 경계하도록 할 필요가 없음에도 경계시켰다는 뜻인 듯하다. 《書經 大禹謨》

29 창상(倉相) : 우의정 홍명하(洪命夏)를 가리킨다. 그의 집이 창동(倉洞)에 있었다. 《宋子大全隨箚 卷9》

30 주공(周公)과……분 : 우의정 홍명하를 가리킨다. 주공과 소공은 주(周)나라 문왕(文王)의 아들들로, 조카인 성왕(成王)의 재상이 되어 주나라의 기틀을 다졌다.

31 동방삭(東方朔) : 한 무제(漢武帝) 때의 사람으로, 골계(滑稽)와 해학(諧謔)의 솜씨를 능숙하게 발휘하면서 직언(直言)을 곧잘 하여 국정을 바로잡았다.

정하고 탄식할 뿐입니다. 그가 한창 젊은 나이에 영영 가 버려 늙은 사람으로 하여금 길이 비통한 마음을 품게 하니 이것이 무슨 이치입니까. 추석이라는 말씀을 하시니 기다리는 마음 매우 간절합니다. 다만 이 시기는 으레 번거로운 일이 많아 한가하지 못할 듯합니다.

김군평에게 보냄 을사년(1665, 현종6) 5월

與金君平 乙巳五月

시열은 머리를 조아리며 두 번 절하고 말씀드립니다. 노선생의 후한 덕과 깊은 어짊으로도 후손들을 덮어 보호할 수 없어 사망이 거듭될 줄[32] 생각지도 못했습니다. 이제 또 제사를 받드는 종손(宗孫)이 그 은택을 입지 못하고 하루아침에 병도 없이 세상을 버렸으니 이치를 믿기 어려운 것이 어찌 이에 이르렀단 말입니까. 몹시 통곡하며 무슨 말을 해야 할지 모르겠습니다. 상중에 있는 그대가 상에 달려가는 날을 셈해 보니 바로 장마 기간인데 어떻게 하면 큰 병을 면할 수 있겠습니까. 생각하면 또 너무나 목이 멥니다.

시열은 의리상 마땅히 즉시 달려가서 곡하여 이 슬픈 마음을 풀고 상중에 있는 그대의 안부를 물어야겠지만, 성상이 행궁으로 출발할 때 또 승지를 시켜 어가를 따르라고 명하셨기에 뒤따라 경기까지 갔다가 돌아왔습니다. 도중에 몸이 상하고 망가져 몸뚱이만 겨우 남아서 이 때문에 지체되고 있으니, 앉아서 생사(生死)를 생각하면 절로 눈물만 흐릅니다.

거듭 생각건대 상주인 그대 몸이 관계된 바가 지극히 중합니다. 그리고 지금 보호하는 책임은 오직 리(里 김만리(金萬里))의 형제들에게 달

32 사망이 거듭될 줄 : 김만준의 아버지 김익렬(金益烈)이 사망한 것이 1665년 5월 18일인데 김집(金集)의 종손 김만리가 같은 달에 또 사망했기에 이르는 말이다.《鳳谷集 卷6 府使金公益烈墓表》

려 있습니다. 바라건대, 그대는 스스로 살 도리를 생각하여 가정에 근심을 끼치지 말아서 벗의 바람에 부응하시기를 천만번 눈물을 흘리며 빌고 빕니다. 무릇 의논할 만한 것은 일정한 격식에 얽매이지 말고 편지를 보내어 말씀하셔도 좋습니다. 하고 싶은 말은 많으나 슬픔을 삼키느라 편지 꼴을 이루지 못했습니다.

김군평에게 답함 을사년(1665, 현종6) 7월 4일

答金君平 乙巳七月四日

노선생의 무덤에 표석(表石)을 세우는 일을 보려고 어제 두촌(豆村)에서 묵고 이제 고운(孤雲)에 도착했습니다. 며칠 사이 나아가 궤연(几筵)에 곡하려 했더니 인편으로 보낸 편지가 문득 왔습니다. 상세하게 말씀하신 뜻은 삼가 모두 잘 알았습니다. 광주(光州)로 갈지 말지는 지난달 답하는 편지에서 이미 날씨가 차다는 이유로 간곡하게 사양하여 물리쳤으니 굳이 더위를 무릅쓰고 길을 떠나 병세를 더할 것은 없습니다. 그대로 머무를지 말지에 대해서는 직접 겪어 보면 알 수 있으니 나머지 사람이 상관할 바가 아닙니다. 그러나 제 생각에 늘 중도를 지킬 수 없다면 잘못되더라도 머무르는 것보다는 가는 것이 낫다고 여깁니다.

환곡(換穀)의 일은 이미 표석을 세우는 일 때문에 지령(持令 민유중(閔維重))에게 물어보았습니다. 그가 길을 열어 준다면 그대 집과 다시 통하는 데 어려움이 없을 것입니다. 며칠 뒤에 그 답이 올 듯합니다. 담양 부사(潭陽府使)[33]가 벼슬을 버리고 돌아가려는 뜻은 무엇 때문에 생긴 것입니까? 부득이한 경우가 아니라면 외직을 사양하고 내직으로 들어오는 것은 어찌 온당하지 못한 일이 아니겠습니까. 지금 답장에 대략 이러한 뜻을 언급했습니다.

33 담양 부사(潭陽府使) : 당시 담양 부사는 김만준의 계부(季父) 김익경(金益炅)이다. 《承政院日記 顯宗 6年 4月 9日, 7年 4月 21日》

원종공신은, 부모에게 은전을 끼치는 것은 본 적이 있지만 자기 자신에게 추후에 은전이 돌아가게 하는 것은 잘못된 법도가 아니겠습니까. 감히 딱 잘라 말하지 못하겠습니다. 해당 아전이나 관리에게 물어보는 것이 어떻겠습니까.

김군평에게 답함 병오년(1666, 현종7) 1월

答金君平 丙午元月

이어서 상을 당한 그대의 편지를 받으니 무슨 위로가 이만하겠습니까. 저는 문득 예순의 나이를 먹은 사람이 되었는데 노선생께서 가르치고 길러 주신 뜻을 추억하건대 몹시 부끄럽고 두렵기만 합니다. 스승의 뜻을 이어받는 데 어찌 거북해할 것이 있겠느냐는 말씀은 참으로 그렇습니다. 다만 저는 사람이 많은 서울에서 서찰이 남의 눈에 띄면 말을 전하는 즈음에 어(魚) 자가 노(魯) 자가 될 뿐만이 아니라고 생각할 따름이지, 벗 사이에 또한 꺼리는 바가 있어서가 아닙니다.

편지 끝에 쓴 것은, 일찍이 주자가 황간(黃幹)과 채침(蔡沈)에게도 이름을 쓰지 않은 적이 없었지만, 또 이름을 쓰지 않은 곳이 있었던 것이 기억납니다. 그러므로 늘 젊은 벗은 이름으로 일컫는 것도 괜찮고 일컫지 않는 것도 괜찮다고 여깁니다. 지금은 《논어》에서 "젊더라도 반드시 일어난다."[34]라고 한 가르침에 따라 감히 이름을 쓰지 않을 수 없습니다.

모상(某相)의 당초 일[35]은 한 차례 충고하지 않을 수 없더라도 경인

34 젊더라도 반드시 일어난다 : 《논어》 〈자한(子罕)〉에 "공자는 자최(齊衰)를 입은 자와 관을 쓰고 의상(衣裳)을 갖춘 자와 봉사를 보면 그들이 비록 나이가 적더라도 반드시 일어났고, 그 곁을 지날 때는 반드시 종종걸음을 했다."라고 하였는데, 당시에 김만준이 상복을 입고 있었기에 이렇게 말했다. 《宋子大全隨箚 卷9》

35 모상(某相)의 당초 일 : 이경석(李景奭)이 어명으로 〈삼전도비문(三田渡碑文)〉을 쓴 일을 말하는 것으로 보인다.

년의 일[36]로 말하면 저절로 앞의 일을 덮을 만하니 어찌 한번 더럽혀졌다 하여 씻기 어렵기까지야 하겠습니까. 저의 뜻이 이와 같은데 여러분의 논의는 어떠한지 모르겠습니다.

고운(孤雲)의 모임은 틈이 나면 불시에 서쪽으로 갈 것입니다. 다만 초형(草兄 이유태(李惟泰))이 사정이 있는지 여부를 모르겠습니다. 성애처(城哀處)[37]의 책자는 어제 부치는 것을 잊어 지금 뒤미처 보냅니다.

36 경인년의 일 : 1650년(효종1)에 영의정 김자점(金自點)의 밀고로 효종의 북벌 계획이 청나라에 알려지자, 좌의정이던 이경석이 스스로 책임질 것을 자청하여 청나라 백마성(白馬城)에 감금당했던 일을 가리킨다.

37 성애처(城哀處) : 상을 당한 성(城) 자 이름의 사람이 있는 곳이라는 말로, 김장생의 자손 중 '성' 자가 들어가는 이름을 쓰는 자를 가리키는 것으로 추측되는데, 이에 해당하는 인물로는 사망한 김만리(金萬里)의 사촌 김만성(金萬城)이 있다.

김군평에게 보냄 병오년(1666, 현종7) 5월 5일

與金君平 丙午五月五日

받들어 정영(貞塋)[38]에 왔다가 머지않아 돌아갈 것이라 끝내 서로 만나지 못하는 것이 몹시 한스럽습니다. 그대 집의 재앙은 바로 운수와 관계되니 우연이 아닙니다. 영남의 일이라는 말씀은 매우 옳습니다. 또 이전에 빈 구멍이 없었다면 어떻게 바람이 불어오겠습니까.[39] 오늘날의 급선무는 자신을 다스리는 것이 어떠한지에 달려 있을 뿐입니다. 창과 방패는 끝내 양쪽 뜰의 춤만 못합니다.[40] 그대 사촌이 외가댁 상사(喪事)를 만났다는 것은 들은 적이 없으니 놀랍고 한탄스럽습니다. 외가를 그리는 마음은 끝이 없겠지만, 그러나 이미 본가(本家)의 복(服)이 있는 만큼 마음대로 융숭함을 더하기는 어렵습니다. 한 문공(韓文公)이 형수 정씨(鄭氏)에게 양육을 받았기에 의리상 등급을 높여 복을 입었던 것을 선정(先正)이 잘못이라고 하였는데,[41] 이제 어찌 내

38 정영(貞塋) : 시호가 문정(文貞)인 김익희(金益熙)의 묘를 말하는 것으로 보인다.

39 빈……불어오겠습니까 : 유언비어가 틈을 타고 들어온다는 말이다. 송옥(宋玉)의 〈풍부(風賦)〉에 "굽은 가시나무에 새가 와서 둥지를 틀고, 빈 문구멍으로 바람이 들어온다.〔枳句來巢, 孔穴來風.〕"라고 한 말에서 유래하였다. 《文選 卷13》

40 창과……못합니다 : 덕으로 포용하는 것이 싸우는 것보다 낫다는 말이다. 《서경》〈대우모(大禹謨)〉에 "순 임금이 마침내 문덕을 크게 펴시어, 방패와 새의 깃을 들고 양쪽 뜰에서 춤을 추셨는데, 70일 만에 유묘씨(有苗氏)가 와서 항복하였다."라는 말이 있다.

41 한……하였는데 : 한 문공은 당나라의 문호(文豪) 한유(韓愈)로, 3세에 고아가 되어 형에게서 배우다가 형이 일찍 죽자 20세에 경사(京師)로 가기 전까지 형수의 보살핌을 받았기에 형수가 죽었을 때 복의 등급을 높여 입었다. 이에 대해 장재(張載)가

키는 대로 할 수 있겠습니까.

저는 늙은 누이[42]의 병이 가볍지 않습니다. 그러나 아침저녁 사이에 위독한 지경까지 가지 않는다면 며칠 뒤 다시 청천(靑川)으로 들어가려 합니다. 이는 스스로 생각건대 남은 날이 많지 않고, 이렇게 사람이 많은 곳에서 종일 심부름꾼을 맞이하고 보내다가는 끝내 책을 볼 때가 없겠기에 깊은 곳으로 들어갈 결심을 한 것입니다. 지난달에 10여 일 저곳에 있으면서 보았던 책을 헤아려 보니 이곳에 있을 때 1년 동안 본 양과 견줄 수 있었습니다. 그래서 비로소 옛사람이 조용한 곳으로 간 것이 이유가 있었음을 알았습니다. 고정(高井)[43]의 묘표에 대한 논의는 어떻게 결론이 났습니까? 유고는 제가 교정하여 초형(草兄 이유태(李惟泰))에게 보낸 지 오래되었으니 부디 때때로 탐문하십시오. 모든 일은 지체하는 것을 가장 꺼리는 법입니다.

《이굴(理窟)》〈상기(喪紀)〉에서 "족속의 상에는 정해진 복보다 더 늘려 입어서는 안 된다. 형수에게 양육되었으므로 은혜가 있다 하여 형수의 복을 더 늘려 입는다면, 이는 형의 은혜에 매우 박하게 대하는 것이다.", "족속 중의 친족이 은혜가 있다 하여 정해진 복보다 더 늘려 입는다면, 나에게 은혜가 없는 친족은 복을 입지 않아도 된다는 말인가." 라고 하는 등 비판하였는데, 김집(金集)이 송준길이 상례에 대해 질문한 것에 답하면서 이를 언급한 적이 있다.《韓昌黎集 卷23 祭鄭夫人文》《張子全書 卷8 喪紀》《同春堂集 別集 卷4 上愼獨齋先生(戊寅)》

42 늙은 누이 : 윤섬(尹爓)에게 시집간 맏누이로, 자식이 없이 장단(長湍)에서 과부로 지냈는데 몇 해 전 집으로 모셔서 어머니처럼 섬겼다. 1667년 윤4월에 사망한다.《宋子大全 附錄 卷5 年譜4》

43 고정(高井) : 김장생을 이장(移葬)한 곳이다. 그의 산소는 충청남도 대덕군 진잠면(鎭岑面) 성북리(城北里)에 있었으나, 묏자리가 불길하다 하여 논산군 연산면(連山面) 남우수리(南牛首里)의 고정산으로 이장하였다.《宋子大全隨箚 卷3》《宋子大全 卷208 沙溪金先生行狀》

김군평에게 보냄 병오년(1666, 현종7) 5월 10일
與金君平 丙午五月十日

안부를 묻는 편지가 거듭 오니 몹시 위로됩니다. 저는 며칠 뒤에 보은(報恩)에서 제사를 지내고 나서 깊은 곳으로 들어갈 계획입니다. 묘표의 일은 그 형세가 그러합니다. 다음 달이 지나면 바로 농사일이 뜸할 때이고 이곳과도 멀지 않습니다. 그러나 저는 두 개의 돌 중에 골라서 정하기가 쉽지 않으리라 생각합니다. 이미 남쪽에서 온 것으로 결정되었다면 노는 석공을 불러와서 반듯하게 갈아서 매끈하게 하고, 새기는 일도 쌍계(雙溪)의 승려 수엄(守嚴)을 부르면 모두 농사 일손을 빼앗는 폐단을 면할 수 있습니다만 그 나머지 사정은 어떠한지 모르겠습니다.

기년복과 대공복은 무거운 복〔重服〕이기 때문에 장례 전에는 감히 성대한 제사를 지내지 못합니다. 그러나 지금 그대가 받드는 문중의 상은 소공복이니, 행할 수 없는 의심스러운 점이 있는지는 모르겠습니다. 다만 예(禮)에, 같은 집에 사는 자가 죽은 경우는 신첩(臣妾)이라도 장례를 치른 뒤 제사를 지낸다[44]는 글이 있으니, 친척은 또 말할 나위가 없습니다. 그러나 그대가 제사를 모시는 것에 대해 같은 집에 사는 사례를 기준으로 한다면 행하기 어렵습니다. 집이 다르다면 구애될 것이 없을 듯합니다만 부디 예를 아는 자에게 물어서 처신하는 것이

44 같은……지낸다 : 《예기(禮記)》 〈잡기(雜記)〉에 나오는 말로, 부모의 상중에 소상(小祥) 또는 대상(大祥)의 제사를 올리려고 할 때 주거를 같이하는 자가 죽은 경우를 두고 한 말이다.

어떻겠습니까.

그대 사촌의 복제(服制)에 대한 의문은 한공(韓公)[45]과 다른 점을 모르겠습니다. 형수와 시동생, 외삼촌과 생질이 차이는 있지만, 복이 있는 친척이니 본복(本服) 외에 감히 더하지 못하는 뜻에는 다름이 없을 것입니다. 춘형(春兄 송준길)이 심복(心服) 운운한 것은 스스로 그의 사사로운 마음을 펴는 것일 뿐 예율(禮律)과는 상관없으며, 예율을 의논하는 것은 또한 물을 것이 못 됩니다. 그대는 부디 제사 지낸 뒤에 들어오시는 것이 좋겠습니다.

45 한공(韓公) : 한유(韓愈)를 말한다. 그는 어려서 부모를 잃고 형수에게 양육되었기 때문에 형수를 위해 정해진 복보다 더 늘려 입었다.

김군평에게 답함 병오년(1666, 현종7) 6월 29일

答金君平 丙午六月二十九日

서책에 몰두하는 것은 끝날 기약이 없기에 한가하고 조용한 곳으로 가서 아침저녁으로 책을 보고 싶었기 때문에 드디어 이곳에 왔습니다. 고향이기도 하지만 판교(板橋)와는 조금 멀며, 동기가 거주하는 곳과는 가깝지만 회덕(懷德)의 종가와는 머니, 반은 얻고 반은 잃었다고 할 만합니다. 온종일 손님이 없어 책에 전념하니 이는 실로 평소 지닌 마음에 아주 잘 맞습니다.

이번 달 8일에 보내신 편지가 감영(監營)에서 왔는데 누누이 하신 말씀은 마주한 듯하여 무척 위로되었습니다. 노선생의 유고는 간행에 실마리가 있게 되어 매우 반갑습니다. 그러나 간행하는 것이 어려운 것이 아니라 교정하는 것이 어렵고, 교정에 오류가 없기는 더욱 어렵습니다. 또 간간이 말하기 어려운 점이 있으니, 별지에 갖추어 말씀드립니다. 성애(城哀)[46]의 글은 서사관(書寫官)의 해서만은 못하지만, 관찰사의 임기가 끝날 날이 머지않고 멀리 서사관을 요구하는 즈음에 번번이 시간만 허비하다가는 기회를 놓칠 듯하여 일찍이 성(城)을 말씀드렸던 것입니다. 오늘날은 그저 성에게 특별히 정력을 더 쏟도록 당부할 수 있을 따름입니다. 그러나 보내오신 뜻이 이러하기에 이제 편지로 초형(草兄 이유태(李惟泰))과 의논합니다.

전날의 예설(禮說)은 참으로 근거 없이 날조할 수 없으므로 근거가

46 성애(城哀) : 233쪽 주37 참조.

있는 것으로 말씀드립니다. 마음대로 좌지우지한다면 근거 없이 날조한다는 비판을 받고야 말 것입니다. 그대는 지금 무슨 책을 읽고 있습니까? 부디 시간을 아껴서 쓸데없는 말로 날을 보내지 마시기를 지극히 바랍니다.

김군평에게 답함 정미년(1667, 현종8) 3월

答金君平 丁未三月

다시 이 편지로 장례를 치르는 날짜를 말씀하시니 위로되는 마음 이루 말할 수 없습니다. 날씨가 철을 잃었다고는 하지만 이른 아침에는 서리가 내리니, 서울 가는 날 너무 일찍 길을 나서지 마십시오. 또 반드시 따뜻한 죽 한 그릇을 드시고 출발하는 것이 어떻겠습니까. 저는 앞의 상(喪)[47]을 막 스물두 살 되던 해에 당하여 건강하다는 것을 믿고 조심하지 않았으니, 오늘날 병이 많은 것은 모두 여기에서 빌미가 되었습니다. 그러므로 슬프더라도 몸조심하시기를 바랍니다.

47 앞의 상(喪) : 부친상을 말한다. 송시열은 1628년(인조6) 4월에 부친상을 당하였다.

김군평에게 답함 정미년(1667, 현종8) 8월 14일
答金君平 丁未八月十四日

편지를 받고 이미 초영(草塋)에 왔다는 것을 알고서 가까워진 것이 기쁩니다. 누누이 하신 말씀은 몹시 감사합니다. 저는 아직도 완전히 소생하지는 못했으니 어찌 길이 무궁한 문에 들어가려고 하겠습니까. 평소 사람을 잘 모른다는 것을 늙어서 더욱 경험하고 있으니, 일찍이 격물치지의 공부에 힘을 쏟지 못한 것이 한스럽습니다. 영령(永令)[48]이 물러나기를 구하는 것은 이미 늦었다고 말할 만합니다. 그런데 7년 된 병에 3년 묵은 쑥이면 혹여 죽을병을 고칠 수도 있겠지만, 7년이나 되어 고칠 수 있을지 아직 모르겠다는 말을 부디 영령께 말씀드리는 것이 어떻겠습니까.

내일 방문하겠다는 편지를 받고 몹시 기다립니다.

48 영령(永令) : 자가 영숙(永叔)인 광성부원군(光城府院君) 김만기(金萬基)를 말한다.

김군평에게 답함 무신년(1668, 현종9) 1월
答金君平 戊申正月

인편으로 보내신 편지는 몹시 감사합니다. 창상(倉相)[49]은 몹시 애통합니다. 재상으로서 이룬 업적이야 어떻든 몇몇의 사림이 그를 의지하여 중하게 여겼으니, 오늘날 어디에서 이러한 분을 얻겠습니까. 오늘 아침 그의 조카인 판서(병조 판서 홍중보(洪重普))의 답장을 보고 저도 모르게 눈물이 종이에 떨어졌습니다. 그러나 얼마 뒤에는 저도 창상을 따라서 죽지 않겠습니까. 고정(高井)[50]의 묘표(墓表)는 새길 돌을 끌고 온 지 여러 날 되었다는 말씀을 받으니 몹시 위로되었습니다. 이 일을 마치면 즉시 오시기를 바랍니다.

49 창상(倉相) : 창동(倉洞)에 사는 재상이라는 말로, 영의정 홍명하(洪命夏)를 가리킨다. 1667년 8월에 사망하였다. 《顯宗實錄 8年 12月 27日》

50 고정(高井) : 연산현(連山縣) 우수리(牛首里)에 있는 고정산으로, 김장생의 묘가 있는 곳이다.

김군평에게 답함 무신년(1668, 현종9) 6월 10일
答金君平 戊申六月十日

이 정랑(李正郎)의 상사(喪事)는 차마 듣지 못하겠습니다. 즉시 이 뜻을 말씀드리고 싶었으나 인편이 없어 하지 못했는데, 심부름꾼을 통해 보낸 이 편지를 받고 몹시 위로되었습니다. 저의 병은 날로 심해져서 조용히 죽음을 기다릴 뿐이니 오히려 무엇을 바라겠습니까. 윤 승선(尹承宣 윤비경(尹飛卿))이 복명(復命)한 뒤에 정 승선(鄭承宣 정륜(鄭錀))이 이어서 와서 비답의 말을 전해 주었는데, "하늘에 계신 영령께서도 감동하실 것이다."[51]라는 말씀이 있기까지 하였습니다. 그러므로 서울의 경박한 자 중에 드디어 몽뢰(夢賚)의 말[52]이 있다고 들었으니, 이러한 말을 가지고 어찌 돌아가고 싶겠습니까. 몹시 고민스럽습니다.

별지에서 당부하신 일은 제가 모르는 일입니다. 저는 저 자신을 잘 압니다. 어찌 실지로 이러한 일이 있는데도 문득 잊겠습니까. 문계(文季)의 귀감[53]이 멀지 않으니, 제가 몹시 어리석지만 또한 남을 꾸짖으

51 하늘에……것이다 : 우의정에 제수된 송시열이 다섯 차례 상소하여 굳이 사양하자, 현종이 내린 비답 중에 나오는 말이다. 《顯宗改修實錄 9年 5月 28日》

52 몽뢰(夢賚)의 말 : 어떤 말인지는 알 수 없으나 송시열과 동시대의 인물로 남몽뢰(南夢賚, 1620~1681)가 있으며, 송시열이 1672년 그에게 보낸 편지가 있는 것으로 보아 그를 지칭하는 것으로 추측된다. 《宋子大全 卷117 答南咸陽》

53 문계(文季)의 귀감 : 성급하게 남에게 충고하는 것을 말하는 것으로 보인다. 문계는 김장생의 손자인 김익겸(金益兼)의 자이다. 그의 형 김익희(金益熙)의 말에 의하면, 김익겸은 병자호란 때 강도가 함락되자 윤선거의 선동을 받아 분신자살하였다고 한다.

면서 자신을 경계하는 것을 잊는 데까지는 이르지 않았습니다. 그대의 두 숙부는 법률에 따라 처벌되니 아마도 판의금부사가 교외로 나가서 지체한 때문이겠지요.[54] 몹시 불행한 일입니다. 이조와 예조의 판서, 영의정과 좌의정이 모두 책임지고 사퇴하니 한심하다고 말할 만합니다. 영의정과 좌의정의 사직을 윤허하지 않은 것은 제가 또한 여러 번 제기하였기 때문이니 더욱 편안하기 어렵다 여겨집니다.

감자(甘蔗)와 웅어(熊魚)는 보내신 대로 잘 받았습니다.

《宋子大全 附錄 卷10 年譜9》《明齋遺稿 別集 卷3 擬與懷川書》

54 그대의……때문이겠지요 : 김만준의 두 숙부는 김익경(金益炅)과 김익훈(金益勳)을 말한다. 지평 신경윤(愼景尹)이 김익훈의 행실이 바르지 못하다며 탄핵하자 김익훈이 신경윤을 흉인(兇人)의 아들이라고 지목한 일이 있었다. 그 뒤에 신경윤이 청망(淸望)에 올랐을 때 김익경이 또 다른 일을 이유로 저지한 일이 있었다. 이 일로 세 명을 옥리에게 내려 죄를 조사하게 했는데 의금부가 오래도록 판결을 하지 못하고 현종에게 결정을 청했다. 현종은 신경윤을 석방하고 김익경 형제는 중한 쪽으로 벌을 주도록 결정하였는데 의금부가 법 적용을 가볍게 함으로써 의금부의 관리가 추고(推考)를 받았던 일이 있다. 《顯宗實錄 9年 3月 26日, 5月 16日, 6月 3日》

김군평에게 답함 기유년(1669, 현종10) 1월

答金君平 己酉正月

앞뒤로 보내온 편지에서 또 상중하의 세 가지 책략을 말씀하셨습니다. 세 가지 계책은 모두 단공(檀公)의 으뜸가는 책략[55]이니 감히 받들어 행하지 않겠습니까. 다만 세상의 도를 만회한다는 말은 장하지만 천박하고 못난 제가 감히 알 바가 아닙니다. 태안(泰安)의 일[56]은 순중(巡仲)[57]과 자세히 말하고 나서 꺼냈던 것이고, 또 예조 판서(김좌명(金佐明))를 보내어 형편을 헤아리라고 청하였는데, 순령(巡令 민유중(閔維重))은 조정의 논의를 모르고 운운했을 것입니다.

《가례집람(家禮輯覽)》은 손자도 모두 올라왔기에 찾아낼 사람이 없

55 단공(檀公)의 으뜸가는 책략 : 도망가는 것을 말한다. 유송(劉宋) 때의 장군 단도제(檀道濟)가 지략이 뛰어나서 고조(高祖)를 따라 북벌할 적에 전봉장(前鋒將)으로 누차 공을 세워 명장으로 이름이 났다. 뒤에 남제(南齊)의 왕경칙(王敬則)이 매우 급한 때를 당하여 어떤 사람에게 "단공의 삼십육책(三十六策) 가운데 주(走) 자가 상책(上策)이었으니, 너희들은 응당 급히 도주해야 한다."라고 했던 고사가 있다. 《南史 王敬則列傳》

56 태안(泰安)의 일 : 조창(漕倉)을 설치하는 일을 말한다. 김육(金堉)이 처음으로 주장했고, 1669년에 송시열이 다시 충청남도 태안과 안흥(安興)에 조창을 설치하자고 건의하자, 현종이 대신과 비국의 신하들을 인견하여 논의하였는데 의견이 분분하여 결국 최초 계획에서 절반으로 줄여 40칸으로 짓기로 한 일이 있다. 《顯宗實錄 10年 1月 8日, 2月 3日·6日·7日》《宋子大全 卷13 論安興倉及貢物事仍乞遞箚》《宋子大全 附錄 卷6 年譜5》

57 순중(巡仲) : 민정중(閔鼎重)을 말한다. 당시 그의 아우 민유중이 호서(湖西) 지역의 순찰사가 되었기에 이렇게 말했다. 《宋子大全隨箚 卷9》

으니 제가 남쪽으로 돌아가기를 기다려도 늦지 않을 것입니다. 심상(沈相)의 집안일[58]은 그의 맏아들이 달아났다고 들었으니, 이는 백이(伯夷)가 남긴 교화입니다. 두 번째 가서 청해도 오지 않고 가문의 어른이 가도 오지 않으며 어머니가 직접 간 뒤에야 비로소 신주의 글자를 고쳤으니 사대부들이 미담으로 전합니다. 그 집이 어찌 저를 원망할 이치가 있겠습니까. 그끄저께 귀인(貴人)이 와서 고맙다는 뜻을 표하는 것이 몹시 은근하였습니다.

58 심상(沈相)의 집안일 : 심상은 심지원(沈之源)을 말한다. 심지원이 심지택(沈之澤)의 아들 심익선(沈益善)을 양자로 삼았는데 나중에 장가든 아내 윤씨(尹氏)에게서 심익상(沈益相) 형제가 태어났다. 심지원이 죽자 심익상은 아버지의 뜻이라 하여 제사를 주관하며 대를 이었고, 심익선은 강등되어 중자(衆子)와 같아져 물의가 있었다. 대관(臺官)이 인조 때의 수교(手敎)에 따라 개정토록 현종에게 청하였으나, 현종은 심익상의 아우 심익현(沈益顯)이 누이동생 숙명공주(淑明公主)에게 장가들었기에 그 말을 듣지 않았다. 심익상이 세마(洗馬)가 되자 정언 윤경교(尹敬敎)가 그가 적통을 빼앗은 죄를 논핵하였고, 송시열이 예제(禮制)에 어긋남을 들어 심익선을 적자로 삼도록 권함으로써 개정하였다. 《宋子大全 附錄 卷6 年譜5》《顯宗實錄 3年 9月 13日, 9年 7月 11日, 10年 1月 4日》《萬家譜 12冊 靑松沈氏》

김군평에게 답함 기유년(1669, 현종10) 8월 4일
答金君平 己酉八月四日

인편으로 보낸 편지가 문득 오니 위로되는 마음 그지없습니다. 저는 그저께 막 돌아왔습니다. 묵은 병이 낫지 않아 바람이 높이 불기를 몹시 기다리지만 이러한 시절을 볼 수 없을 듯합니다. 조사해야 한다는 말은 직상(稷相 직동(稷洞)에 살던 허적(許積))이 일찍이 과연 물어 온 적이 있었는데 저는 대략 당(唐)나라 때의 일을 예로 들어 답했으니, 그가 저를 끌어다 증거로 삼은 것은 바로 이것입니다.[59] 서울의 편지는 제가 본래 쓰는 데 게으른 데다 이제는 더욱 예전과 견줄 바가 아니기에 쓰지 않습니다. 다만 한 가지 빚이 있으니, 아(丫)와 저(苧)[60]의 편지에 오래도록 답을 못 했는데 지금은 또 너무 바빠서 우선 지체하였습니다. 《논어혹문(論語或問)》은 오늘 벌써 현아(縣衙)를 통해 부쳐 보냈습니다. 나머지는 어디를 가든지 삼가시기를 빕니다. 선비는 처녀와 같다[61]는 말씀은 참으로 격언입니다.

59 조사해야……이것입니다 : 1668년 장선징(張善澄)이 오정위(吳挺緯)와 이은상(李殷相)이 뇌물을 받았다며 파직할 것을 청한 일이 있었으나 현종은 윤허하지 않았다. 그런데 1669년 송시열이 조정을 떠난 뒤, 허적이 재상의 반열에 있는 사람의 문제이니 조사해서 밝혀야 한다며 송시열도 조사해야 한다는 뜻을 밝힌 일이 있다고 하자, 현종이 사실을 조사하도록 명한 일이 있다. 《顯宗實錄 9年 8月 14日, 10年 7月 20日》

60 아(丫)와 저(苧) : 《송자대전수차》 권9에 아(丫)는 김익렴(金益廉)을 가리킨다고 하였고, 권3에 저동(苧洞)에 이후원(李厚源)이 살던 집이 있다고 하였으니 저(苧)는 이후원의 아들 이주(李週)나 이선(李選)을 가리키는 듯하다. 《宋子大全隨箚 卷3》

61 선비는 처녀와 같다 : 선비가 절개를 지키는 것이 처녀가 정조를 지키는 것과 같다는 뜻으로 말한 듯하다.

김군평에게 답함 경술년(1670, 현종11) 2월 26일

答金君平 庚戌二月二十六日

서로의 거리가 몹시 멀어 늘 그리웠습니다. 지금 서원의 인편으로 편지를 받고 듣지 못했던 소식을 제법 듣게 되어 적적함을 달랠 수 있었습니다. 다만 모두 세간의 일이니 아마도 파선(坡仙)의 영령이 벌주를 내릴 것입니다.[62] 그러나 아깝다는 말이 저도 모르게 입에서 나왔으니 경박하고 식견이 얕은 병통은 끝내 제거하기 어렵습니다. 방문해 주시겠다는 말씀에 기다리는 마음 몹시 간절하나 이것이 어찌 쉬운 일이겠습니까. 오직 바라건대 문을 닫고 책을 보되 쓸데없는 말을 하지 말고 아무 하는 일이 없는 사람을 만나지 않는다면 아주 좋을 것입니다.

62 파선(坡仙)의……것입니다 : 파선은 호가 동파(東坡)인 송(宋)나라의 소식(蘇軾)을 말한다. 그가 호주 태수(湖州太守) 손각(孫覺)에게 지어 준 시에 "아, 나와 자네는 오랫동안 무리를 떠났기에, 아무 일도 듣지 않아 귀와 맘이 다 식었네. 만일 청산을 마주하고서 세상일을 말한다면, 큰 술잔으로 자네에게 벌주를 먹이리라.〔嗟予與子久離群, 耳冷心灰百不聞. 若對青山談世事, 當須擧白便浮君.〕"라고 읊은 구절이 있다.《東坡全集 卷4 贈莘老七絶》

김군평에게 보냄 경술년(1670, 현종11) 10월 그믐

與金君平 庚戌十月晦日

청주(淸州)의 편지는 그 이튿날 보았습니다. 심한 추위는 잘 벗어났는지요. 남궁(南宮 김만기)의 편지는 전달되었으며 그 답장은 볼 수 있는지요? 인정과 도리에 어긋나니 영원히 눈을 감지 못하겠습니다. 이 외에 오직 고요한 방 하나를 구해 독서에 전심하기를 바라니, 그렇게 된다면 몹시 다행이겠습니다. 굶주림은 원래 선비의 정해진 분수인데 무슨 이유로 번거롭게 관부(官府)에 말하겠습니까. 곤궁함을 굳게 지키는 절조가 없어 그대에게 들킨 것이 스스로 부끄럽습니다.

김군평에게 보냄 신해년(1671, 현종12) 1월 6일

與金君平 辛亥元月六日

하룻밤 나란히 누워 이야기 나누었지만, 오랫동안 막혔던 회포를 다 풀지는 못했습니다. 앞으로 기약이 있다지만 그래도 이별의 정이 깊습니다. 저는 감기 때문에 괴로워 소제(蘇堤)의 집으로 수습하여 돌아왔는데 역시 화양동(華陽洞)에 있을 때만 못합니다. 전날 《해편심경(海篇心鏡)》 두 책[63]을 가지고 가셨는데 이것은 남에게 빌린 것이니 부디 확실한 인편을 통해 서둘러 돌려주시는 것이 어떻겠습니까. 나머지는 한가한 사람과 실없는 말을 마시고 날로 서책을 가까이하여 세월을 아끼시기를 빕니다. 그대가 고개를 뻣뻣이 들고 함부로 말한 것이 벌써 남의 입방아에 오르내리는 중이니 이제부터 영영 옛 습관을 없애고 다시는 무익한 짓을 않는 것이 어떻겠습니까.

63 해편심경(海篇心鏡) 두 책 : 《송자대전수차》 권9에는 김진홍(金振興)이 쓴 운서(韻書)인 《전해심경(篆海心鏡)》으로, 송시열이 그 책의 서문을 지었으며 해편(海篇)이란 두 자는 오기(誤記)인 듯하다고 하였다. 《전해심경》은 5권 2책으로 되어 있으며, 《송자대전》 권138에 〈전해심경서(篆海心鏡序)〉가 있다.

김군평에게 답함 신해년(1671, 현종12) 1월
答金君平 辛亥正月

심부름꾼을 보내어 편지를 주시니 성대한 뜻에 감사합니다. 화양(華陽)에서의 토론에 대해 앞뒤로 하신 말뜻이 이렇게까지 은근하고 간곡하니 감히 생각을 바꾸지 않겠습니까. 날이 따뜻해지기를 기다려 잠시 저기에 가서 서책을 정리한 다음 곧장 나올 것입니다. 다만 이해가 안 되는 것이 있습니다. 회옹(晦翁 주희(朱熹))이 한평생 운곡(雲谷)과 무이(武夷) 사이에 살면서 그 사이에서 머물 것을 벗들과 약속했지, 애써 말하고 정성스럽게 만류하여 오늘날처럼 갈 수 없게 했다는 것은 듣지 못했습니다. 제가 그대를 데리고 함께 가지 못하고 오히려 그대의 만류를 받으니 실로 웃을 만하고, 서로 믿는 돈독함을 또한 볼 수 있습니다.

《해편심경(海篇心鏡)》은 보내신 대로 잘 받았습니다. 벼루와 연적은 더욱 감사합니다만 아깝게도 받는 즈음에 하인이 떨어뜨려 깨져 버렸습니다. 방문할 뜻이 있다는 소식을 받으니 몹시 기다려 마지않습니다. 머리를 빳빳이 들고 함부로 말하는 버릇은 지금 당장 영영 없애야 할 뿐만 아니라 또한 마땅히 마음에 남겨 두지 않는 것이 좋습니다. 수많은 하고 싶은 말은 마침 소란하여 이만 줄입니다.

○ 회옹이 고정(考亭)에 돌아간 뒤에 지은 시[64]에 이렇게 말했습니다.

64 회옹이……시 : 주희가 담계(潭溪)의 집을 그리워하며 지은 시를 말한다. 담계는 오늘날 복건성(福建省) 무이산시(武夷山市) 오부진(五夫鎭)의 병산(屛山) 아래를 흐

담계에서 살던 사십 년을 추억하자니　憶住潭溪四十年
멋진 봉우리 무수히 창 앞에 늘어서 있었지　好峯無數列窓前
물이 껴안고 산이 두른 땅은 아니었지만　雖非水抱山環地
겨울에는 따뜻하고 여름에는 시원하였네　却是冬溫夏冷天
무성하게 집을 두른 수천 그루 대나무　遶舍扶疏千箇竹
집 곁 벼랑에는 차디찬 깊은 샘이 있었네　傍崖寒冽一泓泉
누가 동쪽으로 옮기는 잘못을 저지르게 했나　誰教失計東遷謬
곤하여 누운 서재 창에서 시내 가득한 달빛을 보네　憊臥書窓月滿川

말구(末句)는 바로 저의 오늘날 심경입니다. 이미 알아들었다고 말하고서도 이러한 마음이 있으니 심하게도 산수를 사랑하는 병이 골수에 파고들어 치료하기 어렵습니다.

르는 시내이다. 주희는 14살에 아버지를 여의고 어머니와 함께 아버지의 벗인 유자우(劉子羽)를 찾아가 살았는데 거의 50년 가까운 세월을 이곳에서 살았다. 시에서 40년이라고 한 것은 고정으로 가기 전까지 집을 그곳에 두었기에 한 말로 보인다. 《朱子全書 卷66 懷潭溪舊居》 고정은 주희가 만년에 거처하던 곳으로, 1192년 이곳에 고정서원(考亭書院)을 짓고 학문을 강론하였다.

김군평에게 답함 임자년(1672, 현종13) 11월 29일

答金君平 壬子至月二十九日

보내신 편지는 몹시 위로되었습니다. 저는 줄곧 신음하고 있으니 몹시 괴롭습니다. 남궁(南宮 김만기)의 별지는 잘 알았습니다. 미촌(美村 윤선거)은 평소 강화도에서 죽지 않은 일로 자책하며 집 밖을 나오지 않으니, 이는 미촌의 가장 고상한 점입니다. 이른바 몸을 깨끗이 하여 더럽히지 않은 자란 이러한 사람을 가리키는 것입니다.

김군평에게 답함 계축년(1673, 현종14) 8월 2일

答金君平 癸丑八月二日

처음에는 만나는 것이 가장 먼저라고 여겼는데 이러한 낭패를 만나 중도에 그만두게 되었습니다. 그러나 안부 편지를 받아 보니 서로 만난 것만 같습니다. 전날의 망녕된 말은 실로 진심에서 나왔으나 서로 깨우치는 도는 말씨가 격렬하고 절절한 것을 귀하게 여기니 부디 허물로 여기지 마시고 병을 없애는 약이라고 여기십시오. 그리하신다면 100리를 갈 자가 90리를 반이라고 여기듯 삼가게 될 것입니다. 요즈음 젊은 이들을 보건대 재주와 행실이 온전한 자로 이동보(李同甫)[65]만 한 이가 없습니다. 바라건대 이 사람과 왕래하여 사귀며 서책을 강론한다면 무익하지 않을 것입니다. 연배를 어찌 논할 것 있겠습니까. 보내오신 편지에 귀인(貴人)이라는 두 글자는 잠시도 편안하지 않습니다. 부디 아울러 이해해 주십시오. 내일 수성(隋城 수원)으로 갈 텐데 며칠날 서울에 돌아갈지 모르겠습니다.

65 이동보(李同甫) : 이희조(李喜朝, 1655~1724)로, 동보는 그의 자이고, 본관은 연안(延安), 호는 지촌(芝村)이다. 이단상(李端相)의 아들로, 송시열의 문인이며 대사헌을 지냈다.

김군평에게 답함 정사년(1677, 숙종3) 2월

答金君平 丁巳二月

한 글자에 천금이라는 것도 대략 뜻만 통하는 말입니다. 세상일을 담론하는 것은 파공(坡公)이 벌주를 내릴 만하지만,[66] 이것으로 봄잠을 깨우는 것은 작은 일이 아닙니다. 철(鐵)의 일[67]은 몹시 마음 아프니 오히려 다시 무슨 말을 하겠습니까. 이는 귀로 듣고서 입으로 말할 필요가 없고 조용히 침묵하면 진정될 것입니다. 부디 서책을 보는 공부를 그만두지 마시기를 지극히 빕니다.

66 파공(坡公)이……만하지만 : 번거로운 세상일을 말하지 말라는 뜻이다. 248쪽 주62 참조.

67 철(鐵)의 일 : 철옹(鐵甕)에 유배된 이유태(李惟泰)의 일을 말한다. 이유태가 기해복제설(己亥服制說)을 지은 뒤에 이전의 주장을 뒤집어 벗을 배반하고 시론(時論)에 붙었다는 오해를 사 송시열과 사이가 벌어졌다. 《宋子大全隨箚 卷4, 卷10》《宋子大全附錄 卷7 年譜6, 卷8 年譜7》《草廬集 年譜 卷4》

김군평에게 답함 정사년(1677, 숙종3)
答金君平 丁巳

별지의 말씀은 은근한 뜻에 감사합니다. 만의(萬義)에서 치르는 장례는 그 형편이 쉽지 않으니, 참으로 보내오신 말씀과 같습니다. 그러나 이곳을 두고 어디로 가겠습니까. 냉천(冷泉)은 일찍이 또한 칭찬하는 자가 있었으나 지금 쓰려고 하면 논의에 반드시 다른 의견이 많아 일에 방해가 될 것입니다. 그러므로 만의 외에 생각이 다른 곳에 미치지 않습니다. 그러나 만의의 산운(山運)은 올해를 꺼린다고 하니 이 때문에 마음이 어지럽습니다.

짐꾼은 이러한 시기에 누구에게 입을 열겠습니까. 이미 아들에게 명하여 소 수레를 준비하게 했습니다. 죄인의 아내에 대한 장례는 거적 같은 것으로 덮기만 하면 충분합니다. 흙은 곽(槨)을 두르고 곽은 관(棺)을 두르며, 너비와 지름은 광(壙)을 덮고, 봉분의 높이는 사람이 숨을 만한 정도가 되면 그만입니다. 벗 중에는 굳이 다른 의견으로 말하는 자가 많으나 저는 일체 사양하여 물리쳤습니다. 한 언덕의 황토에 고부(姑婦)가 의지해 있다면 혼백 또한 즐겁지 않겠습니까. 간편한 곳을 놔두고 험한 비탈길로 터를 정하는 것은 뜻밖의 일이 있을까 염려스럽습니다.

용안(龍眼)은 처음에 이렇게 구하기 어려우리라고 짐작하지 못했습니다. 그저 병은 날이 갈수록 심해져 이번 달 2일에는 문득 기절했다가 깨어났습니다. 눈을 떠 보니 손자와 승석(承碩 강승석(姜承碩))이 에워싸고 부르짖고 있었는데, 이는 실로 훗날 실지로 있을 광경이니 도리어 우습습니다. 그렇다면 용안이 오더라도 끝내 무슨 도움이 되겠습니까. 지금 의약을 마련하는 것은 달관한 자에게 한바탕 웃음을 제공하기에 충분합니다.

김군평에게 보냄 정사년(1677, 숙종3) 8월 3일

與金君平 丁巳八月三日

오늘 제사[68]에서 예식에 허물은 없었습니까? 돌아가시던 당시의 일을 추억하니 배로 슬퍼서 목이 멥니다. 보내오신 편지의 말씀은 모두 잘 알았습니다. 보잘것없는 하찮은 개미 같은 저의 목숨은 남에게 준 지 오래입니다. 오늘날의 일은 참으로 아득하다는 것을 깨닫습니다. 철옹(鐵瓮 이유태)이 보낸 편지를 어제 받았는데 참회하는 말이 있으니 벗들의 다행입니다. 어찌 여러분이 알선한 힘이 아니겠습니까.

68 오늘 제사 : 김장생의 제사를 말한다. 김장생이 세상을 떠난 날이 1631년(인조9) 8월 3일이다.

김군평에게 답함 정사년(1677, 숙종3) 12월 2일
答金君平 丁巳十二月二日

초공(哨公)이 돌아와 멀리서 보낸 안부 편지를 받으니 그리운 마음을 몹시 위로해 주었습니다. 이를 통해 미처 듣지 못하던 소식을 들었는데, 억만년이 흐르도록 영원할 경사에 잠시 죽지 않고 길한 말을 들을 수 있으면 좋겠습니다. 그렇게만 된다면 마땅히 죽어야 할 목숨이지만 또한 땅에 들어가서도 기뻐서 손뼉을 칠 것입니다. 이 외에는 그저 문을 닫고 독서하시기를 빕니다.

○ 일찍이 판서 함경(咸卿 이일상(李一相))을 통해 노선생이 종묘의 제도에 대해 월사(月沙 이정귀(李廷龜))에게 편지를 써서 주자(朱子)가 논한 묘제(廟制)처럼 할 것을 청했다는 말을 들었습니다. 이는 태조(太祖)의 고조를 시조묘로 삼는 것이고 태조를 영원히 옮기지 않는 세실(世室)로 삼는 것입니다. 그 글은 반드시 월사의 후손에게 간직되어 있을 것이니 부디 은밀히 물어 기록해 보내 주십시오.

김군평에게 답함 무오년(1678, 숙종4) 6월
答金君平 戊午六月

얼굴을 뵙지는 못했지만 두 차례의 편지를 받아 보니 얼굴을 뵙는 것과 그다지 다르지 않습니다. 인용하신 여공(呂公)[69]의 일은 매우 좋습니다. 모두 이 책을 읽기 좋아합니까? 이는 더욱 기뻐할 만합니다. 기억하건대, 옛날에 각성(覺性)[70]을 만나 천당과 지옥이 과연 있는지 물었더니 즉시 대답하기를 "있다고 생각하면 있고 없다고 생각하면 없다."라고 하였으니, 이것은 바로 참선을 하는 자의 기봉(機鋒)[71]입니다. 오늘날 이것으로 보내오신 질문에 답하고자 하는데, 그대가 어떻게 여길지 모르겠습니다. 대개 이러한 말은 허실을 막론하고 소리 내어 말할 필요가 없습니다. 《이송전사(二宋全史)》[72]는 원나라 탈탈(脫脫)이 찬술하였는데 권수가 퍽 많으니 실로 집집마다 가질 수 있는 책이

69 여공(呂公) : 여이징(呂爾徵, 1588~1656)을 말하는 것으로 보인다. 본관은 함양(咸陽), 자는 자구(子久), 호는 동강(東江)이다. 그 아들은 영의정을 지낸 여성제(呂聖齊)로, 《전해심경(篆海心鏡)》의 저자 김진흥(金振興)이 그에게 배웠다.

70 각성(覺性) : 1575~1660. 인조 때 교종(敎宗)에 속한 승려로, 총섭(摠攝)을 지냈다. 《宋子大全 卷13 擬疏, 卷141 俗離山事實記》

71 기봉(機鋒) : 마음을 움직이는 실마리를 터득하여 상황에 맞추어 예민하게 응한 말이라는 뜻이다. 기는 원래 쇠뇌의 어금니로 시위에 거는 것인데 수행에 따라 얻은 '마음을 움직이는 실마리'를 뜻하며, 봉은 화살촉인데 마음을 움직이는 실마리의 활용이 날카로운 모양을 뜻하여 '사물을 대할 때의 예민한 활용'을 말한다.

72 이송 전사(二宋全史) : 북송 태조(北宋太祖)에서 남송 위왕(南宋衛王)까지 319년간을 다룬 정사(正史)이다. 일반적으로 《송사(宋史)》로 불린다.

아닙니다. 그러나 가지 않고도 듣고 보게 되니 매우 다행입니다. 삼소(三蘇)[73]의 글은 벌써 손에 넣었습니까? 속히 도모하시기를 바랍니다.

73 삼소(三蘇) : 당송 팔대가에 들어가는 세 명의 소씨로, 북송 때의 소순(蘇洵), 소식(蘇軾), 소철(蘇轍) 부자를 말한다.

김군평에게 답함 경신년(1680, 숙종6) 6월 12일

答金君平 庚申六月十二日

분잡한 중이라 대화를 할 수 없어 마음에 맺혔더니 이제 보내오신 편지를 받고 저의 마음이 조금 위로되었습니다. 하신 말씀은 모두 잘 알았습니다. 저도 장마를 무릅쓰고 갈 수가 없어서 큰길가에 머무르면서 날마다 사람과 접촉하고 있으나, 오늘날의 처지에 마땅한 행위는 아닌 듯합니다. 이천(伊川)이 부주(涪州)에서 돌아오며 "때가 변했지만 제가 어찌 감히 바꾸겠습니까."[74]라고 했듯이 이제 산에 들어가서 굳게 돌문을 닫고 뜰 앞에 사람의 발걸음이 없게 하려고 합니다. 그대도 문을 닫고 책을 보아 늙고 못난 저의 바람을 위로해 주십시오.

74 때가……바꾸겠습니까 : 정이(程頤)가 당화(黨禍)를 입어 사천성(四川省) 부주로 귀양 갔다가 풀려나 돌아오는 길에 양주(襄州)를 들렀다. 양주 태수 양외(楊畏)가 매우 후하게 대접하자, 정이가 자신은 죄를 지은 사람이라 이런 대우를 감당하지 못하겠다고 하였다. 이에 양외가 시사가 이미 변했다고 하자 정이가 이렇게 답했다. 《二程外書 卷12》

김군평에게 답함 신유년(1681, 숙종7) 10월
答金君平 辛酉十月

막 이현재(李賢哉 이사안(李師顔))를 통해 편지를 받았으나 답장을 보낼 길이 없어 아쉽던 차에 다시 인편으로 거듭 편지를 받으니 위로되는 마음 이루 말할 수 없습니다. 분황(焚黃)은 아름답고 길한 것이 기쁩니다. 광남(光南 김익훈(金益勳)) 어른이 당한 일은 그 까닭을 모르겠으니 답답합니다. 이는 이치를 보는 것이 어떠한지에 달려 있을 뿐입니다.

또 바른 도가 나에게 있다 해도 나의 도리는 그저 순순히 받아들여 변명하지 않는 것이 사대부의 아름다운 풍습입니다. 무슨 수로 가라앉힐 수 있겠느냐는 말씀은 사람과 시세를 모른다고 할 만합니다. 율곡은 대현(大賢)인데도 끝내 힘을 얻지 못하여 자신도 비방을 면하지 못했는데, 더구나 저같이 못나고 고루하며 추하고 어긋난 사람이 어찌 감히 그 사이에 뜻을 두겠습니까.[75] 그대는 이 점에서 실언을 한 것입니다.

저는 《심경석의(心經釋疑)》를 수정한 것으로 과분하게도 성상의 장려를 받았는데, 차자(箚子)의 말을 서문으로 하여 간행하게 하시면서 율곡의 《성학집요(聖學輯要)》 사례를 인용하기까지 하셨으니[76] 두려

75 율곡은……두겠습니까 : 율곡 이이가 동서 분당이 생길 무렵에 그 갈등을 조절하고 화해시키려고 했으나 오히려 동인과 서인들로부터 이름을 팔고 나라를 그르친다는 평을 들은 적이 있었다. 《宣祖實錄 16年 7月 16日, 21日》 이 당시 주변 사람들이 송시열에게 노론의 분열을 조절하고 화해해야 한다는 말을 한 적이 있었기에 이렇게 말하는 듯하다. 《宋子大全 附錄 卷18 崔愼錄下》

76 저는……하셨으니 : 부제학 이익상(李翊相)이 송시열에게 《심경석의》를 고쳐 보

워 마음이 편하지 않아 담장을 따라 달아나고 싶었습니다. 요즈음 《가례집람(家禮輯覽)》을 다시 수정하려고 하는데 부디 식량과 반찬을 계신 곳의 관아에서 도움을 받아서 오래 머무르며 일을 마칠 계책으로 삼는 것이 어떻겠습니까? 앞의 편지에 이러한 뜻이 있음을 알았기에 감히 알려 드립니다.

충하고 이 책의 강독을 마치게 하기를 청하자 숙종이 그대로 따랐다. 또 수정한 책을 올리자 검토관 송광연(宋光淵)이 송시열이 올린 차자를 그 책 앞에다 붙여 간행하도록 청하니, 숙종이 이이의 《성학집요(聖學輯要)》와 마찬가지로 차자를 서문으로 붙여 간행하는 것을 윤허했다. 《肅宗實錄 7年 7月 27日, 9月 19日》

김군평에게 보냄 임술년(1682, 숙종8) 8월

與金君平 壬戌八月

막 편지 한 통을 회인(懷仁) 가는 편에 부쳤는데,《가례집람》의 일 때문입니다. 푸른색 표지를 한 이 책의 원본은 젊은이들에게 물어보았더니 화양(華陽)에 있지 않은 것은 의심할 것이 없고, 임자년(1672, 현종13) 6월 이곡(梨谷)에서 돌아와[77] 외성(外城)[78]에 보관했던 듯합니다. 부디 서둘러 그대 아드님에게 명하여 찾아내도록 하시고, 빨리 광성(光城 김만기)에게 보내어 거듭 교정하는 바탕으로 삼는 것이 매우 좋겠습니다. 죽기 전에 이 책의 간행을 보고 싶어 이렇듯 조급하게 서두릅니다. 서리 내린 뒤의 사람 마음은 흙이 무너지는 것보다 심하니, 망극하다 하겠습니다. 예조의 회계(回啓)에서 체직을 허락받지 못하면[79] 진휼하고 구제하는 대책은 어떻게 내시겠습니까. 반드시《주자대전》의 구황(救荒)과 관련한 조례를 익숙히 보는 것이 좋습니다.

77 임자년……돌아와 : 1672년 6월에 송시열은 연산(連山) 이동(梨洞)에 가서 김장생의 유고를 교정하고 돌아왔다.《宋子大全 附錄 卷6 年譜5》

78 외성(外城) : 외성(巍城)이라고도 하며 연산을 말한다. 김집(金集)의 집이 있던 곳의 지명이다.《宋子大全隨箚 卷3, 卷4》

79 체직을 허락받지 못하면 : 광흥창 주부(廣興倉主簿)로 있던 김만준은 김장생의 봉사손(奉祀孫)이라 하여 숙종이 수령에 의망(擬望)하게 했다. 1682년 6월 보은 현감에 임명되었으며 7월 서울에서 출발했는데, 편지 내용으로 보아 8월에 이미 김만준은 체직을 청하였던 것으로 보인다.《肅宗實錄 8年 4月 3日, 6月 21日, 7月 21日》

김군평에게 답함 임술년(1682, 숙종8) 9월 10일

答金君平 壬戌九月十日

강씨(姜氏) 성의 아전이 돌아와 답장을 전하고, 이어서 심부름꾼을 통해 보낸 편지가 있어 저의 그리움을 이루 말할 수 없이 위로해 주었습니다. 흉년이 들어 백성들이 주리는데도 시행할 계책이 없으니 오늘날 수령의 근심은 집에서 밥이나 먹는 자보다 실로 배나 됩니다. 주자(朱子)의 구황(救荒)에 대한 의론은 다만 실질적이면서 일찍 하는 데 달려 있습니다. 부디 고을에서 일을 잘 아는 사람과 함께 차분히 모자라는 점을 강구하는 것이 어떻겠습니까.

말씀하신, 성상의 뜻이라 운운하신 것은 황송한 마음이 더욱 심하니, 죽음을 무릅쓰고 길을 나서서 목숨을 다해 직임을 수행할 것을 기약하고 싶지 않은 것이 아니나 저의 근력이 미치지 못하는 것을 어찌겠습니까. 그러나 며칠간 어떤지 살펴보고서 출발해 보려고 합니다. 내일쯤 나오려고 한다고 하셨으니 모든 일은 대면하여 상의할 수 있을 것입니다.

김군평에게 답함 임술년(1682, 숙종8) 9월

答金君平 壬戌九月

일전에 나란히 누웠던 일은 아직도 회포가 남아 있습니다. 지금 보내신 편지를 받고서 하신 말씀을 모두 잘 알았습니다. 깊이 감사합니다. 오늘의 일은 높은 은혜에 한번 감사드리고 싶을 뿐이나 통할 수 있을지의 여부는 또한 기대할 수 없습니다. 그러므로 일곱 번 생각하고 여덟 번 헤아려 보아도 아직 생각을 정하지 못하고 있습니다. 보내오신 말씀에서 운운하신 것은 너무 이른 계책이 아니겠습니까. 계란을 보고 새벽에 울 것을 생각하는 것보다 심합니다.

또 생각건대, 왕년에 나라 안에서 거두는 베를 《경국대전(經國大典)》에 따라 해마다 승척(升尺)이 점차 증가하는 폐단을 줄이려고 했더니, 재상들이 저를 이기지 못할 듯이 소매를 걷어붙이고 눈을 부릅떴습니다.[80] 더구나 올해의 일[81]을 다시 함부로 꺼낼 수 있겠습니까. 이것

80 왕년에……부릅떴습니다 : 1681년 송시열은 징수하는 베의 승척을 당초의 사목(事目)에 따를 것을 청하는 차자를 두 차례나 올렸으나 반대 의견이 많아 시행하지 못했다. 《宋書續拾遺 附錄 卷2 墓誌》《宋子大全 卷16 請收布升尺一依當初事目箚》

81 올해의 일 : 어느 일을 말하는지 확신할 수 없으나 1682년에 경상도 진사 고세장(高世章) 등이 이이와 성혼의 문묘 종사에 대해 이이는 머리를 깎은 적이 있으며 성혼은 선조가 피난할 때 그가 있는 곳을 지나가는데도 알현하지 않았다는 사실을 들어 반대하는 상소를 올렸다. 《宋子大全隨箚 卷9》《肅宗實錄 7年 9月 25日・27日, 10月 8日, 8年 5月 20日》 또 연산(連山)의 진사 유후(柳焞), 전라도 생원 최기옹(崔綺翁) 등이 김장생의 문묘 종사에 대해 상소한 일이 있다. 《肅宗實錄 8年 1月 29日, 3月 16日, 4月 12日, 9月 21日》

이 어찌 풍부(馮婦)가 수레에서 내렸던 것[82]과 다르겠습니까. 혹 임금을 거스르게 되더라도 그저 나이가 많다며 즉시 물러날 뿐입니다.

산골 마을 운운하신 것은 더구나 내 벼논에 비 내리기를 바라는 사사로운 마음인 듯하니 몹시 우습습니다. 노자는 주신 대로 잘 받았습니다. 만안(滿眼)[83]은 말씀하신 대로 하겠습니다. 오직 포〔脡〕 서른 개는 이천(伊川)이 무지막지하다고 한 경계[84]를 거스른다면 불가합니다. 이렇듯 백종(白從)[85] 등이 파는 것은 두려워할 만합니다. 이 일은 또한 잘 생각해 보아야 합니다. 모든 일에 그대를 위해 염려하는 것은 실로 제우(濟郵)[86]와 다름없으니 부디 아울러 애달피 여겨 주십시오. 《시경》에 "늙은이가 정성스럽게 말한다.〔老夫灌灌〕"라고 하였는데, 이 말은 참으로 저의 마음을 먼저 안 것입니다.

82 풍부(馮婦)가……것 : 예전의 버릇을 버리지 못하고 되풀이하는 것을 뜻한다. 맨손으로 호랑이를 때려잡던 풍부가 뒤에 마음을 바꾸어 선비가 되었다. 어느 날 들을 지나가다가 호랑이를 잡아 달라는 사람들의 요청에 팔뚝을 걷어붙이고 수레에서 내렸는데, 사람들은 모두 좋아하였으나 선비들은 비웃었다고 한다. 《孟子 盡心上》

83 만안(滿眼) : 《송자대전수차》 권6과 권9에 따르면 두보의 시구 '공취죽근만안고(共醉竹根滿眼酤)'를 인용하여 술 이름이라고 하였으나 두보의 시에 이러한 구절은 보이지 않고 유사한 구절로 '그대 위해 술 사려거든 눈앞 가득 살 것이고〔爲君酤酒滿眼酤〕'라는 구절이 있다. 《九家集注杜詩 卷10 入奏行》

84 이천(伊川)이……경계 : 정이(程頤)가 농민들이 흉년이 들자 소를 잡아먹는 행태를 비난하며 "심하다, 백성들의 무지막지함이여. 소가 젊었을 때는 그 힘을 빌리고 늙으면 잡아먹는구나."라고 한 것을 말한다. 《二程遺書 卷21上 師說》

85 백종(白從) : 소를 잡는 사람의 이름이다. 《宋子大全隨箚 卷9》

86 제우(濟郵) : 제원 찰방(濟原察訪)인 송시열의 장손 송은석(宋殷錫, 1645~1702)을 말한다. 자는 인일(仁一)이다. 《宋子大全隨箚 卷9》

김군평에게 보냄 계해년(1683, 숙종9) 3월

與金君平 癸亥三月

겨울이 봄 날씨 같으면 병들지 않을 사람이 없는데, 이런 때에 정무(政務)를 보는 형편은 어떠합니까? 저는 강변에 와서 지내며 날마다 언덕의 잣나무를 보니 서글픈 마음이 더욱 새롭습니다. 최근에 어영대장 어른이 무거운 탄핵을 받았다[87]고 들었습니다. 놀랍고 한탄스러운 마음이 어찌 끝이 있겠습니까. 다행한 것은 이 어른이 더불어 다투지 않아 재상의 풍도를 잃지 않은 것입니다.

《근사록(近思錄)》 석의본(釋疑本) 초고는 나 참의(羅參議)[88]가 노선생께 드렸는데, 이는 실로 수몽(守夢 정엽(鄭曄))의 초초(初草)입니다. 화숙(和叔 박세채)이 빌려서 초록(抄錄)하고 싶어 하는 마음이 간절한데 부디 찾아서 보내 주는 것이 어떻겠습니까. 이는 실로 노선생의 사우 연원(師友淵源)이니 세상에 널리 퍼지게 하지 않을 수 없습니다. 소홀히 여기지 않으신다면 천만다행이겠습니다.

87 어영대장……받았다 : 어영대장은 김익훈(金益勳)이다. 1683년 전후의 실록을 보면 역옥(逆獄)의 고발과 관련되어 아방(兒房)에 나아가 밀계(密啓)한 것이 국가의 체모를 손상한 것이라 하여 탄핵을 받은 일을 말하는 듯하다.《宋子大全隨箚 卷9》《肅宗實錄 8年 10月 27日, 11月 10日, 9年 1月 3日, 2月 2日·27日》

88 나 참의(羅參議) : 나만갑(羅萬甲, 1592~1642)을 말한다. 본관은 안정(安定), 자는 몽뢰(夢賚), 호는 구포(鷗浦)이다. 공조 참의를 지냈으며 병자호란 뒤에 무고(誣告)를 받아 영해(寧海)로 귀양 갔다가 풀려나 영주(榮州)에서 여생을 보냈다.

김군평에게 답함 을축년(1685, 숙종11) 3월 20일
答金君平 乙丑三月二十日

편지를 보고 몹시 위로되었습니다. 어떤 사람이 와서 "그대가 상당(上黨 청주)에 있을 때 곁에 없었다."라고 하니, 신독(愼獨)의 공부가 있었다 할 만하여 이 말을 듣고부터 줄곧 기뻐서 잠들지 못했습니다. 주손(疇孫 송주석(宋疇錫))이 상소한 것은 의리가 이렇다고는 하나 소란을 일으킨 점이 적지 않으니 몹시 염려스럽습니다. 그대 집의 젊은이들이 늘 이 주(疇)가 급제하기를 바랐다고 들었는데, 급제하고 나서 마침 서로 연루되는 바탕이 되었으니 잘못 빈 것이라고 할 만합니다. 이따금 한 번씩 생각할 때면 한바탕 큰 웃음을 터뜨리지 않은 적이 없습니다.

자빈(子彬 김익형(金益炯))의 묘표는 정신과 생각이 쇠잔하여 꼴을 이루지 못했지만, 무덤 속의 사람에게 아첨한다는 비난은 면할 수 있을 것입니다. 그 손자들을 불러서 주어 보십시오. 회손(晦孫 송회석(宋晦錫))이 벌써 두모포(豆毛浦)에 도착했는데, 다음 달 자방(子芳 이심(李鐔))이 데리고 올 것입니다. 지금 오리라는 말씀에 몹시 기다립니다. 이여임(李汝任)[89]과 곽여정(郭汝靜)[90]이 다시 소란을 일으킬 것이라고 하는데, 매우 고민스럽습니다. 유독 나랏일은 생각하지 않는 것입니까.

89 이여임(李汝任) : 이수형(李秀衡)으로, 여임은 그의 자이다. 부사 이흥직(李興稷)의 아들로, 계부(季父)인 지평 이광직(李光稷)의 양자로 나갔다. 벼슬은 경력을 지냈으며 송시열의 문인이다. 《華陽淵源錄》

90 곽여정(郭汝靜) : 곽문용(郭文溶)으로, 여정은 그의 자이다. 송시열의 외가 쪽 팔촌이며, 음직으로 부사(府使)를 지냈다.

김군평에게 답함 을축년(1685, 숙종11) 4월 15일

答金君平 乙丑四月十五日

병들어 깊은 골짜기에 엎드려 있는데 아직도 맑은 시냇물이 어지러운 돌 가운데를 흘러가고 있으니, 그대와 함께 영롱한 소리를 듣지 못하는 것이 아쉽습니다. 지금 종중(宗中)의 젊은이를 통해 보내신 편지를 받고 저의 마음이 퍽 위로되었습니다. 저는 조만간 목숨이 다할 것이니 나머지는 말할 만한 것이 없습니다. 시사는 듣고 싶지 않습니다. 일찌감치 희이(希夷)가 되지 못하고[91] 몸이 끝없는 시비의 덤불로 들어간 것이 한스럽습니다. 주손(疇孫 송주석)은 올라갔으나 패초(牌招)를 두 번이나 받고도 나아가지 않아, 의금부에서 심문을 받고 파면되어 돌아왔습니다. 날마다 서로 마주하여 옛 서책을 보니, 늙어 가면서 멋진 흥취로 이보다 나은 것이 없습니다. 종이는 주신 대로 잘 받았습니다.

91 희이(希夷)가 되지 못하고 : 청정무위(淸淨無爲)하게 살아가는 사람이 되지 못하였다는 말이다. 희이는 도술이 높았던 송(宋)나라 초기의 인물 진단(陳摶)의 별호이다. 《宋史 隱逸列傳上 陳摶》

김군평에게 보냄 을축년(1685, 숙종11) 4월

與金君平 乙丑四月

연이어 편지를 보냈는데 모두 도착했습니까?《가례집람(家禮輯覽)》의 후서(後序)가 대충 이루어졌습니다. 노선생(老先生 김장생)의 원래 서문을 보고 싶으니 부디 즉시 베껴서 보여 주시는 것이 어떻겠습니까? 송장(松狀)[92] 또한 속히 얻고 싶습니다. 이러한 것들은 이전에 고할 때 깊은 우물에 빠진 것처럼 정황을 잘 몰랐던 점이 있었습니다. 이렇게 해서는 안 될 듯하니 본가에 혹 사람이 모자라면 서원으로 오는 인편을 보내더라도 좋습니다.

92 송장(松狀) : 김장생이 지은 송강(松江) 정철(鄭澈)의 행장을 말한다.

김군평에게 답함 을축년(1685, 숙종11) 5월 9일

答金君平 乙丑五月九日

보내신 편지 내용은 모두 잘 알았습니다. 원래 소장(疏章)과 상관없더라도 비난을 저에게 돌릴 터인데, 보내오신 뜻과 같다면 더욱 스스로 해명할 길이 없으니 깊이 함정에 빠진 듯합니다. 외집(外集) 중 간행과 관련된 말은 회손(晦孫 송회석)이 말한 바가 또한 보내오신 뜻과 같습니다. 광성(光城 김만기)의 편지도 이것을 위주로 하여 다른 말을 섞고 싶어 하지 않았는데, 이는 문인들이 들었던 내용이 자세하거나 간략한 정도가 다르기 때문입니다. 늙어서도 죽지 않으니 마음속으로 그 사람을 알겠습니다. 그러나 그 사람은 아마 반드시 이것으로 도리어 저를 탓할 것입니다.

송옹(松翁 정철)의 행장은 교정한 뒤에 감히 잠시도 머물러 두지 않고 원본을 즉시 오는 인편에 부쳐 완전한 글을 이루게 했는데 저의 뜻도 바로 이와 같습니다. 포저(浦渚)의 글[93]은 감히 약속을 어기지 못하겠기에 끝내 쓰기는 했지만, 서울의 의론은 또한 사실대로 알리지 않을 수 없습니다. 그 집이 바깥의 의론이 이렇다는 것을 안다면 아마 또한 쓰지 않을 것입니다. 다만 동춘(同春 송준길)이 장문(狀文)에, 이 어른이 일찍이 주자(朱子)를 공자 뒤의 일인자라고 운운한 것[94]을

93 포저(浦渚)의 글 : 포저는 조익(趙翼)으로, 송시열이 그에 대해 지은 글로는 묘표와 신도비명이 있는데, 저작 연대를 알 수 없어 어느 글을 말하는지 알 수 없다. 《宋書拾遺 卷8 浦渚趙公墓表》《宋子大全 卷162 浦渚趙公神道碑銘》

썼다는 것은, 과연 보내오신 말씀과 같다면 동춘은 반드시 이런 큰 차이가 나는 말을 하지 않았을 것입니다만 어떤지 모르겠습니다.

홍소(洪疏)[95]는 뒤에 으스대는 기색이 있으니 어찌 아무개(윤증(尹拯))뿐이겠습니다. 몹시 슬픕니다. 경능(景能 김만증)은 복직했으니 기뻐할 만하지만, 또 반드시 서둘러 떠들썩하고 화려한 자리를 떠나는 것이 더욱 다행일 것입니다. 주손(疇孫)의 소본(疏本)은 성상의 처분이 이러하니[96] 장차 어떻게 처신해야겠습니까. 몹시 황공하고 근심스럽습니다.

94 이……것 : '이 어른'은 포저 조익을 말한다. 조익의 《포저집(浦渚集)》 권21 〈대학곤득후설중(大學困得後說中)〉에 "나는 일찍부터 주자야말로 공자 뒤의 일인자라고 생각하면서 나름대로 존경하며 심복해 왔다."라는 말이 있으나 현존하는 《동춘당집(同春堂集)》이나 《포저집》에는 조익이 이러한 말을 했다는 근거가 남아 있지 않다.

95 홍소(洪疏) : 홍은 홍수주(洪受疇)로, 윤증을 변호하려고 올린 상소에서 "율곡이 입산하여 머리를 깎았다."라고 주장했다. 《宋子大全隨箚 卷9》《肅宗實錄 11年 5月 26日, 10月 9日》

96 주손(疇孫)의……이러하니 : 송시열의 손자 송주석(宋疇錫)은 예문관 검열에 임명되었으나, 관찰사를 통해 사직소를 올리고 나아가지 않자 조정에서는 그를 처벌할 것을 논하였다. 이에 송주석이 다시 상소하자, 현종이 사직하지 말 것을 권하는 비답에서 "너의 소를 살펴보고 시비와 득실의 분수가 분명함을 알겠다. …… 실로 국가의 불행이다."라고 하였다. 《肅宗實錄 11年 3月 18日》《承政院日記 肅宗 11年 2月 25日, 3月 10日·18日》

김군평에게 답함 을축년(1685, 숙종11) 7월 2일
答金君平 乙丑七月二日

편지가 오니 몹시 위로되었습니다. 몹시 부끄럽다는 말씀은 귀에 익숙하지만 효험이 없습니다. 이제부터 한 발짝씩 천천히 나간다면 어찌 가문만의 다행이겠습니까. 실로 벗에게도 다행입니다. 그 나머지는 모두 잘 알았습니다. 서찰을 서울에서 입증하는 것은 매우 좋습니다. 율옹(栗翁 이이)의 후사(後事)는 저 같은 사람이 간여하지 않았다면 어찌 이렇게 떠들썩하겠습니까.

《근사기의(近思記疑)》는 늦더라도 다행입니다. 교열하는 일은 종전에 대부분 주(疇 송주석(宋疇錫))에게 맡겼는데, 지금 그가 다시 엄한 비지(批旨)[97]를 받았다고 합니다. 덕음(德音)이 어떠한지는 알 수 없으나 두려운 마음 견딜 수 없습니다. 허겁지겁 올라가야 하니, 이 일은 배로 쉽지 않습니다. 어찌합니까?

노 부인(盧夫人) 운운하신 것은 보내신 뜻이 좋습니다. 동춘(同春)

97 엄한 비지(批旨) : 1684년 윤증(尹拯)이 자신의 부친 윤선거(尹宣擧)를 변호하면서 율곡(栗谷) 이이(李珥)가 산에 들어간 적이 있다는 말을 하였는데 이 글이 1685년 봄 세상에 알려지자 사학(四學) 유생들이 상소하여 선현을 모욕하였다며 윤증을 논죄하였다. 이때 봉교 김홍복(金洪福) 등이 윤증을 위해 그들에게 정거(停擧)하는 유벌(儒罰)을 내렸으나, 대사간 송규렴(宋奎濂)이 상소를 올려 그 유생들을 변호하고 유벌을 풀어 주었다. 윤증 측에서 송규렴의 체직을 지속적으로 청하자 송규렴이 사직하고 향리로 내려갔으며, 당시 예문관 검열의 직책에 있던 송주석도 편하지 못해 사직하고 고향으로 내려와 거듭 상소하였는데 엄한 비지를 받았다. 《宋子大全隨箚 卷9》《肅宗實錄 11年 2月 4日, 3月 25日》《承政院日記 肅宗 11年 3月 18日, 4月 3日, 6月 23日》

의 글은 당시 저편 사람들이 퍼붓는 욕이 매우 심하였으니 아마 이 원고에 실을 필요는 없을 듯합니다. 제문은 부록(附錄)해야 합니다. 마침 일이 많아서 일일이 말씀드리지 못합니다. 아들은 사직서 영(社稷署令)으로 옮겼고, 은(殷 송은석(宋殷錫))은 사복시(司僕寺)의 관원이 되었다고 들었습니다. 모두 좋은 벼슬이니 몹시 편안하지 못합니다.

김군평에게 답함 을축년(1685, 숙종11) 7월 15일

答金君平 乙丑七月十五日

인편이 와서 편지를 보았습니다. 하신 말씀은 모두 잘 알았습니다. 황강(黃岡 김계휘(金繼輝)) 선생의 가장(家狀)은 중대한 일이니, 가볍게 의논할 수 없고 얼굴을 마주하고 상의해야 합니다. 주 선생(朱先生)이 유평보(劉平甫)를 대신하여 유공보(劉共甫)의 행장을 지었고,[98] 신재(愼齋 김집) 선생이 저를 시켜 율곡 선생의 묘지문을 대신 짓게 했습니다. 이제 이것은 실로 해로울 것이 없지만 대략 위의 두 가지 일과 다른 점이 있으니 어떻게 여기실지 모르겠습니다.

그곳에서 책을 베껴 쓰는 일을 마친 뒤에 즉시 오시기 바랍니다. 고관들과 왕복한 서찰과 비갈문(碑碣文)들은 받아서 막 베껴 내었는데, 매우 좋습니다. 광주 유수(廣州留守 이선(李選))가 보낸 본책(本冊)은 몹시 보고 싶습니다. 부디 서둘러 보내어 보여 주시는 것이 어떻겠습니까. 염계(濂溪 주돈이(周敦頤))의 유사(遺事) 중에 매매와 같은 사소한 일도 모두 빠뜨리지 않았던 것을 본 적이 있습니다. 그대의 마음씀씀이와 마음가짐이 이러하니 어찌 공경하고 감탄하는 마음을 금할 수 있겠습니까.

98 주……지었고 : 유평보는 유자우(劉子羽)의 아들 유평(劉玶)이고, 유공보는 유공(劉珙)으로, 유자우의 맏아들이다. 두 사람은 친형제이지만 유평이 양자로 나가서 관계가 사촌 형제가 되었는데, 주희가 유평을 대신하여 유공의 행장을 쓴 일이 있다.《晦庵集 卷97 贈光祿大夫劉公行狀》

이곳의 교열하는 일은 오직 주(疇 송주석)에게 의지하고 있는데, 그끄저께 그의 아버지가 옥리(獄吏)에게 나아갔다는 것을 듣고 황급하게 올라갔습니다. 이런 때에 마음이 언짢은 것을 어찌 말로 할 수 있겠습니까. 이만 줄입니다.

김군평에게 답함 을축년(1685, 숙종11) 9월
答金君平 乙丑九月

서산(瑞山)[99] 아내 장례에서 돌아와 심부름꾼을 통해 보낸 편지와 아울러 두 종류의 단제(團臍)[100]를 받고 문득 아픈 위(胃)가 열리는 것을 느꼈습니다. 깊이 감사합니다. 북쪽 유생 4명이 어제 도착하여 "궁궐 아래서 머리를 깎았다는 모함에 대해 변론하고 왔다."라고 하였습니다.[101] 함경도 관찰사[102]에 대한 비방이 아마 한층 더할 터이니 염려스럽습니다. 아마 그 상소의 언어에 지나친 점이 있기에 성상의 비답에서 이를 꾸짖었고, 현인을 높이고 간사한 자를 배척하는 정성을 가상하게 여긴다고 말한 듯합니다. 왔던 선비들은 충청도 관찰사가 보살펴 줄 것을 믿고 몇 달 지낼 작정이었는데, 충청도 관찰사가 순찰하러 나갔다는 것을 듣고 방황하며 어쩔 줄 몰랐습니다. 하지만 저는 매우 가난하여 도와줄 수 없으니 개탄스럽습니다.

별지의 내용은 잘 알았습니다. 인심과 천리가 이렇게까지 심하게

99 서산(瑞山) : 서산 군수(瑞山郡守)를 지낸 송시열의 아우 송시걸(宋時杰)을 말하는 것으로 보인다.

100 단제(團臍) : 암게의 별칭이다. 배가 불룩하게 생겼기에 하는 말이다.

101 북쪽……하였습니다 : 함경도의 진사(進士) 주계(朱棨) 등 96인이 이이(李珥)가 머리를 깎았다는 말에 대해 변론했던 것을 말한다.《肅宗實錄 11年 8月 24日》

102 함경도 관찰사 : 당시 관찰사는 송시열의 제자인 이수언(李秀彦)이었다. 주계 등이 상소한 뒤에 숙종은 각 도에 암행 어사를 파견하였으며 10월에 이지익(李之翼)을 관찰사로 임명한 일이 있다.《肅宗實錄 10年 8月 8日, 9月 1日, 10月 23日》

무너졌을 줄 생각지도 못했습니다. 노선생(老先生 김장생)이 참으로 이러한 말을 했더라도 지금 이렇게 운운하는 것은 자식이 그 아버지가 양을 훔친 것을 증명하는 것과 다름없습니다. 더구나 전혀 이런 일이 없는 경우이겠습니까. 엄하게 배척한다는 말씀에 배를 잡고 웃지 않을 수 없습니다. 그렇지만 이 사람의 처지로 어찌 감히 이 일을 처리하겠습니까.

서석(瑞石 김만기) 형제의 편지가 어제 도착하여 막 그 답장을 썼는데 일이 몹시 바쁘고 급하여 의논드리지 못하는 것이 몹시 아쉽습니다. 긴한 사정이 없으면 부디 대략 오셔서 멀리서 온 사람들을 위로해 주시기 바랍니다. 그리고 혹여 한 말 쌀로 도와주신다면 비록 적더라도 손님과 나그네를 잊지 않는다는 성인의 가르침[103]을 지닌 것입니다.

103 손님과……가르침 : 춘추 시대 제 환공(齊桓公)이 제후들과 회맹(會盟)할 때 선포한 약조의 하나로 《맹자》 〈고자 하(告子下)〉에 나온다.

김군평에게 답함 병인년(1686, 숙종12) 6월 13일

答金君平 丙寅六月十三日

그립던 중에 편지를 보고 위로되었습니다. 보내신 책자는 젖는 것을 면했으니 다행입니다. 권손(權孫)[104]이 마땅히 그에게 글을 올리게 할 것입니다. 말씀하신 주(疇 송주석)의 말은 너무나 괴상합니다. 제가 지극히 어리석고 못났어도 이 일[105]에 감히 간여해서는 안 된다는 것은 아직 알고 있습니다. 늘 그에게 타일러, "네가 오래도록 명예와 권세의 요로를 차지하고 있다고 여겨 늘 이 때문에 고민스럽다. 천거에서 벗어나기가 쉽지 않다면 천거에 대해서는 또한 모름지기 그를 따르는 것이 옳다. 세상 사람은 주인이고 너는 나그네이다. 나그네로서 주인과 맞서는 것은 도리에 맞지 않을 뿐만 아니라 사세로 보아 또한 감히 해서도 안 된다. 네가 벗어나는 것이 하루가 급하다. 부디 이것을 생각하고 생각해라.……"라고 했었습니다. 주(疇)가 혹 이것을 친한 사람에게 말했습니까? 몹시 의아스럽습니다.

서원(西原 청주)의 모과동(木瓜洞)은 그대가 있는 곳과 이어져 있는 곳입니다. 그 동네에 첨지 박정해(朴廷獬)가 있는데, 바로 그대 외할아버지의 조카사위입니다. 지금 부채와 편지가 있으니 부디 즉시 전해

104 권손(權孫) : 권유(權惟)에게 시집간 송시열의 딸이 낳은 외손자로는 권이정(權以鋌), 권이개(權以鍇), 권이진(權以鎭), 권이발(權以發)이 있다. 《萬家譜 8冊 安東權氏》

105 이 일 : 송준길(宋浚吉)의 원고를 교열하는 일을 말하는 듯하다. 《宋子大全隨箚 卷9》

주시고 답장을 받아 보내 주십시오. 그대도 편지를 쓴다면 더욱 좋겠습니다. 보내 주신 술은 지금 마시고 있습니다.

김군평에게 답함 병인년(1686, 숙종12) 6월

答金君平 丙寅六月

그립던 중에 편지를 보니 이루 말할 수 없이 위로되었습니다. 이곳에서 하는 교열의 일은 내일이면 마칩니다. 힘들었는지 여부는 말할 필요가 없습니다. 이 일은 연풍(延豐)[106]에게 맡길 만하지만 제가 정성을 다하지 못하여 잘못된 곳이 있어 사람들의 비난을 불러온다면, 제가 땅속에 계신 분[107]을 저버리는 것입니다. 어찌 차마 그런 짓을 하겠습니까. 무엇보다도 《율곡별집(栗谷別集)》은 이미 간행에 들어갔는데 상의해야 할 것이 많이 있으니 장차 어떻게 처리해야 하겠습니까.

106 연풍(延豐) : 연풍에 살던 황세정(黃世楨, 1622～1705)을 말한다. 본관은 회덕(懷德), 자는 주경(周卿), 호는 제곡(霽谷)이다. 송준길(宋浚吉), 김집, 송시열에게 수학하였다.

107 땅속에 계신 분 : 송준길을 말한다. 《宋子大全隨箚 卷9》

김군평에게 답함 병인년(1686, 숙종12) 12월 28일

答金君平 丙寅十二月二十八日

일전의 만남은 몹시 다행이었지만 편안히 정담을 나누지 못한 것이 아쉬웠습니다. 이제 보내신 편지를 보고 편안하시다니 매우 기쁩니다. 저는 줄곧 괴로워 세상을 사는 맛이 조금도 없지만, 내일이 지나면 바로 여든을 넘어 아흔을 바라보는 사람입니다. 옛날에 노선생(老先生 김장생)은 여든이 된 이후에도 부지런히 힘써 쉬지 않는 것이 젊은이 같던 기억이 나는데 우리는 쇠약하고 나태한 것이 이러하니 참으로 사문(師門)의 죄인인 것을 어쩌겠습니까.

김군평에게 답함 정묘년(1687, 숙종13) 2월 21일
答金君平 丁卯二月二十一日

문중의 일을 자세히 처리하는 데서 비로소 큰 수단을 보았습니다. 이어서 안부 편지를 받았고, 또 함께 가지고 온 것은 온 집의 배고파 우는 사람을 위로할 만하였는데 후의를 알 수 있었지만 또 몹시 죄송했습니다. 서원(西原 청주) 목사는 오히려 즉시 살펴보겠다는 말이 있지만, 쌀이 적은 작은 고을은 더욱 말할 수 없으니 그지없이 염려스럽습니다.

시론(時論)이 흉흉하리라는 것은 물론 이미 짐작했습니다. 그러나 주자(朱子)의 도를 우리 동방에서 펼 수 있다면 철륜(鐵輪)[108]이 머리 꼭대기에서 돌더라도 꺼릴 것이 없습니다. 막 수동(壽洞 이선(李選))의 편지를 보니 백세의 공안(公案)[109]으로 여긴다고 합니다. 과연 그렇다면 더욱 한스러울 것이 없습니다.

며칠 뒤에 오리라는 말씀을 받으니 몹시 기다려집니다. 회(晦 송회석(宋晦錫))는 병으로 한창 괴로워하고 있습니다. 대신 쓰게 하느라 이만 줄입니다.

108 철륜(鐵輪) : 쇠로 만든 수레바퀴로, 불교에서 지옥의 악귀(惡鬼)를 제압하는 무서운 형구(形具)이다.

109 백세의 공안(公案) : 송시열이 올린 상소를 지칭하는 것으로 보인다. 나라를 다스리는 올바른 도리와 경계해야 할 것을 말하면서 끝부분에 윤휴가 주희의 설을 무시하고 자신의 설을 내세운 것을 비판하는 내용이 있다. 《肅宗實錄 13年 2月 4日》

김군평에게 답함 정묘년(1687, 숙종13) 4월
答金君平 丁卯四月

보내신 편지의 말씀은 모두 잘 알았습니다. 저는 율로(栗老 이이(李珥))와 터럭만큼도 비슷한 점이 없는데 어찌하여 오늘날이 계미년[110]과 흡사합니까. 계미년 뒤에 오래지 않아 사림이 낭패를 당한 것이 계미년보다 심하여[111] 마침내 임진왜란을 불러왔으니, 이 점이 또 오늘날 몹시 두려운 바입니다. 그러나 제가 견지하는 것은 황통(皇統)이며 주자(朱子)이니, 죽더라도 전혀 한이 없습니다.

저들이 퍽 갈팡질팡하는 뜻이 있었는데, 광성(光城)이 죽고 나서[112] 즉시 그 상소를 올렸다고 하니, 이는 《춘추전(春秋傳)》에 "남의 죽음을 다행하게 여기는 자는 또한 어질지 않은 것이다."라고 한 경우입니다. 또 정산(定山)[113]이 징을 쳐서 상언(上言)하려고 하며, 이사길(李師

110 계미년 : 이이가 병조 판서로 있었던 1583년(선조16)을 말한다. 이탕개(尼蕩介)가 함경도 종성(鍾城)을 공격하자 급박한 상황에서 병조 판서인 이이가 출전 명령을 내렸는데, 양사(兩司)에서는 병권을 마음대로 주무른다며 이이를 비난하였다. 결국 이이의 탄핵을 주도한 송응개(宋應漑)는 회령(會寧)으로, 박근원(朴謹元)은 강계(江界)로, 허봉(許篈)은 갑산(甲山)으로 유배되었는데, 이를 계미삼찬(癸未三竄)이라 한다. 당론이 고질화하는 계기가 되었다. 《燃藜室記述 卷13 宣祖朝故事本末》《宣祖實錄 16年 6月 19日, 8月 28日》

111 계미년……심하여 : 1589년 정여립(鄭汝立)의 역모 사건을 계기로 일어난 기축옥사를 말한다. 이 일을 계기로 서인이 동인을 제거하고 정권을 장악했다.

112 광성(光城)이 죽고 나서 : 광성은 김만기(金萬基)의 봉호로, 그는 1687년 3월에 사망했다. 《肅宗實錄 13年 3月 15日》

吉)[114]이 그 무리를 불러 대궐 문에서 부르짖을 것이라는 소식을 들었습니다. 이 뒤로 더러운 욕이 얼마나 있을지 알 수 없습니다.

113 정산(定山) : 윤증의 아우 윤추(尹推)가 당시 정산 현감(定山縣監)으로 있었다. 《承政院日記 肅宗 12年 2月 14日, 13年 5月 10日》

114 이사길(李師吉) : 1639~1703. 본관은 함평(咸平), 자는 자정(子貞)이다. 만년에 사산감역(四山監役)을 지냈으며 윤증 형제와 교유하였다.

김군평에게 답함 정묘년(1687, 숙종13) 4월

答金君平 丁卯四月

편지를 보고서 중군(中軍) 군이 세상을 떠났다는 것을 알고 놀라움과 참담함을 그칠 수 없었습니다. 이 사람은 선량하고 삿됨이 없으며 또 근본을 저버리는 사람은 되지 않았으니, 더욱 안타깝고 애석합니다. 치도(致道 권상하(權尙夏))에게 다 말했다는 것은 무슨 일인지 모르겠으나, 치도에게 무슨 말인들 다 하지 못하겠습니까. 남과 대화하는 것은 모쪼록 백규(白圭)의 경계[115]를 따르십시오. 우리는 어육(魚肉)이 되어 버린 사람이지만 우리에게 있는 말하거나 침묵하는 절도는 그대로 놓쳐 버릴 수 없습니다.

115 백규(白圭)의 경계 : 말을 신중히 하도록 하는 경계이다. 백규는 흰 옥으로 만든 규(圭)로, 《시경》 〈대아(大雅) 억(抑)〉에 "백규의 티는 깎아서, 없앨 수 있지만, 이 말의 결함은, 어찌할 수가 없도다.〔白圭之玷, 尙可磨也; 斯言之玷, 不可爲也.〕"라고 하였다.

김군평에게 보냄 정묘년(1687, 숙종13) 4월

與金君平 丁卯四月

태가(泰哥)[116]는 벌써 서쪽으로 갔습니까? 그의 아내가 앓는 병은 어떻다고 합니까? 아이(송기태)가 금산 군수(錦山郡守) 벼슬을 얻었습니다. 그러나 그대와는 일의 면모가 다르니, 조정에서 고강(考講)을 모두 면제해 준 일[117]은 저의 도리로 보아 어찌 감히 마음이 편하겠습니까. 장차 제공(諸公)에게 편지를 써서 면직을 청하려 합니다. 문경공(文敬公 김집(金集))의 기제사를 치르지 못하게 되었기에 관찰사에게 쌀 4섬을 구해서 이미 외성(外城 연산(連山))에 보냈습니다.

116 태가(泰哥) : 《송자대전수차》 권8에서 김장생(金長生)의 봉사손(奉祀孫) 김진봉(金鎭奉)을 말한다고 하였다. 《만가보(萬家譜)》에는 봉사손의 이름을 김진동(金鎭東)으로 기록하고 있고, 《뇌연집(雷淵集)》의 묘갈명을 참고해 보아도 김진동으로 되어 있다. 《송자대전》에 '泰哥'라고 한 곳이 더 있는 것으로 보아 이름을 바꾼 것으로 추측된다. 《雷淵集 卷23 知中樞府事金公墓碣銘》《宋子大全 卷74 與金重叔(丁卯六月二十一日)》

117 고강(考講)을……일 : 고강은 일반적으로 경서(經書)나 그 직무에 해당하는 서적의 강독 등을 시험하는 것을 말하는데, 여기서는 송기태가 음관으로서 과거를 거쳐 선발된 사람이 아니기에 지방관으로 나가면서 취재(取才)를 거쳐야 하지만 이를 생략했다는 말로 보인다.

김군평에게 답함 정묘년(1687, 숙종13) 5월

答金君平 丁卯五月

방금 길을 가던 중에 보낸 편지를 보고서 평소의 뜻을 모두 잘 알았습니다. 공자가 일찍이 자로(子路)에게 "유(由)가 남을 책망하여 마지않는구나."라고 말했는데,[118] 제가 그대에게도 그렇게 말하겠습니다. 제가 남을 위해 애도하는 글을 짓지 않은 지 오래되었지만 이제 서석(瑞石 김만기)에 대해서는 차마 말이 없을 수 없는데, 글을 읊자니 간장이 끊어지는 소리가 나는 것만 같습니다. 주손(疇孫 송주석)에게 주어 그가 지은 글과 함께 부치게 했습니다. 그는 지금 먼 곳의 절에 가서 사서(史書)를 편집하여 엮고 있는데 말한 대로 하고 있는지 모르겠습니다. 처음에는 아이를 시켜 변변치 못한 예물을 마련하고 제문을 보내어 영구 앞에 곡하게 하려고 했으나, 다시 생각하니 아이가 하기에는 쉽지 않겠기에 서서히 풀이 묵을 때[119]를 기다려도 늦지 않다 여겨 그만두었습니다. 말이 여기에 이르니 저도 모르게 눈물이 흐릅니다. 슬프고

118 공자가……말했는데 : 유(由)는 중유(仲由)로, 자로의 이름이다. 《예기》〈단궁 상(檀弓上)〉에, 어떤 노(魯)나라 사람이 아침에 대상(大祥)을 지내고는 저녁에 노래를 부르자 자로가 너무 빠르다고 비웃었더니, 공자가 "유야, 너는 남에게 완전함을 요구하며 꾸짖는 일을 끝내 그만둘 수 없느냐? 요즘 세상에 삼년상을 제대로 치렀으니, 그것만으로도 이미 오랜 세월이 지났다고 할 것이다."라고 한 내용이 있다.

119 풀이 묵을 때 : 사망한 지 일정한 세월이 지난 것을 말한다. 《예기》〈단궁 상〉에 "벗의 묘소에 풀이 묵으면 곡하지 않는다."라고 한 말에 대해서, 정주(鄭註)에 "스승에 대해서는 심상(心喪) 삼 년이고, 붕우에 대해서는 기년이다."라고 한 말이 있다.

슬픕니다.

유고(遺稿)는 어제 유항(有恒)이 사본(私本) 두 건만 충청도 관찰사의 편지를 가지고 와서 말했습니다. 주상께 바칠 것들은 모두 저쪽에 보냈습니까? 있는 수대로 모두 서둘러 보내어 답하십시오. 교열하는 일은 병 때문에 또 도움을 주지 못하고 지금껏 지체되었습니다. 조금 차도가 있기를 기다려 앓고 있는 손자(송회석)에게 집필하게 할 것입니다. 금산(錦山)의 아이(송기태)가 내려온다면 충청도 관찰사에게 판본을 재촉하여 금산의 아이에게 이미 교열한 제1권을 먼저 고치게 할 것입니다.

김군평에게 답함 정묘년(1687, 숙종13) 5월

答金君平 丁卯五月

아이가 돌아와서 서석(瑞石 김만기)이 이미 땅속에 들어간 것을 알았으니 애통한들 어쩔 수가 없지만 지금 보내신 편지를 받고 병든 회포가 퍽 위로되었습니다. 홍문관의 차자는 무슨 일인지 모르겠으나 풍랑만 일으킬지는 말할 수 없습니다. 유고의 초권(初卷)을 고치는 데 전념하라는 말씀은 참으로 옳습니다. 이것은 아이가 손수 할 일이니 무슨 어렵고 장애가 될 것이 있겠습니까. 이 뒤에 마땅히 이 말씀을 그에게 할 것입니다. 그러나 축호소(祝號疏)[120] 뒤의 분주(分註)는 글귀를 삭제하거나 고쳐서는 안 됩니다. 그 나머지 분주와 비답(批答)은 일체 삭제해 버리는 것이 지극히 옳습니다. 부디 이것을 서울에 자세히 알리는 것이 어떻겠습니까. 얼핏 듣기에 이소(尼疏)가 세 무리로 나누어, 신원(伸冤)하는 것을 주로 하지 않고 오직 저의 평소 과실이나 죄를

120 축호소(祝號疏) : 인조가 생부(生父) 정원대원군(定遠大院君)의 사묘(私廟)에 제사를 올리려고 할 때 김장생이 축문에 쓸 호칭에 대해 의견을 올린 상소를 말한다. 당시 예조 판서 이정귀(李廷龜)와 부제학 정경세(鄭經世)가 "주상은 친손자로서 선조(宣祖)의 뒤를 이은 것이므로, 자기 본생친(本生親)에 관하여는 고(考)가 둘인 혐의가 없으니 축문에다 고(考)라고 쓰고 자(子)라고 써야 한다."라고 주장하였는데, 김장생은 "남의 후계자가 되면 그가 바로 아들이다. 임금의 경우는 형이 아우의 뒤를 잇고 숙부가 조카의 뒤를 이었다 하더라도 부자 관계가 성립되므로 대원군에 대해 고(考)라고 쓰면 안 된다."라고 주장한 일이 있다. 《愼獨齋遺稿 卷11 皇考沙溪先生行狀》《月沙集 卷16 私廟議禮啓辭》《仁祖實錄 2年 10月 23日, 4年 1月 25日》《沙溪全書 卷1 論私廟親祭時祝文屬號疏》

드러낸다고 하는데,[121] 참으로 과실이나 죄가 세상에 알려지게 한다면 반갑다고 할 수 있습니다.

121 이소(尼疏)가……하는데 : 이소는 이산(尼山)에 사는 윤증(尹拯)의 상소를 말하지만 《명재유고(明齋遺稿)》나 실록에 1687년에 올린 상소가 확인되지 않는다. "신원을 위주로 하지 않고 송시열의 과실이나 죄를 드러낸다."라는 내용으로 보아 1687년 3월 나양좌(羅良佐), 성지선(成至善), 조득중(趙得重) 등이 윤선거를 변명하면서 송시열을 비방한 상소를 말하는 것으로 추측된다. 《宋子大全 附錄 卷10 年譜9》《肅宗實錄 13年 3月 17日》

김군평에게 답함 정묘년(1687, 숙종13) 7월

答金君平 丁卯七月

보내 준 편지 말씀은 모두 잘 알았습니다. 모(某)는 지난번에 아침에 도착하여 저녁 무렵에 갔는데 과연 새로운 말이 많았습니다. 그러나 또한 그 형이 그를 꾸짖는 말을 하였는데, 그 형제도 서로 용납하지 못하게 될 것이니 지극히 한심합니다. 그 형이 그를 꾸짖은 말은 다름 아니라 문답한 말을 남에게 전파하여 알렸다는 것입니다.[122] 옛말에 "남이 듣지 않았으면 싶은 것은 말하지 않는 것만 못하다."라고 하였으니, 참으로 그렇습니다. 경능(景能 김만증)의 별지는 지극히 한심합니다. 산해(山海)의 화[123]에 놀랐던 것이 얼마 지나지도 않은 듯한데, 이 또한 하늘이 하는 일인 것을 어쩌겠습니까.

122 모(某)는……것입니다 : 모는 김장생의 서자(庶子) 김구(金榘)를 가리키며, 형은 김영(金榮)을 말한다. 김구는 "이이(李珥)가 머리를 깎은 적이 있다는 말을 김장생이 했다."라고 하여 당시 윤증 측의 말을 증명했는데, 김구의 형의 아들 김익견(金益堅)이 이 말을 송시열에게 전했다고 오해하여 숙질간에 다툼이 있었다. 《宋子大全隨箚 卷9》《宋子大全 卷74 與金永叔(丙寅至月), 卷118 答金榘(乙丑十月十七日)》

123 산해(山海)의 화 : 1591년(선조24) 좌의정 정철(鄭澈)과 우의정 유성룡(柳成龍)은 이산해(李山海)와 함께 세자를 정하는 문제를 선조에게 건의하기로 약속하였는데, 이산해가 약속 전날 인빈(仁嬪)의 오빠 김공량(金公諒)을 만나 정철이 광해군을 세자로 세울 것을 청하고 신성군(信城君) 모자를 죽이려고 한다고 알려 주었다. 이 말을 들은 선조는 정철이 입대(入對)하여 세자를 세울 것을 건의하자 전날에 들은 소문을 사실로 믿고 크게 노하였다. 이날 면대(面對)에 이산해는 병을 핑계하고 나오지 않았는데, 이 일을 계기로 정철을 비롯한 서인이 실세(失勢)하고 이산해를 중심으로 한 동인이 등용되었다. 《黨議通略 宣祖朝》

김군평에게 답함 정묘년(1687, 숙종13) 8월

答金君平 丁卯八月

편지를 보고 말씀하신 내용을 모두 잘 알았습니다. 쌍가마는 진짜 재상인 듯한 점이 있어 저를 부끄럽게 합니다. 사찰에서 산을 유람할 남여(籃輿)를 얻고 싶습니다.

김군평에게 답함 정묘년(1687, 숙종13) 8월

答金君平 丁卯八月

편지의 뜻은 다 잘 알았습니다. 모레 남여(籃輿)로 길을 나서려는데, 허약한 말에 아이종을 데리고 얼굴 가득 먼지를 쓰는 것은 평소 익숙한 일입니다. 남여도 몹시 분수에 넘친다 여겨지는데 더구나 쌍가마이겠습니까. 나루에서의 만남은 미리 기쁜 마음으로 기대가 됩니다.

김군평에게 답함 정묘년(1687, 숙종13) 11월 14일
答金君平 丁卯至月十四日

그립던 중에 편지를 보니 저의 마음이 퍽 위로되었습니다. 두촌(豆村)의 우환[124]은 말할 수 없습니다. 처음에는 그대와 원수가 되더니 이제는 사나운 진(秦)나라를 본받아 구원하는 나라로 군대를 옮겨서 공격하는 격입니다.[125] 저처럼 반은 죽은 자는 참으로 두려울 것이 없지만, 두려운 것은 또한 생각을 우리 형제와 자손에게로 옮겨 갈까 하는 것입니다. 그러나 그대 입장에서는 그저 묵묵히 자신을 수양하는 것이 합당합니다.

22일 은손(殷孫)의 셋째 아들[126] 관례를 치르려 합니다. 그때 와서 만날 수 있다면 몹시 다행이겠습니다. 이만 줄입니다.

124 두촌(豆村)의 우환 : 연산(連山)의 두촌을 말한다. 이이(李珥)가 머리를 깎았다는 말 때문에 김구(金榘), 김비(金棐)와 그 형 김영(金榮) 사이에 벌어졌던 불화를 말하는 것으로 보인다. 《宋子大全隨箚 卷9》 294쪽 주122 참조.

125 사나운……격입니다 : 적을 도우려는 제삼자를 공격하는 것을 말한다. 진(秦)나라가 조(趙)나라의 수도 한단(邯鄲)을 공격하려고 할 때 위(魏)나라가 장군 진비(晉鄙)를 파견하여 구원하려고 하자 진나라가 사신을 보내어 "내가 조나라를 공격하여 조만간 함락할 것이다. 제후 중에 감히 구원하는 자가 있으면 조나라를 격파한 뒤에 반드시 군대를 옮겨 먼저 그 나라를 공격하겠다."라며 협박한 일이 있다. 《史記 信陵君列傳》

126 은손(殷孫)의 셋째 아들 : 손자 송은석의 셋째 아들 송혼원(宋混源, 1673~1728)을 말한다. 자는 혼혼(混混)이다. 《萬家譜 10冊 恩津宋氏》《性潭集 卷22 祖考贈判書府君墓誌》

김군평에게 답함 무진년(1688, 숙종14) 3월

答金君平 戊辰三月

보내오신 편지의 말씀은 모두 잘 알았습니다. 파공(跛公)의 사업은 성대하다 할 만합니다. 그가 여석(汝碩) 영감을 처벌하기를 청한 것[127]은 탁주(侂胄)가 먼저 채서산(蔡西山)을 죄준 일[128]을 모방한 것입니다. 순서대로 장차 미치게 될 것이니, 팔짱을 끼고 기다릴 뿐입니다. 둔괘(遯卦)를 만난 글[129]은 어찌 그리도 갑자기 지었습니까. 저는 짓고 싶지 않지만 문곡(文谷 김수항(金壽恒))과 노봉(老峯 민정중(閔鼎重))이

127 파공(跛公)의……것 : 파공은 이상진(李尙眞)을 말한다. 여석은 한성보(韓聖輔)의 자이다. 1687년에 송시열이 상소하여 윤증(尹拯) 부자를 배척하자 윤선거의 문인 나양좌(羅良佐)가 맞서서 상소하였는데, 이에 대응하여 송시열의 문인 한성보가 상소하여 나양좌를 공격하였다. 이를 두고 이상진은 "나양좌가 김장생을 침해하고 배척한 것은 잘못이지만 성보도 잘못이다. 선현을 욕보였다는 죄를 따지자면 어찌 다른 점이 있겠느냐."라고 하며 한성보를 처벌할 것을 청했다. 《宋子大全隨箚 卷9》《肅宗實錄 13年 3月 17日, 4月 14日》

128 탁주(侂胄)가……일 : 송 영종(宋寧宗) 때 한탁주(韓侂胄)에 의해 도학(道學)을 탄압하는 위학당(僞學黨) 사태가 일어났을 때 주희의 문인 채원정(蔡元定)이 가장 먼저 도주(道州)로 귀양 갔던 것을 말한다. 《宋元學安 卷62》

129 둔괘(遯卦)를 만난 글 : 한탁주가 조정을 어지럽히고 도학을 위학이라 지목하자 주희가 승상(丞相) 조여우(趙汝愚)의 억울함을 밝히는 등의 내용으로 봉사(封事)의 초고를 썼다. 이에 자제와 문인들이 번갈아 가며 화를 사게 될 것이라고 간하였으나 듣지 않다가 채원정이 괘(卦)를 뽑아 보고 나서 가부를 결정하는 것이 좋다고 권유하여, 점을 쳤더니 둔(遯)이 가인(家人)으로 변하는 불길한 괘가 나오자 소장의 초고를 소각하였다. 《晦庵集 別集 卷1 劉德脩》

우선 먼저 윤(尹)을 죄준 것에 대해서는 장차 대죄(待罪)하는 일이 있을 것이니, 만약 그렇다면 제가 그것을 잇지 않을 수 없습니다. 이를 통해 꽉 막힌 것이 만에 하나라도 밝혀진다면 또한 파공의 공로입니다.

저 완손(完孫)은 그 연원이 유래가 있으니 무슨 괴이할 것이 있겠습니까.[130] 모상(某相 이상진(李尙眞))이 눈물을 흘렸다는 것은 저는 믿지 않습니다. 참으로 그렇다면 어찌 한마디 말도 없이 은밀히 그 형세를 조장했습니까. 대체로 모인(某人)이 문을 한 발짝 나서서 벌여 놓은 것이 무후(武侯)의 영루(營壘)와 같은 점이 있으니[131] 기재(奇才)라고 할 만합니다. 그러나 흑수(黑水 윤휴)를 계승했으면서 아버지가 이미 끊었다고 말한 것[132]은 엉성하다 하겠습니다. 송강(松江)의 유고(遺稿) 서문에 '얼신(孼臣)'이란 글자가 있자 노선생이 직접 그 성명을 주로 달았습니다.[133] 오늘날 어쩌면 이리도 많습니까? 몹시 두렵습니다.

130 완손(完孫)은……있겠습니까 : 완손은 완성부원군(完城府院君) 최명길(崔鳴吉)의 손자 최석정(崔錫鼎)을 말한다. 부제학으로서 이상진과 함께 입시하여 윤증을 구원했다. 소론 측 인물로, 남구만(南九萬), 이경억(李慶億)의 문인이고, 박세채(朴世采)와 종유했다. 《宋子大全隨箚 卷9》《肅宗實錄 13年 3月 20日, 4月 14日 · 19日》

131 모인(某人)이……있으니 : 윤증이 일을 꾸민 것이 마치 제갈량(諸葛亮)이 세웠던 영루처럼 빈틈없다는 말이다. 1687년 겨울에 윤증이 문득 도성에 들어오니 김수항이 그의 행동을 깊이 의심했는데 나양좌의 일이 있었다. 《宋子大全隨箚 卷9》

132 아버지가……것 : 윤증이 윤휴의 당과 가까운 사실을 숨기려고 상소하여, 그의 아버지 윤선거가 예송(禮訟)이 시작된 처음부터 윤휴가 절개를 지키지 못한 것을 경계하였고 끝내는 서로 절교하였다고 했던 일을 말한다. 《肅宗實錄 16年 9月 30日》

133 송강(松江)의……달았습니다 : 정홍명(鄭弘溟)이 아버지 송강 정철(鄭澈)의 유고를 간행해서 보내왔는데, 그 발문(跋文) 중에 "얼신이 국병(國柄)을 잡았다."라는 글귀가 있자, 김장생이 그 옆에 "얼신은 바로 이산해(李山海)이다."라고 썼던 것을 말한다. 《沙溪全書 卷45 附錄 宋時烈錄》

김군평에게 보냄 무진년(1688, 숙종14) 6월

與金君平 戊辰六月

요즈음 소식이 너무 뜸하니 그리운 생각을 이루 말할 수 있겠습니까. 《의례문해(疑禮問解)》의 초본(草本)은 만규(萬圭 김집의 손자)가 없다고 극력 말하는데, 다른 집에 보관되어 있는 것은 아닌지요? 부디 마음을 다해 찾아 물어보는 것이 어떻겠습니까. 이는 작은 일이 아닙니다.

전석(磚石)에 대한 계(啓)[134]는 아직도 그치지 않았습니까? 어제 그의 편지를 보니, 이번 일은 윤증의 글[135]이 출현한 데서 나왔다고 하였습니다. 이는 대체로 윤휴의 패악에 근원이 있고 윤증이 본받아서, 번져 뻗어 나가 여기까지 왔는데 세상 사람들이 모르니 한탄할 만합니다. 옛날에 왕 상서(汪尙書)가 성시(省試)를 관장할 때 거자(擧子) 두 사람이 손복(孫復)과 석개(石介)를 공격한 소식(蘇軾)의 문장을 도용했는데, 왕 상서가 그 두 사람을 합격시켰습니다. 그러자 주자(朱子)는 왕 상서를 여지없이 배척했는데,[136] 오늘날의 사람은 또 공자를 공격하

134 전석(磚石)에 대한 계(啓) : 전석은 이선(李選)이 사는 곳이니, 이선을 탄핵하는 계를 말한다. 1688년 4월에 장령 권지(權持)와 지평 유성운(柳成運) 등이 이선을 내칠 것을 청하였고, 이후에도 장령 임환(林渙)·권항(權恒) 등이 계속하여 이선을 파직할 것을 청하였다. 《宋子大全隨箚 卷9》《肅宗實錄 14年 4月 25日》

135 윤증의 글 : 윤증이 그의 아버지 윤선거가 강화도에 있을 때의 일을 적어 사국(史局)에 보냈던 글을 말한다. 그 글에 "율곡은 참으로 입산(入山)했던 잘못이 있다."라는 내용이 있었다. 《壺隱集 卷4 辭掌令兼陳尹拯被誣疏》《宋子大全 附錄 卷10 年譜9》《肅宗實錄 11年 9月 30日》

는 말로 과제(科題)를 삼아 선비들에게 시험을 보이니[137] 그 화가 홍수나 맹수보다 심할 것입니다. 그 근본을 미루어 보면 모두 윤휴와 윤선거에서 나온 것이니,[138] 이 점은 무슨 꺼릴 만한 것이 있겠습니까. 그러나 남에게 말하지 마십시오. 머리가 잘리고 가슴에 구멍이 나는 재앙이 급하게 다가오고 있습니다.

136 옛날에……배척했는데 : 소식의 〈학교공거차자(學校貢擧箚子)〉에, 손복과 석개의 말은 속이고 현혹하며 실제가 없어 정사에 시행할 수 없다는 뜻으로 비방한 말이 있는데, 상서(尙書) 왕응진(汪應辰)이 소식의 이 글을 인용한 사람을 뽑았다. 그러자 주희가, 두 선생을 비방한 것은 몹시 교화를 손상하고 이치를 어그러뜨리는 것인데 이 문장을 도용한 두 사람을 모두 발탁하였다며 편지를 보내어 질책하였다. 《晦庵集 卷24 與汪尙書》

137 오늘날의……보이니 : 1688년 대사성으로 시관(試官)이 된 박태손(朴泰遜)이 《장자(莊子)》 〈어부(漁父)〉에 나오는 내용을 취하여 '행단의 어부가 공자에게 답함〔杏壇漁父答孔子〕'이라는 시제(試題)를 내어 성균관 유생들을 시험 보인 일이 있다. 〈어부〉는 큰 지혜를 지닌 은자(隱者)인 어부가 자신이 어떤 사람인지를 묻는 공자에게 '그대는 실현할 수 없는 이상을 세상에 구현하려고 애쓰는 어리석은 사람'이라고 질타하는 내용이다. 《宋子大全隨箚 卷9》

138 근본을……것이니 : 윤휴가 경연의 자리에서 주희의 주(註)를 볼 필요가 없으며 문장 중에 나오는 공자의 이름을 휘(諱)할 것이 없다고 한 것과 윤선거의 제자 박태손이 '행단의 어부가 공자에게 답함'이라는 말을 시제로 삼았던 것을 말한다. 《宋子大全隨箚 卷9》

김군평에게 보냄 무진년(1688, 숙종14) 6월 14일
與金君平 戊辰六月十四日

답장은 참으로 감사합니다. 유둔(油芚)은 과연 좋은 물건입니다. 그런데 남에게 무엇을 줄 때는 과한 것을 줄망정 수준에 미치지 못하는 것을 줄 수는 없습니다. 더구나 계인(契人)이 그 부모를 위해서 하는 경우이겠습니까.

전의(全義)의 일[139]은 어찌 타우(打愚 이상(李翔))가 한 것이겠습니까. 뒤의 편지에 곡절을 상세히 말씀해 주십시오. 《의례문해(疑禮問解)》의 초본 한 묶음은 어제 만규(萬圭)가 보내왔습니다. 분량이 적지만 이 또한 다행입니다. 부디 차근히 찾아 구해서 다 얻도록 하는 것이 어떻겠습니까. 아울러 다른 집에도 물어보는 것이 좋겠습니다.

139 전의(全義)의 일 : 1688년에 이조 참판으로 있던 이상이, 그의 먼 친척 유두성(柳斗星)이 계모와 정을 통하였다는 상소를 올림으로써 옥사가 일어났는데 무고로 판명되어 처벌받고 1690년 옥사하였다. 뒤에 남구만 등이 그의 억울함을 아뢰어 1695년 복관(復官)되었다. 《肅宗實錄 14年 5月 11日, 11月 25日, 16年 1月 19日, 21年 5月 14日》

김군평에게 보냄 무진년(1688, 숙종14) 6월

與金君平 戊辰六月

답장은 참으로 감사합니다. 타우(打愚 이상(李翔))는 퇴계를 배우지 않고 남명(南冥)을 배워 이 지경에 이르렀으니 어쩌겠습니까. 경유(景由)의 파직[140]은 오로지 벽상(躄相 이상진(李尙眞))의 조화입니다. 이들의 뻗치는 세력이 하늘을 찌를 듯하니 몹시 두렵습니다. 이곳의 두 유생이 두 노선생의 억울함을 씻으려 막 연산(連山)에 통문을 돌리려 하는데 끝에 가서 어떻게 결말이 날지 모르겠습니다.

140 경유(景由)의 파직 : 경유는 정찬휘(鄭纘輝)의 자이다. 당시 연산 현감(連山縣監)으로 있었는데 대동미를 실은 배를 띄우는 날이 지체된 것과 관련하여 의금부에 하옥되었다가 도배(徒配) 3년 형에 처해졌다.《承政院日記 肅宗 14年 6月 28日, 10月 28日, 11月 9日》《송자대전수차》 권9에서는 이이가 머리를 깎았다는 말을 이상진이 정찬휘에게 했던 일과 관련이 있다고 하였다.《宋子大全 卷74 與金永叔(丙寅至月)》

김군평에게 답함 무진년(1688, 숙종14) 7월

答金君平 戊辰七月

일찌감치 안부 편지를 받으니 몹시 위로됩니다. 하신 말씀은 모두 잘 알았습니다. 모두가 천명이니 어쩌겠습니까. 중순(仲淳)은 뭇사람들 속에 들어가고 싶지 않아 계책을 세워 자폐(自廢)하려고 했는데 지금 바라던 바대로 되었습니다.[141] 강원도 관찰사[142]는 이로부터 대략 취사(取舍)의 도를 알게 될까요? 송옹(松翁 정철)을 침해하고 배척한 일은 더욱 분통이 터집니다. 송옹이 술 마신 뒤에 함부로 횡령을 일삼은 사람의 과오에 대해 언급한 것은 물론 있었습니다. 그러나 어찌 일찍이 도일(道一)이 추악한 말로 남을 욕하며 일어나 남의 빰을 때리는 짓을 한 것[143]과 같겠습니까. 저들이 세력을 타고 선배들을 업신여기는 것이 이 지경에 이르렀으니 세상의 도는 한심하다고 할 만합니다.

141 중순(仲淳)은……되었습니다 : 중순은 정호(鄭澔)의 자이다. 당시 정언으로 있던 정호가, 오도일(吳道一)이 이조에 있으면서 방자한 언행을 일삼는다며 사판에서 삭제하자고 발론하였다. 그런데 대사간 신완(申琓)과 사간 서문유(徐文裕) 등은 그의 의론에 동조하지 않고 오히려 정호를 탄핵하였다. 《宋子大全隨箚 卷9》《肅宗實錄 14年 7月 8日, 14日》

142 강원도 관찰사 : 김장생의 고손(高孫) 김만길(金萬吉)을 가리킨다. 《肅宗實錄 14年 4月 21日》

143 도일(道一)이……것 : 오도일은 오윤겸(吳允謙)의 손자이다. 젊어서 문장으로 이름이 있었으나 나중에 술을 마시며 거친 행동을 하여 남을 능멸하고 욕을 보이면서 스스로를 진(晉)나라 혜강(嵇康)과 완적(阮籍)에 견주니, 세상에서는 그가 겉으로는 소탈하지만 안으로는 교묘한 사람이라고 하였다. 《宋子大全隨箚 卷9》《肅宗實錄 14年 7月 8日》

김군평에게 답함 무진년(1688, 숙종14) 7월 24일
答金君平 戊辰七月二十四日

보내오신 편지에서 하신 말씀은 모두 잘 알았습니다. 수애(守哀)[144]의 편지는 앞뒤로 모두 답을 하지 못하다가 이제 막 억지로 대충 쓰면서 간청한 것이 있었습니다. 사헌부의 많은 관원이 저 때문에 체직되었다고 들으니 두렵고 부끄러운 마음을 견딜 수 없어, 대략 처벌을 기다린다는 내용의 글을 지으면서 시사(時事)에 대해 언급하였습니다. 어제 증손 혼원(混源)[145]이 서울 들어가는 편에 부쳐 보내었습니다.

지금 체원(體元)[146]의 편지를 받아 보니 경계하는 말이 있었고, 저도 생각해 보니 말하는 것이 묵묵히 있는 것만 못하였기에 다시 짧은 상소 한 편을 갖추어 대신하려고 하는데 집에 부리는 종이 모자랍니다. 그대는 모쪼록 종 한 명을 보내어 미처 올리지 않은 앞의 소본(疏本)을 이 글로 바꾸어 올리는 것이 어떻겠습니까? 선대의 비명(碑銘)[147]은

144 수애(守哀) : 자가 수보(守甫)인 김진귀(金鎭龜)를 말한다. 《宋子大全隨箚 卷9》 그의 아버지 김만기(金萬基)가 1687년 사망했기에 하는 말이다.

145 증손 혼원(混源) : 송시열의 장손 송은석(宋殷錫)의 셋째 아들이다.

146 체원(體元) : 윤이건(尹以健, 1640~1694)의 자이다. 병자호란 때 삼학사의 한 사람인 윤집(尹集)의 조카이고, 송시열의 문인이다.

147 선대의 비명(碑銘) : 송시열이 김장생 집안의 신도비명을 지은 것이 3편인데, 1656년(효종7)에 사망한 김집(金集)과 그 아들 김익희(金益熙)의 것인지, 1687년 사망한 종손(從孫) 김만기의 것인지 판단하기 어렵다. 다만 연대로 보아 김만기의 신도비명인 듯하다. 《宋子大全 卷155 愼獨齋金先生神道碑銘, 卷158 滄洲金公神道碑銘, 光城府院君金公神道碑銘》

또한 주(疇 송주석)가 돌아오기를 기다려 즉시 보내오신 말씀대로 하겠습니다. 이 말을 중씨(仲氏 김만증)에게 알리는 것이 어떻겠습니까?

김군평에게 답함 무진년(1688, 숙종14) 8월

答金君平 戊辰八月

방금 보내신 편지를 보니 편지에 날짜가 없어 언제 보냈는지 모르겠으나 하신 말씀은 모두 잘 알았습니다. 우계(牛溪 성혼(成渾)) 운운하신 것은 우습습니다. 제가 풍병에 걸렸더라도 어찌 감히 이렇게 할 수 있겠습니까. 파산(坡山)[148]의 내외손이 누구는 합동으로 소장을 올릴 것이라고 하고, 누구는 제각기 소장을 올릴 것이라고 하며, 누구는 화숙(和叔 박세채)의 질책을 받고 우선 정지할 것이라고 하는데, 사실인지 알 수는 없으나 서울에서 온 서찰에서는 모두가 말하고 있어서 귀에 매우 익숙합니다. 과연 상소한다면 이는 마땅히 상세하게 자초지종을 진술하여 아뢰어야 합니다. 이렇게 하면 저들은 반드시 시원스럽게 의심을 풀 것입니다.

신재(愼齋) 선생께 아뢴 윤소(尹疏)[149]는 지난해에 김만리(金萬里)와 김만성(金萬城)이 함께 와서 말을 맞추어 제게 말했는데, 이제 어떻게 쉬쉬할 수 있겠습니까. 그러나 이러한 것은 오히려 작은 일입니다. 시류를 좇는 무리가 영남 사람을 종용하여, 제가 퇴계를 모함했다고 말하여 파산의 상소와 한꺼번에 제기하려고 하니, 두려우면서도 가소

148 파산(坡山) : 파산은 파주의 이칭으로, 파주에 살던 윤선거의 외조부 성혼을 가리킨다.

149 신재(愼齋)……윤소(尹疏) : 1653년(효종4)에 윤선거가 자의(諮議)를 사직하는 글을 김집에게 보였더니 강화도의 일에 대해 진술한 것이 자세하지 않다며 불가하다고 한 일이 있는데, 그 글을 말하는 것으로 보인다. 《宋子大全隨箚 卷9》

롭습니다. 영남 사람 중에도 다른 견해를 주장하는 자가 있어서 서로 다투는 글이 한 광주리를 가득 채울 만합니다. 이 상소가 끝내 올라가면 또한 상소해야 하는데 이러한 병세로는 글의 초안을 잡을 수 없으니 날로 주손(疇孫 송주석)이 돌아오기를 기다립니다.

김군평에게 답함 무진년(1688, 숙종14) 9월 24일

答金君平 戊辰九月二十四日

말씀하신 뜻은 지극한 마음에 감사하지만, 또한 부끄러워 감히 편안히 여기지 못하겠습니다. 저는 말이 충성스럽고 믿음직하지 못하며 행실이 돈독하고 공경스럽지 않으니 어디로 간들 그렇지 않겠습니까. 이는 말할 것도 없습니다. 오직 그대의 둘째 형님[150]이 그칠 줄 모르고 어른과 다툰다면 사뭇 우리 두 선생의 가법(家法)이 아닙니다. 그가 마음에 차지 않는 점이 있어도 어찌 기계(杞溪) 상국(相國)만 한 분이 있겠습니까.[151] 연평(延平 이동(李侗))이 회옹(晦翁 주희)에게 권면하기를 "내가 곤란을 당할 때 고인(古人)이 지극히 견디기 어려웠던 일과 견주어 보니 퍽 위로가 되었다."라고 하였습니다. 회옹이 당초에 이 말을 비겁하다고 여겼으나 그가 실제로 일을 겪어 본 뒤에 그 말이 자신을 속이지 않았다는 것을 알았습니다. 부디 서찰 중에 이것을 말해 주는 것이 어떻겠습니까. 그 사람이 절교하는 것에 대해 어찌 쉽게 의논할 수 있겠습니까. 그러나 이해가 서로 부딪혀 그가 저와 관계를 끊으려 한다면 저는 끊으려 하지 않아도 절로 끊어질 테니, 우습습니다.

150 그대의 둘째 형님 : 친형 김만증(金萬增)을 말한다. 김만준은 김익희(金益熙)의 셋째 아들로, 백부인 김익렬(金益烈)의 양자로 갔다. 김만증이 장인 박세교(朴世橋)와 다툼이 있었기에 뒤에서 유홍(兪泓)의 예를 들어 타이른 것이다. 《宋子大全隨箚 卷9》

151 그가……있겠습니까 : 기계 상국은 본관이 기계인 유홍을 말한다. 김집의 장인이다. 김집의 부인이 그다지 지혜롭지 못했으나 부부간의 정의(情誼)를 잃지 않았기에 하는 말이다. 《宋子大全隨箚 卷9》

김군평에게 답함 무진년(1688, 숙종14) 10월 23일

答金君平 戊辰十月二十三日

말씀하신 것은 모두 잘 알았습니다. 경신년(1680) 이후로 시류를 좇는 무리들이 우리 사문(師門)을 원수처럼 미워하는 것을 큰 사업으로 여깁니다. 그대의 오늘 일[152]도 너무 늦은 것입니다. 부디 여유롭고 느긋하게 떠나서 가슴에 화난 마음을 남겨 두지 않는 것이 좋습니다. 꾸리는 짐도 씻은 듯이 아무것도 없게 하십시오. 이만 줄입니다.

152 그대의 오늘 일 : 김만준이 호읍(湖邑)에 재직할 때 비방하는 말이 많이 있었다 하여 파직된 것을 말하는 것으로 보인다. 《肅宗實錄 14年 10月 17日》

김군평에게 보냄 무진년(1688, 숙종14) 10월 27일

與金君平 戊辰十月二十七日

방금 온 곽군(郭君)의 편지를 보고서 가묘(家廟)는 연산(連山)에 봉안하고 자신은 화죽(花竹)[153]으로 돌아가려고 한다는 것을 알고 아주 몹시 편하지 않았습니다. 연산은, 저의 생각에도 돌아가서 날마다 친족들과 눈을 부릅뜨고 싶지는 않을 것입니다. 우선 화죽에 머물렀다가 서울 집으로 돌아가는 것이 적절할 듯합니다. 그렇다면 화죽촌의 집에 가묘를 봉안할 곳이 어찌 없겠습니까. 대체로 몸가짐과 일 처리는 반드시 예로써 하며 올바름으로써 한 뒤에 선조의 모범을 잃지 않을 것입니다. 더구나 선조를 받드는 한 가지 일에 그 도를 다하지 않을 수 있겠습니까. 부디 천만번 생각하십시오. 이만 줄입니다.

153 화죽(花竹) : 청주(淸州) 작천(鵲川)에 있는 화죽리를 말한다.

김군평에게 답함 무진년(1688, 숙종14) 11월
答金君平 戊辰十一月

여러 차례 보낸 편지에서 누누이 하신 말씀으로 그대의 생각을 모두 잘 알았습니다. 회손(晦孫 송회석)이 기미년[154]에 일이 다급하던 때에 바다에서 함께 죽으리라 결정하고, 죽은 뒤의 일에 대해 처치하여 증벽(曾壁)[155]을 아들로 삼았습니다. 그가 저에게 이미 이렇게 했는데, 제가 그에 대해 어찌 차마 그가 땅에 들어가는 것을 보지 않겠습니까.[156] 다만 내일 마암(馬巖)을 향해 출발하면 그 묘 아래서 친족들과 의논하여 처리할 일이 많이 있어 제법 시일이 걸릴 터인데 병이 더하고 덜하거나 날이 좋고 나쁜 것에 따라 변동이 있을 것입니다.[157] 부디 나중에 오십시오. 그때 만나 얼굴을 마주 보고 의논하는 것이 좋겠습니다.

154 기미년 : 1679년으로, 송시열이 장기(長鬐)에 위리안치되었다가 거제도로 이배(移配)된 해이다.

155 증벽(曾壁) : 송은석(宋殷錫)의 아들이자 송시열의 증손인 송한원(宋漢源)이다.

156 어찌……않겠습니까 : 송회석이 지평(砥平)에 사는 장인 이단하(李端夏)의 집에 있다가 1688년 10월 5일에 사망했다.《宋子大全 附錄 卷11 年譜10》

157 병이……것입니다 : 당시 송시열은 이질(痢疾)을 앓고 있으면서도 병을 무릅쓰고 장례에 참석하였다.《宋子大全 附錄 卷11 年譜10》

김군평에게 보냄 기사년(1689, 숙종15) 2월

與金君平 己巳二月

오늘의 일은 이미 늦었으니 놀랄 것이 없습니다. 대개 저의 상소[158]는 오직 유림을 참소하는 칼날에서 구하려고 한 것이었는데 도리어 재촉하였으니, 참으로 우습습니다. 그대 아내의 병이 덜하게 되면 와서 만났으면 좋겠습니다. 용서(龍西) 사람[159]이 술을 따르며 축하하였다는 말을 들었으니 저는 웃음을 머금고 땅에 들어갈 것입니다. 율옹(栗翁 이이)의 말대로라면 되었으니 오히려 다시 무슨 말을 하겠습니까.

친한 사람들이 너무 심하게 두려워하는데 이렇게 한들 무슨 도움이 되겠습니까. 주자(朱子)가 문인에게 "지금 화를 피하라고 말하는 자는 물론 아끼는 마음에서 말을 꺼냈을 것이다. 그러나 내가 만 길 절벽에서 있을 수 있다면 어찌 우리 도(道)의 영광이 되지 않겠는가."라고 하였습니다.[160] 오늘날 우리에게 이러한 식견이 없는 것이 슬플 뿐입니다.

158 저의 상소 : 숙종이 원자(元子)의 위호를 정하자, 조정의 중론(衆論)은 중궁의 춘추가 아직 젊고 왕자가 태어난 지 겨우 몇 달인데 위호를 정하는 것은 너무 이르다는 것이었다. 숙종은 중론을 물리치고 이 일을 언급하지 말라 하였으나, 송시열이 상소하여 '송 철종은 10세였는데도 번왕(藩王)의 지위에 있다가 신종이 병들고 나서야 태자에 책봉되었다'는 등의 말을 하였다. 《宋子大全 附錄 卷11 年譜10》

159 용서(龍西) 사람 : 노성(魯城) 사람을 가리킨다. 노성이 계룡산 서쪽에 있어 용서라고 한 것이다. 《宋子大全隨箚 卷9》 노성은 윤선거(尹宣擧)가 살던 곳이다.

160 주자(朱子)가……하였습니다 : 주희가 송 영종 때 권신 한탁주(韓侂冑) 등에 의해 조정에서 축출되어 죽림정사(竹林精舍)에서 강학에 열중할 때, 활동을 중지하여 화를 피하라는 측근의 충고에 답한 말이다. 《朱子語類 卷107 朱子4 內任 丙辰後》

송자대전

제86권

書서

송자신[1] 상민 에게 보냄 기유년(1669, 현종10) 5월

與宋子愼 尙敏○己酉五月

올해는 무슨 운수인지 많은 사람이 죽었는데 주촌(舟村)[2]과 관계된 경우가 적지 않습니다. 그러나 이렇게 될 줄 누가 알았겠습니까. 관서(關西)[3]가 나라를 위했던 것은 더욱 애석합니다. 주촌은 본래 단아함이 모자라지만 그가 수립한 것은 우뚝이 남다르며 집안에서의 행실은 매우 볼만한데, 죽고 난 뒤 비방이 더욱 많아질 줄 어찌 짐작이나 했겠습니까. 그 아들이 막 지팡이를 짚고 빈소를 지키면서 따라 죽겠다고 하니 더욱 애통합니다.

저는 일찍이 성이 송씨인 의원 한 명과 약속하여 초애(草哀)[4]와 산방(山房)에서 종기를 치료하기로 했는데, 적성(赤城)의 안개 표지[5]를 또

1 송자신(宋子愼) : 송상민(宋尙敏, 1626~1679)으로, 자신은 그의 자이다. 본관은 은진, 호는 석곡(石谷)으로, 송시열·송준길(宋浚吉)의 문인이다.

2 주촌(舟村) : 신만(申曼, 1620~1669)의 호이다. 본관은 평산(平山), 자는 만천(曼倩), 시호는 효의(孝義)이다. 영의정 신흠(申欽)의 증손이고, 장유와 송시열의 문인이다. 이해 9월에 송시열이 그의 죽음을 애도하며 지은 만시가 있다.《宋子大全 卷2 申曼倩挽》《寒水齋集 卷29 舟村處士申公墓誌銘》

3 관서(關西) : 이태연(李泰淵)을 말한다. 평안도 관찰사로서 임소(任所)에서 죽었다.《宋子大全隨箚 卷9》

4 초애(草哀) : 형의 초상을 당한 초려(草廬) 이유태(李惟泰)를 말한다. 그의 형 이유택(李惟澤)은 1668년 12월에 사망했다.《草廬集 年譜 卷3》

5 적성(赤城)의 안개 표지 : 적성은 중국 천태산(天台山)의 남문(南門)이라 불리는 경치가 뛰어난 산 이름으로, 흙과 돌의 색깔이 붉어 노을이 낀 것 같으며, 산 모양이

한 한번 올라서 관람한다면 참으로 요 몇 해 사이의 유쾌한 일이 될 것입니다. 죽음을 맞이할 즈음 비방하는 말이 몹시 많지만 죽기 전에 삼전도(三田渡)를 책망할 수 있었으니[6] 참으로 회옹(晦翁 주희)의 "가려운 데를 긁은 것 같다."라는 말처럼 아홉 번 죽더라도 후회하지 않습니다. 아쉬운 것은 벗들이 다투어 제가 이를 매개로 나아가는 계단으로 삼는다고 여기는 것입니다.

성첩(城堞)같이 생겼다. 충청도 단양의 옛 이름이기도 하다. 손작(孫綽)의 〈유천태산부(遊天台山賦)〉에 "적성의 노을을 들어서 표지를 세운다.〔赤城霞起而建標〕"라는 구절이 있다. 《文選 卷11 遊覽》

6 삼전도(三田渡)를……있었으니 : 1669년 이경석(李景奭)이 이상진(李尙眞) 등 지방에 있는 신하 중 행궁에 있는 현종에게 나아가 문안을 한 자가 없었던 일로 차자를 올렸는데 송시열은 자기를 공격하는 줄 알고 노하여 상소를 올리고 조정에 나가지 않았다. 송시열의 상소에서 이경석을 손적(孫覿)에 빗대어 모욕했는데, 이경석은 인조 때에 명에 따라 삼전도의 비문을 지었으나 찬양하는 말이 많았다 하여 뒤에 청의(淸議)의 조롱을 받았던 인물이고, 손적은 송(宋)나라 흠종(欽宗)이 금(金)나라에 항복했을 때 금나라가 요구하는 항복 문서를 지었던 인물이다. 《宋子大全隨箚 卷9》《顯宗實錄 10年 4月 3日, 8日, 14日》

송자신에게 답함 신해년(1671, 현종12) 2월
答宋子愼 辛亥二月

그립던 중에 인편으로 보낸 편지를 받고 기쁘게도 잘 지내신다는 것을 알았으니 이 외에 무엇을 바라겠습니까. 소제(蘇堤)의 봄 풍경은 과연 사랑스럽습니다. 때때로 혼자 가서 저물어서야 돌아오곤 하였는데 전염병에 대해서는 대개 조주(潮州)의 악어를 단속했던 것[7]처럼 하고 싶으나 오히려 아이가 맹분(孟賁)을 모방하는 격[8]이라 우습습니다.

보내신 편지에서 인용한 불서(佛書)는 저의 마음을 매우 깨끗하게 해 주었습니다. 회옹(晦翁 주희)이 일찍이 "속된 선비는 휘하가 되는 것도 마땅하다."[9]라고 했는데, 그 말이 참으로 옳습니다. 〈독양진(讀兩陳)〉[10]은 실로 희령(熙寧)과 원풍(元豐) 연간의 아주 굉장한 공안(公

7 조주(潮州)의……것 : 글을 지어 재해를 물리치는 것을 말한다. 당(唐)나라 한유(韓愈)가 〈불골표(佛骨表)〉를 올렸다가 조주 자사(潮州刺史)로 좌천되었는데, 그곳 악계(惡溪)의 악어 떼가 사람과 가축을 많이 해쳐 백성들이 고통을 겪고 있었다. 이에 한유가 〈악어문(鰐魚文)〉을 지어 악계에 던졌더니 시내의 물이 말라 악어의 피해가 사라진 일이 있다. 《古文眞寶 後集 卷3》

8 아이가……격 : 역량이 되지 않는 사람이 함부로 나선다는 말이다. 맹분은 중국 전국(戰國) 시대 제(齊)나라의 역사(力士)이다.

9 속된……마땅하다 : 《주자어류(朱子語類)》 권126 〈석씨(釋氏)〉에서 주희가 불교의 주장과 유학의 주장 중에 비슷한 점이 많아 학문이나 견식이 얕은 보잘것없는 선비는 그 손아귀에서 벗어나지 못한다며 한 말이다.

10 독양진(讀兩陳) : 송(宋)나라의 두 간의대부(諫議大夫) 진관(陳瓘)과 진사석(陳師錫)의 유묵(遺墨)에 대해 설명한 글로, 북송 신종(北宋神宗) 때 왕안석(王安石)이

案)을 말하고 있으니, 참으로 익숙히 읽을 만합니다. 다만 이른바 한락(閑樂)[11]은 이름이 무엇인지 모르겠습니다. 송나라의 역사를 기술한 책을 두루 고찰해 보아도 그 사람을 찾지 못했는데, 부디 바로잡아 말씀해 주십시오.

실시한 신법(新法)의 문제점과 경서 해석의 문제점을 밝히고 있다. 원래의 제목은 〈독양진간의유묵(讀兩陳諫議遺墨)〉이다. 《晦庵集 卷70》

11 한락(閑樂) : 〈독양진간의유묵〉에 나오는 '한락진공(閑樂陳公)'이란 인물을 말한다. 송나라 주필대(周必大)의 글 제목에 '한락거사진사석(閑樂居士陳師錫)'이라는 말이 있는 것으로 보아 진사석(陳師錫, 1057～1125)을 말하는 것으로 보인다. 신종 희령 9년(1076)에 진사가 되었으며 전중시어사(殿中侍御史)를 지냈다. 《송사(宋史)》에 그의 열전(列傳)이 있다. 《文忠集 卷17 跋閑樂居士陳師錫與了翁陳瓘論王氏日錄書》

송자신에게 답함 갑인년(1674, 현종15) 8월

答宋子愼 甲寅八月

보내오신 편지는 깊이 위로되었습니다만 요즈음의 일을 어찌 굳이 운운하십니까. 그저 좌절하지 않았던 계통(季通)[12]을 배우고 싶을 뿐입니다. 다만 형벌은 피하였으나 제현(諸賢)이 갇히거나 귀양을 가니 감히 편안하지 못합니다. 그러나 이미 수장(壽藏)에 왔으니, 하루아침에 명이 내리면 바로 죽고 곧바로 묻어 일을 퍽 덜게 될 것입니다. 다만 자손이 저를 경계로 삼아 정직함을 기뻐하지 않을까 염려스럽습니다.

12 좌절하지 않았던 계통(季通) : 계통은 채원정(蔡元定)의 자이다. 남송 영종(南宋寧宗) 경원(慶元) 연간에 주희의 학문을 위학(僞學)으로 몰아서 금지한 이른바 경원당금(慶元黨禁)의 조치가 있었는데, 이때 주자의 제자이자 벗이었던 채원정이 죄에 걸려 도주(道州)로 유배되었다.

송자신에게 보냄 을묘년(1675, 숙종1) 7월

與宋子愼 乙卯七月

여덟 달을 편지 한 장도 얻지 못했는데 제가 어찌 생각이 있겠습니까. 요즈음 공부하는 근황은 어떻습니까? 이곳도 위로 둥근 하늘이 있으니 얼굴을 알아보는 자가 전혀 없다고는 말할 수 없습니다. 그러나 이곳에 머무르는 것도 보장할 수 없으니, 갈지 머물지 결정한 뒤에 한번 오시기를 바랍니다. 《주자대전(朱子大全)》과 《주자어류(朱子語類)》를 처음부터 끝까지 훑어 읽고 싶으니, 이는 분서갱유의 화가 있더라도 어찌 그만둘 수 있겠습니까.

송자신에게 답함 병진년(1676, 숙종2) 2월

答宋子愼 丙辰二月

보내오신 편지의 내용은 모두 잘 알았습니다. 저는 지난봄에 그대가 홀로 서울에 머무른다는 소식을 듣고 이미 염려하는 바가 있었습니다. 이제부터 문을 닫고 책만 보며 외부의 일에 대해서는 한 가지도 참여하지 않는 것이 좋겠습니다. 문중이 불행하여 송 평창(宋平昌)[13]이 또 고인이 되었으니, 상심하고 한탄합니다. 그가 이럴 줄 알았다면 정말로 모(某) 집에 글자를 써 달라고 허비하지 않았을 것입니다. 물을 한 번 마시고 모이를 한 번 쪼는 것도 원래 정해진 분수가 있는데, 사람이 스스로 갈피를 잡지 못하니 어찌 귀신의 웃음거리가 되지 않겠습니까. 증아(曾兒)[14]는 책을 끼고 문하를 따른다고 하니 부디 격언(格言)과 지론(至論)으로 그의 내면을 채워 짐승이 되고 마는 것을 면하게 해 주시기를 지극히 빕니다.

13 송 평창(宋平昌) : 평창 군수(平昌郡守)를 지낸 송국귀(宋國龜)를 말한다. 자는 사원(士元)이고, 김장생의 문인이다.

14 증아(曾兒) : 송시열 증손자 중 송한원(宋漢源)의 어릴 때 자가 증벽(曾壁)이고, 송유원(宋有源)의 자가 증확(曾確)이다. 증손자를 말하는 것으로 추측되지만 특정할 수는 없다. 《宋子大全隨箚 卷9, 卷10》

송자신에게 답함 정사년(1677, 숙종3) 2월

答宋子愼 丁巳二月

오랫동안 소식을 듣지 못하다가 편지를 보니 위로됩니다. 일찍이 오실 뜻이 있어 서둘러 손자에게 말〔馬〕과 시종을 갖추라고 했다고 들었는데, 무슨 일 때문에 길을 나서지 못했는지요? 남은 날이 많지 않음을 스스로 헤아리고 있기에 서둘러 함께 《주자대전》을 토론하여 이해하기 어려운 부분을 풀어서 사우(士友)들과 함께하고 싶어서였지, 처음에 만나러 왔으면 한 것은 아녀자처럼 그리워하는 마음에서가 아니었습니다. 일이 있더라도 오늘날의 급한 것 중에 이보다 큰 것이 없으니 부디 한번 어깨를 흔들며 빠져나와 무손(茂孫 송무석(宋茂錫))과 짝하여 내려오시면 매우 좋겠습니다.

송자신에게 보냄 정사년(1677, 숙종3) 10월

與宋子愼 丁巳十月

반년을 바삐 달리며 이룬 것은 무슨 일입니까. 일전에 서로 마주했다면 마땅히 몇 권의 남은 책을 마저 끝냈을 터이니 어찌 남과 자신에게 유익하지 않았겠습니까. 남의 말을 듣지 않고 오히려 끝없는 비난만 초래했으니 몹시 한탄할 만합니다. 다만 잘못을 깨달아 고치면 바로잡을 수 있습니다.[15] 부디 서둘러 와서 모여 겨울과 봄을 지낼 계책으로 삼는 것이 어떻겠습니까. 노자(路資)는 이미 손자에게 분부하였습니다.

저는 요즈음 새로운 증세가 있어 오래 지탱하기 어려운 줄 아주 잘 알겠으나 하고 있는 일[16]을 마치지 못하여 마음이 퍽 심란합니다. 문곡(文谷 김수항(金壽恒))이 보충한 것을 보니 지극히 정밀하고 폭넓으니 기쁘고 기특합니다. 지금 합쳐서 한 책으로 만들려고 하니 더욱 그대가 없을 수 없으므로 이렇게 간청합니다. 부디 전처럼 길이 험하고 멀다고 꺼리지 마십시오. 아직 옷을 받지 못했으면 또 우선 빌려 입고 오시면 해진 솜옷이나마 함께 입을 것입니다.

15 다만……있습니다 : 대본에는 '只諫可追'로 되어 있다. 두주에는 '只諫' 앞뒤로 빠진 글자가 있는 듯하다고 하였다. 도잠(陶潛)의 〈귀거래사(歸去來辭)〉에 "지나간 일은 어쩔 수 없고, 미래의 일은 바로잡을 수 있다.〔已往之不諫, 來者之可追.〕"라고 한 구문을 참고하여 번역하였다.

16 하고 있는 일 : 《주자대전》에서 난해한 구절을 뽑아 주석을 붙인 《주자대전차의(朱子大全箚疑)》를 저술하는 일을 말한다. 《宋子大全隨箚 卷9》

송자신에게 답함 무오년(1678, 숙종4) 10월

答宋子愼 戊午十月

편지가 오니 퍽 위로됩니다. 저는 불면증을 얻어 밤새 말똥말똥해서 정력이 미치지 못하니 잠시도 송독할 수 없어 스스로 탄식해 마지않습니다. 주손(疇孫 송주석(宋疇錫))은 일 때문에 서울로 돌아갔습니다. 정신과 혈맥을 모두 그에게 맡겼고, 또 헤어질 때가 아니니 저의 마음을 몹시 언짢게 하였습니다.

일찍이 《주자대전(朱子大全)》 중에서 간절한 뜻이 서찰에 자주 드러났는데 무엇 때문에 이런 데까지 이르렀는지 몰랐는데, 이제 저의 《대전문목(大全問目)》의 의견으로 선생(주희)의 뜻을 알 수 있습니다. 막 이제 윤휴(尹鑴)가 선생을 비난하고 배척하여 책을 만들기까지 하였습니다.[17] 장차 이것으로 천하를 바꾸어 온 세상이 쏠리듯 그를 따를 것이니, 이는 실로 홍수나 맹수보다 해독이 심합니다.

저는 선생의 도를 아는 자가 많은 만큼 그의 주장을 막는 것이 무엇이 어렵겠느냐고 여겼기에 힘이 부족한 것도 헤아리지 않고 함부로 이런 일을 하여 사람들이 쉽게 알도록 하였습니다.[18] 제가 죽더라도

17 윤휴(尹鑴)가……하였습니다 : 윤휴는 선배들의 업적을 토대로 새로운 해석과 이해의 경지를 개척해야 한다며 주희를 비롯한 각종 유교 경전과 고전 등에 대해 새로운 분장・분구 및 해석을 시도하여 〈독서기(讀書記)〉 등을 지었는데, 송시열은 이를 주자를 능멸하고 사문을 어지럽힌 것으로 받아들였다. 《白湖全書 卷36》

18 힘이……하였습니다 : 송시열이 《주자대전》 중에서 난해한 구절을 뽑아 주석한 《주자대전차의(朱子大全箚疑)》와 《주자어류(朱子語類)》의 방만하고 중복되는 부분

부디 저의 손자와 이 일을 힘써 마쳐서 오늘의 마음이 깊은 우물에 떨어져 버리지 않게 해 주시기를 깊이 바랍니다. 이 손자는 인물이니 어찌 쉽게 얻겠습니까. 다만 머뭇거리는 것이 그의 큰 결점입니다. 부디 늘 깨우쳐 주시기를 간절히 바랍니다.

다시 일삼는 바가 있다고 하니 경악스럽습니다. 옛날에 제 말을 듣지 않아 스스로 낭패를 당했으니 부디 교훈으로 삼아 다시 남의 웃음거리가 되지 마십시오. 실로 깊은 마음에서 우러나 하는 말이니 부디 예사롭게 듣지 마십시오. 자신의 화복을 위해 이렇게 말한 것이라면 주선생(朱先生)이 반드시 크게 웃을 것입니다. 부디 주자의 글만을 보아서 대업을 완수하시기를 간절히 빕니다.

을 정리, 교감하고 항목을 재분류하여 편집한 《주자어류소분(朱子語類小分)》 등의 저술을 두고 하는 말이다. 《주자어류소분》은 거제도 유배 시절 손자 송주석과 함께 시작하여 완성하였으나 《주자대전차의》는 완성을 보지 못하고 권상하(權尙夏)와 김창협(金昌協) 등이 수정, 보완하여 간행하였다. 《宋子大全 附錄 卷7 年譜6》《宋子大全 卷88 與權致道(壬戌七月十七日), 與權致道(丙寅四月十九日)》《農巖集 卷36 墓誌銘》

이미숙[19] 수언 에게 답함 경술년(1670, 현종11) 5월

答李美叔 秀彦○庚戌五月

천향(天香)이 밴 편지가 이 깊은 골짜기에 떨어지니 살펴 주시는 뜻을 알겠으나 적절하지 않은 듯합니다. 저의 병은 어찌할 수 없는 상태이니 굳이 물을 것이 없습니다. 일찍이 어떤 관원이 마땅히 해야 할 것에 대해 말해 달라고 했는데 그 속마음을 살펴보건대 아는 것이 없어 그저 "맡은 일을 조심스럽게 하고 녹봉 받는 것은 뒤로 돌리라."라는 말로 답해 주었습니다. 지금 이 말을 외워 드립니다.

19 이미숙(李美叔) : 이수언(李秀彦, 1636~1697)으로, 미숙은 그의 자이다. 본관은 한산(韓山), 호는 농계(聾溪)·취몽헌(醉夢軒)이다. 관찰사 이동직(李東稷)의 아들이며, 이색(李穡)의 후손이다. 1669년 문과에 급제하여, 1670년 4월에 권지 승문원부정자(權知承文院副正字)에서 사관(史官)으로 뽑혔다. 《顯宗實錄 11年 4月 13日》

이미숙에게 답함 을묘년(1675, 숙종1) 8월

答李美叔 乙卯八月

방금 편지를 써서 봉했는데 안부를 묻는 편지가 다시 오니 기쁘고 감사한 마음 어찌 끝이 있겠습니까. 문곡(文谷 김수항(金壽恒))의 탄식은 참으로 보내오신 말씀과 같습니다. 그러나 교목(喬木)이 되는 큰 가문은 급류 속의 지주(砥柱)가 될 수 있으니, 진퇴와 원근을 막론하고 세상의 도에 얼마나 중요합니까. 더구나 저들로 하여금 저번의 모의를 그치고 꺼리게 하여 선인(宣仁)이 장돈(章惇)과 채변(蔡卞)에게 치욕을 당하지 않게 한 것과 같이 한 것은 그 누구의 공로입니까.[20]

기력이 점차 나아지고 있다니 매우 다행입니다. 그러나 군이 수레를 타고 동쪽의 임천(林泉)으로 돌아가려고 하니 참으로 힘이 있으십니다.

20 저들로……공로입니까 : 선인은 송 영종(宋英宗)의 황후(皇后) 고씨(高氏)로, 어린 철종(哲宗)이 즉위하자 태황태후(太皇太后)의 존호를 받고 섭정하면서 좋은 정치를 이룩하여 여중 요순(女中堯舜)이라는 칭호를 얻기도 하였는데, 태후가 죽은 뒤 장돈, 채변 등 간신들은 선인태후를 추폐(追廢)하자고 주청한 일이 있었다.《宋史 卷224 后妃列傳》윤휴가 이정(李楨), 이연(李㮒) 등이 궁녀와 간통한 옥사에 대비가 관계한 일로 숙종에게 대비의 동정(動靜)을 관속(管束)할 것을 청하는 등 숙종과 대비의 관계를 소원하게 하고 있을 때 김수항이 차자를 올려 국구 김우명(金佑明)과 대비에 대한 숙종의 처신을 논했는데, 대비는 이를 통해 무사할 수 있었으나, 김수항은 이 일로 귀양갔다.《宋子大全 卷134 示諸子孫姪孫等》《肅宗實錄 1年 7月 12日, 15日》

이미숙에게 보냄 정사년(1677, 숙종3) 11월

與李美叔 丁巳十一月

겨울이 봄처럼 따뜻하더니 지금은 문득 손가락이 떨어질 듯합니다. 이 지역도 그러한데 조금 북쪽은 어떠한지 알 수 있습니다. 신위(神位)에 제물(祭物)을 올리고 예서(禮書)를 읽고 지내는 가운데 일상생활은 어떠하신지 모르겠습니다. 저형(苧兄)은 노쇠한 나이에 귀양살이를 하게 되었으니[21] 몹시 놀랍습니다. 서로 멀리 떨어져 있으니 영해(嶺海)가 쓸쓸하지 않을 것이라던 말[22]은 공연한 미담일 뿐입니다.

이제 또 조만간 죽을 몸인데 절도(絶島)에 유배하는 논의가 결정되었으니 늘그막의 장쾌한 여행은 쾌활할 듯합니다. 그러나 스스로 헤아려 보건대 근력이 미치지 못하여 도중에 죽을 듯하니 또한 명(命)인 것을 어쩌겠습니까. 환장(煥章)의 작은 암자[23]를 이렇게까지 유념하시

21 저형(苧兄)은……되었으니 : 저형은 저동(苧洞)의 이홍연(李弘淵)을 말한다. 1677년 겨울 그가 과거를 관장할 때 박태보(朴泰輔)가 《춘추좌씨전(春秋左氏傳)》의 "보기 좋은 발진(發疹)이 나쁜 약만 못하다.〔美疢不如惡石〕"라는 구절을 시제(試題)로 삼았는데, 유생들이 제목의 뜻이 시휘(時諱)에 저촉되므로 글을 지을 수 없다고 거부하여 제목을 바꾸어 시험을 치르게 하였다. 이 일로 시관들이 모두 처벌을 받았으며, 이홍연은 아산(牙山)에 정배(定配)되었다. 《宋子大全隨箚 卷9》《肅宗實錄 3年 10月 5日·22日, 11月 5日》

22 영해(嶺海)가……말 : 위학 당금(僞學黨禁)으로 현자들이 귀양 갈 당시 주희가 제자인 오필대(吳必大)에게 보낸 편지에서 한 말이다. 《晦庵集 卷52 答吳伯豐》

23 환장(煥章)의 작은 암자 : 민정중(閔鼎重)이 연경(燕京)에 사신(使臣)으로 갔을 적에 의종(毅宗)의 어필로 된 '비례부동(非禮不動)' 네 글자를 얻어 와서 송시열에게

니 감사하고 다행스럽기 그지없습니다. 외로이 앉아 일 없는 가운데 이따금 한 번씩 웃음을 터뜨립니다. 지난번 효종조에 윤충거(尹冲擧)가 해윤(海尹 윤선도(尹善道))을 반박하여 물리쳤더니 우상(迂相 이후원(李厚源))이 웃으며, 새끼그물로 범을 잡는다고 하였습니다. 이제는 거미줄로 코뿔소를 묶는 격이니 세상에 드문 기이한 일이 아니겠습니까. 그러나 그 중상(中傷)이 근거가 없는 데까지 갈 것이니 그를 위해 몹시 두렵습니다.

보였는데, 송시열이 화양구곡(華陽九曲)의 제5곡인 첨성대(瞻星臺) 바위 아래에 이를 새기고 환장암(煥章菴)이라는 작은 암자를 짓고 중들에게 지키게 하였다. 《肅宗實錄 30年 1月 10日》《華陽故事 故事3 厓刻事蹟》

이미숙에게 보냄 정사년(1677, 숙종3) 12월

與李美叔 丁巳十二月

한 해가 벌써 저물고 대상(大祥)의 날이 차츰 다가옵니다.[24] 삼가 생각건대 슬프고 사모하는 마음 천지가 무너질 듯하실 터인데 어떻게 견디고 계십니까. 궤연(几筵)에 한번 곡하려다 아버지를 잃은 그대 마음을 영영 저버렸으니[25] 비통함만 더합니다. 시론(時論)은 굳이 알 것 없으나 몰라서도 안 됩니다. 그러나 알 길이 없으니 어떠한지 모르겠습니다. 이 도(道)의 소회(疏會)는 처음에 성주(星州)로 정했다가 이윽고 의성(義城)으로 옮겼다 합니다. 그 결말이 어떻게 되었는지 모르겠습니다. 문곡(文谷)의 시[26]를 써서 드립니다. 이 일은 작지만 또한 저의 조그만 뜻을 붙이기에 충분하고, 또 세상의 도에 전혀 보탬이 없지는 않을 것입니다.

이제 듣자니 암자의 중들이 장차 보전되지 못할 것[27]이라서 떠나겠다

24 대상(大祥)의……다가옵니다 : 이수언의 아버지 이동직(李東稷)은 1675년 12월에 사망하여, 대상이 얼마 남지 않았기에 하는 말이다. 《宋子大全 卷169 全羅監司李公神道碑銘》

25 궤연(几筵)에……저버렸으니 : 송시열이 당시 장기(長鬐)에 유배 중이었기에 상주인 이수언에게 조문하지 못한 것을 사과한 것이다.

26 문곡(文谷)의 시 : 송시열이 화양계곡에 지은 환장암(煥章菴)에 대해 김수항(金壽恒)이 지은 칠언의 장시(長詩)를 말한다. 《文谷集 卷4 爲尤齋寄題煥章菴》

27 암자의……것 : 암자는 330쪽 주23 참조. 1677년 당시 송시열이 장기에 유배 가서 돌보아 줄 형편이 못 되었기에 하는 말로 보인다. 《宋子大全 附錄 卷7 年譜6》

고 편지로 알려 왔다고 하던데, 오늘날의 형세가 어찌 그렇지 않을 수 있겠습니까. 다만 그 빌미는 전적으로 공의 산림에 있는 승려들이 시기하고 질투하여 그렇다고 들었는데, 혹시 그 우두머리 되는 자를 불러서 깨우쳐 마음을 돌리게 할 수 있겠습니까? 하고 싶은 말은 많지만 글자 하나 편지 반쪽까지 대부분 마포(麻浦)에서 사들인다[28]고 하니, 요즘 와서는 더욱 감히 삼가지 않을 수 없습니다.

28 글자……사들인다 : 마포는 서울 서강(西江)에 있는 윤휴가 거처하는 곳으로, 윤휴가 편지를 사들인다는 말이다. 《宋子大全隨箚 卷9》

이미숙, 중호, 화숙[29]에게 답함 정사년(1677, 숙종3) 12월
答李美叔仲豪華叔 丁巳十二月

상중에 있는 그대 형제들의 편지를 송천(松川)[30] 사람을 통해 받고서 말씀하신 많은 내용을 삼가 잘 알았습니다. 두 번째 기일이 더욱 다가오니 애통하고 그리운 마음이 더욱 절실하실 터인데 어떻게 견디시는지요. 서울로 돌아간 뒤로 어머님을 모시는 생활은 괜찮으며 또 예서(禮書)를 볼 여가는 있습니까? 그리운 마음 간절합니다.

중씨(仲氏)와 계씨(季氏)의 사창(社倉)에 대한 말씀은 실로 감히 청하지는 못하지만 참으로 바라는 바입니다. 금천(金川)은 더욱 다행입니다. 삼가 짤막한 글이 있어 대략 자초지종을 갖추어 말씀드립니다. 더하거나 지워서 돌려주시면 마땅히 권말에 기록하여 동지들이 알게 하겠습니다.

지난달에 조금 틈이 있어 일부 흩어진 서적을 점검하다가 문득 그대 선친의 글씨를 얻으니 감격스러워 흐르는 눈물을 참지 못했습니다. 그저 몇 마디 말을 뒤에 붙여 삼가 이렇게 봉하여 드립니다. 상심하고 목이 메는 나머지에 또한 거두어 보관하여 훗날의 사람에게 보이기를 바랍니다. 나머지는 감정을 억제하여 변화에 순응하셔서 부디 멀리서 바라는 마음에 부응하시기를 바랍니다.

29 중호(仲豪), 화숙(華叔) : 모두 이수언(李秀彦)의 아우이다. 《宋子大全隨箚 卷9》

30 송천(松川) : 청주(淸州) 서쪽에 있는 마을로, 완산 이씨(完山李氏)가 대대로 거주하는 곳이다. 《宋子大全 卷140 永慕堂記》

이미숙에게 답함 무오년(1678, 숙종4) 5월 4일

答李美叔 戊午五月四日

새벽에 막 부음을 받고 북쪽을 바라보며 길게 통곡하였고 채 가시지 않은 슬픔으로 근심하여 살고 싶지 않은 듯하였습니다. 그런데 문득 단산(丹山)에서 보내 준 윤달 13일 편지[31]로 심신이 위로되었고, 편지 받은 것이 더디다 하여 서운하지 않았습니다. 일찍이 그대가 이 도(道)의 도사(都事)에 임명되었다[32]고 들었습니다. 물론 밖으로 나가는 것이 어려우리라 짐작은 했으나 어쩌면 단산으로 살짝 움직인다면 또한 다행히 만나 뵙기에 편한 점이 있으리라 여겼더니 과연 처음 짐작한 대로입니다. 어리석은 자라도 한 가지 잘하는 점이 있다는 것이 참으로 빈말이 아닙니다.

중호(仲豪)가 한 해망(解網)[33]의 탄식이 이 일대(一隊)의 가법인데,

31 단산(丹山)에서……편지 : 단산은 영해(寧海)의 또 다른 이름으로, 이수언의 고모부 이상(李翔)의 귀양지이다. 1678년은 윤달이 3월에 들었다. 《宋子大全隨箚 卷9》《肅宗實錄 1年 5月 26日》

32 그대가……임명되었다 : 이수언은 1678년 3월에 경상도 도사에 임명되었는데, 윤3월에 병을 핑계로 개차(改差)를 청하였다. 《承政院日記 肅宗 4年 3月 25日, 閏3月 10日》

33 해망(解網) : 탕(湯) 임금이 들판에 수렵하러 나갔다가, 어떤 사람이 사방에 그물을 쳐 놓고 "하늘로부터 사방에 이르기까지 모두 내 그물 안으로 들어오라."라고 비는 것을 보고, 탕 임금이 다시 3면의 그물을 터놓은 채 "왼쪽으로 가고 싶으면 왼쪽으로 가고 오른쪽으로 가고 싶으면 오른쪽으로 가되, 나의 명을 따르지 않으려면 나의 그물로 들어오라."라고 하였는데, 제후들이 이 말을 듣고 "탕의 덕이 지극하여 금수에까지 미쳤다."라고 하였다는 고사에서 나온 말이다. 《史記 殷本紀》

예부터 실패했습니다. 선조조에 어떤 사람이 율곡 선생을 두고 "늘 남을 자기처럼 생각한다. 그래서 남에게 속지만 끝내 뉘우치지 않는다."라고 했는데, 중호는 참으로 이 가법을 잃지 않았습니다. 듣자니 이성(李姓)[34]이 제가 그 글을 꺼낸 것을 매우 한스러워하였다는데, 이는 지극히 가소롭습니다. 제가 꺼냈다면 우두머리의 글을 꺼내어 낭패를 보게 했을 것입니다. 어찌 굳이 승냥이와 이리를 두고 여우와 살쾡이에 대해 묻겠습니까. 이를 통해서 다시 마음속으로 웃었으니, 연평(延平)의 정해년(1587, 선조20) 상소[35]는 오로지 저들의 개인적인 편지를 꺼내어 증명해 내었는데, 만세의 공론이라는 성상의 비답을 얻었습니다. 개인적인 편지를 꺼낸 것은 우리의 가법이고, 앞뒤로 이랬다저랬다 뒤집는 것은 저들의 가법입니다. 이생(李生)이 연평과 똑같이 된 것[36]은 또한 영광이라 할 만하니 지극히 우습습니다.

34 이성(李姓) : 이옥(李沃)을 말한다. 처음에는 송시열을 매우 존숭하여 스승으로 섬기다가 송시열의 처벌 문제로 남인(南人)이 청남(淸南)·탁남(濁南)으로 분열되자, 청남에 속하여 송시열을 극형에 처하자고 주장하였다.《燃藜室記述 卷32 甲寅乙卯時事, 卷33 李沃柳命天之相鬩》《宋子大全隨箚 卷9》

35 연평(延平)의 정해년 상소 : 연평은 연평부원군 이귀(李貴)를 말한다. 그는 처음에 정여립이 이이를 스승으로 섬기면서 유명(儒名)을 가탁했다가 이이가 죽고 나서 동인의 세력이 확장되는 것을 보고 이이를 헐뜯었다. 그런데 정여립이 이이에게 보낸 편지에서 이이를 칭송하는 것을 보고는 상소하여 정여립의 이랬다저랬다 하는 태도를 아뢰고, 동인이 왕복한 서찰을 낱낱이 들어 이이가 참된 마음으로 힘써 분당을 조정하고 싶어 했던 상황을 밝혔다.《宋子大全隨箚 卷9》《宣祖實錄 20年 3月 1日》

36 이생(李生)이……것 : 이생은 송시열의 문인 이사안(李師顔)으로, 이옥이 송시열에게 보냈던 편지를 숙종에게 바쳐 이옥의 이랬다저랬다 하는 태도를 증명하였으므로 이렇게 말한 것이다.《宋子大全隨箚 卷6, 卷9》《肅宗實錄 3年 6月 16日, 4年 2月 12日》

이미숙에게 답함 기미년(1679, 숙종5) 11월 5일

答李美叔 己未十一月五日

파공(坡公)에게 “씨를 물고 날아온 것 분명 기러기와 고니이리라.〔銜子飛來定鴻鵠〕”라는 시구가 있는데 지금 ‘자(子)’ 자 위에 지붕을 덮었으니 후의에 감탄합니다.[37] 이곳의 일은 어찌 군이 물어보아야 알겠습니까. 주 선생(朱先生 주희(朱熹))이 경원(慶元 송 영종(宋寧宗)의 연호) 당시에 문인에게, 조 충간(趙忠簡 조정(趙鼎))이 바닷가에 있을 때 날마다 문인이며 벗들과 글을 주고받았으나 진회(秦檜)가 모조리 잡아 죽일 수 없다고 여긴 것은 저절로 하늘의 뜻이 있어서였다고 말했습니다. 그러나 충간이 오늘날처럼 겹겹으로 된 관문과 바다 너머에 있었다면 필시 글을 주고받을 수 없었을 것이니, 오늘날의 군자가 옛날의 일덕(一德)[38]보다는 낫다는 것을 알겠습니다. 우습습니다. 나머지는 더욱 《논어》를 공부하여 자신의 사욕을 이기고 몸을 반성하여 멀리 있는

37 파공(坡公)에게……감탄합니다 : 씨의 뜻으로 쓰인 ‘자(子)’ 자 위에 지붕을 덮으면 ‘자(字)’가 된다. 이수언의 편지를 두고 기러기가 씨를 물고 온 것과 같다고 말한 것이다. 파공은 호가 동파(東坡)인 송나라 소식(蘇軾)을 말하며, 그가 정혜원(定惠院)에 거주할 때 해당화에 대한 시를 지어 “누추한 고장 어디에서 이 꽃을 얻었나, 호사가가 서촉에서 옮겨 온 것이 아닐까? 한 치의 뿌리 천 리 길 옮겨 오기 쉽지 않으니, 씨를 물고 날아온 것은 분명 기러기와 고니이겠지.〔陋邦何處得此花? 無乃好事移西蜀? 寸根千里不易到, 銜子飛來定鴻鵠.〕”라고 한 데서 유래하였다. 《宋子大全隨箚 卷9》

38 옛날의 일덕(一德) : 진회를 말한다. 그는 스스로 화의(和議)로 태평함을 이룰 것이라 여기고 일덕격천각(一德格天閣)을 지었는데, 주희가 늘 진회를 일덕대신(一德大臣)이라 불렀다. 송시열은 이 고사를 가져와서 당시의 재상에 견준 것으로 보인다.

사람의 정성에 부응하시기를 부디 빕니다.

○ 오늘은 장인의 기일이라 죽은 아내를 생각하니 서글픈 마음 견딜 수 없습니다. 죽은 아내의 참된 효성은 실로 곁에 있는 사람을 감동하게 했었습니다.

별지

범맹박(范孟博)[39]이 "내가 죽으면 화가 막히리라."라고 하였는데, 오늘날은 범방이 죽지 않았기에 화가 막힐 기약이 없습니다. 사대부들이 고개를 넘었다는 소식을 들을 때마다 얼굴이 붉어지고 땀이 나며 몹시 슬퍼 어쩔 줄을 모르겠습니다. 요즘에 와서 갑을의 논의가 향리에서 일어났는데, 처음에는 근심할 것이 못 되더니 뜻밖에 점점 커져서 오늘날에 와서는 보합(保合)할 가망이 없는 듯하니 몹시 우려스럽습니다. 감정을 풀고 융화하여 진정시키는 것은 그대가 아니면 누가 하겠습니까.

우리가 그를 죽였다는 말[40]은 진실로 말할 바가 아니며, 마음은 실로 화를 벗어나고 싶었다는 말은 또한 너무 깊이 자책하는 것에 속합니다. 옛날에 주 선생이 벗에게 분노와 원망을 받자 "이는 남과

39 범맹박(范孟博) : 범방(范滂)으로, 맹박은 그의 자이다. 후한 말기에 이응(李膺), 두밀(杜密)과 함께 당시 청렴한 선비로 꼽혔다. 영제(靈帝) 때 당인이 죽음을 당하자 범방은 스스로 옥(獄)에 나아갔다. 《後漢書 黨錮列傳 范滂》

40 우리가……말 : 뒤의 내용으로 보아 송시열 제자의 죽음을 말하는 것으로 보이는데, 송시열의 문인 송상민(宋尙敏)이 송시열이 유배된 것이 부당하다는 내용의 상소를 올렸다가 영의정 허적(許積)의 탄핵을 받고 장살(杖殺)되었던 일을 말하는 것이 아닌가 추측된다. 《肅宗實錄 5年 3月 12日, 17日》

싸우면서 스스로 오른팔을 끊는 것이다."라고 하였으니, 이는 참으로 지극한 말입니다. 부디 세상의 도리를 위해 직접 분란을 잠재우는 것을 꺼리지 마시기를 지극히 빕니다.

이미숙에게 답함 신유년(1681, 숙종7) 6월

答李美叔 辛酉六月

외진 골짜기에 엎드려 지내며[41] 병든 심사가 무료하더니 문득 심부름꾼을 통해 보내신 편지를 받았습니다. 그대가 길을 나서서 아주 가까이 왔다는 것을 알고 화양동(華陽洞)에 있으면서 아침저녁으로 소식을 듣지 못하는 것이 한스러웠습니다. 가뭄이 심하다가 비가 왔으니 늦었지만 또한 다행입니다. 어제 바람이 변한 것도 심상치 않으니 하늘이 무엇 때문에 이렇게까지 진노했는지 모르겠습니다. 고삐를 돌릴 뜻이 있다는 소식을 받으니, 죽기 전에 만나는 것이 지극한 바람이지만 아마도 어렵지 않겠습니까.

대체로 나아가는 것이 물러나는 것만 못하다는 것은 예로부터 그러합니다. 세상의 도로 말하더라도 물러나기를 구하는 자가 많으면 좋아지기를 바라지 않아도 저절로 좋아지는 법입니다. 더구나 덕함(德涵)[42]의 편지를 보니 한 걸음이라도 분수령을 넘는 것은 더욱 마땅하지 않습

41 외진……지내며 : 송시열은 1680년 6월 유배지에서 돌아와 1681년 2월 화양에 있었고, 4월에 황간의 냉천(冷泉)에 있었으며, 7월에 회덕의 판교(板橋)에 있었다는 기록이 있으니, 6월에는 냉천에 있었던 것으로 보인다. 《宋子大全 附錄 卷8 年譜7》

42 덕함(德涵) : 임영(林泳, 1649~1696)의 자이다. 본관은 나주(羅州), 호는 창계(滄溪)이다. 이단상(李端相)・박세채(朴世采)의 문인이며, 윤증(尹拯)・이단하(李端夏)・남구만(南九萬) 등과 교유하였다. 송시열과 송준길(宋浚吉)에게도 배운 기호학파(畿湖學派)에 속했으나 이기론(理氣論)에 있어서는 이이(李珥)의 학설을 따르지 않고 다소 다른 견해를 제시하여 이황(李滉)과 이이를 절충하는 입장을 취하였다.

니다. 다만 시국의 위태로움이 이토록 극심하니, 충성을 바치려는 뜻이 간절하다면 줄곧 물러나 있는 것도 마땅하지 않습니다. 이것은 그대가 헤아려 어떻게 처신하는지에 달려 있습니다. 아끼는 마음이 깊기에 근심도 절실하니, 편안히 누워 있는 자가 들으면 반드시 한바탕 웃음을 터뜨릴 것입니다.

이미숙에게 답함 신유년(1681, 숙종7) 6월

答李美叔 辛酉六月

별지에서 하신 말씀은 삼가 잘 알았습니다. 다만 이른바 '비방을 쌓는다.'는 것은 무슨 일을 말하는지 모르겠습니다. 김(金)과 박(朴)[43]을 운운하는 것이라면 덕함(德涵 임영(林泳))의 편지를 대략 살펴보건대 대단한 데까지는 가지 않을 듯하니, 너무 지나치게 혐의를 가지고 굳이 물결을 일으켜 파란을 조장할 것까지는 없을 듯합니다. 성상께서 아랫사람의 사정을 살펴 헤아리신다는 말씀은 참으로 그러하지만, 저의 생각은 그뿐만이 아닙니다. 바로 지금 참된 마음으로 근심하고 아끼는 자가 누가 있습니까. 그런데 고을 경내의 흉악한 말[44]은 지극히 놀랍습니다. 인심이 이러하니 바로 급급하게 민생을 기쁘게 하여 나라의 근본

43 김(金)과 박(朴) : 김은 김진귀(金鎭龜)를, 박은 박태상(朴泰尙)을 가리킨다. 1680년 정세가 바뀔 때 가장 먼저 김수항(金壽恒)이 방면되어 곧바로 영의정에 임명되었다. 숙종이 김수항에게 "영의정의 을묘년(1675) 상소에서 홍우원(洪宇遠)이 양궁(兩宮)을 이간했다고 하였는데, 대간(臺諫)은 도리어 영의정이 이간의 죄를 지었다고 하였다."라고 하며 그 당시 발계(發啓)한 대간을 모두 잡아서 국문하게 하였는데, 승지 박태상이 입대(入對)하여 대간을 잡아다 국문할 수 없다며 제지하였다. 1681년에 김진귀가 대간으로서 이 일을 다시 논의하여, "그 당시 처벌을 청할 때 젊은 명사들이 대부분 훈척 대신을 밀쳐 내고 억누르는 것을 일삼으며 스스로 청론(淸論)이라고 하였다."라고 하자, 젊은이들은 모두 박태상을 옳다고 여기고 김진귀를 공격하였는데, 노론과 소론이 갈린 것이 이 일로부터 시작되었다. 《宋子大全隨箚 卷7》《肅宗實錄 1年 4月 1日・27日, 7月 15日, 7年 3月 26日, 4月 5日, 5月 1日, 9月 27日》

44 고을……말 : 청주 사람 박상한(朴相韓)이 기우제의 글을 통해 허물을 임금에게 돌리며 원망과 분노를 늘어놓았는데, 이 일을 가리키는 듯하다. 《宋子大全隨箚 卷6》

을 견고하게 해야 하는데 곧 방치한 채 잊어버린다면 참으로 어떤 지경까지 갈는지 모르겠습니다.

그대가 바로 이러한 시기에 논사(論思)하는 자리에 있게 되었으니[45] 바로 서둘러 조정으로 돌아가 마음을 다하고 힘을 다해 조금이라도 보태야 합니다. 이는 분수와 의리에 당연한 것입니다. 일찍이 율곡이 나아가고 물러나던 자취를 살펴보니, 임금이 미워하고 싫어하지만 않는다면 언제나 일에 전념하여 공적을 이루었으니 군자의 마음이란 생각건대 이와 같아야 하지 않겠습니까. 사림을 보합(保合)하려고 했던 것은 차라리 무고한 청양(靑陽)을 탄핵할지언정 갈라져 분열되기를 바라지 않아서였습니다.[46] 지극한 정성과 간절한 마음이 이와 같았으니, 오늘날의 일은 이것을 법으로 삼아야 할 듯합니다. 저를 깊이 인정해 주셨기에 이렇게까지 마음을 다 기울여 말씀드렸는데, 시속에 어둡다고 웃기까지 하지는 않으시겠지요.

45 논사(論思)하는……되었으니 : 1681년 상반기에 이수언은 부수찬, 헌납, 응교 등의 자리에 있었으며, 6월 말 경상도 관찰사에 임명되어 외직으로 나갔다. 《肅宗 7年 3月 17日・22日, 6月 19日・29日》

46 청양(靑陽)을……않아서였습니다 : 청양은 심의겸(沈義謙)을 가리킨다. "심의겸이 거상(居喪) 중 기복(起復)을 도모했으니 탄핵하자."라는 정인홍(鄭仁弘)의 말에 대해 이이가 오래전의 일이라 믿을 수 없다며 거절하였는데, 이발(李潑)이 이이에게 '심의겸 한 사람을 끊으면 사림이 모두 그대의 말을 들을 것이고 동서(東西)의 당이 다시 합하게 될 것'이라고 하자 이이가 마음을 움직여 정인홍과 함께 심의겸을 탄핵하였다. 《黨議通略 宣祖朝》

이미숙에게 답함 신유년(1681, 숙종7) 8월

答李美叔 辛酉八月

선조의 묘소를 수리하기 위해[47] 예랑(禮郞)을 따라 출발했는데, 구암(龜巖)에 와서 병이 나 그대의 재사(齋舍)에 투숙하였더니 보내신 편지가 벌써 와 있어, 열어 보고 위로되는 마음 이루 형언할 수 없었습니다. 일전에 받은 성상의 유시(諭示)는 매우 예사롭지 않아 당황스러워 어찌할 줄 몰랐습니다. 다만 질병이 이러하니 함부로 명에 응하고 싶어도 따를 방도가 없습니다. 그곳이 바쁘다는 것은 일찍이 익숙히 들은 바입니다. 그런데 정숙(靜叔)[48]이 앞에서 잘 분별하였던 것을 영감이 뒤에서 실추할 수 있겠습니까.

○ 성상의 말씀이 이와 같으니[49] 황송하고 근심스러운 마음 견딜 수 없습니다. 이 책은 퇴계에게서 나왔으나, 사실은 문인(門人)이 기록한 것입니다. 그러므로 거칠고 잡되며 잘못된 곳이 이따금 있습니다. 성상의 학문이 지극히 높은데 어찌 간파할 수 없겠습니까. 일전에 연석

47 선조의……위해 : 1681년 8월 송시열은 고조부모(高祖父母)의 무덤을 합봉(合封)하기 위해 청주 흑암(黑巖)에 갔다. 《宋子大全 附錄 卷8 年譜7》

48 정숙(靜叔) : 이한(李僩)의 자이다. 본관은 연안(延安)이다. 공주 목사, 충주 목사, 호조 참의 등을 지냈으며, 청나라의 강압에 못 이겨 이유(李愉) 대신 심양(瀋陽)에 볼모로 잡혀가 있기도 했다. 《東溟集 卷9 幽州歌送李靜叔以質子入瀋陽》

49 성상의……같으니 : 당시에 홍문관에서 《심경》을 진강(進講)할 때 《심경석의(心經釋疑)》를 참고할 것을 청하였는데, 《심경석의》에 착오가 많았기에 숙종이 송시열에게 명하여 교열하여 올리게 했다. 《宋子大全隨箚 卷9》

(筵席)에서 엿보니 퍽 불만스러운 뜻이 있었습니다. 이번의 이 교정은 실로 큰일인데 저는 이렇듯 융통성이 없고 견문이 좁으며, 또 다른 판본이 없어 참고할 길이 없으니 더욱 고민됩니다.

막 사람을 보내어 이 뜻을 알리려고 했으나 심부름할 사람이 모자라 하지 못하고 있었는데 마침 이 인편을 만났으니 얼마나 다행인지요. 부디 즉시 계신 곳[50]에서 이 책을 찾아내어 서둘러 사람을 정해 보내 주시기를 지극히 바랍니다. 도내에 이 글이 많이 있고, 안동(安東), 예천(醴泉), 예안(禮安) 등지에는 집집이 있습니다. 많을수록 좋은데 교정한 뒤에는 마땅히 일일이 돌려보낼 것이니, 전혀 잃어버릴 리 없습니다. 각각 책의 겉면에 그 주인의 이름을 쓰면 적절할 듯합니다.

또 이 책은 경연에서 이름을 '석의(釋疑)'라고 붙였습니다. 일찍이 도내의 여러 판본을 보았는데 '강록(講錄)'이라 칭하기도 하고 '기의(記疑)'라고 칭하기도 하며, '질의(質疑)'라고 칭하기도 하고 '석의'라고 칭하기도 하였습니다. 아울러 이 서너 가지 제목으로 물어본 뒤에야 얻을 수 있을 것입니다. 또 반드시 글씨를 잘 쓰는 자가 있어야 이 일을 마칠 수 있는데, 마침 과거가 있는 때라 유생의 도움을 바라기 어렵습니다. 그런데 이 도의 감영의 아전은 원래 부릴 만한 자가 없고 또 감히 말하지도 못하겠습니다. 영감께서 또한 반드시 헤아려 주십시오. 부디 영남에 있는 감영의 아전 중에 글을 잘 쓰는 네댓 사람에게 명하여 양식을 꾸려 와서 일하도록 서둘러 분부하시는 것이 어떻겠습니까. 이것은 개인적인 일이 아닙니다.

50 계신 곳 : 이수언은 당시 경상도 관찰사로 있었다. 《肅宗實錄 7年 6月 29日》

이미숙에게 답함 신유년(1681, 숙종7) 11월

答李美叔 辛酉十一月

이 편지와 손자가 얻은 별지를 받고서 여러 차례 병을 무릅쓰고 읽다 보니 문득 고질이었던 병세가 깨끗이 사라졌습니다. 정사를 잘 다스린다는 소문이 날로 퍼진다고 대략 들었는데, 이제 아마 욕하던 소리가 바뀌어 칭송하는 소리가 되었겠지요. 그러나 사대부의 언행은 혹시라도 이치에 어긋나는 것이 있다면 사대부가 되기에 부족합니다. 일찍이 주자(朱子)의 두 가지 말로 경화(更化)[51] 뒤 제공(諸公)께 공개적으로 널리 알리고 싶었으나 더불어 공개적으로 널리 알릴 만한 자가 없었기에 두루마리를 말고서 탄식만 했었습니다. 이제 별지를 갖추어 드리니 부디 자리 오른쪽에 두시는 것이 어떻겠습니까.

> 채경(蔡京)과 채변(蔡卞)이 반드시 원성(元城)[52]을 죽이려고 막 남쪽 끝에 도착하자마자 또 북쪽 끝으로 옮겼고 동서쪽에도 그러하여, 거의 빠짐없이 멀고도 살기 어려운 지역에 두었지만 그래도 죽지 않았습니다.[53] 그러자 채경 등이 또 원성을 죽일 자를 모집하여 이틀

51 경화(更化) : 1680년 숙종이 단행한 경신환국(庚申換局)을 말한다.

52 원성(元城) : 대본에는 '元成'으로 되어 있다. 《송원학안(宋元學案)》 권20 〈원성학안(元城學案)〉에 근거하여 '成'을 '城'으로 바로잡아 번역하였다.

53 채경(蔡京)과……않았습니다 : 원성은 북송(北宋) 때의 원성 출신인 유안세(劉安世)를 말한다. 그는 직언을 잘하였기 때문에 전상호(殿上虎)라 불렸는데 장돈(章惇), 채경 등 간신의 모함을 받아 영외(嶺外)로 귀양 가서 풍토가 좋지 못한 변방의 배소(配所)를 이리저리 옮겨 다녔으나 무사히 석방되어 돌아왔다. 《宋元學案 卷20 元城學案》

길을 하루 만에 가도록 했는데, 도착하기도 전에 그 사람이 죽어 버렸기 때문에 원성이 끝내 죽음을 면했습니다. 대체로 당시 군자 중에서 소인에게 질투를 받은 자로 원성만 한 이가 없었기에 당시와 후세가 모두 원성이 잘못이라고 하였지만, 오직 주 선생(朱先生 주희)은 중도를 얻었다고 여겨 "원성이 지위에 있으면 극언을 하여 숨김이 없었고 처벌을 받으면 순순히 받아들였으니, 오늘날 중도를 얻은 논의 중에 원성이 행한 것과 필적할 수 있는 자가 누구이겠는가."라고 하였으니, 주자가 한 말이 이상한 것입니까.-주자의 말은 《주자어류》에 보인다.-

"범 충선(范忠宣 범순인(范純仁))이 신주(新州)로 귀양 가는 채확(蔡確)과 원우(元祐) 연간의 귀양 가는 사람을 구원한 것은 지극히 당연한 행위이다."라고 하셨는데, 저는 일찍이 이 일을 논하여 "원우의 제공(諸公)이 채확을 제압할 수 없을까 우려하여 비방하는 말로 그들을 배척한 것은 물론 온당하지 못했지만, 범공은 미리 자신을 온전히 하려고 한 계획이었다. 이는 또한 이기적인 점을 면치 못하니, 모두 하늘이 죄 있는 자를 벌하는 뜻이 아니다."라고 했었습니다. "제공이 문득 '너에게서 나온 것은 너에게로 돌아간다'는 격언을 소홀히 여기고 빨리 되돌아온다는 경계[54]를 어겼기에 낭패를 자초했다."라고 말씀하신 것은 더욱 올바른 이치가 아닙니다. 후세에 군친(君

54 빨리 되돌아온다는 경계 : 인과응보(因果應報)의 경계를 말한다. 노자(老子)의 《도덕경(道德經)》에 "도(道)로써 임금을 보좌하는 자는 군사로써 천하를 강성하게 하지 않으니, 그 일이 빨리 돌아오기 때문이다."라고 하였는데, '그 일'이란 여러 가지 재앙을 말한다.

親)에게 무례하게 구는 자를 보고도 팔짱을 끼고 좌시하면서 감히 쫓아내지 않는다면 틀림없이 이 말 때문일 것입니다. 또 순(舜) 임금이 사흉(四凶)의 족속[55]을 멀리 쫓아냈는데 고요(皐陶)는 또한 '너에게서 나온 것은 너에게로 돌아간다'는 경계를 전혀 염두에 두지 않았으니, 이는 무엇 때문이겠습니까? 이 마음을 미루어 가면 아마도 사사롭지 않을 자가 없을 것입니다. 소자문(邵子文 소백온(邵伯溫))이 "명도(明道 정호(程顥)) 선생의 견해가 충선공과 일치했다."라고 한 것은 바로 행위가 서로 비슷한 것만 보고서 의도가 같지 않음을 몰랐던 것입니다. 대체로 털끝만 한 사이이지만 천리(天理)에서 나온 것이냐, 인욕(人慾)에서 나온 것이냐 하는 차이는 같은 수준에서 말할 수 없는 점이 있습니다.-이는 주자의 편지글이다.-

55 사흉(四凶)의 족속 : 《서경》〈순전(舜典)〉에 따르면 공공(共工), 환도(驩兜), 삼묘(三苗)의 군주, 곤(鯀)을 가리키며, 《춘추좌씨전(春秋左氏傳)》 문공(文公) 18년 조에 따르면 혼돈(渾敦), 궁기(窮奇), 도올(檮杌), 도철(饕餮)을 말한다.

이미숙에게 보냄 임술년(1682, 숙종8) 2월

與李美叔 壬戌二月

고운 봄에 영감의 일상생활을 신령이 돌보시는지 안부를 여쭙니다. 남쪽으로 온 분[56]의 다스리는 업적에 대한 칭송이 자자하니 부러워하는 마음 어찌 끝이 있겠습니까. 다만 다시 술자리를 찾아서 위의(威儀)를 손실하는 점이 없지 않다고도 말하는데, 서울의 사우들이 와서 하는 말도 서로 부합합니다. 이는 일에 해로울 뿐만 아니라 성명(性命)에도 해로운 것을 어찌 헤아릴 수 있겠습니까. 현재 인물이 흔치 않으니 그대 같은 분이 몇 사람이나 있습니까. 나라를 위하고 가문을 위하며 벗들을 위해 통렬히 금하여 장수하는 복을 받는 바탕으로 삼으시기를[57] 간절히 빕니다. 오늘날 아첨을 잘하는 것이 풍속이 되었으니 누가 기꺼이 그대를 위해 귀에 거슬리는 말을 하겠습니까. 부디 헤아려 주십시오.

56 남쪽으로 온 분 : 이수언이 당시 경상도 관찰사로 있었기에 하는 말이다. 《肅宗實錄 7年 6月 29日》

57 장수하는……삼으시기를 : 대본에는 '以延壽受福之地'로 되어 있다. 두주(頭註)에 근거하여 '以' 뒤에 '爲'를 보충하여 번역하였다.

이미숙에게 보냄 계해년(1683, 숙종9) 7월

與李美叔 癸亥七月

감히 안부 인사를 드리지 못한 지 오래되어 그리운 마음만 있습니다. 이즈음 늦더위에 형제분들은 부모님을 모시는 외에 모든 일이 어떠한지요. 저는 처벌을 기다린다는 상소를 함부로 올렸는데, 도리어 은근히 부르시는 비지를 받으니 두렵고 답답하여 어찌해야 좋을지 모르겠습니다. 가만히 듣건대 요리하는 것을 돕는 자는 음식을 맛보고 싸움을 돕는 자는 다친다고 하던데, 맛보는 것과 다치는 것은 모두 바랄 만한 것이 아닙니다. 고을 수령 자리를 얻어 부모님 모시기에 편하도록 하려는 것은 물론 그대의 평소 뜻인 줄 알고 있으나, 문을 닫고 책을 볼 것을 삼가 그대 아우들 중호(仲豪)와 화숙(華叔)을 위해 외워 봅니다. 이렇게 한다면 반드시 한없는 좋은 일이 있을 것이니, 장차 나쁜 소문이 미치지 않는 데만 그치지는 않을 것입니다.

이미숙에게 답함 병인년(1686, 숙종12) 1월 19일

答李美叔 丙寅正月十九日

새로 명협(蓂莢) 잎이 생겼다가 그 잎이 네 개나 떨어졌습니다.[58] 슬하에 형제들이 나란히 있으면서 부모님을 모시며 날을 보내고 있으니[59] 세상의 영욕이 저절로 그대 마음에 들어오지 않으리라 생각됩니다. 잘 모르겠지만 하늘과 땅 사이에 무엇이 이보다 즐겁겠습니까. 지금 새해가 된 뒤의 편지를 받아 보건대 과연 불평하는 뜻이 없으니, 과오를 깨닫고 힘을 얻은 효험이 아니겠습니까. 어떤 사람이 와서 "동 어사(佟御史)가 의론을 꺼내고 박 대간(朴大諫)이 정해진 벌에다 형벌을 더하여 연계(連啓)했다."라고 하니, 이는 필시 일 만들기를 좋아하는 경박한 사람들의 말입니다. 물결을 일으켜 파란을 조장하는 것은 결코 좋은 일이 아닙니다. 다른 사람의 입을 막을 수는 없으나 중호(仲豪)와 같은 사람들이 입조심을 하지 못한다면 어찌 아쉬워할 만한 일이 아니겠습니까. 몇 년 전부터는 온갖 생각이 모두 재가 되어 버려, 오직

58 새로……떨어졌습니다 : 명협은 요(堯) 임금 때에 뜰에 자라났다는 상서로운 풀로, 매월 초하루부터 15일까지는 매일 한 잎씩 나오고 16일부터 그믐날까지는 매일 한 잎씩 떨어졌으므로 이것을 인하여 달력을 만들었다고 한다. 여기서는 새해 들어 15개의 잎이 나온 뒤 4개의 잎이 진 것이니, 1월 19일이 되었음을 말한다.

59 슬하에……있으니 : 이수언은 함경도 관찰사로 재직 중이던 1684년 12월에 삼(蔘)을 캐느라 국경을 넘어간 병사들을 단속하지 못했다는 이유로 추고(推考)를 받고 고신(告身)을 빼앗겼다가 1686년 12월 한성부 우윤이 되었는데, 이 1년 사이에 고향에 내려가 있었던 듯하다.《承政院日記 肅宗 10年 3月 25日, 11年 11月 10日, 12月 15日, 12年 12月 21日》

나라에 일이 없고 마을이 편안하고 조용하며 문을 닫고 죽을 먹으면서 이 노년을 보낼 수 있기만을 바랍니다.

이미숙에게 보냄 병인년(1686, 숙종12)

與李美叔 丙寅

순경(荀卿)은 성(性)을 악한 것이라 하면서 "요순(堯舜)은 위선자이고 걸주(桀紂)는 본성대로 한 사람이고 자사(子思)·맹자(孟子)는 천하를 어지럽힌 사람이다."라고 하였으며, 마융(馬融)은 본시 호탕한 사람으로 신모설(臣母說)[60]을 만들어 만세에 화를 끼쳤는데, 저번에 적휴(賊鑴 사문난적 윤휴(尹鑴))는 이를 이어받은 자입니다. 제가 효종 시대를 만났으나 감히 순경 등을 문묘(文廟)에서 추방하자고 주청하지 못한 것은, 일에는 완급이 있으므로 공업(功業)이 완성되고 정치가 안정되는 날을 기다려도 늦지 않다고 여긴 때문인데, 지금 중신(重臣)이 중국의 제도를 들어 이 일을 주청하니[61] 가렵던 곳을 긁는 것 같습니다.

그러므로 감히 성상의 물음에 대해 저의 의견을 말씀드린 것인데, 뜻밖에 무식한 젊은이[62]가 반대하고 나서서, 이미 뚜렷해진 중론(重論)

60 신모설(臣母說) : 어머니를 신하로 삼을 수 있다는 설을 말한다. 무왕(武王)이 "나는 잘 다스리는 신하 열 사람을 두었다."라고 한 말에 대해, 마융의 주(註)에 "다스리는 신하 열 사람이란 주공단(周公旦), 소공석(昭公奭), 태공망(太公望), 필공(畢公), 영공(榮公), 태전(太顚), 굉요(閎夭), 산의생(散宜生), 남궁괄(南宮适)과 또 한 사람은 문모(文母) 즉 문왕의 비(妃)이자 무왕의 어머니인 태사(太姒)이다."라고 한 것을 가리킨다. 《論語集註 泰伯》

61 중신(重臣)이……주청하니 : 중신은 이조 판서 김석주(金錫胄)로, 차자를 올려 문묘의 제사 의식을 개정할 것을 청하였다. 《肅宗實錄 7年 11月 9日》

62 무식한 젊은이 : 박태보(朴泰輔)를 가리킨다. 송시열보다 47세 연하로, 그가 올린 상소에 "오늘날 신하들은 식견과 염려가 원대하지 않아 전하를 보필하고 인도하여 성명

을 성상의 명이 내려진 뒤에 저지하려 하니, 세상의 도가 이로부터 크게 변하게 되었습니다. 요순이 진정 위선자이고 걸주가 진정 본성대로 한 사람이며, 자사·맹자가 진정 천하를 어지럽힌 사람이고 신모설이 진정 정론(定論)이라면, 이는 종전에 요순과 자사·맹자의 글을 읽은 이가 이 시대에 벼슬하러 나오려 하지 않을 터이니 그 장래가 어떻게 되겠습니까.

그대가 추고(推考)를 받은 일은, 염(髥)이란 자가 박성의(朴性義)[63]를 구출하려 한 뒤부터 논의가 한결 달라져 사론(邪論)을 부르짖는 무리가 의기양양해지고 온 조정이 여기에 쏠리게 되었기 때문이니 참으로 개탄스러운 일입니다.

(聖明)의 자질에서 치우친 부분을 바로잡고 도우려는 생각은 하지 않고, 갑자기 전하를 도와 선유(先儒)를 배척하여 내쫓도록 하고, 중전(重典)을 훼손하게 했다."라는 말이 있었기에 하는 말이다. 《宋子大全隨箚 卷9》《肅宗實錄 7年 12月 20日》

63 박성의(朴性義) : 경상도 유생이다. 1681년 9월 25일에 허락된 이이와 성혼의 문묘 종사에 대해 이이는 머리를 깎은 적이 있으며, 성혼은 선조가 피난할 때 그가 살고 있는 곳을 지나가는데도 알현하지 않았다는 사실을 들어 반대하는 상소를 올렸다. 그는 대계(臺啓)에 따라 해남에 정배(定配)되었고, 그 후로 8개월 동안 이 문제로 공방이 계속되다가 1682년 5월 20일 문묘 종사가 단행되었다. 《宋子大全隨箚 卷9》《肅宗實錄 7年 9月 25日·27日, 10月 8日, 8年 5月 20日》

이미숙에게 답함 정묘년(1687, 숙종13) 5월

答李美叔 丁卯五月

영롱한 골짜기[64]에서 천 리 밖의 안부 편지를 받으니 수석(水石) 사이에 마주하여 술 마시던 때인 것만 같습니다. 다만 부모님을 모시는 여가에 형제들과 어울려 지내는 나머지 술에 절제가 없어, 때로 혹 성상께서 은총으로 타이르신 말씀을 잊지는 않았는지 늘 마음에 잊히지 않아 저도 모르게 편지에 드러내었습니다. 저는 아직 죽지 않고 있는데, 천 사람이 손가락질하면 병이 없어도 죽는다는 것은 참으로 빈말이 아닙니다. 가만히 듣자니 훌륭한 상소[65]가 한번 나오자 피차가 모두 노하였다고 합니다. 이런저런 자세한 사정이 어떤지 모르겠으나 대체로 근원은 모두 이 사람이 빌미가 된 것이니 두렵고 답답한 마음 견딜 수 없습니다.

64 영롱한 골짜기 : 송시열은 1686년 10월 중순 무렵부터 회덕의 홍농리(興農里) 서재에서 지내고 있었다. 《宋子大全 附錄 卷10 年譜9》

65 훌륭한 상소 : 이수언이 송시열을 변무(辨誣)하고 윤휴를 통렬히 배척한 상소를 말한다. 《宋子大全隨箚 卷9》《肅宗實錄 13年 3月 22日》

이미숙에게 답함
答李美叔

강화도의 일은 맨 처음 창주공(滄洲公 김익희(金益熙))을 통해 들었습니다. 이 벗은 강화도가 패배했다는 소식을 듣고서 그 모친도 반드시 무사하지 못할 것이라 여겨, 죽음을 무릅쓰고 달려가다가 삼전도(三田渡)에 이르러 부음을 듣고는 청나라의 진(陣)에 뛰어 들어가 모친의 시신을 거두어 교하(交河)의 강가에 임시 빈소(殯所)를 마련하였습니다. 그는 강화도에 오래 있었으므로 그곳의 사실을 매우 소상하게 알았는데, 그가 일찍이 권(權 권순장(權順長))·윤(尹 윤선거)의 일을 말하다가 장씨(張氏)에게 시집간 누이의 일[66]에 미쳐서는 흐느끼며 목이 메었으므로, 저도 차마 자세한 것을 더 묻지 못했습니다.

기축년(1649, 효종 즉위년)에 제가 명을 받고 들어갔을 때 장 수찬(張修撰 장차주(張次周))이 저에게 와서 "장차 고신(告身)을 반납하고 체직을 청할까 한다."라고 하기에, 저는 막 시골에서 올라온 터라 그 까닭을 알지 못하고 다만 그러느냐고 하였습니다. 장 수찬이 간 뒤에 창주가 책망하여 "장 수찬이 고신을 반납하겠다는 데는 그만한 생각이 있어서인데, 어찌 그처럼 냉담하게 답하였느냐."라고 하였습니다. 그래서 제가 "나는 그 까닭을 알지 못했기 때문이었다."라고 하였더니, 창주가 "강화도의 일에 대해 사람들의 말이 있기 때문이다."라고 하기

66 장씨(張氏)에게……일 : 장차주에게 시집간 김익희의 누나는 강화도가 청나라 군대에 함락되던 당시 윤선거의 아내와 마찬가지로 자결하였다. 《大東野乘 逸史記聞》

에, 제가 사과하여 "나는 전혀 몰랐다."라고 하였습니다. 저는 창주의 누님을 한집안의 친척처럼 여겨 왔기에 창주가 그 까닭을 차마 말하지 못하는데 제가 무슨 마음으로 자꾸 캐묻겠습니까.

갑자년(1684, 숙종10) 가을에 장세남(張世南 장차주의 아들)이 서울에서 귀향하는 길에 저의 집에 들러서 그가 먼저 지난날의 일을 꺼내어 "제가 철이 들었을 때 할머니께서 생존해 계셨는데, 일찍이 눈물을 흘리면서 '윤선거의 성명만 들으면 내 마음이 깜짝 놀라곤 한다.' 하셨습니다."라고 하였습니다. 장세남은 또 "제가 후생이기는 하나 가친(家親)의 일을 어찌 자세히 알지 못하겠습니까. 할머니께서 늘 '너의 아비는 실로 윤선거와 같은 처사가 없었다.' 하셨습니다.……"라고 하였습니다. 대체로 제가 장 수찬에게 창주에 대해 들은 것이 없는데, 아무리 남의 말이 있다 한들 어찌 믿을 만하겠습니까. 더구나 장세남의 말을 듣고 보니 더욱 할 말이 없었습니다. 이 일은 장세남에게 물어보면 알 수 있습니다. 저번에 윤윤(尹胤 윤선거의 아들 윤증)이 저더러 말을 꾸며냈다며 저를 원망하기에 제가 할 수 없이 변명을 하면서 마침내 창주를 들어 말하였습니다. 곧바로 생각해 보니, 그저 웃고 받아들였더라면 좋았을 텐데 이러쿵저러쿵 말하였으니 너무 잘못된 처사였습니다. 이제는 아무리 후회해도 소용이 없었으므로 엊그제 상소에서 이 일을 대략 언급하였습니다. 대체로 저는 윤윤이 다그치기에 부득이 말하였던 것도 후회하기에 겨를이 없는데, 더구나 장(張)에 대해서야 말할 나위가 있겠습니까. 말세에 사람들의 말이 이와 같으니 참으로 두렵습니다.

이미숙에게 답함 무진년(1688, 숙종14) 1월
答李美叔 戊辰正月

늘그막에 자식을 잃은 슬픔[67]은 그치려고 해도 그치지 않으니 이것이 참으로 무슨 마음인지 모르겠습니다. 방금 인편으로 보내신 위로 편지를 받으니 저의 마음이 몹시 위로되었습니다. 오랑캐 조정을 찾아가는 것은 까닭이 있어서 면하게 되었으니 참으로 새옹지마입니다.[68] 저들에게 죄를 얻기보다 저들에게 총애를 얻는 것이 어떻습니까. 조물주가 변화의 기틀을 요동시켜서가 아니겠습니까. 말씀하신, 운운했다는 말은 병든 사람의 생각이 어지러워 자초지종을 자세히 모르겠습니다. 오늘 아침 문득 청풍(淸風)[69]이 공에게 부치는 편지를 받았습니다. 그런데 그 일이 뒤에는 또렷이 어제 일인 것만 같습니다.

오늘날의 군자가 설치한 기관과 함정은 심하게도 촘촘합니다. 이것은 병인년(1686)에 우연히 읊어 연지(延之 김수증(金壽增))와 치도(致道 권상하(權尙夏))에게 보여 주었던 것입니다. 저들이 깊이 감추고 은

67 자식을 잃은 슬픔 : 민씨(閔氏)에게 시집간 서녀(庶女)가 1687년 12월 사망했다. 《宋子大全 附錄 卷10 年譜9》

68 오랑캐……새옹지마입니다 : 1687년 12월 청나라 강희제(康熙帝)의 할머니 효장태황태후(孝章太皇太后)가 사망하였기에 이수언이 진위 겸 진향사(陳慰兼進香使)로 뽑혔다가 홍만종(洪萬鍾)이 가게 된 것을 말한다. 《宋子大全隨箚 卷9》《承政院日記 肅宗 14年 1月 12日》

69 청풍(淸風) : 당시 청풍 부사(淸風府使)는 영의정 김수항(金壽恒)의 아들 김창협(金昌協)이다. 《承政院日記 肅宗 13年 11月 21日》

밀히 단속하여 기다렸다가 14년이 되자마자 재빨리 꺼내었습니다.[70] 대역죄의 화를 전가하려고 하는 것이 어찌 다른 사람의 소행이겠습니까. 나양좌(羅良佐)는 앞서 회상(檜相)이라는 것으로 편지를 위조하여 실마리를 잡아서 문제를 일으켰는데,[71] 다행히 문곡(文谷 김수항(金壽恒))이 명철하고 정직했던 덕분에 그가 뜻을 이룰 수 없었습니다. 그러나 보충할 일이 끝없을 것이니, 참으로 이른바 사슴이 산림에서 달리지만 목숨은 주방에 달린 격[72]입니다. 한바탕 큰 웃음을 터뜨릴 만합니다.

대감이 치욕적인 의절(儀節)에 저들을 추천하지 않고 굳이 중경(仲庚)을 추천한 것[73]은 섭섭할 만합니다. 중경은 석실(石室 김상헌)의 자

70 저들이……꺼내었습니다 : 1686년 송시열이 김상헌의 장손 김수증, 수제자 권상하에게 준 시에 "탄식스럽네 애공 십사 년 봄에, 공자가 기린 보고 눈물지은 것이.〔歎息哀公十四春, 遑遑尼父泣麟身.〕"라는 구절이 있었는데, 이이를 모신 석담서원(石潭書院)이 황폐한 것을 슬퍼하여 지은 것이었다. 2년 뒤 1688년에 와서 윤증(尹拯) 등이 이 시를 문제 삼아 '금년이 금상(今上)의 즉위 14년이니 애공을 금상에 비유한 것'이라고 하여 옥사를 일으키려 하였다. 《宋子大全 卷113 與朴士元朴受汝》《宋子大全 附錄 卷11 年譜10》《宋子大全 卷4 次古韻示谷雲黃江求和》

71 나양좌(羅良佐)는……일으켰는데 : 회상(檜相)은 금나라와 화친하자고 주장했던 간신 진회(秦檜)를 말한다. 나양좌가 송시열과 김수항의 관계를 멀어지게 하려고, 송시열이 김수항을 남송(南宋)의 진회와 같은 사람이라고 했다는 내용으로 편지를 위작한 일을 말한다. 《宋子大全隨箚 卷9》

72 사슴이……격 : 목숨은 천명에 달려 있다는 말이다. 제(齊)나라의 최저(崔杼)가 장공(莊公)을 시해하고 사대부들을 모아 맹약을 맺으면서, 그 뜻에 동조하지 않는 자는 모두 죽이겠다고 했는데, 안영(晏嬰)이 이를 거절하고 돌아가는 길에 마부가 급히 수레를 몰자, 안영이 "사슴은 산속에 있지만 그 목숨은 주방에 있네. 목숨은 매인 바가 있으니 어찌 빨리 달리겠는가."라고 말하며 수레를 느긋이 절도에 맞추어 몰게 하면서 떠나갔다는 고사에서 유래하였다. 《韓詩外傳 卷2》

73 치욕적인……것 : 중경은 이세백(李世白, 1635～1703)의 자이다. 목사 이정악(李

손이 아닙니까. 그런데 이분이 대감과 무슨 상관이 있습니까. 대체로 이번 행차는 곤란하다 해도 달마다 있으니 또한 좋습니다. 매우 우습습니다.

挺岳)의 아들이며, 김상헌의 외증손, 김수항의 생질이다. 진위 겸 진향사로 이수언을 대신하여 홍만종이 뽑혔다가 당시 광주 유수(廣州留守)로 있던 이세백으로 다시 바꾸었는데, 비변사에서 광주 유수가 몇 년 사이 너무 자주 교체되었다며 유임할 것을 청하여 홍만종이 그대로 가게 된 일이 있다. 《承政院日記 肅宗 14年 1月 12日, 16日, 17日》

이미숙에게 답함 무진년(1688, 숙종14) 7월
答李美叔 戊辰七月

늘 생각한다는 것이 헛말이 아닙니다. 문을 닫고 신음하던 중 멀리서 보낸 편지를 받으니 마주하여 대화를 나누는 것 같아 위로되는 마음 형언할 길이 없습니다. 대왕대비께서 몸이 편치 못한 지 벌써 오랜 시일이 지났으니 신민의 근심이 어찌 끝이 있겠습니까. 수동(壽洞)이 마침 이런 때에 조그만 비방 때문에 청하지도 않았는데 저절로 물러나게 되었으니[74] 복 있는 사람이라 하겠습니다. 저의 집은 기쁜 일은 없고, 방금 아이가 파직되었다는 말을 듣고는 거의 잠을 못 이룹니다. 자삼(子三) 또한 편리를 얻었으니[75] 무엇을 한탄하겠습니까.

사마귀의 비유는 생각이 정밀하지 못한 듯합니다. 범 충선(范忠宣)

74 수동(壽洞)이……되었으니 : 수동은 이선(李選)이 사는 곳이다. 그는 앞서 여성제(呂聖齊)를 논핵하였기에 남인이 크게 미워하였는데, 1688년 여러 차례 사직 상소와 개차(改差)를 청하는 계사와 상소를 올리다가 4월에 소분(掃墳)을 이유로 정사(呈辭)하여 말미를 얻었다. 얼마 뒤 장령 권항(權恒)이 자신의 사욕만 채우고 공의(公義)를 막는다는 이유로 이선의 체직(遞職)을 청하는 것을 시작으로 7월에 체차의 명이 내릴 때까지 사헌부에서 파직불서(罷職不敍)를 청하는 계사를 연이어 올렸다. 《宋子大全隨箚 卷9》《肅宗實錄 13年 8月 6日》《承政院日記 肅宗 14年 2月 6日, 4月 16日・25日, 5月 6日, 7月 10日》

75 자삼(子三)……얻었으니 : 자삼은 이무(李堥, 1621~1703)의 자이다. 덕양군(德陽君) 이기(李岐)의 현손(玄孫)으로, 남인을 배척하고 서인을 적극 옹호하였다. 당시에 공조 참의로 있었는데 광주(廣州)에 있는 묘소에 가토(加土)한다는 이유로 정사하여 말미를 받았다. 《寒水齋集 卷26 知事李公墓碣銘》《承政院日記 肅宗 14年 4月 22日》

이 음으로 스스로를 온전히 할 계책을 세워 원풍(元豐)의 당(黨)을 보호했는데, 원풍이 뜻을 얻고 나서 그도 벗어나지 못했으니,[76] 이것은 꾀를 잘 꾸미는 자가 꾀 때문에 실패한 것입니다. 옛날에 소북(小北)이 반대편 사람들을 보호하는 데 매우 힘써 뒤에 마침내 그 보답을 받았는데, 이는 보호한 대상이 어진지 아닌지가 달라서입니다. 오늘날의 사람은 어질다고 여겨 보호하는지 아니면 어질지 못한데도 보호하는지 모르겠습니다. 그가 과연 어질다면 반드시 그 보답을 얻을 것이니 그 뒤에 어찌 사마귀의 의론이 있겠습니까.

대체로 범공은 군자이지만 일단 자신을 위해 도모한 만큼 나라를 위해 꾀하지 않음으로써 나랏일을 크게 망쳤습니다. 더구나 범공보다 어질지 못한 자의 경우야 어찌 깊이 의심할 것이 있겠습니까. 오늘날의 일은 물러나 자신을 지키면서 옛날 밝고 지혜롭던 이들의 자취를 찾는 것이 합당합니다. 오직 타우(打愚)의 처신은 다 좋지만은 못하니 어떻게 결말이 날지 몰라 지극히 염려스럽습니다.[77]

76 범……못했으니 : 원풍은 송나라 신종(神宗)의 연호이고 신종은 왕안석(王安石) 등 신법당(新法黨)을 등용했으므로, 원풍의 당을 보호했다는 것은 신법당을 보호했다는 말이다. 범 충선의 일에 대해서는 《송자대전》 권86 〈이미숙에게 답함〔答李美叔〕(신유년 11월)〉 참조.

77 타우(打愚)의……염려스럽습니다 : 타우는 이상(李翔)의 호이다. 그가 먼 친척 유두성(柳斗星)이 계모와 정을 통하였다고 상소함으로써 옥사가 일어났는데 무고로 판명되어, 증인을 교사하고 재산을 탐냈다는 죄로 처벌받고 1690년 옥사하였다. 뒤에 남구만 등이 그의 억울함을 아뢰어 1695년 복관(復官)되었다. 《肅宗實錄 14年 5月 11日, 11月 25日, 16年 1月 19日, 21年 5月 14日》《燃藜室記述 卷36》

이미숙에게 보냄 무진년(1688, 숙종14) 8월

與李美叔 戊辰八月

듣자니 새로 임명된 전라도 관찰사[78]가 오는 것을 막았다고 하는데, 이는 무슨 도리입니까. 우리 집이 본래 화란의 빌미라서 백척간두에 있는데 어찌 큰 허물을 재촉할 수 있겠습니까. 또 주(疇 송주석)가 체직되어 돌아오는 것은 우리 집의 형편에 매우 편한 일입니다. 밤낮으로 바라는 것인데 혹시 이 때문에 막는 것이라면 어찌 몹시 큰 불행이 아니겠습니까. 부디 바라건대 깊이 생각하셔서 서둘러 앞의 의논을 중지하는 것이 어떻겠습니까.

78 새로……관찰사 : 이지익(李之翼)을 말한다. 1688년 8월 대사헌으로 있던 이수언은 이지익이 예전에 윤휴에게 아부하고 김장생을 무고하다가 북번(北藩)에 제수되자 상소를 올려 탄핵하려고 하였으나 동조하지 않는 이들이 있어 사헌부 관원 여럿이 모두 인피하는 일이 있었다. 이 일로 이수언은 체임되었다.《肅宗實錄 14年 8月 11日》

이미숙에게 답함 무진년(1688, 숙종14) 9월

答李美叔 戊辰九月

신민(臣民)이 복이 없어 자의성모(慈懿聖母)께서 마침내 승하하셨으니[79] 온 나라가 깊은 애통함을 절로 그칠 수 없습니다. 삼가 생각건대 성상께서는 오륙 년 사이에 거듭 큰 슬픔을 당했고[80] 천연두를 앓은 뒤 원기도 미처 회복하지 못하셨으니 우려를 어찌 다 말할 수 있겠습니까. 보내신 편지는 참으로 감사합니다. "죄는 자신이 지었는데 공연히 선량한 사람들을 더럽힌다."라는 것은 옛사람의 말입니다. 저의 손자가 훌륭하지는 않지만 일찍이 겸손히 물러나 다투지 않으리라 마음먹었는데 문득 그대 때문에 오히려 대간(臺諫)에게 부탁하여 상관을 탄핵하게 한 죄[81]를 받았으니, 그대 입장에서는 편안한지 아닌지 모르겠습니다. 그가 당초에 즉시 식구들을 보내고 뒤따라 돌아와서 글을 올려

79 자의성모(慈懿聖母)께서 마침내 승하하셨으니 : 자의성모는 인조의 계비(繼妃) 장렬왕후(莊烈王后) 조씨(趙氏)로, 숙종에게는 증조모가 된다. 1688년 8월 26일 승하했다. 《肅宗實錄 14年 8月 26日》

80 성상께서는……당했고 : 1680년 숙종의 비 인경왕후(仁敬王后)가 세상을 떠났고, 1683년 어머니 명성왕후(明聖王后)가 세상을 떠났다.

81 대간(臺諫)에게……죄 : 당시 송주석(宋疇錫)이 용담 현령(龍潭縣令)으로서 새로 부임한 관찰사 이지익(李之翼)과 피해야 할 혐의가 있었기에 체직되어 돌아갔는데, 이수언이 마침 대간으로서 이지익을 탄핵하는 일이 있자, 남인(南人)들이 이것을 송주석이 부탁한 것이라고 말했다. 1688년 10월에 이지익은 송주석이 어버이의 병을 이유로 말미를 받아 귀가했다가 돌아오지 않는다는 이유를 들어 파직을 청하는 서목(書目)을 올린다. 《宋子大全隨箚 卷9》《肅宗實錄 14年 7月 11日, 8月 11日》

체직되기를 기다렸더라면 일이 매우 조용하게 되었을 것입니다. 뜻밖에 이런 좋지 않은 제목을 얻으니, 이 또한 운수입니다. 그러나 이미 이렇고 보면 순하게 받아들여야만 하는데, 이제 국상 때문에 사사로운 거처에서 국상의 의절(儀節)을 행할 수 없어 경황없이 현으로 돌아갔습니다. 성복을 하면 즉시 돌아와 체직을 기다릴 것입니다.

이미숙에게 답함 무진년(1688, 숙종14) 12월
答李美叔 戊辰十二月

청교(靑郊)에서 만났다 헤어지면서 저의 마음만 어지러웠습니다. 차가운 골짜기에서 문을 닫고 참담하게 스스로 위태로워하고 있는데 문득 보내신 편지를 받으니 위로와 감사의 마음 말로 형용할 수 없었습니다. 듣자니 교상(膠庠)[82]이 사달을 야기한다는데 이러한 시기의 의리는 그저 마땅히 치욕을 영예로 여기고 물러나 스스로 수양하며 문을 닫고 책을 보는 것이 제생(諸生)이 당장 해야 할 일이 아니겠습니까. 이러한 말로 가숙(家塾)에 엄하게 훈계하는 것이 어떻겠습니까.

82 교상(膠庠) : 학교를 뜻하는 말로, 여기서는 향교나 성균관 등을 일컫는다. 주대(周代)에 태학(太學)을 교(膠)라고 하고 소학(小學)을 상(庠)이라고 하던 데서 유래하였다.

민사앙[83] 태중 에게 답함 무신년(1668, 현종9) 1월 11일

答閔士昂 泰重○戊申正月十一日

일전의 만남은 바쁘고 급하게 헤어진 것이 늘 아쉬웠는데, 이제 문득 해가 바뀌니 그리움이 배로 더하였습니다. 이제 멀리서 보낸 편지를 받고 객지 생활이 편안하신 것을 알고서 위로되는 마음 이루 말할 수 없습니다. 이번 겨울 끝자락에 큰 병을 앓아 스스로 행운이 없으리라 여겼는데, 며칠 전부터 약간 생기가 있습니다.

물어보신, 아버지 때의 조주(祧主)는 자기와의 친함이 아직 다하지 않았더라도 다른 방(房 친족이 갈라져 나온 갈래) 중에 자기보다 어른인 자가 있다면 마땅히 차례대로 제사를 받들어야 합니다. 이미 우리 집에 있으니 옮기지 않고 해 오던 대로 계속하겠다고 말할 수는 없습니다. 저의 뜻이 이와 같으나 예를 아는 자는 어떻게 여길는지 모르겠습니다.

나머지는 따뜻해져 가는 날씨에 더욱 몸조심하십시오.

83 민사앙(閔士昂) : 민태중(閔泰重, 1640~1692)으로, 사앙은 그의 자이고, 본관은 여흥(驪興)이다. 민정중(閔鼎重)의 족제(族弟)로 어려서 민정중에게 수학하고, 후에 송준길과 송시열의 문하에서 수학하였다. 《寒水齋集 卷27 察訪贈掌令閔公墓碣銘》

민사앙에게 답함 을묘년(1675, 숙종1) 1월 9일
答閔士昂 乙卯正月九日

편지를 받고서 병고가 그치지 않는 줄 알게 되니 그지없이 염려스럽습니다. 심기를 편안하게 가질 수 없다는 말씀은 참으로 그러할 것입니다. 그러나 지금 사람의 비난이 심하다 해도 죽은 자[84]는 까마득히 모르는 것이, 남면(南面)하여 사는 즐거움보다 해골이 낫다[85]는 경우와 같은 점이 있습니다. 분수에 넘치게도 이응(李膺), 두밀(杜密)[86]과 나란하니 영예가 지극한데, 방관자가 또 어찌 구태여 이렇게 말씀하시는지요. 서울 소식은 최근에 오지 않았습니다.

84 죽은 자 : 송준길(宋浚吉)을 말한다. 그가 종향(從享)되기 전에, 세수(世數)가 찼기 때문에 그 아래 한 신위(神位)까지 모두 체천(遞遷)해야 했는데, 장방(長房)에 해당하는 자들이 대부분 빈한하고 잔약한 것을 염려하여 종가에서 구사(舊祠)의 담장 밖에다 따로 하나의 사우를 세워 봉향(奉享)하고, 제사를 주관하는 자로는 장방의 이름을 사용하였다.《渼湖集 卷7 答李仲心》

85 남면(南面)하여……낫다 : 세상의 시비에 얽히지 않아 마음 편하리라는 말이다. 《장자(莊子)》〈지락(至樂)〉에, 장자와 해골의 대화 중 "위로 임금도 없고 아래로 신하도 없으며 사시(四時)도 없는 가운데 천지(天地)를 춘추(春秋)로 삼고 있으니, 남면하는 임금의 즐거움이라 하더라도 이보다는 못할 것이다. 내가 어찌 남면하는 임금과 같은 즐거움을 버리고 다시 수고로운 인간 세상에 되돌아갈까 보냐."라고 한 해골의 말이 있다.

86 이응(李膺), 두밀(杜密) : 후한 영제(後漢靈帝) 때 환관들의 전횡을 막기 위해 환관들을 모살하려다 실패했던 인물로, 이응은 옥사하고 두밀은 자결하였다.《後漢書 黨錮列傳 李膺, 杜密》

민사앙에게 답함 을묘년(1675, 숙종1) 1월 15일

答閔士昂 乙卯正月十五日

막 답장을 썼는데, 이어서 보내신 편지를 거듭 받으니 몹시 위로되었습니다. 다만 비관하는 말이 많아 제가 멀리 귀양 와 있는 것을 한스러워하는 듯합니다만, 회옹(晦翁 주희)은 서산(西山 채원정(蔡元定))의 귀양에 대해 전혀 탄식하거나 위로하는 말이 없었습니다. 스스로 병이 무거운 것을 탄식한 것은 운명에 맡긴 것이니 본래 이야말로 사군자(士君子)의 달관한 식견입니다. 그런데 어찌 구태여 이렇게 말씀하시는지요. 다만 잘 조리하여 멀리서 보내는 정성에 부응하시기를 바랍니다.

민사앙에게 답함 을묘년(1675, 숙종1) 8월 1일

答閔士昂 乙卯八月一日

일찍이 길상사(吉祥寺) 승려 설행(雪行)을 통해 편지를 받고 고을 수령에게 부탁해서 전달하여 보냈습니다. 지금 오천(烏川) 수령이 7월 14일 편지를 전해 오니 비로소 하늘에 있지만 않다면[87] 사람의 힘이 모두 통할 수 있다는 것을 알고 기쁜 마음 그지없습니다. 저는 몹시 곤궁하지만, 조정이 통렬하게 다스리는 까닭이 바로 여기에 있으니 순응하여 편안히 여기는 것이 이미 다반사가 되었습니다.

물어보신, 출계(出繼)한 사람 운운한 것은 사가(私家)의 예이지만 참으로 박화숙(朴和叔)이 범한 죄율(罪律)로 의논하고 싶지 않습니다.[88] 그러나 정중한 뜻을 또한 어찌 저버릴 수 있겠습니까. 주 부자(朱

87 하늘에 있지만 않다면 : 아무리 먼 곳에 있더라도 소식을 전할 수 있다는 의미이다. 소식(蘇軾)이 혜주(惠州)에서 유배 생활을 하고 있을 때, 그의 시 벗인 승려 불인(佛印)이 거리가 멀어 편지를 보낼 사람이 없을 것을 걱정하였더니 탁계순(卓契順)이라는 도인이 나타나, 혜주는 하늘에 있지 않으니 가기만 하면 즉시 도달할 수 있다며 편지를 청하여 유배지까지 와서 소식을 전해 주었다는 고사가 있다.《說郛 卷45下》

88 박화숙(朴和叔)이……않습니다 : 예법에 대해 논하고 싶지 않다는 말이다. 1673년(현종14) 9월에 교관이었던 민업(閔業)의 상(喪)에 송시열과 박세채(朴世采)가 정신착란 증세가 있던 그 아들 민세익(閔世益) 대신 손자인 민신(閔愼)에게 집상(執喪)하게 하였다. 그러자 김우명(金佑明)이 상소하여 "생존한 아버지를 죽은 것으로 간주하고 대신 복을 입게 하는 것은 인륜을 문란하게 하는 일이다."라고 맹렬히 공박하였다. 이에 박세채가 1년 가까이 형조에서 대죄(待罪)하다가 삭판(削版)의 처벌을 받은 일이 있다.《顯宗實錄 14年 9月 9日》《厚齋集 卷44 文純公南溪先生行狀》《宋子大全 卷41 答李泰之(甲寅十一月二十九日)》《宋書拾遺 卷6 寄從子基學(甲寅十一月二十八日)》

夫子)가 여기에 대해 이미 백숙부(伯叔父)로 단정 지었으니[89] 한결같이 백숙부와 같이 해야 합니다. 그러나 세속에 간혹 포망건(布網巾)을 쓰고 패랭이를 쓰는 경우가 있는데, 이는 어쩌면 인정에는 어긋나지 않으나 이미 분명한 예문(禮文)이 없으니 감히 딱 잘라 말하지 못하겠습니다.

반계(磻溪)의 윤생(尹生)[90]은 그대 집에 있습니까? 병으로 편지를 쓸 수 없습니다.

89 주……지었으니 : 내용으로 보아 출계한 사람이 생부(生父)의 상이 났을 때 입는 복(服)에 대해 질문한 것으로 보이며, 이에 대해 주희가 양부(養父)와 생부가 함께 앉은 자리에서 출계한 사람이 양부를 아버지라고 부르고 생부도 같이 아버지라고 부를 수 없다는 예를 들었던 것으로 보인다. 《朱子全書 卷62 歷代2 宋》

90 반계(磻溪)의 윤생(尹生) : 《송자대전》 권144에 윤빙삼(尹聘三)의 서실에 대해 적은 〈반계서실기(磻溪書室記)〉라는 기문이 있고, 또 권116에 그에게 보내는 편지가 세 통 있는 것으로 보아 윤빙삼을 말하는 것으로 보인다. 본관은 파평(坡平)이며, 조선 중종·명종 때의 문신인 윤결(尹潔)의 종손(從孫)으로, 효행이 있어 여러 번 고장 사람들의 추천을 받은 인물이다. 《宋子大全隨箚 卷13 目錄》

민사앙에게 답함 신유년(1681, 숙종7) 6월 1일

答閔士昂 辛酉六月一日

소식이 뜸한 것이 오늘날만큼 심한 적이 없었는데 이 편지를 받고 또 별지를 음미하자니 맑은 파도와 푸른 절벽 사이에 앉은 것만 같아 예리한 칼로 싹둑 잘라 가질 수 없는 것[91]이 한스럽습니다. 글은 이군(李君)이 갈 길이 바쁘다고 할 뿐만 아니라 저의 병세가 요즈음 심해져 붓을 적시지 못했습니다. 가을에도 소생하지 못한다면 이 빚은 황천까지 지고 갈 듯합니다. 노봉(老峯)이 고향으로 내려갔다[92]고 들었는데 방문할 생각은 없습니까? 그대가 몹시 성내었다고 들었습니다. 아끼는 마음에서 나왔다고는 하지만 헤아려 보아야 할 점이 있는 듯합니다. 나머지는 누워서 대신 쓰게 하느라 이만 줄입니다.

91 예리한……것 : 상대방이 있는 곳의 경치를 부러워하는 표현이다. 두보(杜甫)의 시에 "어떡하면 병주 땅 잘 드는 가위를 빌려다가, 오송강 그림 반쪽이라도 잘라 내 가져 볼꼬.〔焉得幷州快剪刀, 剪取吳松半江水?〕"라는 표현이 있다. 《杜少陵詩集 卷9 戱題王宰畫山水圖歌》

92 노봉(老峯)이 고향으로 내려갔다 : 당시 좌의정이던 민정중(閔鼎重)은 휴가를 받아 충주에 가서 분황(焚黃)을 했다. 《肅宗實錄 7年 6月 8日》

민사앙에게 답함 신유년(1681, 숙종7) 8월 9일

答閔士昂 辛酉八月九日

깊은 골짜기[93]에 사람이 없어 병과 이웃하고 지내는데 이 안부 편지를 받으니 놀랍고 위로되는 마음 그지없습니다. 일명(一命)은 늦기는 했지만 공의(公議)가 사라지지 않은 것을 볼 수 있으니 공적으로나 사적으로나 매우 다행입니다.[94] 차가운지 따뜻한지는 물 마시는 사람이 스스로 알 것이고 딴사람이 감히 간여하지 못합니다. 꾸짖었다는 말은 전하는 자가 잘못한 것인데 제가 망녕되이 아뢰었습니다. 다만 그는 사림의 명망이 몹시 무겁기에 원망과 욕도 심하니 이름 있는 사람이 처신하기 어려운 것이 예부터 그러했던 것을 어쩌겠습니까.

93 깊은 골짜기 : 연보에 따르면 송시열은 1681년 7월에 판교에 있다가 8월 15일 이후 볼일이 있어 잠시 출입하는 외에는 대체로 화양(華陽)에 있었다. 8월 9일이면 아직 판교에 있을 때이다.《宋子大全 附錄 卷8 年譜7》

94 일명(一命)은……다행입니다 : 일명은 최하위 품계인 종9품의 관직을 말하는데, 보통 처음으로 관직에 출사하는 것을 말한다. 민태중은 1681년 천거로 영희전 참봉(永禧殿參奉)에 임명되었으나 나아가지 않았다.《陶菴集 卷41 察訪閔公墓誌》

민사앙에게 답함 병인년(1686, 숙종12) 2월 24일

答閔士昂 丙寅二月二十四日

상회(喪會)와 시회(諡會)는 반드시 실수가 없으리라 생각했는데 편지를 보고 망연자실해 마지않았습니다. 저는 차츰 따뜻해진 뒤에 대략 생기가 있으나 아직도 이부자리를 떠나지 못하고 있으니 이것이 어찌 시체와 다르겠습니까. 깨우치고 성찰한다는 말씀은, 독실하고 차분한 그대에게는 아마 일신(日新)의 효험이 있을 것인데 어찌 운운하시는 것과 같을 리가 있겠습니까. 늙어 게으른 자를 격발하고 나아가게 하는 바가 깊으니 감히 마음에 새겨 스스로 힘쓰지 않겠습니까. 태백편(泰伯篇) 주(註)의 말에 "소리와 음률은 귀를 기르고 채색은 눈을 기른다."[95] 라고 하였는데, 채색이라고 한 것은 악기의 채색이고 특별히 다른 뜻은 없습니다.

95 소리와……기른다 : 《논어집주(論語集註)》 〈태백〉에 나오는 "시를 통해서 마음을 일으키고, 예를 통해서 원칙을 세우고, 음악을 통해서 덕성을 완성한다.〔興於詩, 立於禮, 成於樂.〕"라는 구절에 대한 주에 "옛사람의 음악은, 소리는 귀를 기르고 채색은 눈을 기르고 노래하고 읊조리는 것은 성정을 기르고 손과 발로 춤추는 것은 혈맥을 기르는 것이다."라고 한 것을 말하는 듯하다.

민사앙에게 답함 병인년(1686, 숙종12) 6월 그믐
答閔士昂 丙寅六月晦日

일찍이 동보(同甫 이희조(李喜朝))의 편지를 통해 부모를 영화롭게 봉양하려는 뜻이 있는 줄 알고 홀로 된 여생에 저도 모르게 슬프고 탄식하는 마음이 있었습니다. 이제 보내신 편지를 받고 사은하고 돌아가 부모님을 모시며 한껏 기쁘게 해 드리는 줄 삼가 알게 되었으니 더욱 절실히 경하드립니다.[96] 주자의 글을 읽을 때마다 "어버이의 연세는 날로 높아가고 생활은 더욱 쓸쓸해진다."라는 말을 여러 번 반복하여 읽으며 눈물을 흘리지 않은 적이 없습니다. 그런데 이제 무슨 소용이 있겠습니까. 우리 벗 같은 경우는 참으로 효자입니다. 이곳에는 저의 병과 손자의 병이 서로 위태롭고 괴로우니 무슨 운명이 이토록 궁박한지 스스로 가련할 뿐입니다.

《차의(箚疑)》[97] 세 책은 삼가 잘 받았습니다. 일찍이 이 책 때문에

96 사은하고……경하드립니다 : 민태중은 1686년 금정도 찰방(金井道察訪)에 임명되었는데, 부임하려 하지 않았으나 민정중(閔鼎重) 등 장로들의 강력한 권고를 받고 어버이를 위하여 뜻을 굽혀 부임하였다. 《寒水齋集 卷27 察訪贈掌令閔公墓碣銘》

97 차의(箚疑) : 《주자대전차의(朱子大全箚疑)》를 말한다. 《주자대전》 가운데 난해한 문자나 구절, 잘못 판각된 글자 등을 뽑아 주석하고 고증·변증한 책이다. 송시열이 1675년 거제에 유배되었을 때 편찬하기 시작하였는데, 유배에서 풀려난 뒤 숙종이 정리하여 올리도록 명하였다. 1683년 6월 29일 이 책을 올렸고, 수정하여 8월 1일 다시 올렸다. 그러나 임종할 때까지 작업을 다 끝내지 못하여 제자인 권상하와 김수항의 아들인 김창협 등에게 유언을 남긴다. 《肅宗實錄 9年 6月 29日, 8月 1日》《宋子大全 附錄 卷11 年譜10》

제가 큰 죄에 빠지고 여파가 치도(致道 권상하(權尙夏))에게까지 미쳤습니다.[98] 저는 일찍이 주자(朱子)가 경원(慶元) 연간에 수많은 사람을 연루시켰다고 비웃었는데 이제 천년 뒤에 오히려 이와 같으니 누가 어진 사람은 사람을 사랑한다고 했는지, 한바탕 큰 웃음을 터뜨리게 할 만합니다.

98 이……미쳤습니다 : 숙종이 김수흥(金壽興)의 말을 따라 사관 송상기(宋相琦)를 보내어 초고를 가져오게 했는데, 그때 그것이 청풍(淸風) 권상하의 처소에 있었다. 송시열이 송상기에게 그곳에 가서 가져가게 했는데, 송상기는 그 사실을 숙종에게 아뢰지 않고 곧바로 가서 가져다 올렸다. 이에 조정의 의론이 "송시열이 사관을 마음대로 보냈고, 사관은 명을 어기고 다른 곳으로 갔으니, 모두 죄를 지었다."라고 하면서 시끄러웠다. 이에 송시열이 허물을 자인하는 소장(疏章)을 올린 일이 있다.《肅宗實錄補闕正誤 12年 4月 13日》《宋子大全 卷19 待罪復請勿刊布箚疑疏》

민사앙에게 답함 병인년(1686, 숙종12) 7월 22일

答閔士昂 丙寅七月二十二日

병으로 깊은 골짜기에 엎드려 지내면서 손자의 병을 걱정하고 있으니 괴로움의 바다가 가없어 기슭에 다다르기가 쉽지 않은 것을 늘 한스러워하였는데, 이제 벗의 편지를 받고 가슴이 몹시 후련하여 한문(寒門)을 나는 듯하였습니다.[99] 다만 벌써 돌아갈 생각이 있다는 말은 부승(負乘)의 두려움[100]이 있어서입니까? 관직이 낮아 가난하지만 맛있는 음식으로 어버이를 모시는 것을 도울 수 있으며, 길이 멀지 않고 사령(使令)이 넉넉하여 자주 안부를 물을 수 있고, 역말의 발은 나는 듯하니 또한 아침에 출발하면 저녁에 도착할 수 있습니다. 개인을 위한 계책의 편리함으로는 이만한 것이 없는데, 허리 굽히는 것을 어려워하는 것인지요? 저는 도원(道源)을 얻고 동보(同甫)를 잃었으니[101] 좋은 거래인

99 한문(寒門)을 나는 듯하였습니다 : 한문은 북극(北極)에 있는 차가운 곳으로, 시원하다는 말이다. 주희가 공풍(鞏豐)에게 답한 편지에 "이 무더운 여름철에 한문에 날아올라 시원한 바람에 씻은 듯하다."라고 한 말이 있다. 《晦庵集 卷64 答鞏仲至》

100 부승(負乘)의 두려움 : 소인이 군자의 자리를 차지한 것에 대한 두려움이다. 《주역》 〈해괘(解卦)〉에 "지고 있어야 하는데도 타고 있어 도적이 오게 한다.〔負且乘, 致寇至.〕"라는 구절이 있는데, 소인의 본분은 짐을 지는 것인데 수레를 타고 있으면 차지할 자리가 아닌 것을 차지하고 있는 격이니, 반드시 도적에게 빼앗기게 된다는 의미이다.

101 도원(道源)을……잃었으니 : 도원은 송규렴(宋奎濂)이고, 동보는 이희조(李喜朝)이다. "도원을 얻고 동보를 잃었다."는 것은 당시 송규렴은 안변 부사(安邊府使)로 있다가 공홍도 관찰사(公洪道觀察使)로 와서 가까워지게 되었고, 이희조는 진천 현감으로 가까이 있다가 관찰사와의 친혐(親嫌)으로 체직되어 멀어졌기에 하는 말이다.

지는 모르겠습니다. 그런데 이제 듣자니 득실이 전환될 조짐이 있다[102] 하는데 마침내 어떻게 될지 모르겠습니다.

《承政院日記 肅宗 11年 5月 25日, 6月 13日, 9月 18日》《宋子大全 卷96 答李同甫(丙寅六月二十日), 卷99 與李同甫(丙寅八月十日)》

102 득실이……있다 : 이희조가 진천 현감에 복귀할지도 모른다는 말이다. 《黎湖集 卷29 芝村李先生行狀》

민사앙에게 답함 정묘년(1687, 숙종13) 4월 28일

答閔士昂 丁卯四月二十八日

사모하는 마음 간절하던 차에 맡기신 이 편지를 받고 벼슬을 그만두고 돌아갈 계획[103]이 있는 줄 알았으니, 즐겁지 않은 일이 있었던 것이 아닌지요? 애초에 이미 어버이를 위해 굽혔다면 어찌 나그네살이 하는 어려움 때문에 서둘러 떠나는 것입니까? 별지의 말씀은 모두 잘 알았습니다. 처음에는 세상의 도를 위해 어쩔 수 없이 망발하였는데 도리어 세상의 도에 해를 끼치니 뉘우치고 자책해도 어쩔 수가 없습니다.

성씨(成氏) 성을 쓰는 사람은 문간공(文簡公 성혼)의 후예이니 이 일을 할 수 있습니다. 그에 대한 말이 매우 기니 대면을 하지 않고는 모두 말하기 어렵습니다. 말씀을 받은 뒤 서계(書啓)는 아이들에게 써서 가져가게 했습니다. 이 뒤로 혹 상소할 일이 있어도 이와 같은 데 지나지 않습니다. 고맙게도 보내 주신 음식은 병든 손자를 위해 참으로 감사합니다.

103 벼슬을……계획 : 민태중은 1686년 금정 찰방(金井察訪)에 임명되었는데 부임하려 하지 않았으나, 민정중(閔鼎重) 등 여러 장로의 강력한 권고를 받고 부득이 어버이를 위하여 잠시 부임하였다. 준례에 따라 직장(直長)으로 옮겼으나 사은숙배하지 않았다. 《寒水齋集 卷27 察訪贈掌令閔公墓碣銘》

민사앙에게 답함 정묘년(1687, 숙종13) 10월 9일

答閔士昂 丁卯十月九日

그리운 마음이 세밑에 더욱 깊더니 이제 보내온 편지를 받고 위로되는 마음 그지없습니다. 오늘날 벼슬살이는 어찌 바라는 것이겠습니까. 다만 부모님께 맛있는 음식을 갖추어 드리는 것이 사가(私家)에 견줄 바 아니니 애써 감정을 억제하시는 것은 그만둘 수 없을 듯합니다.

여양(驪陽 민지수(閔持受))은 이미 저세상 사람이 되었으니 마음 아프고 아까워한들 어쩌겠습니까. 그러나 또한 살아 있는 자에게 부러운 마음을 일으키게 합니다. 김규(金槼) 운운하셨는데, 그가 문원(文元 김장생) 선생의 친아들로서 대신(大臣 이상진(李尙眞)) 앞에서 이야기를 나눈 것[104]은 사문(斯文)에 있어서 작은 일이 아닙니다. 그러므로 사실인지 아닌지 알고 싶습니다. 지난번 김규 형제가 앞뒤로 와서 만났는데, 하는 말이 각기 달랐습니다. 이러한 시기에 말을 믿기 어려운 것이 이렇게 심한 데까지 왔습니다. 대체로 끝내 대신의 한마디 말을 얻어 죄인을 알아내었으니 얼마나 다행인지요.

104 김규(金槼)……것 : 김규는 김장생의 서자인데 이이(李珥)가 머리를 깎았다는 말을 김장생에게 들었다며 이상진에게 전한 것을 말한다.《宋子大全隨箚 卷13 目錄》《宋子大全 卷74 與金永叔(丙寅至月)》

민사앙에게 답함 정묘년(1687, 숙종13) 11월 7일

答閔士昂 丁卯十一月七日

전날 답장은 받아 보셨습니까? 이번 여구(汝九 이기홍(李箕洪))가 오는 편에 멀리서 안부 편지와 생선을 받고 그지없이 위로되었습니다. 전날의 별지는 삼가 이미 자세히 알았습니다. 일전에 김규(金楘)가 와서 많은 말을 하였습니다. 대략 이상(李相 이상진(李尙眞))이 그 아우에게 답한 편지와는 차이가 있었는데 실정은 끝내 어떠한지 모르겠습니다. 대체로 이상의 편지는 김규와 연산(連山)[105]에 대해 아울러 혐의를 벗어나게 했는데, 이른바 '일 꾸미기를 좋아하고 말을 만들어 내는 사람'은 이미 가리키는 바가 있습니다. 죄인을 잡아서 시원스레 다스리지 않는다면 율곡 선생에게 대단히 해로움이 있습니다. 이상이 평소 의론하는 것으로 헤아려 보건대 어찌 그들이 하는 대로 내버려 두려 하겠습니까. 그러나 오늘날 이러한 일을 누구에게 발설하겠습니까. 스스로 답답할 뿐입니다. 이 편지도 부디 남에게 보이지 마십시오.

105 연산(連山) : 김장생의 적손(嫡孫) 쪽을 말하는 것으로 보인다.

민사앙에게 답함 정묘년(1687, 숙종13) 12월 2일

答閔士昂 丁卯十二月二日

그립던 중에 편지를 보니 이루 말할 수 없이 위로되었습니다. 다만 상(喪)이 두 차례나 있다고 하니 지극히 놀랍고 참담한 마음 가눌 수 없습니다. 저는 줄곧 걱정하고 괴로워하고 있으니 말할 만한 것이 없습니다. '한마디 말' 운운하신 것은 어찌 김규(金槼)의 일이겠습니까. 김규는 연산(連山)이 한 것이라고 똑똑히 말하고 그 아우 김비(金棐)는 이상(李翔)이 한 것이라고 똑똑히 말하니, 모두 놀랍고 괴상합니다. 어찌 이런 일이 있습니까. 그러나 이렇게 떠넘기는 사이에 좋아하지 않는 자가 형세를 빌리기에 꼭 알맞으니 이것이 염려스럽습니다. 듣자니 인동(仁同)의 옥사 또한 한심합니다. 또 어찌 이러한 말이 조장한 것이 아니겠습니까. 한탄스럽습니다.

민사앙에게 답함 무진년(1688, 숙종14) 8월 23일

答閔士昻 戊辰八月二十三日

일전의 만남은 바쁘고 급하여 한탄스러웠는데 이제 안부 편지를 받으니 감사한 마음 형언할 수 없습니다. 이곳은 작은손자[106]의 병이 날로 위태로우니 참으로 어찌할 바를 모르겠습니다. 별지에서 물어보신 것은 참으로 그러한 점이 있습니다. 노봉(老峯)의 차자는 조정 안팎으로 전하여 외우며 근세에 없던 문장이라고들 하였지만 또한 엄한 비지(批旨)를 받았으니[107] 다른 것은 오히려 무엇을 바라겠습니까.

일찍이 사헌부의 두 관원이 저 때문에 파직되었으니 부끄러운 마음을 견딜 수 없어 서둘러 짧은 상소를 지어 올릴 것입니다.[108] 대소(大小)

106 작은손자 : 1688년 10월에 막냇손자 송회석(宋晦錫)이 사망한 것으로 보아 그를 가리키는 듯하다. 《宋子大全 附錄 卷11 年譜10》

107 노봉(老峯)의……받았으니 : 1688년 8월 2일 민정중(閔鼎重)이 귀양 간 남구만과 박세채를 불러 관질(官秩)을 회복하고 초야의 선비에게 사과할 것을 청하는 차자를 올렸다. 이에 대해 숙종이 "이 종이에 가득 찬 사설(辭說)이 오로지 치우치고 불평하는 뜻에서 나왔으며, 데려다가 옛 관질을 회복하고 더욱 성례(誠禮)를 다하기를 청한 데 이르러서는 실로 그 뜻이 있는 곳을 알지 못하겠다."라는 비답을 내렸다. 《肅宗實錄 14年 8月 2日》

108 일찍이……것입니다 : 인조의 손자 동평군(東平君) 이항(李杭)을 숙종이 특명으로 혜민서 제조에 임명하였는데, 박세채가 이조 판서로서 이를 간하다가 파출(罷黜)되었다. 그러자 사헌부에서 박세채만을 맞이해 오기를 청하고 송시열은 청하지 않았는데, 숙종은 이것을 이유로 차자를 올린 신하들을 파직하였다. 이에 송시열이 상소문을 지었는데, 문집에는 있으나 실록 등에 기록이 없는 것으로 보아 올리지는 않은 듯하다. 《承政院日記 肅宗 14年 7月 13日, 14日, 15日》《宋子大全 卷19 擬疏(戊辰七月)》

의 벗들은 "병간호하느라 겨를이 없는 이런 때에 멀리 있는 신하를 파직하는 것에 대해 감히 함부로 글을 올리지 못할 듯하다. 또 성명(聖明)의 지나친 거조(擧措)만 보탤 것이니 중도에 되돌리지 않을 수 없다."라고 하는데, 득실이 어떠할지는 모르겠습니다. 그대가 하신 말씀은 참으로 충후(忠厚)하다 하겠습니다. 다만 지금의 의론이 이러하니 어찌겠습니까. 성대한 선물은 참으로 감사합니다.

민사앙에게 답함[109]

答閔士昂

〔문〕《중용》 한 편은 대체로 공자의 말을 인용하였는데 제2장과 제30장에서 유독 중니(仲尼)라고 일컫고 있으며, 《대학》의 전(傳) 10장은 모두 증자(曾子)의 뜻을 기록하고 있는데 성의장(誠意章)[110]에서 특별히 증자라고 일컬은 것은 무엇 때문입니까?

〔답〕 혹자가 묻기를 "자사(子思)는 부자(夫子)를 중니라고 일컬었습니다."라고 하자, 주자가 "옛사람은 일찍이 자를 피휘(避諱)한 적이 없다. 《의례(儀禮)》에서 제사(祭祀)에 모두 그 조상을 '백모보(伯某甫)'라고 일컬었으니, 의심한 것을 풀 수 있다."라고 하였다. 제2장은 부자의 훈계하는 말을 기록한 시작이고, 제30장은 부자의 덕행을 기록한 시작이므로 모두 중니라고 일컬어 다른 장의 이른바 '자왈(子曰)'이 모두 중니라는 것을 나타내었습니다.

《대학》의 전 10장은 모두 증자가 경문을 풀이한 말인데, 이 십목(十目) 한 절[111]은 전문(傳文)이 아니고 단지 일찍이 칭송하여 문인들을 경계한 것이어서 본래 경문을 풀이하는 것과는 상관없기에 따로 '증자'

109 민사앙에게 답함 : 이 편지는 《주자가례》와 관련된 민태중의 질문에 송시열이 답한 내용으로 이루어져 있다.

110 성의장(誠意章) : 《대학장구》 전(傳) 6장을 말한다.

111 십목(十目) 한 절 : 《대학장구》 전 6장의 한 절로, "증자께서 말씀하셨다. '열 눈이 보는 바이며, 열 손가락이 가리키는 바이니, 무섭구나.'〔曾子曰: "十目所視, 十手所指, 其嚴乎!"〕"라고 한 구절을 말한다.

라는 글자를 더하였습니다. 본주(本註)에서 이른바 '인(引)' 자를 살펴보면 알 수 있습니다.[112] 퇴계 선생은 "증자가 일찍이 외우고 경계한 말이기 때문에 문인(門人)이 특별히 '증자왈(曾子曰)'을 덧붙여 만세의 경책(警策)으로 삼았다."라고 했지만,[113] 그 뜻은 대개 증자가 전문(傳文) 중에서 다만 이 말을 외워 문인을 경계하였으므로 이렇게 운운했다는 것인데, 그렇게 되면 본래의 주와 인용한 글자의 뜻이 서로 어긋날 듯합니다. 어떤지 모르겠습니다.

112 본주(本註)에서……있습니다 : '曾子曰'로 시작되는 글에 대한 주에서 "이것을 인용하여 윗글의 뜻을 밝힌 것이다. 비록 그윽하게 홀로 거처하는 곳에서라도 그 선악의 가릴 수 없음이 이와 같으니, 두려울 만함이 심함을 말씀한 것이다.〔引此以明上文之意. 言雖幽獨之中, 而其善惡之不可揜如此, 可畏之甚也.〕"라고 할 때의 '引'을 말한다. 여기서 '윗글'이란 "소인(小人)이 한가로이 거(居)할 때에 불선(不善)한 짓을 하되"로 시작하는 바로 앞의 전문을 말한다.

113 퇴계……했지만 : 《송자대전》 권133 〈퇴계사서질의의의 2(退溪四書質疑疑義二)〉에 나온다.

민사앙에게 답함

答閔士昂

〔문〕《가례(家禮)》의 〈삽도(翣圖)〉에서 이른바 '규를 단다〔戴圭〕'는 것과 '유를 단다〔戴緌〕'는 것은 그 뜻을 잘 모르겠습니다.

〔답〕 삽(翣)의 양쪽 귀에 구슬을 다는 것을 '규를 단다'고 하고, 오색으로 된 날개 장식을 다는 것을 '유를 단다'고 합니다.

〔문〕 서자(庶子 장자(長子) 이외의 아들)가 벼슬하러 나가면 제사 지낼 때 그 예 또한 줄이는 것이 합당하다고 합니다. 그렇다면 벼슬하러 나간 서자는 종가의 신주를 받들고 가야 합니까?

〔답〕 서자가 벼슬하여 그 선조를 제사 지내는 것은 당시에 종법(宗法)이 확립되지 않아 습속이 이러했던 듯합니다.

〔문〕 동항(童行)은 그 사람 집의 수재를 말하거나 선가(禪家)의 소년을 말한다고도 하는데 어느 것이 옳은지 모르겠습니다.

〔답〕 동항은 아이들을 일컫는 것입니다. 절의 어린 중을 말하는 것이라고 하기도 하는데 만약 그렇다면 '行'의 음은 본자(本字)대로 읽어야 합니다.[114]

〔문〕 〈통례(通禮)〉는, 어떤 사람은 "이 예는 상하를 통틀어 모두

114 본자(本字)대로 읽어야 합니다 : '행'으로 읽어야 한다는 말이다.

행하는 것이기 때문에 통례라고 한다."라고 하고, 어떤 사람은 "뒤의 〈사당(祠堂)〉, 〈심의(深衣)〉, 〈거가잡의(居家雜儀)〉를 통틀어서 통례라고 한다."라고 하는데, 어느 것이 옳은지 모르겠습니다.

〔답〕 〈사당〉, 〈심의〉, 〈거가잡의〉 세 장(章)을 통틀어 1편으로 하기에 통례라고 말합니다.

〔문〕 주자는 "옛날에 명사(命士)[115]가 아닌 사람은 당(堂)에서 제사 지낸다."라고 하였고, 이천(伊川 정이)은 "서인(庶人)은 침(寢)에서 제사 지낸다."라고 했는데, 이른바 '당'은 물론 정침(正寢)이지만 이른바 '침' 또한 정침을 가리키는 것입니까? 그렇다면 평소 위패는 어디에 보관합니까?

〔답〕 해설하는 자는 옛날에 대부(大夫) 이하는 신주가 없었다고 하고, 어떤 사람은 신주가 있었다고도 하는데, 선사(先師) 김 선생(金先生 김장생)은 일찍이 "신주가 있는 것이 나은 듯하다."라고 했으니, 이것은 신주가 없다는 것을 위주로 해서 말한 것입니다.

〔문〕 조계(阼階)의 조는 '복〔祚〕' 자의 뜻입니까?

〔답〕 조계의 '조'는 고주(古註)에 '잔을 돌리는 것〔酢〕'이라고 하였으니, 이는 빈객과 '잔을 주고받는다〔酬酢〕'는 뜻입니다.

〔문〕 신주(神廚)는 곧 제사 지낼 때 음식을 장만하는 곳입니까?

115 명사(命士) : 작명(爵命)을 받은 사람을 지칭하는 말이다. 《예기》 〈내칙(內則)〉에 "명사 이상은 부자가 모두 거처를 달리한다.〔由命士以上, 父子皆異宮.〕"라고 하였다.

〔답〕 신주는 제사 음식을 장만하는 곳입니다.

〔문〕 중자(衆子)가 적자(嫡子)와 함께 거처하다가 죽으면 그 자손은 사당을 '각자의 방〔各室〕'에 세운다고 합니다. 그렇다면 '같은 집〔同堂〕' 안에 각자 사당을 세웁니까?

〔답〕 지자(支子)는 각자 사당을 세우지만, 종가에 압존(壓尊)되므로 세수(世數)를 헤아려 감실(龕室)을 만들되 감히 사대(四代)의 것을 만들지 않습니다.

〔문〕 모두 적자이면 소종(小宗)을 세우지 않고, 적자가 없으면 대종(大宗)을 세우지 않는 뜻[116]에 대해 잘 모르겠습니다.

〔답〕 본조(本朝)로 말하자면 대군(大君)은 있고 왕자(王子)들이 없으면 모두 적자라고 하며, 왕자만 있고 대군이 없으면 적자가 없다고 말합니다.

〔문〕 제사 지낼 수 없는 분 이상은 대종의 조(祖)가 된다고 하는 것은, 아버지를 이은 종자(宗子)는 할아버지를 이은 종자를 가리켜 대종이라 하고, 할아버지를 이은 종자는 증조를 이은 종자를 가리켜 대종이라고 하며, 증조를 이은 종자는 고조를 이은 종자를 가리켜

116 모두……뜻 : 《가례》 사당장(祠堂章)의 "네 개의 감실을 만들어 선세의 신주를 모신다.〔爲四龕以奉先世神主〕"에 대한 주희의 설에 "대종만 있고 소종은 없는 경우가 있으니, 모두 적자이면 소종을 세우지 않는 것이다. 그리고 소종만 있고 대종은 없는 경우가 있으니, 적자가 없으면 대종을 세우지 않는 것이다."라고 한 내용에 대한 의문이다.

대종이라고 하는 것입니까?

〔답〕 증조를 이은 종자에 대해 처음에 제사할 수 없다고 말한 만큼 이른바 제사할 수 없다는 것은 고조를 가리켜 말한 것입니다. 고조 이상은 바로 대종이기 때문에 그렇게 말한 것입니다.

〔문〕 반부조(班祔條). 백숙부(伯叔父)는 증조 곁에 합사(合祀)하고 백숙모(伯叔母)는 증조모 곁에 합사합니다. 이것으로 살펴보건대 옛날에는 고비(考妣)의 신주를 합독(合櫝)하지 않았는지요?

〔답〕 백숙부와 백숙모가 모두 사망하고 나서 합독하였다면 증조의 곁에 합사해야 합니다. 백숙부가 생존해 있는데 백숙모가 사망했으면 증조모의 곁에 합사합니다.

〔문〕 치제전조(置祭田條). 친진(親盡)이 되면 묘전(墓田)으로 삼는다고 하였는데, 친족 관계가 다하지 않은 자손이 있어 그 신주를 옮겨 모시면 제전 또한 제사를 모시는 집으로 옮겨야 합니까?

〔답〕 친족 관계가 다한 조상의 제전을 묘전으로 하는 것은 이미 분명한 예문(禮文)이 있는데 어찌 최장방(最長房)에게 옮길 수 있겠습니까.

〔문〕 "부인은 협배(俠拜)[117]한다."라고 할 때의 '협'은 '배(倍)' 자의 뜻입니까?

〔답〕 협은 거듭한다는 것입니다.

117 협배(俠拜) : 여자가 먼저 절하고 남자가 답배(答拜)를 하면 여자가 다시 절하는 것을 말한다.

〔문〕 초하루와 보름의 참배는 새벽에 사당에 배알하는 것과는 두 가지 일입니까?
〔답〕 당연히 두 가지 일이 됩니다.

〔문〕 기제사가 초하루나 보름에 있으면 먼저 기제사를 지낸 뒤에 사당에 참배합니까?
〔답〕 먼저 기제사를 지낸 뒤에 사당에 참배합니다.

〔문〕 성복조(盛服條). 처사(處士) 이하로는 가죽신〔靴〕을 말하지 않았으니 모두 짚신〔鞋〕을 신는 것이 아니겠습니까.
〔답〕 성복할 때 가죽신을 말하지 않았으면 짚신을 신는 것임을 알 수 있습니다.

〔문〕 〈영당잡의(影堂雜儀)〉는 누가 지은 것이며 이른바 '구의(舊儀)'는 〈영당구의(影堂舊儀)〉입니까?
〔답〕 〈영당잡의〉는 온공(溫公 사마광(司馬光))이 지은 것입니다. '구의'는 남북조(南北朝) 전후 사이의 책인 듯합니다. 그러므로 남북조 때의 일을 싣고 있습니다.

〔문〕 추증되어 신주를 고쳐 쓸 때 추증된 감실에만 고하면 술과 과일 또한 추증된 감실에만 진설합니까?
〔답〕 고하는 감실에만 진설합니다.

〔문〕 "묘전(墓田)은 여러 사람이 번갈아 가며 관장한다."의 의미를

잘 모르겠습니다.

〔답〕 번갈아 가며 관장한다는 것은, 올해는 장자(長子)의 집에서 주관하였다면 내년에는 차자(次子)의 집에서 주관하는 것을 말합니다.

〔문〕 '고(告)' 자는 뜻에 차이가 없는데도 어떤 사람은 입성(入聲)으로 읽고 어떤 사람은 거성(去聲)으로 읽는 것은 무슨 이유 때문입니까?[118]

〔답〕 이러한 것들은 별달리 깊은 뜻이 없으니 구태여 의심할 것이 없습니다.

〔문〕 공경하지 않거나 효도하지 않는 며느리는 내쫓을 수 있다고 합니다. 며느리는 의리로 합한 자이니 물론 내쫓을 수 있겠지만 자식은 하늘이 맺어 준 친속(親屬)이니 어떻게 내쫓을 수 있겠습니까.

〔답〕 윤길보(尹吉甫)가 봉상(蜂裳)의 참소[119]에 미혹되어 그 자식을 내쳤습니다. 〈잡의(雜儀)〉의 말은 이러한 일을 가리켜 말한 것이지만 길보가 참소를 믿은 것을 옳다고 할 수는 없습니다.

118 고(告)……때문입니까 : '告'를 거성으로 읽으면 '고도의 반절〔古到切〕'이 되어 '고'로 발음이 되고, 입성으로 읽으면 '고옥의 반절〔古沃切〕'이 되어 '곡'으로 발음이 된다.

119 봉상(蜂裳)의 참소 : 주(周)나라 윤길보의 아들 백기(伯奇)는 후모(後母)를 효도로써 섬겼다. 하루는 후모가 벌을 잡아 독(毒)을 빼고는 치마 위에 붙여 두었는데 독을 뺐다는 사실을 모르는 백기가 이를 떼려 하자, 후모는 백기가 자신의 치마를 잡아당겼다고 참소하였다. 윤길보의 의심을 산 백기는 쫓겨나서 자살하였다. 《淵鑑類函 卷188 琴2》

〔문〕〈관례(冠禮)〉 계빈조(戒賓條). “계자(戒者)[120]가 일어나서 말한다.”라고 하고, 다시 앉는다는 글이 없는 것은 무슨 까닭입니까?
〔답〕 어찌 어른을 세워 둘 리가 있겠습니까. 공자가 자로(子路)에게 “앉으라. 너에게 말해 주겠다.”라고 한 말을 보면 알 수 있습니다. 사제(師弟) 간에도 그러한데 더구나 빈주(賓主) 간의 경우이겠습니까.

〔문〕 관례를 치르는 자의 아버지는 종자(宗子)가 아니면 종자를 따라 손님을 맞이한다고 합니다. 그저 따라서만 행할 수 있고 종자와 함께 절할 수 없는 것은 무엇 때문인지 모르겠습니다.
〔답〕 함께 절하게 되면 주인이 두 명이라는 혐의가 있습니다.

〔문〕 재가(再加)와 삼가(三加)에서 모두 띠〔帶〕를 말하고, 초가(初加)에는 띠를 말하지 않았습니다. 삼가에는 철모(徹帽)를 말했는데, 재가에서는 철관건(徹冠巾)을 말하지 않은 것은 무슨 까닭입니까?
〔답〕 서로 참작해서 볼 수 있습니다.

〔문〕 신발〔履鞋〕의 제도에서 이(履)는 오늘날의 당혜(唐鞋)이고 혜(鞋)는 오늘날의 혁혜(革鞋)입니까?
〔답〕 혁혜를 혜라 합니다. 또 신코에 장식이 없는 것을 혜라고 합니다.

〔문〕 관자(冠者)에게 자를 지어 주는 축문에 ‘백모보(伯某父)’라고 말하는 것[121]은 축복의 말을 마치고 또 그 자를 부르는 것을 말합니까?

120 계자(戒者) : 관례를 치를 자의 주인(主人)을 말한다.

〔답〕 그렇습니다.

〔문〕 혼례에서 반드시 선인(先人)과 선전(先典 선인의 예법)을 일컫는 것은 선조를 잊지 않는 뜻입니까?
〔답〕 선인은 '옛날의 어진 사람'이라고 말하는 것과 같습니다. '선조'라고 하는 다른 견해도 있습니다.

〔문〕 작(勺)은 술을 따르는 기구인데 세숫대야와 함께 방 동쪽 모퉁이에 두는 것은 무엇 때문입니까?
〔답〕 '작'은 손에 물을 적시는 용도입니다.

〔문〕 〈상례(喪禮)〉 복조(復條). '자전영승옥중류(自前榮升屋中霤)'에 대해 여쭙습니다.
〔답〕 지붕의 중류에 올라가는 것을 말합니다.

〔문〕 치관조(治棺條). 유삼(油杉)은 소나무를 말하는데 주자(朱子)가 휘(諱)하였습니다.[122] 그렇습니까?

121 백모보(伯某父)라고 말하는 것 : "예의가 이미 구비되어 좋은 달 좋은 날에 밝게 너의 자를 고하노니, 너의 자가 참으로 아름다워 준걸스러운 선비에 합당하다. 마땅히 큰 복을 받아 길이 보전하리라. 너의 자를 백모보라 한다.〔禮儀旣備, 令月吉日, 昭告爾字. 爰字孔嘉, 髦士攸宜. 宜之于嘏, 永受保之, 曰伯某甫.〕"라고 하는 내용 중의 말이다. 《儀禮注疏 卷1 士冠禮》

122 주자(朱子)가 휘(諱)하였습니다 : 원래 '유송(油松)'이라고 하던 것을 주희(朱熹)의 아버지 이름이 주송(朱松)이므로, 이를 피하여 유삼으로 불렀다는 것이다.

〔답〕 그렇습니다.

〔문〕 마유(麻油)와 청유(淸油)는 다릅니까?
〔답〕 마유가 바로 청유입니다.

〔문〕 호영(胡泳)과 팽지당(彭止堂)의 출처를 듣고 싶습니다.
〔답〕 호씨는 주자의 문인이며, 팽지당의 이름은 귀년(龜年)인데 또한 문인의 반열에 있습니다.

〔문〕 '설치(楔齒)'[123]의 '설' 자는 '계(戒)'로 읽기도 하고 '설(雪)'로 읽기도 하는데 어느 것이 옳습니까?
〔답〕 입성(入聲)으로 읽어야 합니다.

〔문〕 위위이곡조(爲位而哭條). '위(幃)', '유(帷)' 두 자[124]는 서로 참

123 설치(楔齒) : 죽은 사람을 초혼한 뒤에 뿔로 만든 숟가락을 입에 넣어 이를 버티어 놓는 것을 말한다. 그렇게 함으로써 반함(飯含)할 때 입이 굳게 닫혀 열 수 없는 일이 생기지 않게 하는 것이다. 《주례주소(周禮注疏)》 권6에 "'楔'은 '선결의 반절〔先結反〕'이다."라고 하였고, 《의례주소(儀禮注疏)》 권12에 "'楔'은 '식결의 반절〔息結反〕'이다."라고 하였으니, 발음을 '설'로 한다는 말이다. 《한어대사전》에 따르면 '선결의 반절〔先結切〕'과 '고힐의 반절〔古黠切〕'의 두 가지 음으로 읽히는데, 모두 입성이다.

124 위(幃)……자 : "첩과 여자종은 부녀자의 뒤에 서는데, 별도로 휘장을 쳐서 안과 밖의 사이를 가린다. 이성의 친척 가운데 장부들은 휘장 밖의 동쪽에 앉는데, 북쪽을 향하고 서쪽을 윗자리로 하며, 부인들은 휘장 밖의 서쪽에 앉는데, 북쪽을 향하고 동쪽을 윗자리로 한다.〔妾婢立於婦女之後, 別設幃以障內外. 異姓之親, 丈夫坐於幃外之東, 北向西上; 婦人坐於帷外之西, 北向東上.〕"라고 한 부분에서 '위'와 '유'가 모두 휘장인데

고해서 보는데, 차이점에 대해 듣고 싶습니다.

〔답〕 '위'는 가로로 폭을 만든 것인 듯하고 '유'는 세로로 된 폭이면서 깃이 있는 것인 듯합니다.

〔문〕 설전조(設奠條). '피(辟)'는 먼지와 파리를 피하는 것인데, 본래 글자대로 읽어야 합니까?[125]

〔답〕 본래 글자대로 읽어야 합니다.

〔문〕《삼례도(三禮圖)》는 누가 지은 것입니까? '대부(大夫)는 신주가 없다'는 뜻에 대해 상세히 듣고 싶습니다.

〔답〕《삼례도》는 육전(陸佃)이 지은 듯하지만 확실하게 알지는 못합니다. 대부는 신주가 없다는 것은 예경(禮經)의 글인데, 또한 신주를 둔다는 주장도 있습니다. 김 선생(金先生 김장생)은 일찍이 신주를 두는 것이 낫다고 하였습니다.

〔문〕 입곡조(入哭條). 시신에 다가가 슬픔을 다해 곡하였으면 나와서 영좌(靈座)에 절할 때 곡하지 않습니까?

구별해서 쓴 이유를 묻는 것이다. 《성호사설》 권39 〈김사계의례문해변의상(金沙溪疑禮問解辨疑上)〉에서는 "가까운 자리일 때는 휘장〔幃〕이라고 말하고 먼 자리일 때는 장막〔帷〕이라고 말하여 분별을 한 듯하지만, 여러 학자들은 위와 유를 뒤섞어 말했다."라고 하였다.

125 피(辟)는……합니까 : 유장(劉璋)의 소(疏)에서 "수건은 먼지와 파리를 피하려는 것이다.〔巾者, 以辟塵蠅也.〕"에 나오는 '辟' 자를 말한다. '피하다'의 뜻으로 쓰였다면 '피(避)'와 같은 음으로 읽어야 하는지 물은 것이다.

〔답〕 정의(情義)의 경중을 보아야 합니다.

〔문〕 소렴조(小斂條). '서견첩의(舒絹疊衣)'는 '비단을 겹친 옷을 펴는 것'으로 풀어야 하는데, 어떤 사람은 '비단을 펴거나 옷을 포갠다〔舒絹而疊衣〕'고도 합니다. 어느 것이 옳은지 모르겠습니다.

〔답〕 뒤의 말이 옳습니다. 정기옹(鄭畸翁)[126]이 일찍이 '비단옷을 펴거나 포갠다〔舒疊絹衣〕'고 했는데 이 또한 경직된 주장인 듯합니다.

〔문〕 사흘째 되는 날 '자부인(子夫人)'이 상장(喪杖)을 짚고, 닷새째 되는 날 '대부세부(大夫世婦)'가 상장을 짚는다는 것은 아들과 부인, 대부와 세부가 상장을 짚는 것으로 풀이해야 합니까?

〔답〕 그렇습니다.

〔문〕 최상기(衰裳記)[127]는 어느 책에서 나온 것인지 모르겠습니다.

〔답〕 최상은 경문(經文)이고 그 아래에 기문(記文)이 있기 때문에 '최상의 기'라고 했습니다. 기(記)는 자하(子夏)가 지은 것입니다.

126 정기옹(鄭畸翁) : 정홍명(鄭弘溟, 1582～1650)을 말한다. 본관은 연일(延日), 자는 자용(子容), 호는 기암(畸庵)·삼치(三癡)이며, 시호는 문정(文貞)이다. 송강(松江) 정철(鄭澈)의 넷째 아들로 송익필(宋翼弼)과 김장생에게 배웠다. 김집(金集)은 그를 중히 여겨 국사(國士)로 대우하였다.

127 최상기(衰裳記) : "아내가 남편을 위해서 입으며 첩이 군을 위해 입는다.〔妻爲夫也, 妾爲君也.〕" 조(條)에 대한 유장(劉璋)의 소에 나오는 말이다. 김장생의 《가례집람(家禮輯覽)》〈상례(喪禮)〉 성복조(成服條)에서 "기(記)는 바로 《의례(儀禮)》 상복(喪服)의 기이다. 기에 최상(衰裳)의 제도가 들어 있으므로 이렇게 말한 것이다."라고 풀이하고 있다.

〔문〕 관(菅)은 비(菲)와 다릅니까?

〔답〕 관은 풀 이름이고, 비는 풀의 몸체입니다.

〔문〕 부장기조(不杖期條). "딸이 형제 중 아버지의 후사가 된 자를 위해"라고 한 것은, 아버지가 이미 죽어 형제 중에 승중(承重)한 자를 가리키는 것입니까?

〔답〕 아마 그런 듯합니다. 아버지가 참최 삼년복(斬衰三年服)을 입는 것은 아버지의 생사와는 상관없을 듯합니다. 그러나 예에 "적자(嫡子)가 있으면 적손(嫡孫)은 없다."라는 조문이 있습니다.[128] 이 말에 근거하면 아버지가 있으면 승중자(承重子)라고 할 수 없으니 다시 살펴보십시오.

〔문〕 심존중(沈存中 심괄(沈括)), 곽평(郭平 곽원평(郭原平)), 포박자(抱朴子)는 모두 그 출처를 잘 모르겠습니다.

〔답〕 심은 송나라 사람이고, 곽은 한(漢)나라 때의 사람이며, 포박자는 잘 모르겠습니다.

〔문〕 작회격조(作灰隔條). "오직 보이지 않게 하려고 한다.〔惟欲不見〕"의 '見' 자는 본음대로 읽어야 합니까?

〔답〕 본음대로 읽거나 '현(現)' 자로 읽거나 두 가지 다 괜찮습니다.

128 예에……있습니다 : 《의례》 권11 상복편(喪服篇) 적손조(適孫條)의 전(傳)에 나오는 말이다. 전의 원문이 '유적자즉무적손(有嫡子則無嫡孫)'으로 되어 있어 그에 따라 번역하였다.

〔문〕 부제(祔祭)의 축(祝)에 "모고에게 가서〔適于某考〕"라고 할 때의 '적(適)'은 그 뜻을 잘 모르겠습니다.

〔답〕 '적'은 '이르다〔詣〕', '나아가다〔就〕'라는 것과 같습니다.

〔문〕 소상(小祥)의 지조석곡조(止朝夕哭條). "초하루와 보름에만 아직 복을 벗지 못한 사람은 모여서 곡한다."라고 하였습니다. 일 년이 지나도 벗지 못한 자는 삼년복을 입는 자인데, 오히려 '모여서 곡한다.'라고 하면 '아침저녁으로 음식을 올리는 것〔朝夕上食〕'은 일 년 만에 그만두는 것입니까? 주자(朱子)는 상중에 늘 분암(墳庵)에 있으면서 초하루와 보름이면 집에 돌아갔습니다. 이것으로 볼 때 아침저녁으로 음식을 올리는 것을 그만둔 것을 알 수 있습니다. 그렇습니까?

〔답〕 소상을 지낸 뒤에도 복을 벗지 못한 자가 있는 것은 상복을 입어야 할 사람 중 부고를 들은 것이 늦은 자입니다. 주자는 분암에 있었지만, 집안사람이 집에서 궤전(饋奠 음식을 올림)하지 않은 줄 어찌 알겠습니까?

〔문〕 대소상(大小祥)의 아헌(亞獻)과 삼헌(三獻)에 거애(擧哀)하는 문구가 없으니 곡을 하지 않아야 합니까?

〔답〕 이미 "초헌(初獻)과 같다."라고 하였으니, 어찌 곡하지 않을 이치가 있겠습니까.

〔문〕 무릇 상중에 사시(四時)의 제사는 먼저 가묘(家廟)에 지낸 뒤 궤연(几筵)에 드려야 할 듯합니다. 그런데 《가례》에서 "먼저 궤연에 지낸 뒤에 가묘에 지낸다."라고만 한 것은 무슨 까닭입니까?

〔답〕 상중에 시제(時祭)를 지낸다는 주장은 원래 이해할 수 없습니다.

어쩌면 당시 습속이 그러했을 것입니다. 이미 예가 아니니 그 선후(先後)에 대해서도 변별할 필요가 없습니다.

〔문〕 거처를 달리하는 형제가 지방(紙榜)을 써 놓고 제사를 지내는 것은 이미 시제조(時祭條) 뒤에 보입니다. 이 예를 과연 행할 수 있는 것인지 모르겠습니다.

〔답〕 선생이 인용한 "묘지가 있는 쪽을 향해 제단을 설치한다."라는 말로 보자면 종법(宗法)의 엄격함이 이와 같은데 어찌 지자(支子)가 시제(時祭)를 행할 수 있겠습니까. 이것은 아마도 습속을 따라서 어쩔 수 없이 말했을 것입니다.

〔문〕 "포와 젓갈을 각각 세 가지씩 놓는다.〔脯醢各三品〕"라고 한 것은, 한 가지 품목을 나누어 세 개의 그릇에 담아서 따로 놓는 것입니까?

〔답〕 각각의 품목을 세 가지씩 하는 것입니다.

〔문〕《가례》에서 생선과 고기는 탕을 만드는 것인 듯한데,《격몽요결》에서 생선과 생고기를 쓰는 것은 어떻게 된 것입니까?

〔답〕 생선과 생고기 및 탕을 만드는 것에 대해서는 모두 반드시 그러해야 한다는 예법의 뜻을 보지 못했습니다. 사마공(司馬公 사마광(司馬光))의 제의(祭儀)에 육회〔膾〕, 구운 고기〔炙〕, 국〔羹〕, 안주〔殽〕 등의 글이 있습니다.《가례》의 글 또한 이와 같을 듯합니다.

〔문〕 시조의 제사에서는 "희생의 뒷발 중 항문 근처 한 마디는 제거한다."라고 했는데, 선조의 제사에는 '뒷다리 위쪽 한 마디〔後足上一

節]'를 올리는 것은 무엇 때문입니까?

〔답〕 뒷다리 세 마디는 항문 근처 한 마디를 빼고도 아직 위아래 두 마디가 있기 때문에 그렇게 말한 것입니다.

〔문〕 요질(腰絰)은 큰 띠를 본뜬 것이며 교대(絞帶)는 가죽띠를 본뜬 것입니다. 한 사람의 몸에 두 개의 띠를 말한 것은 또한 무슨 뜻입니까?

〔답〕 교대는 정대(正帶)이고 질은 교대를 거듭 묶은 것으로, 두 개의 띠가 아닙니다.

〔문〕 내집사(內執事)와 외집사(外執事)는 일을 맡은 안팎의 비복(婢僕)입니까?

〔답〕 어쩌면 비복으로 대접하는 자인 듯하고 어쩌면 자제로 대접하는 자인 듯한데 한쪽으로 고집해서 말할 수 없을 듯합니다.

〔문〕 기제사에서 재계(齋戒)하는 날 의대(衣帶)는 흰색을 입어야 합니까?

〔답〕 옛날 사람은 검은색을 재계하는 복장으로 삼았습니다만 기제사에 재계할 때도 이것을 쓰는지는 모르겠습니다. 저의 생각으로는 흰색을 써도 무방할 듯합니다.

〔문〕 국기일(國忌日)에도 종일 흰옷을 입어야 합니까? 어떤지 모르겠습니다.

〔답〕 국기일의 복장은 본래 조정에서 행하는 바를 따라야지 의리로

따져 새로 만들어 내서는 안 될 듯합니다.

〔문〕 시제(時祭)를 계절의 중간 달〔仲月〕에 행하지 못하면 때를 지났다고 하는데, 계절의 마지막 달에 소급해서 지낼 수는 없습니까?
〔답〕 석 달을 철〔時〕이라고 하는 만큼 마지막 달 또한 원래 이 철의 안에 있습니다.

〔문〕 천장(遷葬)할 때 관을 꺼내는 것은 아버지를 먼저 하고 어머니를 뒤에 해야 합니까? 어떻게 해야 하는지 모르겠습니다.
〔답〕 관을 꺼내는 것은 정(情)을 펴는 일이니 아버지를 먼저 해야 할 듯합니다.

〔문〕 아버지가 상을 마치지 못하고 사망하면 그 아들이 대신해서 복을 입어야 합니다. 아버지의 상에 장례를 지낸 뒤에 즉시 대신해야 합니까, 아니면 졸곡을 기다려야 합니까? 대신해서 복을 입을 때 고유(告由)해야 하는데 그 뒤 축사(祝辭)에서는 곧장 '손자 모(某)'라고 일컫습니까?
〔답〕 대신하여 복을 입을 때에 대해 선유(先儒)들의 주장이 각기 달라서 정해진 의론이 없으니, 감히 함부로 말하지 못합니다. 대신해서 복을 입을 때 고유하면서 손자라고 칭하는 것은 의리에 당연합니다.

〔문〕 남의 후사가 된 사람의 아들이 그 아버지의 사친(私親)을 위해서는 후사로 들어간 곳의 친소(親疏)로써 그 상에 복을 입어야 합니다. 그런데 어떤 사람은 그 아들 또한 한 등급을 내리는 예를 따라야

한다고 하는데, 이는 그렇지 않은 듯합니다. 어떠한지 모르겠습니다.

〔답〕 한 등급을 낮춘다는 주장이 근거가 있는 듯합니다.

민사앙에게 답함

答閔士昂

그대 형님 아들이 종자(宗子)가 되어 신주의 기록을 고쳤다면 그 축사(祝辭)는 "조고(祖考) 모관(某官) 부군(府君)의 상기(喪期)가 이미 다했습니다.……"라고 해야 하는데, 여러 신위를 나열해 쓰는 곳에는 조고비(祖考妣)의 신위를 쓰지 않으며, 증조고비(曾祖考妣) 아래에 나란히 고위(考位)를 씁니다.

신주를 조천(祧遷)할 때 난처한 단서는 오늘날에 흔히 있습니다. 일찍이 창동(倉洞) 홍상(洪相) 집안의 질문에 답할 때 "신재(愼齋) 김선생(金先生 김집(金集))은 별당[129]에 봉안하여 제사 지낸다."라고 했는데 저의 집은 자손들이 힘을 합해 최장방(最長房)의 집에 사당을 세워 제사 지낼 때도 힘을 합해 돕습니다. 가만히 생각건대 저의 집에서 행하는 것이 나은 듯합니다. 홍상의 집은 마침내 저의 집에서 행하는 것을 따르겠다고 했습니다. 이미 조천했는데 그대로 옛 사당에 안치한다면 세수(世數)가 국가와 다름없이 되니, 결코 해서는 안 되는 것입니다.

《격몽요결》에 근거하면 새벽에 사당에 배알하는 것은 중자(衆子)는 종자를 따라 함께 배알해야 하며, 종자가 없으면 감히 하지 못합니다. 그러나 《가례》의 출입의(出入儀)에서는 나머지 사람이 모두 종자와 같이 하되 가운데 문을 열지 않을 뿐입니다. 이에 따르면 새벽에 사당에 문안하는 것도 달라서는 안 될 듯합니다만 어떠한지 모르겠습니다.

129 별당 : 별당의 '당'이 두주(頭註)에는 '堂一作室'이라고 되어 있다.

민사앙에게 답함

答閔士昂

옷소매가 옷의 몸통과 이어지는 곳도 각각 1치를 제거합니다. 삭(削)은 '제거하는 것〔除〕'입니다. 옷의 몸통을 재단할 때 등 뒤는 2자 2치 외에 다시 1치를 넓게 하고, 앞은 사선의 길이를 4치 늘립니다. 이것은 〈가례도(家禮圖)〉에서 본 것인 듯합니다.[130]

130 옷소매가……듯합니다 : 비슷한 문답이 있는 《관봉유고(冠峯遺稿)》 권9 〈우암선생예의문답변의(尤庵先生禮疑問答辨疑)〉를 참조하면 심의(深衣)의 재단에 관한 질문에 답변한 것이다. 〈가례도〉 심의와 상복의 도식(圖式) 모두 "옷소매가 옷의 몸통과 이어지는 곳은 각각 1치를 삭제한다."라는 내용은 보이지 않는다.

민사앙에게 답함

答閔士昂

〔문〕《가례》의 고사축(告事祝)에 이르기를 "4대의 신위를 축판(祝板) 하나에 함께 쓰되, 자칭(自稱)은 그중 가장 존자(尊者)를 위주로 한다."라고 했는데, 시제(時祭)의 신주를 내올 때의 축문에는 '효손(孝孫)'으로 칭하여 앞뒤가 다른 것은 무엇 때문입니까?

〔답〕어떤 사람은 시제의 신주를 내올 때의 축문에 '현(玄)'이란 한 글자가 빠졌다고도 합니다. 아니면 옛사람이 선대(先代)의 멀고 가까움에 상관없이 다만 '손(孫)'으로 일컬었는데, 이 또한 옛날 그대로 일컫는 경우이겠지요. 그러나 앞의 말이 옳은 듯합니다.

〔문〕제사에서 세숫대야와 수건은 동쪽 계단 아래에만 설치하고 서쪽 계단 아래에는 두지 않는데, 안팎에서 같은 세숫대야와 수건으로 손을 씻고 닦습니까?

〔답〕세숫대야를 반드시 동남쪽에 두는 것은 옛사람이 '바다가 동남쪽에 있는 뜻'이라 하였습니다. 세숫대야는 하나이지만 손을 씻을 때는 따로 다른 그릇으로 물을 떠서 부으니, 혼례를 보면 알 수 있습니다. 그렇다면 안팎이 같은 세숫대야를 쓰는 것을 꺼리지 않는 것입니다. 오직 수건은 구별하는 뜻이 없으니, 안팎에서 각기 한 개를 쓰지 않겠습니까. 이것은 잘 모르겠습니다.

〔문〕시제를 지낼 때 날을 받지는 않지만 고례(古禮)에 따라 한 달

전 하순에 고사(告辭)를 행합니까? 미리 정할 수 없으면 정해진 날의 사흘 전에 고사를 행하는 것은 어떻습니까?

〔답〕 송나라의 선유(先儒)는 날을 받지 않고 분지(分至 춘분・추분・하지・동지)를 쓰기도 했는데, 이 또한 시행할 만합니다. '전달 하순'이라는 문구를 쓰지 않고 '사흘 전'으로 고친 것[131]은 일에는 편하겠지만 《가례》의 의절을 덜고 더하는 것은 감히 하지 못할 듯합니다. 매번 《격몽요결》에 의심이 없을 수 없으나 문하에 나아가 질정(質正)하지 못하는 것이 한스럽습니다.

〔문〕 세 번 제삿술을 붓는 것은 곧 귀신을 대신하여 제(祭)[132]하는 것인데, 우제(虞祭)에는 제하고 나서 붓고, 시제에는 붓고 난 뒤에 제합니다. 제한 뒤 다시 붓는 것은 그 뜻이 어디에 근거한 것입니까?

〔답〕 우제는 아직 상제(喪祭)이기 때문에 시제와 다른 점이 있습니다.

〔문〕 참최(斬衰)에는 머리를 마(麻)로 묶고, 자최(齊衰)에는 문(免)[133]

131 전달……것 : 《의례주소(儀禮注疏)》 권44 〈특생궤사례(特牲饋食禮)〉에 "날을 미리 의논하지 않는다.〔不諏日〕"의 소(疏)에서 "대부 이상은 가령 맹월에 제사 지내면 전달 하순에 다음 달 상순을 점친다.〔大夫已上, 假令孟月祭, 於前月下旬, 筮來月之上旬.〕"라고 하였는데, 《격몽요결》 〈시제의(時祭儀)〉 주에 "제사 지내는 날 사흘 전에 사당에 고한다.〔前期三日告廟〕"라고 한 것을 말하는 듯하다.

132 제(祭) : 음식을 처음 만든 사람에게 음식을 조금 떼어 고수레를 지내듯이 술을 조금 땅에 붓는 것을 말하는 듯하다.

133 문(免) : 관(冠)을 벗고 머리카락을 묶는 것을 말하는데, 1치 너비의 베 조각을 목에서부터 앞으로 올려 이마에 마주 잡아 매고 또 뒤로 넘겨 상투에 감는다.

을 합니다. 어머니의 상인 자최에도 베〔布〕로 문을 합니까? 마로 머리를 묶는다면 참최와 같은데 문을 더하는 것입니까?

〔답〕《가례》에는 분명하게 참최에 마로 하고, 자최에 포로 한다고 했으니, 이는 의심할 바가 없습니다. 다만 고례(古禮)는 물어보신 끝부분의 뜻과 같습니다.

〔문〕"가벼운 것은 포(包)를 하고 무거운 것은 특(特)을 한다."[134]라고 할 때의 포와 특의 뜻을 자세히 들을 수 있겠습니까?

〔답〕《가례》에는 이 글귀가 없고 고례(古禮)에 있습니다. 남자는 머리를 중요하게 여기니, 이른바 가볍다는 것은 허리입니다. 아버지의 상에서, 소상(小祥) 때 남자는 아버지 상에 입는 요질(腰絰)을 제거하지 않고 어머니 상에 입는 요질을 겸합니다. 그러므로 '가벼운 것은 포(包)를 한다'고 하고, 수질(首絰)은 제거하고 어머니 상에 입는 수질만 두르

134 가벼운……한다 : 《예기》〈간전(間傳)〉의 "참최의 상에서 우제와 졸곡을 지낸 뒤에 자최상을 당했을 경우에는, 가벼운 것은 포를 하고 무거운 것은 특을 한다.〔斬衰之喪, 旣虞卒哭, 遭齊衰之喪, 輕者包, 重者特.〕"라는 말에서 나온 것인데, 포는 겸하여 감싸는 것을 말하고, 특은 특별히 남겨서 드러내는 것을 말한다. 참최와 자최의 상이 겹친 경우에, 이미 참최의 우제와 졸곡을 지냈다면 자최로 참최복을 바꿀 수 있는 계기가 된 것이다. 그런데 남자는 머리를 중히 여기고 여자는 허리를 중히 여기며, 상대적으로 남자는 허리를 가벼이 여기고 여자는 머리를 가벼이 여긴다. 그래서 공영달(孔穎達)의 소(疏)에서 "남자는 허리를 가볍게 여기므로 자최의 요대(腰帶)를 둘러서 참최의 대(帶)를 겸하여 감쌀 수 있고, 부인은 머리를 가볍게 여기므로 자최의 수질을 둘러서 참최의 질(絰)을 겸하여 감쌀 수 있다."라고 하였는데, 이것이 경자포(輕者包)이다. 그리고 "남자는 머리를 중히 여기므로 참최의 수질을 특별히 남겨서 드러내고, 부인은 허리를 중하게 여기므로 참최의 요대를 특별히 남겨서 드러낸다."라고 하였는데, 이것이 중자특(重者特)이다.

기 때문에 '특(特)'이라 합니다. 그러나 이것은 〈간전(間傳)〉의 설명과 다르므로 참고해야 할 듯합니다.

〔문〕 상복에서 최(衰)와 벽령(辟領)의 의미는 《가례》에서 이미 보았지만 부판(負版)은 또한 무슨 의미입니까?

〔답〕 슬픈 마음을 등에 진다는 뜻입니다.

〔문〕 《가례》 및 《상례비요(喪禮備要)》의 역복조(易服條). 아내와 자식, 며느리와 첩 외에는 복을 입는 자가 관을 벗는다는 글이 없는데, 근세에 오복(五服)을 입는 사람은 모두 관을 벗습니다. 어떻게 해야 할지 모르겠습니다.

〔답〕 원래 세상 사람이 《가례》의 글을 따르려 하지 않습니다. 그러나 조부모와 아내의 상에 관을 벗지 않는다면 사람들은 반드시 크게 놀라워할 것입니다. 이러한 것은 시속을 따르더라도 해로울 것이 없겠지요.

〔문〕 조부모와 아내의 상에 성복(成服)하기 전 세속에서는 망건을 벗기도 하는데 이것은 과연 어떻습니까?

〔답〕 망건은 《가례》 이전 기록에 보이지 않고 현재의 제도〔時制〕에서 비로소 생긴 것입니다. 벗거나 벗지 않거나 모두 해로울 것이 없을 듯합니다.

〔문〕 《상례비요》에서 부인의 상례에 명정(銘旌)에는 성과 관향을 쓰는데 신주와 축문에는 모두 쓰지 않습니다. 시속을 따르거나 고례(古禮)를 따르는 데 각기 그 뜻이 있습니까?

〔답〕《가례》의 명정조(銘旌條)에서는 따로 부인을 말하지 않았습니다. 그러므로 《상례비요》에서 부인의 명정에 시속을 따라 본관을 쓰고 있고, 우리나라의 시속은 신주에도 본관을 쓰고 있습니다. 이는 동성(同姓)의 사람에게 장가드는 경우가 있기에 써서 구별하는 것입니다. 이제는 금령(禁令)[135]이 있는 만큼 《가례》에 따라 신주에도 쓰지 않는 것이 옳습니다. 명정은 아마 이 예를 준용해야 할 듯합니다.

〔문〕 관직이 없으나 학생(學生)이 아닌 자에 대해 이미 학생이라고 일컬었으면 문반도 아니고 무반도 아닌 서얼이니 또한 교생(校生)이라고 칭할 수 있습니까?

〔답〕 살았을 때 부르던 바를 따르면 됩니다. 《가례》의 복조(復條)에서 볼 수 있습니다.

〔문〕 칠포(漆布). 포는 관 전체를 싸고 칠을 하는 것입니까, 아니면 관을 봉합하는 곳만 싸는 것입니까?

〔답〕 칠포는 《가례》에 보이지 않고 《상례비요》에서 말하고 있습니다. 관을 봉합하는 곳에만 쓰는 듯합니다.

〔문〕 "현훈(玄纁)을 널 옆에 올린다."라고 한 것은 곧 널과 덧널 사이인데, 근세에 식자(識者)의 집안에서 널 위의 동쪽에다 상하로 나누

135 금령(禁令) : 동성끼리는 혼인을 금하는 것을 말한다. 1668년(현종9) 겨울에 송시열이 청하자 현종이 윤허하고 이어 사방에 금령을 내렸다. 《宋子大全 附錄 卷18 崔愼錄下》

어 올리기도 하니, 어떠한지 모르겠습니다.

〔답〕 '널 옆'이라고 한 것은 보내온 편지의 말씀이 맞습니다. 널 동쪽에 두는 것은 고례(古禮)인데, 또한 반드시 널 위의 동쪽에다 두는 것인지는 모르겠습니다.

〔문〕 무릇 제사에서 순서대로 서는 것은 모두 서쪽을 상석(上席)으로 삼는데 개영역(開塋域)[136]을 할 때는 동쪽을 상석으로 삼으니, 무슨 뜻인지 잘 모르겠습니다.

〔답〕 그 뜻은 자세히 알지 못합니다.

〔문〕 개영역축(開塋域祝)에는 사망자의 성명을 일컫고, 장사 지낸 뒤 후토(后土)에 제사 지낼 때는 일컫지 않는 것은 무슨 뜻입니까?

〔답〕 성명을 일컫지 않는 것은 그 뜻을 자세히 모르겠습니다. 어쩌면 글이 빠진 것이겠지요.

〔문〕 신주(神主)의 함중(陷中)[137]에서 '몇 째〔第幾〕'라고 하는 것은 신위(神位)의 대수〔世數〕의 순서인 듯한데, 형제 항제(行第)[138]의

136 개영역(開塋域) : 상주(喪主)가 산에 올라가서 장사 지낼 묘역의 흙을 조금 파내고 팻말을 세우며 후토씨(后土氏)에게 고하는 의식을 말한다.

137 신주(神主)의 함중(陷中) : 신주의 뒤쪽 면을 직사각형으로 파서 망자(亡者)의 성명, 관직 등을 기록하던 부분을 말한다.

138 항제(行第) : 중국의 속어로 배항(輩行)이라고 하는 것으로, 우리나라의 항렬(行列)과 같은 말이다. 중국인들은 형제에 대해서 원근과 남녀를 구분하지 않은 채 그 순서에 따라서 일컫는다. 가장 나이가 많은 자일 경우에는 대형(大兄)이라고 하고,

순서라고도 하니 어떤지 모르겠습니다.
〔답〕 뒤의 말이 맞는 듯합니다.

〔문〕 조부모와 부모가 모두 돌아가셨으면 염습(斂襲)은 존비(尊卑)를 위주로 하여 조부모를 먼저 하고 부모를 뒤에 한다고 하는데, 아버지가 돌아가시고 염습을 미처 하기 전에 할아버지가 돌아가셔도 존비를 위주로 해야 합니까?
〔답〕 같은 날이면 높은 사람을 먼저 하고 낮은 사람을 뒤에 해야 합니다.

〔문〕 중자(衆子)의 아들이 아버지 담제(禫祭) 때의 복을 입고 있는데 조부모 상을 당한 경우, 아버지의 담제에는 고기〔肉〕로 제사 지내야 하니 정에 몹시 편하지 않은데, 어떻게 해야 하겠습니까?
〔답〕 담제를 지내기 전에 조부모의 상을 만난다면 담제를 행할 수 없으니 고기를 쓰는지의 여부는 논할 것이 없습니다.

〔문〕 종자(宗子)와 다른 곳에 사는 자의 상(喪)에 부제(祔祭)를 행하려면 종자가 사당에 알리고 허위(虛位)를 베풀어 제사 지냅니다. 그렇다면 종자가 와서 참석하지는 않지만 축은 종자의 이름을 쓰는 것입니까?
〔답〕 당연히 종자를 주인으로 합니다.

둘째와 셋째 이하의 경우에는 단지 숫자만을 붙이는데, 일정한 한계가 없어서 최대(崔大), 두이(杜二), 진삼(陳三), 노사(盧四), 남팔(南八), 구구(歐九), 육수(六嫂), 사랑(四娘) 따위로 칭한다.

〔문〕 상중에 시제(時祭)는 물론 행할 수 없지만, 초하루와 보름에 신위에 천신(薦新)하는 것도 그만두어야 합니까?

〔답〕 시제만 그만둡니다.

〔문〕《예기》에 이르기를 "제사 지낼 대상이 죽은 자에 대해 복(服)을 입을 사이가 아니라면 제사를 지낸다."라고 했는데,《격몽요결》에서는 "성복(成服) 전에 잠시 그친다."라고 했습니다. 어떻게 해야 합니까?

〔답〕 옛날과 지금은 마땅함이 다른데 어찌 하나만 고집하여 말할 수 있겠습니까. 그러나 고례(古禮)에서 말한 바는 정조(鼎俎)를 이미 진설한 것을 두고 변두(籩豆)를 이미 진설했다고 말한 것이고,《격몽요결》은 전반에 걸쳐 대략 말했을 뿐입니다.

〔문〕 국상(國喪)의 성복 전에 사상(私喪)의 성복은 어떻게 행하며, 사상의 복을 벗는 것을 국상의 졸곡(卒哭) 전에 행할 수 있습니까?

〔답〕 국상이 났을 때 개인이 당한 상의 성복을 금하지 않는 것은, 옛날에 벼슬이 있는 자로서 아침저녁으로 군주의 처소에 있는 자와는 차이가 있습니다. 복을 벗는 것은 국상의 졸곡을 기다린 뒤에 행해야 하니, 이는 그 이전에는 은제(殷祭)[139]를 행할 수 없기 때문입니다.

139 은제(殷祭) :《예기》〈증자문(曾子問)〉에 공자가 "임금의 상에, 복을 벗은 뒤에 은제를 지내는 것이 예이다."라고 하였는데, 이에 대한 진호(陳澔)의《예기집설(禮記集說)》에서 "은제는 성대한 제사라는 의미로, 임금의 상에 복을 벗은 뒤에 부모의 소상과 대상을 지내는데, 그 예가 크기 때문에 은(殷)이라고 한다. 가령 이번 달에 임금의 상복을 벗으면 다음 달에 소상제를 지내고 또 그다음 달에 대상제를 지내며, 만약 친상

〔문〕 기년(朞年) 뒤에 장사를 지낸 경우는 장사를 지낸 다음 달에 소상(小祥)을 행하고 그 대상(大祥)은 올해 소상을 행한 달에 행하는 것입니까, 아니면 2주기에 행합니까?

〔답〕 장사를 마친 뒤 소상과 대상을 행하는 것은 원래 2주기가 되는 날을 씁니다.

〔문〕 시일을 넘기고도 장사를 지내지 않았다면 아들은 장사를 지낸 뒤에 연제(練祭)를 행해야 하고, 남편이면 장사를 지내지 않았더라도 복을 벗을 수 있습니까?

〔답〕 남편은 아내에게 또한 3년의 의리가 있으니, 아들과 함께 그 진퇴를 함께해야 할 듯합니다.

〔문〕 소상의 연복(練服)은 관(冠)과 중의(中衣)만 연포(練布 누인 베)로 하고, 최상(衰裳)은 연포로 하지 않습니다. 그렇다면 관을 받치는 건(巾)과 교대(絞帶)를 바꾸어 생마포(生麻布 누이지 않은 삼베)를 씁니까, 연포를 씁니까?

〔답〕 관을 받치는 건은 고례에는 없습니다. 고례에서, 누인 것은 관과 중의에 대해서만 말하였으니 그 나머지는 누이지 않은 베를 쓰는 것을 알 수 있습니다.

〔문〕 윤달은 바른 달〔正月〕이 아니므로 길흉의 대사(大事)에는 모두

의 소상 뒤에 임금의 상을 당한 경우라면 임금의 상복을 벗은 뒤에 단지 대상제만을 지낸다는 말이다."라고 하였다.

쓰지 않습니다. 그러므로 천자는 초하루를 고하지 않고, 상을 당한 자는 셈을 하지 않는다고 합니다. 그렇다면 윤달에는 삭망 참례(參禮)도 행해선 안 됩니까?

〔답〕 행하지 않을 수 없습니다.

〔문〕 담제(禫祭)가 계절의 가운데 달〔仲月〕에 있으면 길제(吉祭)를 행하고, 계절의 마지막 달〔季月〕에 있으면 달을 넘기는 제도를 써서 계절의 첫 달〔孟月〕에 행합니까?

〔답〕 응당 그렇게 해야 합니다.

〔문〕 외손(外孫)이 제사를 받드는 것은 예가 아니라고 하지만, 본종(本宗)이 이미 신주를 모실 사당이 없는 경우에는 외손이 아직 있는데 어찌 차마 그 신주를 묻겠습니까? 별실에 제사를 지내는 것은 어떨지 모르겠습니다.

〔답〕 외손이 제사를 받드는 것은 주자(朱子)가 이미 친족이 아닌 사람의 제사로 여겨서 배척하였습니다. 이를 내버려 두고 생각할 바가 있다고는 감히 말하지 못하겠습니다.

〔문〕 두 첩의 아들이 서로 서모(庶母)를 위해 시마복을 입는 것은 《상례비요》에 실려 있습니다만 서모가 다른 첩의 아들에 대하여 복을 입는 것에 대해서는 분명한 예문(禮文)이 없습니다. 서로 보답하는 의리로 또한 시마복을 입어야 합니까?

〔답〕 군(君)의 중자(衆子)에 대한 복(服)으로 복을 입는 것이 마땅합니다.

〔문〕 적자(嫡子)가 있는데 적손(嫡孫)이 죽으면 중손(衆孫)의 복을 입어야 합니까?

〔답〕 고례에 이미 말이 있습니다.[140]

〔문〕 딸이 형제와 조카의 아내를 위하여 대공복을 입어야 하지만 이미 시집간 사람이라서 한 등급을 강복(降服)합니다. 그렇다면 어찌하여 소공조(小功條)에서는 시집을 가도 강복하지 않는다고 한 것입니까?

〔답〕 조카의 아내에 대해서는 대공복을 입어야 하고 형제의 아내에 대해서는 본래 소공복을 입어야 합니다. 이제 먼저 이미 시집간 자라서 강복하는 규례를 따라 소공복이 되므로 이미 시집을 갔지만 다시 강복하지는 않는 것입니다.

〔문〕 아내의 계모(繼母)와 적모(嫡母)는 복이 없습니까?

〔답〕《가례》에 말하기를 "아내의 친어머니는 개가(改嫁)했더라도 복을 입는다."라고 하였으니 이 말에 근거하면 개가하지 않은 적모와 계모는 친어머니와 같이 복을 입는다는 것을 알 수 있습니다.

〔문〕 서자(庶子)의 아들이 아버지의 어머니를 위해 아버지가 이미 사망하였더라도 기년복을 입어야 마땅합니다. 그러나 고을 사람 중에는 삼년복을 입는 자가 있으니 어떤지 모르겠습니다.

140 고례에……있습니다 :《의례(儀禮)》 권11 상복편(喪服篇) 적손조(適孫條)의 전(傳)에 "적자가 있으면 적손은 없다."라고 한 것을 가리키는 것으로 보인다.

〔답〕 승중(承重)한 서자의 자식은 아버지의 생존 여부를 막론하고 모두 복이 없고, 승중이 아닌 서자의 자식은 본복(本服)을 입을 뿐이니, 삼년복을 입는 것은 몹시 사리에 맞지 않습니다. 그 아버지가 삼년복을 입어야 하기에 대신해서 삼년복을 입는다고 한다면 전혀 그렇지 않으니, 무릇 조부모를 위하여 삼년복을 입는 손자는 승중했기 때문인데, 지금 조모가 할아버지의 첩일 뿐이라면 그 손자가 어찌 승중이라고 말하면서 삼년복을 입을 수 있겠습니까.

〔문〕 나이 열아홉 이하를 상(殤 미성년이 요절함)이라고 하니, 남자가 이미 관례(冠禮)를 치르고 여자가 계례(笄禮)를 치렀다면 시집가거나 장가가지 않았더라도 성인의 복을 입어야 합니까?

〔답〕《가례》에서는 남자가 이미 장가들었거나 여자가 시집가는 것을 허락하였다면 상으로 여기지 않습니다. 남자는 반드시 장가든 것을 위주로 하고 관례를 치른 것으로 말하지 않은 것은 당시에 자식을 낳고 젖을 먹이면서 이미 관례를 치른 자가 있어서이니, 이로써 성인으로 여길 수는 없었습니다. 그러므로 남자는 반드시 장가를 든 것으로 판가름하고 여자는 시집가기로 허락한 것으로 판가름합니다. 예(禮)에 시집가기로 허락하고 나서 계례를 치르니, 계례와 관례는 고례에는 같았는데 후세에는 달라졌습니다. 이미 계례를 치렀으면 스무 살이 아니라도 상이 되지 않으며, 남자는 반드시 장가든 뒤에야 성인이라고 할 수 있습니다.

〔문〕 상복(殤服)에 대해 이른바 '이일역월(以日易月)'[141]은 태어난 달로부터 계산한다고도 하고 복을 입는 달로 계산한다고도 하는데 어

느 주장이 옳습니까?

〔답〕 주(註)[142]의 설명은 "태어난 지 1개월 된 자는 1일을 곡한다."라고 하였습니다. 그렇다면 태어난 지 7년 된 아이는 84일을 곡해야 합니다. 그런데 예에 "태어난 지 석 달이 되지 않은 경우는 곡하지 않는다."라는 글이 있으니[143] 소(疏)[144]에서 말한 이른바 '태어난 지 1개월 된 자'와는 다릅니다.

141 이일역월(以日易月) : 한 달을 하루로 쳐서 복(服)을 입는 제도이다. 참최(斬衰) 3년인 경우 27개월 동안 상복을 입어야 하는데 27일 동안만 상복을 입고 탈상(脫喪)한다.

142 주(註) : 한나라 정현(鄭玄)의 《의례》에 대한 주를 말한다.

143 예에……있으니 : 당나라 육덕명(陸德明)이 "주나라 사람은 은나라 사람들의 관으로 장상을 장사 지냈고, 하후씨의 즐주로 중상이나 하상을 장사 지냈으며, 유우씨의 와관으로 무복의 상을 장사 지냈다.〔周人以殷人之棺槨葬長殤, 以夏后氏之堲周葬中殤下殤, 以有虞氏之瓦棺葬無服之殤.〕"에 대한 주에서 "16세에서 19세는 장상이 되고, 12세에서 15세까지는 중상이 되며, 8세에서 11세까지는 하상이 되며, 7세 이하는 복을 입지 않는 상이 되며, 태어난 지 석 달이 되지 않으면 상이 되지 않는다."라고 한 것을 말한다. 《禮記集說 卷15 檀弓上》

144 소(疏) : 《의례》의 주에 대한 당나라 가공언(賈公彥)의 소를 말한다. 경문의 "날로 달을 바꾼다.〔以日易月〕"에 대해 정현이 "태어난 지 1개월 된 자에게 1일을 곡하는 것을 말한다."라고 하였고, 가공언은 이에 대해 "태어난 지 1개월 된 자에게 1일을 곡한다. 7세가 된다면 1년에 12달이 있으니, 84일 곡하는 것이다."라고 풀이하였다.

민사앙에게 답함

答閔士昂

〔문〕 부모의 상을 한꺼번에 당하여 같은 날 하관(下棺)했다면 신주에 글씨를 쓰는 것 또한 가벼운 분을 먼저 하고 무거운 분을 뒤에 합니까?

〔답〕 부모를 같은 날 하관했다면, 무거운 상의 신주를 먼저 써야 하고 우제(虞祭)도 먼저 행해야 합니다. 대개 장사는 정을 빼앗는 일이므로 어머니를 먼저 하고 아버지를 뒤에 하지만, 신주에 글을 쓰는 것은 정을 펴는 일이므로 아버지를 먼저 하고 어머니를 뒤에 합니다.

민사앙에게 답함

答閔士昂

〔문〕 '봉양하는 예를 마쳤다고 고하고 두 번 절하는 것〔告利成再拜〕'은 시동(尸童)을 위해서입니까, 주인을 위해서입니까?

〔답〕 '이(利)'는 '봉양〔養〕'의 뜻이고 '성(成)'은 '마침〔終〕'의 뜻이니, 제사를 마쳤다는 것을 말합니다. 시동에게 일어나서 가라고 청하는 것을 꺼리므로 제사를 마쳤다고만 고하면 시동이 스스로 일어나서 갑니다. 봉양을 마쳤음을 고한 뒤에 뭇 주인이 다시 절하니, 시동을 위해서입니다.

〔문〕 부모상을 당해 장사 지내기 전에 친척의 상을 들으면 변복(變服)[145]과 성복(成服)의 절차가 있을 듯합니다만, 이미 아버지를 장사 지내지 못했다고 말했으면 어머니를 천장(遷葬)하는 자는 감히 변복하지 못합니다. 더구나 친척의 상에 대해서이겠습니까. 이는 의심스럽지 않을 수 없습니다.

〔답〕 부모를 장사 지내기 전이라도 친척이 사망했으면 성복할 때 잠시 친척에 대한 복을 입고 곧바로 다시 무거운 상복을 입습니다. 이는 《가례》에 "가벼운 상을 만나면 새로 만난 가벼운 복을 입는다."라는

145 변복(變服) : 초상을 치르는 시점에 따라 상복을 바꾸어 입는 것을 말한다. 소상(小祥)에 수질(首絰), 부판(負版), 벽령(辟領), 최(衰) 등을 벗고 연복(練服)을 입는다. 연복은 소상 후 담제(禫祭) 전까지 입는 상복이다.

글이 부모상장조(父母喪葬條)의 앞에 실려 있습니다.

〔문〕 아버지 상을 만나 어머니 묘를 옮겨 합장할 경우, 출입할 때 입는 복색으로 사당에 고하고, 참최(斬衰)의 최질(衰絰)로 묘소에 고하는 예를 행합니까? 묘소에 고할 때 시마복을 입지 않는다면 우제(虞祭) 때 각기 입어야 하는 복[146]을 입는지 매우 모호합니다. 시마복을 입고 묘소에 고한 뒤에 즉시 무거운 복을 입는 것은 어떻습니까?

〔답〕 이러한 예를 만난 경우에 으레 이러한 논의가 있지만 우제가 장사 뒤에 있다는 이유로 어찌 각기 입어야 할 복을 입겠습니까. 아버지 장례 전에는 감히 변복하지 않는다는 것은 예에 분명한 예문(禮文)이 있습니다.[147]

146 각기……복 : 아버지 제사에는 참최를 입고 어머니 제사에는 자최(齊衰)를 입는 것을 말한다.

147 예에……있습니다 : 《예기》 〈상복소기(喪服小記)〉의 "부모의 상을 동시에 당했다면 먼저 어머니를 장사 지내되 우제와 부제는 지내지 않고, 아버지를 장사 지낸 뒤에 아버지의 우제와 부제를 지낸 다음에 어머니의 우제와 부제를 지낸다. 장사 지낼 때는 아버지의 장사와 어머니의 장사를 막론하고 참최복을 입고 지내야 한다.〔父母之喪偕, 先葬者不虞祔, 待後事. 其葬, 服斬衰.〕"에 대한 호광(胡廣)의 주에 "그 어머니를 장사 지낼 때도 참최복을 입는 것은 중상(重喪)을 따르는 것이니, 아버지를 아직 장사 지내지 않아서 감히 변복을 하지 못해서이다."라고 한 것을 가리킨다.

민사앙에게 답함
答閔士昂

〔문〕 아버지가 종군(從軍)했다가 사망한 사람이 있는데 그 어머니가, 아버지가 입던 옷과 자른 머리카락을 보관했다가 주면서 한꺼번에 어머니 관 속에 넣으라고 하였으나 자식이 차마 하나의 관에 함께 묻지 못하여 따로 작은 관을 갖추어 합장의 예를 행하고 참최 삼년(斬衰三年)의 추복(追服)을 하려고 합니다. 어떤 이는 추복하기보다 개장(改葬)의 예를 행하여 시마복을 입는 것이 마땅하다고 하는데, 참최복과 시마복이 모두 근거가 없으니 어떤지 모르겠습니다.

〔답〕 이것은 예에 없는 예이니 감히 말하지 못하겠습니다. 그러나 아버지가 입던 옷과 자른 머리카락을 함께 어머니의 관에 넣지 않는 것이 맞습니다.

〔문〕 남의 후사가 된 사람이 낳아 준 부모를 위해 입는 복은 부장기(不杖期)이고, 가까이서 조문하는 몇 사람은 모두 상장(喪杖)을 짚되 깎아서 작게 하는데, 근거가 있는지요?

〔답〕 낳아 준 부모를 위해 부장기의 상복을 입는 것[148]은 예에 분명한 예문(禮文)이 있습니다만, 상장을 짚되 조금 깎는 것은 근거가 없습니다. 이 예를 행하는 것은 과시가 지나치다는 비방을 면치 못할 듯합니

148 낳아……것 : 《오례통고(五禮通考)》 권254 〈흉례(凶禮)〉 상례조(喪禮條)에 나오는 말이다.

다. 일찍이 한 노인이 이러한 경우를 만난 것을 보았는데, 평소 짚던 지팡이만 짚었습니다. 모르는 자는 남의 후사로 나간 자가 강복(降服)하여 짚은 것인 줄로 여겼으니 이 때문에 차츰 더 나아간 것이 아니겠습니까.

〔문〕 성이 다른 자매[149]가 외숙모를 위해서는 칭호와 상복을 어느 설을 따라야 합니까?

〔답〕 이 예는 이른바 겸친(兼親)의 경우[150]이니, 무거운 복을 따라야 합니다.

〔문〕 무거운 상이 자기에게 있는데, 복이 가벼운 자가 없으면 사당에서 제사 지내는 것은 누구를 시켜야 합니까?

〔답〕 3년 안에 복이 가벼운 자가 없으면 출입할 때 입는 복색으로 사당에 들어가 제사를 지내는 것은 이미 선현의 의론이 있습니다.

〔문〕 천장(遷葬)할 때 무덤을 열고 관을 들어낸 뒤 전(奠)을 행할 때 이른바 '뇌주(酹酒)'라고 하는 것의 '뇌'는 강신(降神)을 말하는 것입니까? 어떤 사람은 잔에 술을 따르는 것을 또한 '뇌'라고 하는데, 어떤지 모르겠습니다.

〔답〕 뇌주와 전주(奠酒)에 대해 무릇 예서(禮書)에 뇌주라고만 말한

149 성이 다른 자매 : 고모, 외숙, 이모에게서 난 자매로, 모두 사촌이 된다.

150 겸친(兼親)의 경우 : 겸친이란 친척 관계가 있는 사람이 다시 친척이 된 경우를 말하는데, 여기서는 겸친의 경우와 같은 예를 따라야 한다는 말이다.

것은 전주를 가리킵니다. 뇌주와 전주를 겸하여 말했을 때 '뇌'는 술을 모상(茅上)에 붓는 것이고 '전'은 신(神) 앞에 올리는 것입니다. 그러나 《상례비요》에 실려 있는 천장할 때의 뇌주와 전주는 《구씨의절(丘氏儀節)》에서 나온 것입니다. 《가례》에는 장례 전에 술을 붓는 의절이 없으니, 《가례》를 정통으로 삼아야 합니다.

〔문〕 상중에 천장하는 자는 관을 들어낸 뒤에 소상(小祥)을 만나면 잠시 제사를 그만두었다가 장사 지낸 뒤 날을 가려 행합니까? 할아버지와 아버지를 함께 장사 지낼 때 가벼운 분을 먼저 하고 중한 분을 뒤에 한다면, 중한 것은 할아버지에게 있습니까, 아버지에게 있습니까?

〔답〕 천장할 때 관을 들어낸 뒤에 첫 제사를 만나면 고유(告由)해야 하지만 기일(忌日)의 예로 '한 잔만 올리는 예〔單獻之禮〕'를 올리고 장례 뒤 날을 가려 소상을 지낸다면 변례(變禮)에 어긋나지 않을 듯합니다. 예에 "사랑하는 마음은 아버지로부터 위로 올라가 조상에 이르기 때문에 이를 가볍다고 말한다. 의리에 있어서는 조상으로부터 아래로 내려와 아버지에 이르기 때문에, 이를 무겁다고 말한다. 한쪽은 가벼워지고 한쪽은 무거워지는 것은 그 의(義)가 그러한 것이다."라고 하였습니다. 이 말에 근거하면 무거운 쪽을 따르는 의리를 알 수 있습니다.

〔문〕 무거운 상을 당해 아직 장사 지내지 않았을 경우 성복할 때 가벼운 복을 입어야 한다고 하였으니, 개장하기 위해 어머니의 무덤을 열 때 잠시 시마복을 입었다가 즉시 무거운 복으로 돌아와서 일을 마치며, 우제 때에는 각기 입어야 할 복으로 입는 것이 정(情)과

예에 합당할 듯합니다.

〔답〕 아버지를 장사 지내기 전에 어머니의 무덤을 천장하게 되면 감히 시마복을 입어 아버지의 상을 누르지 못합니다. 아버지를 이미 장사 지냈다면 각기 입어야 할 복을 입어야 하므로 어머니의 우제에는 시마복을 입습니다.

민사앙에게 답함

答閔士昂

오늘날 사람의 계(髻) 모양은 옛사람과 다릅니다. 치관(緇冠)을 한결같이 옛 제도대로 한다면 계는 높고 관은 짧아서 서로 방해가 되고, 《가례》의 치수만 사용하면 상투가 큰 것은 높고 넓어 잘 붙지 않으니 어쩔 수 없이 그 치수를 조금 넓혀서 붙이는 것을 척도로 삼습니다. 예를 들어 심의(深衣)의 옷소매가 한 폭을 기준으로 삼더라도 한 폭이 반대로 접어 올렸을 때 팔꿈치에 닿지 못하는 경우라면 한 폭에 구애되지 않는 것이 또한 이러한 유(類)입니다.

민사앙에게 답함

答閔士昂

고사(古事)로 살펴보건대 죄인의 가족이 죄인을 따라 귀양길을 함께 간 것이 한 문공(韓文公 한유(韓愈))의 글에 보입니다. 가족이 이미 따라갔으면 가묘(家廟)만 남겨 놓을 이치가 없습니다. 또 주자(朱子)도 종자(宗子)가 있는 곳에 두 신주〔二主〕-목주(木主)와 영정(影幀)이다.-를 모시고 따른다는 글이 있으니, 지금 이 정승〔李相〕의 가정이 만난 경우로 말하자면 궤연(几筵)만 주인을 따라갈 것이 아니라 선대의 가묘도 모시고 옮겨서 천향(薦享)하는 정성을 펴야 합니다. 대체로 주자는 일찍이 "부득이하여 자신이 나라를 떠나게 되면 지자(支子)가 대신 모시게 한다."라고 하였는데, 이는 타국에 나가 벼슬하는 자를 위주로 한 말로서 귀양 가는 사람과는 차이가 있으나 서울을 떠나는 점에서는 같습니다. 이 몇 가지 조목으로 보자면 이 정승 집안의 변례(變禮)도 대처할 방법이 있을 듯합니다.

민사앙에게 답함

答閔士昂

〔문〕 아버지가 어머니의 제사를 지낼 때 다른 집사가 없으면 자식은 축문을 읽을 수 없습니다. 어떤지 모르겠습니다.

〔답〕 단지 '남편〔夫〕'이라 쓰고 성명을 칭하지 않더라도 무방하지 않겠습니까. 감히 단언하지 못하겠습니다.

송자대전

제87권

書서

윤체원[1] 이건, 복원[2] 이성 에게 답함 경술년(1670, 현종11) 12월

答尹體元 以健 復元 以性○庚戌十二月

고변이 있은 처음[3]에 멀리서 보낸 안부 편지를 받았으니 성대한 뜻에 깊이 감사드립니다. 다만 치욕스러운 자를 끊어 내지 않는 것도 부끄러운 일이니 어찌 자중하지 않으시는지요. 어쩌면 정의(情誼)가 있다 하여 살펴볼 겨를이 없는 것입니까. 제가 이렇게 하지 않는다면 어찌 족히 저라 할 수 있겠습니까. 참으로 이상할 것도 없으니 대답할 길이 없습니다. 한 해가 저물어 가는데 아울러 잘 지내시기 바랍니다.

○ 그대 집[4] 맑은 향의 매화와 꿋꿋한 마디의 대나무는 늘 꿈속에서도 그리운 마음을 일으킵니다. 올해 큰 나무 하나를 베어서 긴 통을

1 윤체원(尹體元) : 윤이건(尹以健, 1640~1694)으로, 체원은 그의 자이고, 본관은 남원(南原), 호는 일소재(一笑齋)이다. 장령 윤유(尹柔)의 아들이자 윤집(尹集)의 조카이다. 송시열의 문인으로 1673년 진사시에 합격하여 동궁세마(東宮洗馬)가 되었다. 남인의 영수 윤휴(尹鑴)와 종문(宗門)이었으나 따르지 않았다.

2 복원(復元) : 윤이성(尹以性, 1644~1687)의 자이다. 윤이건의 아우로, 벼슬은 도사(都事)에 이르렀다.

3 고변이 있은 처음 : 송시열의 먼 친척인 서얼(庶孼) 이세직(李世直)이 송시열과 송준길 및 청주(淸州) 사람들을 무함하였다. 그를 국문(鞫問)하자 역변(逆變)을 고변하는 말을 하였는데 모두 허망(虛妄)한 말이었다. 뒤에 이세직은 무고를 자복하고 죽음을 당하였는데, 그 일이 발생한 처음을 말한다.《宋子大全隨箚 卷9》《顯宗實錄 11年 9月 15日, 12年 1月 29日》《宋子大全 卷13 李世直伏法後到安城待罪疏》

4 그대 집 : 윤이건의 집은 서울 안국동에 있었다.《宋子大全 卷2 安國洞尹體元以健宅賞梅竹二盆追寄三絶》

만들어 화양서실(華陽書室)에 두고서 갖가지 화초를 심었는데, 10월부터 풀빛이 끊임없이 이어지고 붉은 꽃과 흰 꽃이 번갈아 핍니다. 다만 번화한 도시가 아니라서 그대 집보다는 조금 손색이 있습니다. 참 우습습니다.

윤체원, 복원에게 답함 신해년(1671, 현종12) 3월 21일

答尹體元復元 辛亥三月二十一日

《주자대전(朱子大全)》에 근거하면 먼저 실직(實職)을 쓰고 뒤에 증직(贈職)을 쓰는 것이 맞습니다. 그러므로 저의 집은 이 구례에 따라 씁니다. 《경현록(景賢錄)》[5] 중 한훤당(寒暄堂)[6]의 연보에 대해서는 퇴계도 한 말이 있으니, 점검해 볼 만합니다.

5 경현록(景賢錄) : 한훤당 김굉필(金宏弼)의 사적 및 저작을 수록한 책이다. 처음에 이정(李楨)이 김굉필과 조위(曺偉)의 사적을 함께 엮어 1책으로 만들었고, 뒤에 김굉필의 외손 정구(鄭逑)가 조위의 사적을 빼고 김굉필의 사적만을 취하여 2책으로 엮었으며, 그 뒤 김하석(金夏錫)이 증보 편집해서 6권 3책으로 간행하였다.

6 한훤당(寒暄堂) : 대본에는 '塞暄'으로 되어 있다. 《송자대전수차(宋子大全隨箚)》 권9에 근거하여 '塞'을 '寒'으로 바로잡아 번역하였다.

윤체원, 복원에게 답함 갑인년(1674, 현종15) 1월 4일

答尹體元復元 甲寅正月四日

섣달 23일 보낸 편지를 어제 받아 보고 그지없이 기뻤고, 그 당시 부모님을 모시고 지내는 생활이 평안하셨다는 것을 알고 더욱 바라던 마음이 위로가 되었습니다. 복원이 새로 제수된 관직은 옛날의 이른바 사관(祠官)이니, 벼슬자리는 한가하고 녹봉은 박하지만 마음에 편안하고 또 책을 볼 수 있습니다. 가난을 면하려고 하는 벼슬로는 이와 바꿀 만한 것이 없습니다. 다만 주자(朱子)가 말한 "바로 이런 시기에 그 벼슬을 얻은 것은 대략 혐의가 있는 듯하다."라는 경우이지만, 구하지 않고 저절로 온 경우라면 자신과 무슨 상관입니까. 이곳은 늙은 아내의 병이 조금 안정되었지만, 저의 병이 아직도 낫지 않아 음식을 먹지 못하고 있으니, 다른 증세가 불쑥 생긴다면 어렵습니다. 나머지는 병든 몸을 애써 부지하며 쓰느라 이만 줄입니다.

별지

경원(慶元) 연간에 사대부들이 크게 손상된 뒤로 사우 중에 벼슬을 얻은 사람이 한 명 있었기에 주자가 그렇게 말했는데, 오늘날 수대(受台 민정중(閔鼎重)) 같은 분들이 한꺼번에 죄를 얻은 것이 마침 그 당시와 같았기 때문에 말하였습니다. 그러나 내가 관여하지 않았다면 무슨 꺼릴 것이 있겠습니까. 다만 듣자니, 오늘날 민신(閔愼)의 예(禮)[7]와 다른 주장을 내세우는 것을 정론(正論)으로 삼고 그 나머지는 정론이 아니라고 한다는데, 이것은 두려워할 만합니다.

비록 민신의 예가 잘못된 것이더라도 어찌 사(邪)와 정(正)으로 나뉘는 데까지 이르겠습니까.

7 민신(閔愼)의 예(禮) : 민신은 송시열의 문인으로, 1673년 9월 그의 아버지 민세익(閔世益)이 정신 착란 증세로 아버지 민업(閔業)이 죽었을 때도 상복(喪服)을 입으려 하지 않자, 민정중에게 편지로 문의한 결과, 송시열과 박세채(朴世采) 등의 의견에 따라 아버지 민세익을 대신하여 할아버지의 복을 입었다. 그런데 1674년 숙종 즉위 뒤 김우명(金佑明)이 이를 패륜(悖倫)이라 탄핵했다.《肅宗實錄 卽位年 11月 20日, 22日, 23日》《宋子大全 附錄 卷7 年譜6》《白湖全書 卷20 顯宗純文肅武敬仁彰孝大王行狀》

윤체원, 복원에게 답함 갑인년(1674, 현종15) 2월 10일

答尹體元復元 甲寅二月十日

지난달 26일 편지를 방금 받고 기쁜 마음 이루 말할 수 없었습니다. 다만 전날 저의 편지에 대해 저의 뜻을 천천히 헤아려 보아 주지 않으시니 부끄러워 흐르는 땀을 감당할 수 없습니다. 제가 아무리 보잘것없지만 어울리며 지내 온 지 오래되었으니 어찌 감히 요구하여 이루어지기를 바라는 뜻이 있었다고 하겠습니까. 바로 저 때문에 지금 사람들의 말이 떠들썩하여 마침 언행을 삼가려 하고 있습니다. 저는 아직도 거의 죽게 된 상태로 있어서 죽기 전에 서로 만날 수 있을지 모르겠습니다. 한호(韓濩)의 글씨를 베껴 쓴 종이를 일찍이 인편을 통해 부쳐 드렸으나 준 사람이 누구인지 기억나지 않습니다. 아직도 전달되지 않은 것은 분명히 전해지지 못한 것일 터, 뒤에 마땅히 다시 보내 드리겠으니 부디 말씀해 주십시오.

별지

지난달 중추부(中樞府)의 하인이, 관례에 따라 참작한 중추부의 여러 달 녹봉을 가져와서 바쳤습니다.[8] 그 당시에 돌려주고 싶었으나, 곧이어 옛날 무신년 서울에 올라왔을 때[9]는 관례에 따라 참작할 필요

8 지난달……바쳤습니다 : 송시열은 1673년 12월 영중추부사에 임명되었다. 《宋子大全 附錄 卷6 年譜5》

9 무신년……때 : 1668년 2월에 송시열은 우의정에 임명되었으나 사직소를 올리고

가 없었는데도 정상(鄭相)이 "나도 감히 쓰지 못한다."라고 했던 말을 생각하니, 이것은 저에게 도리어 편하지 않았습니다. 주자(朱子)가 일찍이 "벼슬에 있을 때 생일의 의절(儀節)을 받지 않을 수 없는 것은 동료와 서로 선사(膳賜)하는 것이기 때문이다.……"라고 하였는데, 이것은 동료의 완곡한 뜻이므로 물론 이렇게 해야 합니다.

그러나 이제 저와 서울에 있는 사람과는 또 차이가 있기에 마음에 끝내 편할 수 없어 감히 봉함을 뜯지도 않고 이제 보내 드리니, 부디 잘 처리하여 흔적이 없게 하는 것이 어떻겠습니까. 승석(承碩)[10]이 있는 곳에 보내려 하였으나 잘 처리하지 못할까 염려되었으므로 이렇게 번거롭게 해 드리니 헤아려 주십시오.-중추부의 아전이나 녹사(錄事) 중에서 일을 잘 아는 자를 불러 의논해 보시는 것이 어떻겠습니까.-

이번에 서울에 있을 때 늠식(廩食)이 있었으므로 상록(常祿)을 받지 않았고, 늠식도 절약해서 써서 여유가 있으므로 1월에 하사한 것도 받지 않았습니다. 해당 관서가 아울러 아뢰었더니 다시 보내라는 하교가 있었습니다. 제가 다시 사양하면 반드시 다시 앞의 명이 있어 끝내 허락하지 않을 것이기에 해당 관원에게 청하여 우선 여염집에 두었다가 내려온 뒤에 아뢰어 처리하려고 하였으니, 이는 계축

나가지 않다가, 9월에 현종이 온천에 행차하여 부르자 행조(行朝)에 입조하여 그길로 서울에 갔다.《宋子大全 附錄 卷5 年譜4》

10 승석(承碩) : 인조 때 소현세자가 심양에 볼모로 가 있을 때 서리(書吏)로 따라갔던 강효원(姜孝元)의 둘째 손자 강승석(姜承碩)을 말한다. 강효원이 정명수(鄭命壽)를 제거하려는 모의에 참여하여 죽은 뒤 집안이 쇠락한 것을 안타깝게 여겨 송시열이 데려다 가르쳤다. 송시열이 그를 속량하도록 주선한 일이 김만기(金萬基)에게 보낸 편지에 나온다.《宋子大全 卷73 與金永叔(乙卯十二月十七日)》

년(1673) 능을 옮길 때 행했던 규례입니다.

이번에 내려온 지가 또 이미 여러 달이나 되었고, 아뢰어 처분한 일이 없으니 서리배(書吏輩)가 공공연히 숨겨 없애 버린 듯합니다. 부디 또한 물어볼 만한 곳에 물어보시는 것이 어떻겠습니까? 경능(景能 김만증(金萬增))을 통하려고 했지만, 그는 공무에 골몰하고 있어서 미처 그렇게 할 겨를이 없을 듯하여 물어보지 못했습니다.

윤체원, 복원에게 답함 갑인년(1674, 현종15) 4월 3일

答尹體元復元 甲寅四月三日

국상[11]은 애통한 마음 어찌 끝이 있겠습니까. 지난달 초에 임곡(臨哭)하려고 급히 길을 떠났다가 병이 나서 중도에 돌아왔습니다. 이제 성문 밖에 나가 맞이했다는 소식을 접하고 죄송한 마음 끝이 없습니다. 여러 사람의 비방하는 말이 많으니[12] 참으로 보내오신 말씀과 같습니다. 그러나 벌레 팔뚝이 되든 쥐의 간이 되든[13] 하늘에 맡겨 둔 지 이미 오래입니다. 한호(韓濩)의 글씨를 모사해서 부치셨는데, 아끼며 음미해 마지않으니 골짜기에 숨어 있던 신룡(神龍)이 몰래 훔쳐 갈까 두렵습니다. 북쪽 소식[14]은, 우리들이 과연 깃대에 가한(可汗)의 머리가 효시된 것

11 국상 : 1674년 2월에 효종의 비 인선왕후(仁宣王后) 장씨(張氏)가 세상을 떠났다. 《顯宗實錄 15年 2月 23日》

12 여러……많으니 : 인선왕후의 상에 예관(禮官)이 처음에 기년(朞年)으로 자의전(慈懿殿)의 복제(服制)를 정했다가 대공(大功)으로 고쳤는데, 현종이 꾸짖어 법사(法司)에 회부하여 문죄하기에 이르렀다. 그런데 그 일이 기해년(1659), 경자년(1660)의 예론(禮論)에서 비롯한 것이었기에 송시열이 임곡하기 위해 길을 나섰다가 함부로 서울에 들어갈 수 없으므로 죽산(竹山)의 칠정사(七井寺)에 머물러 상소를 올리고 화양동으로 돌아왔는데, 참소하는 말이 어지러이 일어나 현종의 노여움이 더욱 심하게 되었다. 《宋子大全 卷15 赴國哀中路病滯陳慰疏》《宋子大全 附錄 卷7 年譜6》

13 벌레……되든 : 세상일의 변화를 말한다. 《장자(莊子)》〈대종사(大宗師)〉의 "조물자가 장차 그대를 쥐의 간으로 만들려고 하는 것인지 벌레 팔뚝으로 만들려고 하는 것인지 모를 일이다."라는 말에서 유래하였다.

14 북쪽 소식 : 청나라의 오삼계(吳三桂)가 동남쪽에서 군대를 일으킨 소식을 말한다. 《宋子大全隨箚 卷9》 1673년 강희제(康熙帝)가 삼번(三藩) 철폐의 명을 내리자,

을 본다면 참으로 잠시 죽지 않은 것이 헛되지 않은 것입니다. 이만 줄입니다.

그해 11월 평서친왕(平西親王) 오삼계가 광동(廣東)의 상가희(尙可喜), 복주(福州)의 경정충(耿精忠)과 함께 '삼번의 난'을 일으켰다. 《淸史稿 卷474 吳三桂列傳》

윤체원, 복언에게 답함 갑인년(1674, 숙종 즉위년) 12월 7일
答尹體元復元 甲寅十二月七日

근래의 일을 무엇 때문에 굳이 운운하십니까. 오직 신곡(薪谷) 어른과 오공(吳公)에 대한 소문은 괜한 말이 아닙니다. 당초에 한 몸으로 대의를 밝힌 것이 이미 우뚝한 절개인데, 더구나 만번 죽을 고비에서 살아나 중흥을 일으킨 대장군의 막하에 들어가서, 붓을 떨쳐 격문을 지어 온 나라의 의롭고 용감한 사람을 격발한 경우이겠습니까.[15] 인류가 있은 이래로 어찌 이런 경우가 있었습니까. 다만 애석한 것은 쓸데없이 전기(傳記)를 저술한 저의 글[16] 때문에 거듭하여 여러 사람이 화를 당하였습니다. 앉아서 여러분의 마음을 생각건대 어찌 정축년[17]과 다르겠습니까. 저 영춘(永春) 형제[18]는 또 어떻게 마음을 가누겠습니까.

15 신곡(薪谷)……경우이겠습니까 : 신곡은 윤집(尹集), 오공(吳公)은 오달제(吳達濟)로, 병자호란 때 청나라에 항복하는 것을 반대하다 끌려가 참형을 당한 사람들인데, 그 당시 윤집과 오달제가 죽지 않고 오삼계의 막하에 투신했다는 말이 있었기에 하는 말이다. 《宋子大全隨箚 卷9》

16 전기(傳記)를……글 : 병자호란 당시 척화(斥和)를 주장하다가 청나라 심양(瀋陽)에 잡혀가서 굴복하지 않고 죽은 홍익한(洪翼漢), 윤집, 오달제의 사실을 기록한 〈삼학사전(三學士傳)〉을 말한다. 《송자대전》 권213에 수록되어 있다.

17 정축년 : 1637년(인조15)으로, 그해 1월에 남한산성 아래 삼전도(三田渡)에서 청나라에 항복하였다.

18 영춘(永春) 형제 : 윤집의 아들로 윤이선(尹以宣), 윤이징(尹以徵), 윤이정(尹以正) 등을 말한다. 《宋子大全 卷116 答尹永春》《萬家譜 7冊 南原尹氏》《宋子大全隨箚 卷13 目錄》

그러나 우리가 오래 산 까닭에 오랑캐의 사세가 궁박하다는 것을 들었고 또다시 이러한 말을 들으니, 굴원(屈原)이 세상에 살아 있으려 했던 소원[19]은 참으로 저를 속이지 않은 것입니다. 팔의 통증이 한창 심해서 이만 줄입니다.

19 굴원(屈原)이……소원 : 전국 시대 초(楚)나라 굴원이 소인들의 참소를 당해 조정에서 축출된 뒤에 초사(楚辭) 〈원유(遠遊)〉를 지었는데, 주희가 유광조(劉光祖)에게 답하는 편지에서 "굴원이 지나간 일은 미칠 수 없고 앞으로 올 일은 알 수 없어, 오래 살아서 속세를 벗어나 신선이 되기를 원했다. 그런데 이것은 당시 사람들의 망녕된 일을 견디지 못하여 그들이 마침내 어떻게 되는지 보고자 한 것일 뿐이다."라고 한 말이 있다. 《楚辭集注 卷5》《晦庵集 續集 卷4 答劉德脩》

윤체원, 복원에게 답함 을묘년(1675, 숙종1) 윤5월 15일

答尹體元復元 乙卯閏五月十五日

보내오신 편지는 감사합니다. 저는 머리를 달고 죽음을 기다리는 것 외에 다른 일이 없습니다. 오직 "생사의 갈림길에서 담소한다."[20]라는 이 한 구절은 회옹 부자(晦翁夫子)가 일컬었던 바이니, 이 한 구절이라도 해낸다면 족합니다.

20 생사의 갈림길에서 담소한다 : 이 말은 소식(蘇軾)이 오대시안(烏臺詩案)으로 체포될 때 이상(李常)에게 보낸 편지 내용 중 일부분인데, 주희가 저용(儲用)에게 보내는 편지에 인용하였다. 《晦庵集 續集 卷4 答儲行之》《東坡全集 卷80 與李公擇二首》

윤체원, 복원에게 답함 병진년(1676, 숙종2) 12월 5일

答尹體元復元 丙辰十二月五日

지난달 17일 편지가 어제 비로소 도착했습니다. 아이에게 부쳤던 것은 아이가 막 그 어미가 병으로 목숨이 다해 가서 겨우 병에 대한 말만 전하고 보내올 겨를이 없었습니다. 반드시 만나려고 하는 것은, 〈삼학사전(三學士傳)〉은 실로 본조(本朝)와 대단히 관계가 있는 글인데, 근래에 이이중(李彝仲), 남운로(南雲路)의 편지를 받았더니 사실을 놓친 부분이 제법 있다고 하였기 때문입니다.[21] 만약 그렇다면 훗날 간사한 자들이 반드시 이것을 빙자하여 핑계로 삼을 것이고 아울러 믿을 만한 것이 불분명해질 것이니 폐해가 작지 않습니다. 그러므로 간절히 다시 의논하여 그들이 지적하는 부분을 수정하여 물샐틈없게 하고 싶습니다. 나머지는 어찌 다 말씀드릴 수 있겠습니까. 모두 묵묵히 알아주시기를 부탁드립니다.

21 근래에……때문입니다 : 《송자대전》에는 삼학사와 관련하여 두 사람에게 답한 편지가 있으나 이민서(李敏敍)의 《서하집(西河集)》이나 남구만(南九萬)의 《약천집(藥泉集)》에는 송시열에게 보낸 편지가 없다. 《宋子大全 卷75 答李彝仲(丙辰二月), 卷76 答南雲路(丙辰)》

윤체원, 복원에게 답함 정사년(1677, 숙종3) 4월 19일

答尹體元復元 丁巳四月十九日

시열(時烈)은 아룁니다. 저의 집이 불행하여 늙은 아내가 마침내 세상을 떠났습니다. 먼 곳에서 부음을 들으니 슬픔을 금할 수가 없었고, 저의 병도 따라서 갑자기 심해져 이달 초에는 거의 어찌해 볼 수 없을 듯하였는데, 지금까지 끌고 있으니 참으로 뜻밖입니다.

장지(葬地)는 오래전에 만의(萬義)를 돌아갈 곳으로 삼았는데 장례 시기를 아직도 알지 못하니 몹시 답답합니다. 장사 지낼 때 기꺼이 지휘하려는 자가 누가 있겠습니다. 오직 그대 형제만 믿습니다. 장례 기일은 다음 달에 있겠지만 발인하고 매장할 때 필요한 기구가 하나도 없으니 어찌하면 좋을지 모르겠습니다. 발인할 때 소를 쓰게 하였으나 소도 쉽지 않으니, 아이가 장차 어떻게 처리할지 모르겠습니다. 그저 안타까울 뿐입니다.

신주(神主)와 독(櫝)은 서울에서 주선하게 했으나 또한 누구에게 입을 열어야 할지 모르겠습니다. 부디 살펴서 낭패를 면하게 해 주시는 것이 어떻겠습니까. 모든 일은 진사의 아내에게 행하는 예를 써서 지극히 간략히 하고 생략해야 하지만 줄일 수 없는 것은 일꾼입니다. 그러나 예를 갖추지 못하고 장례를 치르더라도 결코 구차하게 지름길을 찾지는 마십시오. 크고 작은 일과 처음부터 끝까지를 의재(義財)로 하도록 지도해 주시기를 간절히 바랍니다.

○ 명정(銘旌)은 '유인(孺人)'이라고 썼습니다. 어제 숙범(叔範 홍득우(洪得禹))의 편지를 받으니 동춘(同春 송준길)의 부인의 봉작(封爵)

과 증직(贈職)을 쓰지 않은 것을 잘못이라고 하였는데, 듣고는 깜짝 놀랐습니다. 그러나 부인의 봉작은 으레 남편의 벼슬을 따르므로 관교(官敎 4품 이상 벼슬의 사령(辭令))는 반드시 "남편의 벼슬을 따른다.〔從夫職〕"라는 세 글자를 써야 합니다. 이제 남편의 벼슬이 삭탈되었으니 아내가 홀로 봉작이 남아 있을 이치가 없을 듯합니다. 또 봉작과 증직을 쓰게 되면 한 광(壙) 안에 아내는 높고 남편은 낮게 되니 또한 어찌 편치 못한 점이 아니겠습니까. 부디 이것을 숙범에게 물어보고 말씀해 주시는 것이 어떻겠습니까. 그러나 절대로 그와 논쟁하여 분분하게 바깥의 의론을 불러오게 해서는 안 됩니다. 숙범이 서울에 있지 않은 듯하여 편지를 쓸 수 없습니다.

윤체원, 복원에게 답함 무오년(1678, 숙종4) 7월 24일
答尹體元復元 戊午七月二十四日

2일 보내신 편지를 오늘 아침 반복하여 열어 보고서 부모님을 모시고 지내는 안부가 편안하시다는 것을 대략 알았으니 무슨 위로가 이만하겠습니까. 저의 병은 더하거나 덜함이 없습니다. 더하지 않은 것만도 어쩌면 약의 효험이 아니겠습니까. 쓰고 있는 약은 평범한 의원에게 명한 것이 아니며 약재도 보내온 것이 이제는 벌써 다되었으니 곤란합니다.

《송사(宋史)》는 성우(成友)가 빌려줄 뜻을 보였다고 하니 매우 감사합니다. 필시 우계(牛溪) 노선생(老先生)에게서 나왔다는 선대의 손때가 묻은 물건은, 제가 형편없는 사람이기는 하지만 어찌 감히 공경하고 삼가며 아끼고 보호하지 않겠습니까. 듣자니 신보(愼甫)[22]가 이웃 고을의 수령이 되었다는데, 추석이면 반드시 제사 지내러 돌아가는 인편이 있을 것이니 이 인편에 실어 보내는 것이 좋을 듯하고, 그가 물어보면 또 마땅히 이 말로써 알려 주겠습니다.

이른바 민 판서(閔判書)는 누구를 가리키는지 모르겠습니다. 노봉(老峯 민정중(閔鼎重))이라면 술 한 병[23]보다는 무척 편하겠지만, 돌아

22 신보(愼甫) : 이사영(李思永, 1634~1710)의 자인 듯하다. 본관은 전주이며, 1675년 증광시에 을과로 급제하였다. 1679년 실록에 사헌부에서 영천 군수(永川郡守) 이사영을 언급하는 기사가 있다. 《肅宗實錄 5年 11月 25日》《宋子大全隨箚 卷9》

23 술 한 병 : 옛날에는 책을 빌리면 주인에게 돌려줄 때 술 한 병을 함께 주었다고 한다.

가신 분(민성휘(閔聖徽))이라면 그 책의 반은 박화숙(朴和叔 박세채(朴世采))에게 있고 반은 구포(鳩浦)의 나우(羅友)[24]에게 있다고 하니 자신이 하고 싶지 않은 것을 남에게 요구하여 그가 살펴보는 것을 방해하고 싶지 않습니다.

대체로 먼저 성우에게 얻고 빠진 것만 박(朴), 나(羅) 두 사람에게 빌린다면 두 사람이 심히 난처하게까지 여기지는 않을 것이니 부디 헤아려 처리하시는 것이 어떻겠습니까. 지금 고찰하여 정한 바로는 이 책이 가장 낫기에 몹시 절실하지만, 또한 번거롭게 하고 싶지는 않습니다. 장 대감〔張台〕[25]이 세상을 떠난 것은 또한 운수에 관계된 것이니 어찌겠습니까.

24 구포(鳩浦)의 나우(羅友) : 《송자대전수차》 권13에 나만갑(羅萬甲)의 아들 나성두(羅星斗, 1614~1663)가 나오는데, 송시열이 '벗〔友〕'이라고 호칭하는 것으로 보아 그를 말하는 것으로 추측된다.

25 장 대감〔張台〕 : 장선징(張善瀓, 1614~1678)을 말하는 것으로 보인다. 자는 정지(靜之), 호는 서엄(西崦)이다. 정승 장유(張維)의 아들이다. 청론(淸論)을 좋아하여 당시의 명망이 중하였다. 실록에 허적(許積)이 화기(禍機)를 보이는 것이 날로 격심하여 구제할 힘이 없는 데 이르자 근심하여 병이 되어서 죽었다는 졸기(卒記)가 있다. 《肅宗實錄 4年 6月 21日》

윤체원, 복원에게 보냄 무오년(1678, 숙종4) 8월 8일

與尹體元復元 戊午八月八日

일찍이 혼사(婚事)에 답을 했는데, 그 편지를 받아 보셨습니까? 민(閔), 이(李), 채(蔡) 세 사람이 상소한 뒤[26] 일의 기미는 다시 어떻습니까? 바다 밖 섬으로 유배한다는 의론은 이미 발의되었습니까? 여장을 꾸리고 기다리고 있습니다. 대개 모든 처치에 대해 급하고 바쁜 생각은 없지만, 저곳에 도착한 뒤 서책은 보기 어려울 것입니다. 태형(泰兄 이유태(李惟泰))은 이미 도착했는지요? 따라간 사람은 누구입니까? 춘경(春卿) 형제도 감히 편지를 쓰지 못했습니다. 동정호의 가을 잎새[27]가 어느 곳에 떨어질지 모르겠습니다. 증아(曾兒)[28]는 오직 그대에게 의탁하니 내내 자식으로 여겨 주십시오. 이만 줄입니다.

26 민(閔)……뒤 : 당시 판중추부사이던 민정중(閔鼎重)은 상소하여, 민신(閔愼)의 변례(變禮)에 답을 했던 송준길과 송시열이 모두 처벌을 받았는데 자신만 처벌을 면했다며 처벌해 줄 것을 청하였고, 진사 이동형(李東亨)과 경상도 생원 채하징(蔡河徵)은 송시열의 예론을 옹호하는 상소를 올렸다. 이 일로 민정중은 장흥(長興)으로, 이동형과 채하징은 경흥부(慶興府)로 귀양 갔다. 《肅宗實錄 4年 6月 12日・29日, 7月 2日・5日》

27 동정호의 가을 잎새 : 정처 없이 떠도는 신세를 말한다. 경세(經世)의 재주를 지니고도 폄직(貶職)되어 강남으로 가게 된 사촌 아우를 생각하며 지은 이백(李白)의 시 〈증별사인제대경지강남(贈別舍人弟臺卿之江南)〉에 "이 때문에 동정호의 낙엽이 되어, 나부껴 소상강에 떨어지겠지.〔因爲洞庭葉, 飄落之瀟湘.〕"라고 하였다. 《全唐詩 卷171》

28 증아(曾兒) : 송시열의 증손 송일원(宋一源, 1664~1713)을 말한다. 자는 백순(伯純), 호는 불훤당(不諼堂)이다. 윤이건의 사위이다. 송시열이 덕원(德源)과 장기(長鬐)로 귀양 다닐 때 송시열을 따라다니며 수학하였다. 《宋子大全隨箚 卷9》《剛齋集 卷11 從曾祖不諼堂府君墓表》

윤체원, 복원에게 보냄 무오년(1678, 숙종4) 11월 1일

與尹體元復元 戊午十一月一日

승석(承碩 강승석(姜承碩))이 편지로 한 말을 통해 당초에 있었던 일의 정황[29]을 조금 알고서 이미 극도로 놀라웠는데 이어서 사우(士友)의 편지를 받고 서로 참고하고 검증해 보고서 점차 상세한 내막을 알게 되었으니, 차마 듣지 못하겠고 차마 말하지 못하겠습니다.

백애(伯哀 윤이건)는 옛사람들에게 구해 보더라도 오히려 핑계 댈 말이 있으나, 계씨(季氏 윤이성)의 일은 이것이 무슨 도리입니까. 물론 지극히 간절한 마음에 돌아볼 겨를이 없다는 것을 알지만, 대순(大舜)과 증자(曾子)[30]도 하지 않던 일을 하여 죽은 사람 때문에 산 사람이 상하는 일[31]로 귀결되고 마는 것은 어찌 우리 그대에게 바라는 바이겠

29 일의 정황 : 아래의 내용으로 볼 때 윤이건과 윤이성이 상을 당해 너무 슬퍼하여 몸이 상했던 일을 말하는 것으로 보인다. 그들의 효성이 지극하여 송시열이 숙종 앞에서 그들에 대해 언급한 일이 있고, 또 "체원 형제는 지금 세상의 이련(二連)이다."라는 말을 한 적이 있다. 《陶谷集 卷16 珍山郡守尹公墓誌銘》《肅宗實錄 7年 2月 11日》

30 대순(大舜)과 증자(曾子) : 효성으로 이름난 성현들이다.

31 죽은……일 : 어버이의 죽음으로 애통해하다가 몸이 극도로 손상된 경우를 말한다. 《효경(孝經)》 〈상친장(喪親章)〉에 "친상을 당한 뒤에 3일이 지나면 음식을 들게 해서 어버이의 죽음 때문에 자기의 목숨까지 상하게 하지 않도록 백성들을 가르쳐야 한다. 지나친 슬픔 때문에 목숨을 잃게 하지 않는 이것이 바로 성인의 다스림이다."라는 말이 있고, 《예기》 〈상복사제(喪服四制)〉에도 "몸이 수척해질 정도로 지극히 애통해하더라도 자기의 생명만은 해치게 하지 말아서, 어버이의 죽음 때문에 자기의 생명까지 상하게 해서는 안 된다."라는 말이 있다.

습니까.

지나간 일은 이미 늦었지만 지금 아직도 만회할 수 있는 길이 있으니, 오직 서둘러 혈기를 돕는 약제를 써서 위태로움을 벗어난 뒤에 뉘우쳐도 소용없는 지경까지 가지 않도록 하시기를[32] 천만번 눈물을 흘리며 빕니다. 이 말이 귀에 들어가지 않을 줄 너무나 잘 알지만 한 가지 일이 있으니, 상주들께서는 오늘날의 일이 과연 돌아가신 아버지와 어머니께서 바라는 것이라 여기십니까? 그렇지 않다면 서둘러 돌이킬 것을 생각지 않을 수 있겠습니까. 말이 여기에 이르니 저도 모르게 눈물이 뺨을 적십니다. 다시 바라건대 살 도리를 깊이 생각하시기를 천만번 바랍니다.

32 뉘우쳐도……하시기를 : 대본에는 '難悔之域'으로 되어 있다. 두주와 문맥에 근거하여 앞에 '不至於'를 보충하여 번역하였다. 아우 윤이성은 상을 치르면서 몸이 상하여 결국 사망하였다. 《宋子大全隨箚 卷13》

윤체원, 복원에게 답함 기미년(1679, 숙종5) 1월 17일

答尹體元復元 己未正月十七日

그리운 마음이 나날이 더했는데 문득 상주들께서 보내신 답장을 받고, 말씀하신 내용을 모두 잘 알게 되어 극히 저의 마음을 서글프게 했습니다. 그러나 벗들이 말하는 바로는 제가 근심하던 것이 지나친 염려가 아니었는데 이제 하시는 말씀이 이러하니 몹시 위로되지만 그래도 마음에 걸립니다.

이곳의 일은 말할 만한 것이 없습니다. 묘표는 말씀대로 써서 드립니다. '영인(令人)'이란 두 자를 새기지 않으면 일에 해로움이 없을 것이고, 두 자를 남기더라도 글자체를 조금 작게 하면 또한 해로움이 없을 것입니다. 저의 집 부모의 표액(表額)은 실로 신독재(愼獨齋)께서 쓰신 것이고 앞뒤의 글자도 다릅니다. 이 때문에 두 가지 방식으로 썼습니다만 살펴보고 취사하시는 데 달렸습니다.

소상(小祥)의 달수는 부고를 들은 달로부터 계산해야 할 것입니다. 미처 입지 못한 상(喪)을 추복(追服)한다는 것은 들어 보지 못했습니다. 예나 지금이나 지극한 정을 미처 펴지 못한 자가 얼마나 많습니까. 그런데 지금 나로부터 선례를 만드는 것이 어떨지 모르겠습니다. 또 그대가 묘소를 살펴본 뒤에 즉시 이를 행했다면 예가 아니라 말하더라도 감정대로 했다고 핑계를 대겠지만, 지금에 와서 하는 것은 더욱 근거가 없습니다. 또 '감정대로〔徑情〕'라는 두 글자는 성인이 오랑캐의 행위라고 여겼으니 부디 다시 생각해 보시는 것이 어떻겠습니까.

윤체원, 복원에게 답함 기미년(1679, 숙종5) 3월

答尹體元復元 己未三月

어느 날 어느 때인들 잠시라도 마음에서 잊겠습니까. 지금 승석(承碩 강승석)이 1월 28일 보내신 서찰을 전해 오니, 저의 마음이 위안되어 소득이 있는 것만 같습니다. 전날 말씀드린 '감정대로〔徑情〕'라는 말은, 공자가 어려서 고아가 되어 아버지의 무덤이 있는 곳을 몰랐지만 추복(追服)의 예를 행했다는 말은 들은 적이 없는데, 이제 성인이 하던 예를 벗어나서 행하려 하기에 감히 망녕된 견해를 말씀드렸던 것입니다. 돌아가신 그대 모친의 행록(行錄)과 앞에 올린 글에 대해 아울러 의견을 말씀해 주시면 삼가 말씀을 따를 것입니다. 마침 아이의 병이 심하여 마음이 어수선해서 이만 줄입니다. 더욱 몸을 아끼셔서 멀리서 바라는 마음을 위로해 주시기만을 빕니다.

윤체원, 복원에게 답함 기미년(1679, 숙종5) 3월 29일

答尹體元復元 己未三月二十九日

보내신 편지의 말씀은 삼가 잘 알았습니다. 일이 여기에 이르렀으니 고요히 기다릴 뿐입니다. 상을 당한 형제분들과 서로 만날 수 없으니 이것이 깊이 한스럽습니다. 이 뒤로 일의 변화에 대해 논의하는 것은 벗들에게 달려 있지만, 반드시 큰 변화가 더할 것이니, 오직 큰 물결 속의 지주(砥柱)를 자부하며 선조의 아름다움을 말살하지 않기를 상주분들께 깊이 바랍니다. 별지는 부디 헤아려 살펴 주십시오.

○ 마침 팔이 아파서 직접 쓸 수 없으니 또한 한 가지 한스러운 점입니다. 삼가 이것으로 영결하며, 석곡(石谷)[33] 집을 보살피는 자가 지금 몇 사람이 있겠습니까. 감히 이 일을 부탁드립니다.

33 석곡(石谷) : 송시열의 제자 송상민(宋尙敏)의 호이다. 그는 1679년에 예송(禮訟)의 일로 송시열의 설을 변호하면서 아울러 허목과 윤휴의 잘못을 비판하는 봉사(封事)를 올렸다가 숙종의 노여움을 사서 결국 장(杖)을 맞다가 죽었다. 그 시체를 돌보는 사람이 아무도 없었는데 윤이건 형제가 거두어 장사를 지내 주었다. 《宋子大全隨箚 卷9》《華陽淵源錄 宋尙敏》《肅宗實錄 5年 3月 12日, 17日》

윤체원, 복원에게 답함 기미년(1679, 숙종5) 9월 22일

答尹體元復元 己未九月二十二日

지금까지도 죽지 않고 상주의 편지를 보게 되니 실로 처음에 헤아렸던 바가 아닙니다. 한공(韓公 한유(韓愈))이 "내가 그대 생각하는 것을 미루어 그대가 나를 못내 그리워함을 알겠다."라고 한 것은 참으로 저의 마음을 먼저 알고 한 말입니다. 병이 날마다 더 심해지지만 감히 의약으로 치료할 계책을 하지 못하는 것은 그렇게 할 길이 없을 뿐만 아니라 또한 삶길 새가 솥 곁에서 깃을 씻는 것만 같기 때문입니다. 모인(某人 이유태(李惟泰))이 살아 돌아온 것은 벗들의 기쁨이며, 그 자신의 득실에 대해서는 남은 감히 모릅니다. 슬픔을 절제하고 변화에 순응하셔서 멀리서 바라는 저의 마음에 부응하시기를 빕니다.

별지

승석(承碩 강승석)이 저의 집에 대해 의심하고 주저하는 바가 있다니 몹시 놀랍습니다. 그가 잘못한 것이 있으면 제가 꾸짖어 가르칠 뿐입니다. 어떤 자가 저를 그와 이간질합니까? 제가 그를 저버린다면 이는 제가 그 조부(강효원(姜孝元))의 영령을 저버리는 것이니 전혀 그렇지 않습니다. 부디 불러서 말씀해 보십시오. 그가 올 수 있다면 좋겠습니다. 그에게 헤아려 보게 하십시오.

○ 이를 통해 옛날 어진 이들의 일을 생각해 보면 또한 가소로운 점이 있습니다. 옛날 주자(朱子)의 아버지 위재(韋齋) 선생이 집에서 거느리던 구사(裘四)라는 종이 있었는데, 이름이 고(槔)이며 자

가 봉년(逢年)인 위재의 아우에게 미움을 받아 끝내 머무를 수 없었습니다. 위재가 그의 장인에게 보낸 편지에 "구사가 여기에 오래 있었는데 퍽 충성스럽고 우직하여 일을 맡길 만하였으나 봉년에게 미움을 받은 데다 혼란한 때를 당해 말하지도 않고 가니, 정리(情理)로 보아 더는 견디지 못하겠습니다. 있는 곳이 멀어 왕래하는 사람을 얻기 어려우니 피차가 소식을 통하는 바탕으로 삼고, 그래도 오히려 격려할 수 있기를 바라면서 사람을 시켜 불렀으나 오지 않았습니다.……"라고 했는데, 이제 승석이 회덕에 도착했을 때 손자들이 과연 말실수했다면 그 손자들은 참으로 우리 집의 봉년입니다. 지금 봉년의 집에서 그는 구사처럼 행동하지 않았으니,[34] 더욱 어질다 할 만합니다. 몹시 우습습니다.

34 지금……않았으니 : 충성스럽고 우직한 구사라는 사람을 미워한 봉년이라는 아우가 있는 주희(朱熹) 집이나 송시열이 믿고 심부름을 맡기며 가르치기도 했던 강승석에게 말실수하는 손자가 있는 송시열의 집이나 잘못을 한 점에서는 마찬가지이지만, 강승석은 돌아오라고 하는데도 끝내 돌아오지 않은 구사와는 다르다는 말이다.

윤체원, 복원에게 답함 기미년(1679, 숙종5) 12월 15일
答尹體元復元 己未十二月十五日

석겸(碩傔 강승석)이 와서 10월과 11월의 두 차례 편지를 전해 주었는데 직접 얼굴을 마주한 것 같았으니 위로되는 마음 어찌 말로 하겠습니까. 다만 살피건대 계애(季哀 윤이성)가 앓고 있는 병이 가볍지 않다니, 이전에 참으로 이럴 줄 알았지만 또한 다른 사람이 입씨름할 수 없다는 것을 알아, 근심스레 우려하면서도 어떻게 말해야 할지 몰랐습니다.

한 가지 일만은 생각을 돌이킬 만한 점이 있으니, 모르겠지만 계애가 이러한 것을 돌아가신 그대 어머니의 영령께서 저승에서 근심하지 않겠습니까. 이 뜻을 이해한다면 성인이 경계하신 뜻에 따라 대략 생강과 계피 등을 넣은 음식을 써서 살 수 있는 방도를 구해야 합니다. 이것이 어찌 돌아가신 그대 어머니께서 위안이 되고 기뻐할 일이 아니겠습니까. 말이 여기에 이르니 저도 모르게 눈물이 절로 흐릅니다.

계애는 또한 유독 무슨 마음으로 끝내 치우친 고집을 지키는 것입니까? 옛날에 채백정(蔡伯靜 채연(蔡淵))이 상제(喪制)를 지킬 때 주 선생(朱先生 주희)이 편지를 보내어 "괴로운 마음이 평안해져 가는 줄 알게 되어 몹시 위로됩니다. 나물 반찬을 오래 먹는 것은 또 편하지 않으니, 고기를 먹고 싶지 않은 경우에 의가(醫家)들이 대부분 약을 고기와 섞어 환으로 만들어 씹게 하는데, 이 또한 위의 기운을 돕습니다. 맛있는 음식이 없는 데다 원래 상중의 예를 지키는 데 방해되는 바도 없습니다. 더구나 예경(禮經)에도 원래 임시로 변통해서 적용하는 예제(禮制)가 있습니다.……"라고 하였습니다. 위아래 말뜻으로 보자면 백정의 병이 대단한 상태까지 가지는 않았는데도 선생의 말씀이 오히려 이렇게 간곡했으니, 효자가 몸을 보호하는 도는 이를 통해서 또한 알 수 있습니다.

이제 작은 환을 약간 드리니, 제가 직접 정제(精製)하여 만든 것입니다. 부디 삼키셔서 위의 기운을 돕는 것이 어떻겠습니까? 천만번 눈물을 흘리며 빕니다. 늙은 저 같은 사람이 죽는 것은 무엇이 아깝겠습니까. 바다의 장기(瘴氣)와 산의 남기(嵐氣)는 한결같이 자연에 맡기지만, 근심스러운 것은 젊은이들입니다. 조 충간(趙忠簡)이 자진(自盡)하여 그 후사를 남긴 것[35]은 참으로 권도에 통달한 뜻입니다.

모(某) 글[36] 운운한 것은 삼가 상주의 뜻을 잘 알았습니다. 제공(諸公)의 뜻은 터럭만큼도 사실을 놓친 것이 있다면 믿을 만한 것마저도 믿음을 얻기에 부족하다고 하고, 그 증거가 근거 있을 뿐만이 아니었기에 감히 앞의 편지에 말씀드렸습니다. 이것은 한 사람의 개인적인 어리석음이 아니니 어찌 감히 마음대로 글을 첨삭하겠습니까. 다만 길보(吉甫 윤선거)가 지은 글과 전(傳)은 어느 것이 먼저인지 모르겠습니다.

○ 이러한 왕래는 진(秦)나라의 법[37]을 쓰지 않으려면 깊이 감추어

35 조……것 : 충간은 송나라 고종(高宗) 때 충신 조정(趙鼎)의 시호이다. 그는 금나라와의 화의에 반대하다가 실권자 진회(秦檜)의 미움을 사서 조주(潮州)로 귀양 갔다가 길양군(吉陽軍)으로 옮길 때 아들 조분(趙汾)이 극력 모시고 가기를 빌었으나, 조정은 "나는 늙었다. 죄를 지어 죽는데 무엇이 불쌍하냐. 너는 무슨 죄로 함께 장기가 있는 시골에서 함께 죽으려 하느냐. 먼저 죽어서 네가 호상(護喪)하여 돌아가게 하는 것만 못하다."라고 하고 마침내 마구 술을 마시고 죽었다. 《宋子大全隨箚 卷9》《宋名臣言行錄 別集下 卷4 趙鼎》《宋宰輔編年錄 卷15 紹興八年》

36 모(某) 글 : 〈삼학사전(三學士傳)〉을 가리킨다. 《宋子大全隨箚 卷9》

두는 것이 매우 옳습니다. 아침저녁으로 입에 풀칠하는 비용은 은손(殷孫 송은석(宋殷錫))이 힘을 다해 주선하고 있고, 우연히 위 거사(韋居士) 같은 사람이 있어 굶어 죽는 신세를 면한다면 어진 사람이 걱정할 일이 없을 것입니다. 더구나 형적(形迹)이 불편한 사람이라면 직접 행동하여 발길질을 불러와서 공사(公私) 간에 해로움을 끼치는 것은 더욱이 마땅치 않습니다. 관계된 것이 가볍지 않으니 부디 헤아려 살피십시오.

무호(蕪湖)에 옛날에 부유한 집이 있었는데, 위 거사라고 하며 자는 심도(深道)입니다. 황 태사(黃太史)[38]나 진요옹(陳了翁)[39] 같은 분이 귀양을 갔을 때 해마다 음식을 보내 준 것이 천 꿰미〔千緡〕나 되었는데, 지금 사람은 귀양 가는 자를 보기만 해도 두려워하니 어찌 이러한 사람을 얻을 수 있겠습니까.

○ 이 내용은《주자어류(朱子語類)》에 있는데, 여기에 근거하면 오늘날 사양하거나 받는 예절에 대해 참작할 수 있습니다.

37 진(秦)나라의 법 : 서책을 불태운 것을 말한다.《宋子大全隨箚 卷9》

38 황 태사(黃太史) : 송나라 철종(哲宗) 때 교서랑(校書郞)이 되어《신종실록(神宗實錄)》 검토관을 지내고 뒤에 기거사인(起居舍人)을 지낸 황정견(黃庭堅)을 가리킨다. 왕안석(王安石)의 신법(新法)을 반대하다 사마광(司馬光) 등과 함께 귀양을 갔다.《宋史 文苑列傳 黃庭堅》

39 진요옹(陳了翁) : 송나라 학자 진관(陳瓘, 1057~1124)으로, 요옹은 그의 호이다. 강직하기로 이름났는데 줄곧 간신인 재상 채경(蔡京), 채변(蔡卞), 장돈(章惇) 등을 공격한 일로 원주(袁州), 염주(廉州), 통주(通州), 태주(台州) 등지로 유배되었다.《宋史 陳瓘列傳》

윤체원, 복원에게 답함 경신년(1680, 숙종6) 7월 4일

答尹體元復元 庚申七月四日

지금 지난달 22일에 보낸 편지를 받고 상중에 몸을 잘 지탱하고 있다는 소식을 삼가 받으니 기쁘고 위로되는 마음 이루 말할 수 없습니다. 다만 수염과 머리털 운운하신 것은 출처(出處)가 너무 성대합니다.[40] 어찌 그리도 맛있는 술을 오지로 만든 장군에 붓는 것인지요. 저를 몹시 움츠러들게 합니다. 돌아온 뒤에는 어디를 가나 시끄러우니 바다를 건너 귀양 갈 때만큼도 편하지 못합니다. 지난달 20일 책을 끼고 깊이 들어오니 쥐며느리와 과라(瓜贏)[41]가 가득하여, 보이는 것마다 모두 황폐하여 쓸쓸하였습니다. 방과 마루에 물을 뿌리고 비로 쓸며 서책을 정리하니, 이 또한 성은이 미친 것입니다. 다만 정력이 이미 소모되어 탐구할 길이 없으니 깊이 스스로 가련히 여기며 탄식합니다.

죄지은 처지로 갑자기 서울에 편지를 쓰는 것이 마땅치 않아 앞뒤로

40 수염과……성대합니다 : 수염과 머리털은 풍모를 뜻한다. 정이(程頤)가 부주(涪州)로 귀양 갔다가 돌아왔을 때 기색, 용모, 수염, 머리털이 모두 예전보다 낫기에 문인(門人)이 "어떻게 하여 이럴 수 있었습니까?" 하자, 정이가 대답하기를 "학문의 힘이다. 무릇 학문이란 환난(患難)과 빈천(貧賤)에 처하는 것을 배워야 하는 법이니, 부귀영달에 처하는 것은 배울 필요가 없다." 하였다. 《心經附註 卷2》

41 쥐며느리와 과라(瓜贏) : 오랜만에 돌아온 집의 황폐한 모습을 표현한 말이다. 《시경》 〈빈풍(豳風) 동산(東山)〉에 "과라의 열매가, 집에까지 뻗었으며, 쥐며느리가 방에 있으며, 납거미가 문에 있네.〔果贏之實, 亦施于宇, 伊威在室, 蠨蛸在戶.〕"라고 하였다. 대본의 '瓜贏'는 《시경》의 '과라(果贏)'와 같은 말로, 음이 같아 빌려 쓴 것으로 보이며 박과의 약용 식물인 하늘타리〔栝樓〕를 말한다.

보내신 여러 편지에 대부분 답하지 못했습니다. 여러분께 의아한 마음을 끼쳤으리라 생각됩니다만 갑자기 경계를 깨트리고 싶지 않습니다. 지금 강겸(姜傔 강승석(姜承碩))은 보내신 편지로 청하는 것이 몹시 간절하기에 대략 그 말대로 하였습니다. 나머지는 아파서 대신 쓰게 하느라 이만 줄입니다.

윤체원, 복원에게 답함 경신년(1680, 숙종6) 11월 15일

答尹體元復元 庚申十一月十五日

하신 말씀은 잘 알았습니다. 별자리가 변화를 보이니 보기만 해도 떨리고 두려워 제 한 몸이 병들고 건강함은 말할 만한 것이 못 됩니다. 혼사[42]는 삼가 말씀을 따르겠습니다. 제사는 보내오신 말씀이 근거가 있지만, 마음에 몹시 의심스러운 점이 있습니다. 성상은 이미 하상(下喪)[43]이 있어 감히 종묘의 큰 제사를 중지하지는 못하지만, 재궁(梓宮)이 빈소에 있고 백관이 최복(衰服)으로 일을 맡아서 하고 있습니다. 바로 이런 때에 지레 탈상의 제사를 하는 것이 어떨지 모르겠습니다. 오직 다시 예를 아는 자에게 자문하여 행하는 데 달려 있습니다.

○《주자대전(朱子大全)》에서 이른바 '사리(士吏)와 선인(選人)'이라 한 것[44]은 사위와 며느리를 가리켜 말한 것이지 사위와 며느리의 조부모를 가리키는 것이 아닙니다.

42 혼사 : 송시열의 증손자 송일원(宋一源)의 혼사를 말한다.《宋子大全隨箚 卷13 目錄》

43 하상(下喪) : 자기보다 낮은 사람의 초상을 말하는데, 1680년에 숙종의 비 인경왕후(仁敬王后)의 상이 있었다.《肅宗實錄 6年 10月 26日》

44 주자대전(朱子大全)에서……것 : 〈군신복의(君臣服議)〉에서 주희가 국상 중에 사가(私家)에서 혼례를 치르는 것에 대해 "1개월이 지난 뒤에 군민(軍民)에게 허락하고, 3개월이 지난 뒤에 사리에게 허락한다. 복토(復土)한 뒤에 선인에게 허락하고, 부묘(祔廟)한 뒤에 승의랑(承議郞) 이하에게 허락한다."라고 하였는데, 송시열은 이른바 선인은 조정의 신하와 서인의 사이에 있는 사람으로, 오늘날의 생원이나 진사가 반드시 선인인 것은 아니지만 선인의 부류와 멀지도 않다고 하였다.《朱子大全 卷69》《宋子大全隨箚 卷9》

윤체원에게 답함 신유년(1681, 숙종7) 12월 15일

答尹體元 辛酉十二月十五日

산천이 멀리 막혀 있고 서리 내리고 눈발이 흩날리는데 서리와 눈을 뚫고 편지가 도착하여 죽어 가는 사람의 안부를 물어 줄 줄 어찌 생각이나 했겠습니까. 수레와 배가 닿는 곳이면 저절로 안부를 물을 길이 있다는 것을 비로소 알았습니다. 저는 수레를 끌고 돌아와 빈산에서 두문불출하면서 종일 입에 넣는 것은 없고, 입으로 나오는 것이란 신음하는 소리뿐이니 즐거운지 아닌지를 알 수 있습니다. 처음에는 이은(吏隱)의 자리에 거처하는지라[45] 눈 내리는 밝은 창에서 책상을 마주하고 책을 볼 수 있고, 그렇지 않으면 흥을 타고 섬계(剡溪)로 노를 저어 가면 닿지 않는 곳이 없다고 생각했습니다. 그런데 이제 보내오신 말씀대로라면, 오히려 저를 이가 시리게 하려는 것이거나 벼슬을 버리고 돌아오게 하려는 것인데, 멀리서 풍악산의 신령이 속된 자를 만류하지 않겠습니까.[46] 한바탕 웃을 만합니다.

45 이은(吏隱)의 자리에 거처하는지라 : 이은은 이익과 녹봉에 마음을 두지 않아 벼슬살이를 하면서도 초야의 은자(隱者)와 같은 사람을 일컫는데, 여기서는 윤이건이 금성현령(錦城縣令)으로 있었던 것을 말하는 것으로 보인다. 《承政院日記 肅宗 7年 9月 24日》《與猶堂全書 欽欽新書 卷1 經史要義2 察色知殺》

46 신령이……않겠습니까 : 은거하던 사람이 벼슬길에 나갔다가 그만두고 다시 산에 들어가는 것을 산신령이 거부하리라는 농담조의 말이다. 남조(南朝) 송(宋)의 주옹(周顒)이라는 사람이 북산(北山)에 은거하다가 벼슬살이하러 산을 떠났다. 그 후 다시 돌아오려고 하자, 북산에 은거하던 공치규(孔稚珪)가 주옹의 변절을 매우 못마땅하게 여겨 북산 신령의 이름을 가탁하여 〈북산이문(北山移文)〉을 지어 주옹이 북산에 발을

훌륭한 선물은 모두 지극한 뜻이니 어찌 마음에 새기지 않을 수 있겠습니까. 그러나 또한 송구한 마음이 없을 수 없습니다. 막 붓을 잡고 시험해 보니 손이 떨려 이만 줄입니다.

들이지 못하도록 하였다.《古文眞寶 後集 卷2》

윤체원에게 답함 임술년(1682, 숙종8) 9월 6일

答尹體元 壬戌九月六日

관편(官便)이 문득 왔는데 손수 쓰신 글자가 정중하여 베개를 밀고 일어나 앉으니 고질병이 시원스레 몸에서 떠나는 것만 같았습니다. 증아(曾兒 송일원)가 상복을 벗으려면 아직 다섯 달이 남았는데,[47] 그사이에 다시 무슨 조심할 일이 있을지 몰라 밤낮으로 걱정이 끊이지 않으니 거의 병이 나려고 합니다. 다만 이 아이는 줄곧 진보하고 있으니 이것으로 스스로 축하합니다.

그대 사촌 백씨(伯氏)[48]가 이미 저세상 사람이 되었습니다. 그 선조의 덕을 생각하니, 더욱 몹시 마음이 아픕니다. 농사가 극히 흉년이 들고 변고가 또 더하니 시국의 근심에 대한 나라의 계책이 장차 어떻게 안정이 될는지 쓸데없는 탄식만 절로 계속될 뿐입니다. 시호(諡號)를 맞이하는 일은 적서(嫡庶)의 의리가 몹시 엄격하니 어찌 감히 대신하겠습니까. 그러나 근래의 전례가 있어 조정이 허락한다면 또한 한 가지 방법이니, 재상 자리에 있는 분이나 예조에 아뢰어 보시는 것이 어떻겠습니까.

47 증아(曾兒)가……남았는데 : 연보에 1681년 1월 송시열은 서울에서 장손부(長孫婦) 박씨(朴氏)의 부음을 듣고 3월에 소제(蘇堤)에 내려와 장사를 지냈다는 기록이 있다. 송일원은 장손 송은석(宋殷錫)의 아들로, 모친상을 당하였다.《宋子大全 附錄 卷8 年譜7》

48 그대 사촌 백씨(伯氏) : 윤집(尹集)의 맏아들 윤이선(尹以宣)을 말하는 것으로 보인다. 옥과 현감(玉果縣監)을 지냈다.《萬家譜 7冊 南原尹氏》

저는 머지않아 죽을 사람인데도 성은이 미쳐 10여 일 사이에 승선(承宣)이 세 번이나 왔으니, 이 당시의 민망하고 절박한 마음을 어찌 다 말로 하겠습니까. 게다가 수많은 식구가 살아갈 길이 없으니 감히 남에게 가난하다고 말하지는 못하지만 서로 이끌고 구렁텅이에 빠져 죽을 지경입니다. 참으로 이른바 "수재와 화재를 면치 못하는 것은 부모의 죄이다."라는 경우이니 어쩌겠습니까. 각가지 맛있는 음식은 매우 감사합니다.

별지

다름 아니라 양파(陽坡)의 한 조목[49]은 남 상서(南尙書 남구만(南九萬))에게서 나왔는데, 지금 남 상서는 그렇지 않다고 하니, 이는 증명할 길이 없습니다. 장차 무고했다는 필화(筆禍)를 벗을 길이 없어 사세로 보아 삭제하게 될 것이니 여러분의 뜻은 어떤지 모르겠습니다. 부디 분명히 말씀해 주십시오.

49 양파(陽坡)의 한 조목 : 양파는 영의정을 지낸 정태화(鄭太和)의 호이다. 오달제(吳達濟), 윤집을 청나라로 보낼 때 최명길(崔鳴吉)이 "그대들이 지난번에 있었던 우리나라의 척화신(斥和臣)들을 많이 끌어대어 고발하면 저들이 그들을 다 죽일 수는 없기에 그대들도 살아 올 수가 있소."라고 하자, 오달제와 윤집이 "어찌 우리 두 사람이 살아남기 위해 다른 사람들까지 이 불측(不測)한 지경에 빠뜨릴 수 있겠는가."라고 했다는 사실을 가리킨다. 《宋子大全隨箚 卷9》《宋子大全 附錄 卷19 記述雜錄》

윤체원에게 보냄 계해년(1683, 숙종9) 3월 19일

與尹體元 癸亥三月十九日

손자가 돌아와서 모든 사정을 기쁘게 들었는데, 이윽고 또 보내신 편지를 보니 몹시 위로되었습니다. 이곳의 일은 말할 만한 것이 전혀 없습니다. 저의 병은 내내 낫지 않고 있으니 죽을병임은 의심할 것이 없습니다. 하루아침에 죽게 될 것을 다시 말해 무엇 하겠습니다. 신부가 혼인한 뒤로는 하루도 머무를 수 없습니다. 지금 조정이 한창 무너지고 폐지된 것을 수리하고 정돈하는 때에 도와줄 수는 없다 해도 차마 직접 잘못을 범하여 남의 입에 오르내리게 하겠습니까.[50] 이 일은 결단코 머뭇거릴 수 없습니다. 부디 이달 안에 나루를 통하여 보내는 것이 어떻겠습니까. 달인 약은 감사합니다.

50 조정이……하겠습니까 : 당시에 조정에서 관직에 있는 사람이 관청에 가솔을 데리고 있는 것을 금하였는데, 막 혼인한 송시열의 증손자부가 금성 현령(錦城縣令)으로 있던 아버지 윤이건을 따라 금성 관아에 있었기에 하는 말이다. 《宋子大全隨箚 卷9》《承政院日記 肅宗 7年 9月 24日》

윤체원에게 보냄 계해년(1683, 숙종9) 5월 9일

與尹體元 癸亥五月九日

그날 헤어질 때 갈림길이 있는 것이 한스러웠는데 돌아가신 뒤 사정은 어떻습니까? 저는 지나는 길에 창옥(蒼玉)에 있는 사당[51]과 석실(石室 김상헌(金尙憲))의 묘소에 참배하였는데, 동보(同甫 이희조(李喜朝)) 형과 내내 함께했습니다. 오늘 배를 당겨 덕연(德淵)으로 거슬러 가니 아이와 조손(祖孫)이 앞뒤로 와서 맞이하였고, 양주 목사(楊州牧使)[52]를 맞이하여 서로 일사정(一絲亭)[53]에서 전송하였는데, 헤어진 마음이 허전합니다. 동유록(東遊錄)은 여강(驪江)에 도착하면 써서 올릴 계획입니다.

51 창옥(蒼玉)에 있는 사당 : 창옥은 창옥병(蒼玉屛)을 말하는데 선조 때 정승을 지낸 박순(朴淳)이 은거했던 곳으로, 경기도 영평(永平) 백운산(白雲山)에 있는 봉우리이다. 이곳에 그의 위패를 모신 옥병서원(玉屛書院)이 있었는데, 송시열은 1683년 5월 7일 이곳을 방문하여 박순의 배견사(拜鵑祠)를 참배하였다. 《宋子大全 卷155 思菴朴公神道碑銘》《宋子大全 附錄 卷9 年譜8》《記言別集 卷9 贈鄭君山水指路記》

52 양주 목사(楊州牧使) : 당시 양주 목사는 이유(李濡)로, 송시열의 문인 이우휘(李遇輝)의 조카이다.

53 일사정(一絲亭) : 양주군(楊州郡)과 광주군(廣州郡) 사이로 흐르는 한강 상류인 이른바 두미강(斗尾江) 가에 있던 정자이다.

윤체원에게 답함 계해년(1683, 숙종9) 윤월[54] 5일

答尹體元 癸亥閏月五日

천만뜻밖에 지난달 24일의 편지를 받으니 기쁜 마음 형언할 길이 없습니다. 5월 28일 여강(驪江)에 닻줄을 풀었고, 그믐에 충주 남쪽 지경에 도착하여 권치도(權致道 권상하(權尙夏))와 《주자대전차의(朱子大全箚疑)》 2책을 교정하였으니, 이는 명을 받들어 바치기 위해서입니다. 지난달 5일 선영으로 돌아와 선조의 묘소에 배알하고 아침저녁으로 바라보고 의지하니 이 또한 성은입니다.

산촌은 적막하여 바깥일을 듣지 못하는데, 이따금 지나간 저보(邸報)를 통해 한두 가지 알고는 저도 모르게 심장이 놀랍니다. 그리고 '대로(大老)'라는 두 글자가 자주 제기되니, 이 두 글자는 볼 때마다 땀이 배어 견딜 수 없습니다. 게다가 한가히 물러난 사람의 성명이 지금 사람들에게 잊히지 않고 있으니, 앞으로 다시 무슨 일이 있을지 몰라 이루 말할 수 없이 염려됩니다.

집안의 재앙이 다하지 않아 한 번도 편안하고 한가한 시절이 없으니, 이따금 한 번씩 스스로 탄식하며 '인생이 얼마인데 이런 고뇌를 겪느냐.'라는 생각을 하다가, 다시 또 '이러한 고뇌를 겪는 것이 또 얼마나 되겠느냐.'라고 스스로 위로합니다. 거취에 대한 말씀은 의리가 어떠한가를 볼 뿐입니다. 의리에 편안하지 않다면 떠나고 싶지 않더라도 떠나지 않아서야 되겠습니까. 그렇지 않고 스스로 편안한 것만 도모한다면

54 윤월 : 1683년에는 6월에 윤달이 들었다.

온당하지 않을 듯합니다. 보내신 음식은 감사합니다. 저의 병이 한창 괴로워서 대신 쓰게 하느라 이만 줄입니다.

윤체원에게 답함 계해년(1683, 숙종9) 10월 17일

答尹體元 癸亥十月十七日

목마른 것처럼 그립더니 천 리 밖의 이 안부 편지를 받고 어린 손자가 편안하다는 소식을 아울러 알게 되니, 기쁘고 위로되는 늙은이의 마음 참으로 이루 다 말할 수 없습니다. 성상께서 주자(朱子)의 글을 즐겨 보아 저에게 교정해서 올리게 하시니, 이는 실로 총명하고 덕이 높은 성상이 학문을 일으키고 성군의 정치를 하는 기본이라 경축하고 기뻐하는 마음 견딜 수 없습니다. 치도(致道 권상하), 운거(雲擧 이상(李翔)) 등의 벗과 모여 서회(書會)를 하며 아침저녁으로 문자를 따지다 보니 유주(流注)하던 마음 또한 이를 통해 수습되는 바가 있었습니다. 늘그막에 이렇게 할 수 있는 것은 작은 일이 아닙니다. 벗들은 모두 지나치게 정력을 허비한다고 충고하지만 피로함을 느끼지 못합니다.

손자들이 모두 회시(會試)에 실패하였으니 이는 재능이 없는 자의 정해진 분수이지만, 그대 아드님도 벗어나지 못했으니 인척에 연루되어 그런 것이 아니겠습니까. 손자가 오래도록 처가에 누를 끼치니, 좋은 옷이나 입고 맛있는 음식만 먹을 뿐이라면 어찌 소나 말이 옷을 입은 것과 같은 처지를 벗어나겠습니까. 이에 앞의 편지에서 청한 것이 있었는데, 이제 하시는 말씀이 너무 겸손하니 저를 한바탕 웃게 합니다. 대체로 그리움을 견디지 못하는 것은 그도 다름없을 터이니 너무 추워지기 전에 뱃길로 보내는 것이 어떻겠습니까. 몹시 기다립니다.

윤체원에게 답함 계해년(1683, 숙종9) 11월 15일

答尹體元 癸亥十一月十五日

오늘날의 큰 경사[55]로 종묘사직이 억만년토록 무궁할 것을 점칠 수 있으니 잠시 죽지 않고 오늘날을 볼 수 있는 것이 얼마나 다행입니까. 앞뒤의 두 편지를 한꺼번에 받으니 위로되는 마음 그지없습니다. 손자는 일찍이 가르친 것도 없는데 문득 급제하여 벼슬하면 낭패를 당하고 전복되는 일이 없겠습니까. 근심스러운 마음 실로 절실합니다.

증손부(曾孫婦)는 물론 떠나기가 쉽지 않을 줄 압니다. 어제 주손(疇孫 송주석(宋疇錫))이 회시(會試)를 치러 갔는데, 그에게 "네가 행여 급제하면 바로 임금의 신하가 되니 장차 함께 지낼 수 없을 것이다."라고 하며 묵묵히 시름에 겨운 마음 버릴 수가 없었습니다. 손자도 이러한데 딸아이는 어떨지 알 수 있습니다. 그러나 조 태후(趙太后)[56]가 연후(燕后)를 시집보내면서 한 말[57]로 보자면 깊이 사랑하는 것은 생각이 멀리

55 오늘날의 큰 경사 : 1683년 10월 서울에 천연두가 만연하였는데 숙종이 천연두에 걸렸다가 나은 것을 말한다. 《肅宗實錄 9年 10月 14日·18日, 11月 1日》

56 조 태후(趙太后) : 대본에는 '齊后'로 되어 있다. 《전국책(戰國策)》 권21 〈조태후신용사(趙太后新用事)〉에 근거하여 '齊'를 '趙'로 바로잡아 번역하였다.

57 조……말 : 조 태후가 섭정할 때 진(秦)나라가 침공해 오니 제(齊)나라에 구원을 청하였는데, 태후의 아들 장안군(長安君)을 인질로 보내면 군대를 보내 주겠다고 하였다. 태후가 듣지 않자 좌사(左史) 촉섭(觸讋)이 태후에게, 연나라에 시집간 태후의 딸 연후를 예로 들어, 제사 때마다 태후가 "잘못되어 돌아오는 일이 없거라."라고 기도드린 것이 그 자손이 왕으로 계속 이어지기를 바란 데서 나온 것이듯이, 장안군을 제나라에 보내어 그의 봉록을 지키게 하라고 간하였다. 《戰國策 卷21 趙太后新用事》

미치는 것만 못합니다. 증아(曾兒 송일원)가 이미 여기에 왔으니 사세로 보아 반드시 해를 넘긴 뒤에 보낼 것입니다.

저는 9일 어전에 나아갔다가 곧바로 성 밖으로 나왔습니다. 도중에 비와 눈을 만나 온갖 고생을 하며 어젯밤에 돌아왔는데 질병이 심하게 발작하여 위태위태합니다. 별록(別錄)은 매우 감사합니다. 이불을 끼고 있느라 말하고 싶은 것을 일일이 말씀드리지 못합니다.

윤체원에게 답함 갑자년(1684, 숙종10) 8월 10일

答尹體元 甲子八月十日

홍수와 가뭄이 번갈아 극심하여 병들지 않은 사람이 없습니다. 방금 멀리서 보낸 편지를 받고서 댁내가 두루 경사스럽고 저의 증손자도 편안하다는 것을 알았으니 바라는 마음이 몹시 위로되었습니다. 저는 등의 종기가 틈을 타 발작하여 앉으면 결리고 아프며 누우면 등에 배기니, 이 고통을 견디기 어렵습니다. 죽을 날이 다가오니 없는 병이 없는 것을 어쩌겠습니까. 윤(尹)의 글[58]은 본래 마을에서 숟가락과 젓가락을 다투는 것과 같으니 어찌 사대부들이 우려할 만한 것이겠습니까. 오직 저는 참으로 깊은 반성을 하게 되었습니다. 옥천(沃川)의 상소[59]는 그대가 기미를 몰라서 엄하게 금하지 못했습니까? 몹시 한탄스럽습니다. 처음에는 실로 작은 일이었으나 점점 커지니 인심이 쌀쌀하고 각박한 것이 곧 이러하단 말입니까.

58 윤(尹)의 글 : 윤증(尹拯)과 송시열 사이에 오간 편지글을 말한다. 실록에 윤증이 송시열에게 수학했으면서도 아버지 윤선거(尹宣擧)의 비문에 대한 불만에서 비롯하여 송시열의 학문을 비판하는 데 이르게 된 사실, 스승과 등지게 된 일 등이 자세히 실려 있다. 《肅宗實錄 10年 8月 21日》

59 옥천(沃川)의 상소 : 충청도 옥천의 유생 김엽(金曄)이 1684년 7월에 올린 상소를 가리키는데, 윤증이 송시열을 무함했다고 비난하는 내용이다. 《肅宗實錄 10年 7月 23日》《宋子大全 附錄 卷10 年譜9》

윤체원에게 답함 을축년(1685, 숙종11) 6월 10일

答尹體元 乙丑六月十日

여름 장마로 찌는 듯이 무더워 장기(瘴氣)를 품은 안개 속에 있는 듯했는데 보내신 편지를 문득 보니 마음과 눈이 모두 열렸습니다. 다만 복원(復元 윤이성(尹以性))이 겪은 일은 참으로 잠시 흙탕물을 뒤집어쓴 것과 같으나 편지 속에 언급하지 않으니 흉금이 깨끗하여 외부에서 오는 것이 더럽힐 수 없음을 알겠습니다. 저는 올해 들어서부터 문득 정력이 쇠약해져 일어나 앉을 때가 매우 드무니 얼마 남지 않았음을 잘 알겠습니다.[60]

왕년의 분매(盆梅)는 지난겨울 이곳으로 옮겨 심었는데, 눈 내리는 속에 처마를 돌며 웃음을 찾으니[61] 참으로 벗의 얼굴인 듯하였습니다. 김연지(金延之)[62]가 화양에 있는 저의 꽃 한 떨기를 가져가 한벽루(寒碧樓) 앞에 심었는데 아마 오종종한 것이 변하여 몇 가지가 났을 터이

60 얼마……알겠습니다 : 대본에는 '極知無多也'로 되어 있다. 두주(頭註)에 '知'자 뒤에 빠진 글자가 있는 듯하다고 하였다. 추측건대 '살아 있을 날'이라는 의미의 글자가 빠진 듯하다.

61 눈……찾으니 : 눈 속에 핀 매화를 찾는 정경(情景)을 표현한 것이다. 두보의 〈사제관부남전취처자도강릉희기(舍弟觀赴藍田取妻子到江陵喜寄)〉 시에 "처마를 돌며 매화 찾아서 함께 웃으렸더니, 찬 꽃부리 성긴 가지 반쯤은 웃음을 금치 못했네.〔巡簷索共梅花笑, 冷蘂疎枝半不禁.〕"라고 한 데서 온 말이다.

62 김연지(金延之) : 김상헌의 장손 김수증(金壽增)을 말한다. 호는 곡운(谷雲)이다. 아우는 당시 영의정이던 김수항(金壽恒)이다.

니 우습습니다. 증아(曾兒 송일원)가 처가를 떠나기는 했으나 또 때때로 나아가 가르침을 받을 수 있겠는지요. 마음에 잊을 수 없습니다. 늙은이가 그리움을 잘 타는 것이 심합니다.

윤체원에게 답함 을축년(1685, 숙종11) 8월 5일
答尹體元 乙丑八月五日

늘 몹시 그립더니 지난달 그믐에 보내신 편지를 받고서 하신 말씀을 모두 잘 알았습니다. 복원(復元 윤이성)은 애당초 이미 뜻밖에 온 것인데 뒤에 어찌 스스로 취하겠습니까. 그저 그렇다고 치부하면 일이 줄어듦을 알 것입니다. 한두 가지 시의(時議)에 대해 가만히 들어 보건대 지금이 어찌 우리가 입을 열 때이겠습니까. 다만 선사(先師)께서 율곡이 머리를 깎았다고 말씀했다는 무고에 대해서는 끝내 대략 분명히 밝히지 않을 수 없습니다. 대개 여러 상소에서도 오히려 상세히 말하지 않고 남을 비판하는 것만 위주로 했기에 모두 파란을 조장하는 데로 귀결되고 말았습니다. 그러나 아직껏 이렇게 머뭇거린 것은 참으로 기다리는 바가 있어서였지만, 회옹(晦翁)이 범순부(范淳夫)를 나무란 뜻으로 미루어 보면 제가 큰 죄인입니다.[63] 마주하여 논할 길이 없으니 서글프고 답답한 마음 견딜 수 없습니다.

63 회옹(晦翁)이……죄인입니다 : 김장생이 한 말을 송시열이 상세히 밝혀야 했다는 말이다. 송나라 범조우(范祖禹)가 성현(聖賢)들의 말을 대충대충 보아 넘기고 한번 어느 대문을 초록하기만 하면 일이 다 끝난 것처럼 하여 내용을 자세히 음미하려 들지 않은 것을 두고, 주희가 "정호(程顥)와 정이(程頤) 두 선생을 오랫동안 사사하였지만 글을 보는 것이 전혀 정밀하고 밝지 못했다."라고 비평했던 것을 말한다. 《東山存稿 卷3 答倪仲弘先生書》《晦庵集 卷31 與張敬夫》

윤체원에게 답함 병인년(1686, 숙종12) 윤월[64] 3일
答尹體元 丙寅閏月三日

그립던 중에 편지를 받으니 위로되는 마음 이루 말할 수 없습니다. 말씀하신 남군(南君)의 일은 차마 듣지도 말하고 싶지도 않습니다. 그는 종전에 정의(情義)가 도타웠을 뿐만이 아니라서 제가 섬에 있을 때 늘 도보로 굶주림을 참으면서도 왕래를 끊지 않았고 심지어 거제도(巨濟島)에 있을 때도 죽음을 무릅쓰고 들어와서 장차 뼈를 수습해서 돌아가려 하였습니다. 그런데 이제는 노병(老病) 때문에 기어가서 곡할 수도 없습니다. 그를 저버린 것이 많으니 어떻게 마음을 가누겠습니까. 그저 통곡할 뿐입니다.

'목장과 꼴'[65]이라는 말씀은 참으로 좋은 비유입니다. 그러나 구해도 얻을 수 없으면 떠나지 않고 무엇을 기다리겠습니까. 구하지 않아도 저절로 오는 이치는 없습니다. 또 상관에게 얻을 수 없으면 또한 부디 일의 시비만 보십시오. 오로지 남을 탓하고 자신만 용서할 수는 없을 듯한데 어떨지 모르겠습니다. 훌륭한 선물은 참으로 감사합니다. 다만 달마다 상례(常例)로 삼으니, 이것은 몹시 편안하지 않습니다. 나머지는 이만 줄입니다.

64 윤월 : 1686년에는 4월에 윤달이 들었다.

65 목장과 꼴 : 《맹자》 〈공손추 하(公孫丑下)〉에, 흉년으로 기근이 든 해에 백성을 방치하는 수령에 대한 비유로, "지금 남의 소와 양을 받아다가 그 주인을 위해 기르는 사람이 있다면, 그 사람은 반드시 소와 양을 위해 목장과 꼴을 구할 것이다. 그런데 목장과 꼴을 구하다가 얻지 못하면 그 주인에게 소와 양을 되돌려 주어야 하겠는가, 아니면 그냥 서서 그들이 죽어 가는 것을 보고 있어야 하겠는가?"라는 말이 있다.

윤체원에게 답함 병인년(1686, 숙종12) 7월 20일

答尹體元 丙寅七月二十日

몹시 그리워하던 중에 증아(曾兒 송일원)가 들어오니 늙은 사람의 회포가 몹시 위로되었고 보내신 편지를 받으니 더욱 기뻤습니다. 저는 병든 중에 손자의 질병 때문에 밤낮으로 애태우고 있으며, 지금은 비할 데 없이 위태로우니 어찌하겠습니까. 삼학사(三學士)의 추은(追恩)은 세도(世道)의 광영이라고 말할 만합니다.[66] 시호를 맞이할 때 그대가 있는 곳의 관아에서 신주를 받들어 맞이하여 용양(龍陽)[67]과 한꺼번에 분황(焚黃)하면 일이 몹시 편하고 좋겠지만, 종법(宗法)이 지극히 엄하니 예를 아는 자의 비난이 있을 듯합니다.[68] 교리 어른(윤집(尹集))을 음성(陰城)에 봉안한 것이 이미 종법을 어겼는데, 이제 앞에서 감히 하였으면서 뒤에서 감히 하지 못하는 것 또한 할 말이 없을 듯합니다. 이는 그대가 어떻게 판단해서 결정하는지에 달렸을 뿐입니다.

66 삼학사(三學士)의……만합니다 : 윤이건이 삼학사 중의 한 명인 윤집의 조카이기에 하는 말이다. 1686년 6월 남구만 등이 삼학사에게 시호를 추증하는 것과 그들의 자손을 거두어 등용하는 문제를 의논하였다. 《承政院日記 肅宗 12年 6月 13日》

67 용양(龍陽) : 윤섬(尹暹)을 말한다. 교리로 있던 1592년 임진왜란이 일어나자 순변사(巡邊使) 이일(李鎰)의 종사관이 되어 싸우다가 상주성(尙州城)에서 전사하여 용양부원군(龍陽府院君)에 봉해졌다. 윤이건의 할아버지이다. 《宋子大全隨箚 卷9》

68 종법(宗法)이……듯합니다 : 윤이건은 윤집의 조카이며, 윤집의 장남 윤이선(尹以宣)은 1682년 사망하고 그 아들 윤렴(尹濂)은 내자시 직장(內資寺直長)으로 있었다. 종손(宗孫)이 있음에도 종자(從子)의 관아에서 분황의 행사를 하는 것이 예법에 맞지 않음을 말하는 것으로 보인다. 《宋子大全 卷87 答尹體元(壬戌九月六日)》《萬家譜 7冊 南原尹氏》《承政院日記 肅宗 11年 6月 24日》

윤체원에게 답함 병인년(1686, 숙종12) 10월 13일

答尹體元 丙寅十月十三日

보내온 편지가 정중하여 그지없이 위로되었습니다. 참새는 손자의 병든 입맛을 위해 더욱 기뻤습니다. 흥룡(興龍 회덕(懷德)에 있는 지명)은 산수의 경치가 맑고 깨끗한 것이 사랑스러우니, 회옹(晦翁)이 칭송하던 곳처럼 겨울에 따뜻하다 해도[69] 바꾸고 싶지 않습니다. 듣자니 복원(復元 윤이성)이 오늘 서울로 간다는데 보기가 쉽지 않을 듯하니 아득한 마음 이루 다 말할 수 있겠습니까.

일원(一源)의 편지에서 원임(原任)의 부정한 일을 극단적으로 말하였는데, "이 나라에 살면서 대부(大夫)를 그르게 여기지 않는다."라고 한 정자(程子)의 이 이치가 가장 좋으니, 어찌 마음에 새기지 않겠습니까. 이는 가르침이 없어서 초래한 일이니 그의 죄일 뿐만이 아닙니다. 뒷날 나아가 뵐 때 부디 엄히 꾸짖으시기를 바랍니다. 성인이 남용(南容)에 대해 형벌을 면할 것이라고 하였던 것[70]은 그 뜻이 깊습니다.

69 회옹(晦翁)이……해도 : 주희가 초년에 거처하며 학문을 닦던 건녕부(建寧府) 숭안현(崇安縣) 병산(屛山)에 있는 담계(澹溪)를 그리며 지은 시에 "산이 안고 물이 감도는 곳은 아니지만, 겨울에 따뜻하고 여름에 날씨가 시원한 곳이라네.〔雖非水抱山環地, 却是冬溫夏冷天.〕"라는 구절이 있다. 《晦庵集 卷9 懷潭溪舊居》

70 성인이……것 : 공자의 제자 남용이 "흰 구슬의 티는, 갈아 없앨 수 있거니와, 말의 허물은, 어찌할 수가 없다.〔白圭之玷, 尙可磨也; 斯言之玷, 不可爲也.〕"라는 《시경》 〈대아(大雅) 억(抑)〉의 구절을 세 번씩 되풀이하여 읽자, 공자가 그를 평가하여 "나라에 도가 있을 때는 버려지지 않을 것이며, 나라에 도가 없을 때라도 형벌을 면할 것이다."라고 하였던 것을 말한다. 《論語 先進》

마원(馬援)이 차라리 죽을지언정 자손에게 이러한 행실이 있는 것을 듣고 싶지 않다고 했던 것[71]을 오늘날 저 자신이 참으로 경험했습니다. 나머지는 이만 줄입니다.

71 마원(馬援)이……것 : 한(漢)나라 장수 마원이, 형의 아들들이 남을 헐뜯고 조정의 시비와 득실에 대해 떠들어 대기를 좋아한다는 것을 듣고 편지를 보내 "다른 사람의 장단점에 대해서 논하기를 좋아하고 조정의 정사에 대해서 함부로 옳으니 그르니 하는 것은 내가 아주 싫어하는 바로, 죽을지언정 우리 집안의 자손들이 그런 행실을 한다는 소리는 듣고 싶지가 않다."라고 했던 것을 말한다. 《小學集註 廣立敎》

윤체원에게 답함 병인년(1686, 숙종12) 11월 5일

答尹體元 丙寅十一月五日

증아(曾兒 송일원)가 돌아와 보내신 편지를 전하였습니다. 큰일이 낭패를 본 것이 이런 극심한 지경에 이르니, 이 또한 늙은것이 죽지 않아 한없이 좋지 못한 징조를 야기하였습니다. 댁의 일에 차질이 생긴 것은 오히려 일시적인 일이지만 만초(萬初)의 아들[72]이 이 때문에 영향을 받을 줄 어찌 짐작이나 했겠습니까. 또 이태경(李泰卿)[73]이 지난번에 당한 바는 차마 말하지 못하겠습니다. 한 번씩 생각이 날 때마다 슬프게도 마음이 아프더니 그 형이 도리어 저 때문에 말살될 줄 어찌 생각이나 했겠습니까. 이 일이 있고부터 문득 침식을 모두 폐하였습니다.

복원(復元 윤이성)은 서울에 있었는데, 기미를 전혀 몰라서 금하지 못했는지요? 시남(市南 유계(兪棨))이 있었다면 이런 일은 결코 없었을 것입니다. 또 오늘날 젊은이들은 독서하고 자신을 수양하는 것을 포기하고 쓸데없는 일로 여기며 조정의 통색(通塞)에나 관여하니 이것이

72 만초(萬初)의 아들 : 권상명(權尙明)을 말한다. 만초는 권도원(權道源)의 자로, 권상하(權尙夏)의 아우 권상명을 양자로 들였다. 《寒水齋集 卷29 季祖父參奉府君墓誌》

73 이태경(李泰卿) : 이동형(李東亨, 1637~1717)으로, 태경은 그의 자이다. 본관은 여주(驪州)이며, 삭녕 군수(朔寧郡守)를 지냈다. 아우 이동암(李東馣), 이동욱(李東郁)과 함께 송시열의 문인이다. 윤증과 우의가 두터웠던 조지겸(趙持謙) 등이 시론(時論)을 주관할 때 그의 두 아우가 송시열을 배반하고 조지겸 등에게 붙었다. 이동암에게는 이동일(李東一), 이동명(李東明), 이동도(李東道) 등 세 명의 형이 있다. 《肅宗實錄 11年 7月 19日, 9月 10日》《萬家譜 3冊 驪州李氏》

무슨 도리인지 몹시 한탄할 만합니다. 전랑(銓郞)이 곧 출발한다는 소식은 사세로 미루어 보건대 분명 잘못 전해진 것입니다. 피폐한 고을의 쓸데없는 낭비는 또한 작은 일이 아닙니다. 형숙(馨叔)[74]도 알고 있습니까? 나머지는 병을 무릅쓰고 편지를 쓰느라 이만 줄입니다.

74 형숙(馨叔) : 정철(鄭澈)의 봉사손 정치(鄭治, 1653~1724)의 자이다. 《宋子大全隨箚 卷1》

윤체원에게 보냄 병인년(1686, 숙종12) 11월 9일

與尹體元 丙寅十一月九日

근황이 좋으신지요? 그리운 마음 간절합니다. 증아(曾兒 송일원)는 동쪽으로 간 뒤로 들은 것이 없어 답답해서 견딜 수 없으니, 참으로 이른바 함흥차사입니다. 어제 이 도의 관찰사가 조보(朝報)를 보내 주었는데, 영의정[75]이 탑전(榻前)에서 저의 이름을 들먹여 남솔(濫率)의 금지를 경계하였고, 성상께서는 은밀히 행해지고 있는 남솔을 일절 삼가도록 하교하셨으니 지극히 황공한 마음 견딜 수 없습니다. 대개 지난날 제가 영의정에게 "수령이 불법을 자행하는 일은 참으로 알기 어려운 점이 있다. 남솔에 대해서는 이목을 가리기 어려운 것인데도 덮어 버리는데 다른 것이야 오히려 무슨 말을 하겠는가."라고 했지만, 이 한 가지 일 때문에 말한 것은 아니었습니다. 그러나 지금 이미 이와 같으니 증부(曾婦 송일원의 아내)가 관아에 머무는 것은 피차 모두 죄가 있습니다. 부디 주저하지 마시고 즉시 이곳으로 보내는 것이 어떻겠습니까? 이따금 친정에 가는 것은 아무리 잦더라도 감히 따르지 않을 수 없습니다. 이를 위해 심부름꾼을 보내니 부디 이편에 함께 보내는 것이 어떻겠습니까?

75 영의정 : 김수항(金壽恒)을 말한다. 1683년 송시열이 봉조하로서 서울에 왔을 때 수령이 남솔하는 폐단에 대해 했던 말을 들어, 모든 도에 신칙해서 법을 범한 자를 처벌할 것을 청하였다. 《肅宗實錄 12年 10月 23日》

윤체원에게 보냄 정묘년(1687, 숙종13) 1월 11일

與尹體元 丁卯正月十一日

답장은 매우 감사합니다. 《중용》에 "윗사람에게 인정을 받지 못하면 백성을 편안하게 다스릴 수가 없다."라고 했는데, 이제 이미 상사(上司)에게 잘못 보인 것이 여러 번인 만큼 참으로 백성을 대할 낯이 없습니다. 그러나 무릇 역경을 만나면 반드시 스스로 반성해야 하니, 그대가 친하다는 것을 믿고 어쩌면 위아래 관원에게 체면을 잃은 것은 아닙니까. 반드시 스스로 반성하여 잘못이 없고 나서야 남을 탓할 수 있습니다. 부디 생각하고 헤아려 보시는 것이 어떻겠습니까. 이만 줄입니다.

윤체원에게 답함 정묘년(1687, 숙종13) 4월 3일
答尹體元 丁卯四月三日

깊은 산속에 남은 꽃과 신록이 서로 비추며 무성한데 그곳에 한번 가서 훌륭한 말씀을 실컷 들을 수 없는 것이 아쉬웠습니다. 그런데 사람이 와서 편지를 받으니 서대산(西臺山)과 대둔산(大屯山) 사이에 앉아 있는 것만 같았습니다.[76] 이번 일[77]로 저들이 오랑캐를 부끄러워할 만하고 윤휴를 미워할 만하다는 것을 오히려 알게 되었으니 이는 제가 망언을 한 공로입니다. 더구나 성상께서 저들을 호굉(胡紘)과 심계조(沈繼祖)라고 여기시니[78] 이는 저를 회보(晦父 주희)의 무리라고 여기는 것입니다. 늘그막의 영광이 이토록 지극한 데 이르니 오히려 영광이 두렵습니다. 나머지는 이만 줄입니다.

76 서대산(西臺山)과……같았습니다 : 서대산과 대둔산은 모두 진산(珍山)에 있는 산 이름이다. 윤이건이 당시 진산 군수로 있었기에 하는 말이다. 《宋子大全隨箚 卷9》

77 이번 일 : 나양좌(羅良佐) 등이 올린 소장(疏章)을 승정원에서 물리치고 아뢰지 않은 일로 지평 유집일(兪集一)이 해당 승지를 모두 엄히 추고(推考)할 것을 청하였는데, 숙종이 윤허하지 않았다. 이에 영의정 김수항(金壽恒)과 우의정 이단하(李端夏)가 그들의 상소를 받아들여서 분명하게 처분을 내리도록 청하였다. 《肅宗實錄 13年 3月 17日》

78 성상께서……여기시니 : 호굉은 간신 한탁주(韓侂胄)가 주희 등을 위학(僞學)으로 몰 때 상소를 올려 주희를 공격하려다 오히려 체직(遞職)된 인물인데, 자기가 지은 소초(疏草)를 심계조에게 주어 대신 주희를 죽이라고 요청하였다. 《宋史 胡紘列傳, 朱熹列傳》 숙종이 김수항 등의 청을 따라 나양좌 등의 상소를 받아서 본 다음 내린 비망기(備忘記)에서 "이러한 무리를 배척하지 않는다면 인심이 몰락하고 의리가 막혀서 호굉, 심계조 같은 부류들이 반드시 꼬리를 물고 일어나게 될 것이다."라고 하였다. 《肅宗實錄 13年 3月 17日》

윤체원에게 보냄 무진년(1688, 숙종14) 1월 9일

與尹體元 戊辰正月九日

복원(復元 윤이성)이 어찌 갑자기 이러한 지경에 이르렀습니까. 그대 집의 지극한 충효로도 신령의 도움을 입지 못하니, 천도가 어그러짐이 어찌 여기에 이르렀습니까. 6일에 부고를 들었는데 골육의 사망으로 인한 아픔도 이보다 더하지는 않을 것입니다. 아이들과 신위를 설치하여 통곡하니 만사가 그만입니다. 다시는 세상을 살 마음이 없습니다. 이를 통해 생각건대 그대의 지극한 마음이 찢어질 듯하여 산 사람의 몸이 상하는 줄도 모를 것이니, 죽은 자가 안다면 어찌 저승에서 슬피 울지 않겠습니까.[79] 더구나 선사(先祀)의 폐지 여부와 남겨진 고아를 보호하는 것이 오로지 그대 한 몸에 달려 있습니다. 부모를 위해 효성을 상하는 것은 성인도 지극히 경계하였는데[80] 더구나 형제 때문에 먼저 가신 영령께 근심을 끼쳐서야 되겠습니까. 천만번 절제해서 반드시 살 방도를 구하시기를 삼가 빕니다. 천만번 눈물을 흘리며 지극히 빕니다.

79 어찌……않겠습니까 : 대본에는 '豈不悲泣於冥中耶'로 되어 있다. 두주와 문맥에 근거하여 '冥' 뒤에 '冥之'를 보충하여 번역하였다.

80 부모를……경계하였는데 : 친상(親喪)을 당하여 너무 슬퍼하다가 목숨을 잃어서는 안 된다는 말이다. 450쪽 주31 참조.

윤체원에게 답함 무진년(1688, 숙종14) 2월 27일

答尹體元 戊辰二月二十七日

별지에서 물어보신 것을 어제 망녕되이 답했으니 늙어서 정신이 어두운 것을 한탄할 만합니다. 태백(泰伯)은 지극한 덕으로 달아났는데, 이미 달아난 만큼 주(周)나라의 종통(宗統)은 왕계(王季)에게 돌아갔습니다.[81] 더구나 이제 달아난 자는 인륜을 무너뜨리고 천리(天理)를 해쳤으니, 세상에 용납할 수 없는 자입니다.-그 변(變)이 여기서 멀지 않은 곳에서 발생했기에 상세히 알고 있습니다.- 그런데 엄격한 종통을 그 사람에게 돌릴 수 있겠습니까. 또 달아난 자의 둘째 아들은 아버지의 생사도 모릅니다. 아버지가 살아 있다면 어찌 감히 아버지를 뛰어넘어 할아버지의 종통을 이어받을 수 있겠으며, 죽었다면 둘째 아들이 아버지를 묘소에 묻고 신주를 만들어 사당에 합사하였습니까? 그렇지 않고서야 어찌 감히 종통을 이어받을 생각을 할 수 있겠습니까. 또 듣건대 달아난 자는 처제를 훔치고 맏아들을 데리고 달아났습니다. 그 아들에게 처제를 어머니라고 칭하게 하면 그 자식이 따르지 않을 것이므로 죽였다고 하는데, 참말인지 모르겠습니다. 이제 달아난 자의 둘째 아들

81 태백(泰伯)은……돌아갔습니다 : 태백은 주나라 태왕(太王)의 장자이다. 태왕에게 아들이 셋 있었는데 태백, 중옹(仲雍), 계력(季歷)이다. 계력이 뒷날 문왕(文王)이 되는 아들 창(昌)을 낳으니, 날 때부터 성덕(聖德)이 있었다. 이에 태왕은 왕위를 계력에게 물려주어 창에게 전해지게 하고 싶은 뜻이 있었고 이것을 안 태백은 중옹과 함께 형만(荊蠻)으로 달아났다. 《논어》 〈태백〉에 "태백은 지덕(至德)이라 이를 만하다." 하였다.

이 형의 생사도 모르면서 감히 승중(承重)할 수 있겠습니까. 관리 된 자는 집안을 어지럽게 한 사람을 물리쳐서 경내에 받아들이지 못하게 하는 것이 옳지, 적통을 계승할지 말지를 어찌 논할 수 있겠습니까. 그러나 이 말은 남에게 보이지 마십시오. 헤아릴 수 없는 화가 있을까 두렵습니다.

윤체원에게 답함 무진년(1688, 숙종14) 7월 25일

答尹體元 戊辰七月二十五日

연이어 편지를 받으니 매우 위안이 됩니다. 소본(疏本)[82]은 군평(君平 김만준(金萬埈))이 혼손(混孫 송혼원(宋混源))에게서 빼앗아 돌려보내왔습니다. 경능(景能 김만증(金萬增))의 편지도 아울러 보내왔는데, 경능의 편지는 제가 혹 진언(進言)할 것인가 미리 염려하는 내용이었습니다. 대체로 임금을 사랑하는 마음이 천성에서 나와 스스로 감추지 못하고 대략 간언을 올렸는데 외부 사람들의 뜻이 이러하니, 이야말로 성주(聖主)께서 고립된 것이라 참으로 통곡할 일입니다. 그러나 양김(兩金 김만증과 김만준 형제)과 그대의 견해가 약속하지 않고도 같으니 기이하다 하겠습니다.

어제 그대의 편지로 인해 급히 별본(別本)을 지어 대죄(待罪)의 뜻만 밝혀서 뒤따라 보내어 바꾸려는 참이었는데, 경능과 군평의 편지가 마침 왔던 까닭에 별본까지도 보내지 않았습니다. 앞의 소본도 기왕 올리지 않은 것이니 누설하지 말아야 합니다.

《정서분류(程書分類)》는 제가 서울의 젊은이들과 여러 해 동안 공을 들였던 것입니다. 전에 치도(致道 권상하)의 편지를 보니 "중화(仲和

82 소본(疏本) : 당시에 박세채(朴世采)가 입대(入對)하여 동평군(東平君) 이항(李杭)을 논하다가 엄한 지척을 받았고, 남구만(南九萬)과 여성제(呂聖齊)가 서로 이어서 유배되었기에, 송시열이 상소하여 이단하(李端夏), 김수항(金壽恒), 김만중(金萬重)을 논하였는데, 숙종의 노여움을 살까 염려되어 도중에 중지하여 되돌려 받았다. 《宋子大全隨箚 卷9》《宋子大全 卷19 擬疏》

김창협(金昌協))와 상의하니 남쪽에는 사역(寫役)을 맡길 만한 사람이 없어 마침내 완영(完營 전라 감영)에 부탁하였다."라고 하였습니다. 그래서 아이가 관직에 있을 때[83] 제가 완영에 편지를 보내 그 책을 돌려달라고 매우 간절히 청하였는데 지금까지 막연하게 답이 없습니다.

새 관찰사가 부임하면 받아 내기 어려울 듯하니, 사역을 다 끝내지 못했더라도 부디 저를 위해 하나하나 장수를 헤아려서 받아 내어 보내주시기를 간절히 바랍니다. 관찰사(이유(李濡))는 이러한 응대에 대해서는 참으로 손쓸 겨를이 없을 테니, 군회(君晦 이우휘(李遇輝))가 맡는다면 잘 해낼 것입니다.

그대 편지에서 말한, 제가 우계(牛溪)를 헐뜯고 욕하였다는 말[84]은 참으로 한바탕 웃을 일입니다. 제가 제정신을 잃었다 하더라도 어떻게 감히 그렇게 하겠습니까. 다만 길보(吉甫)가 살아 있을 때 늘, 사계(沙溪) 선생이 우계 선생을 불만스럽게 여긴 것을 불쾌하게 여겨 사계 선생에게 불손한 말을 하다가 어떤 사람과 서로 구타하기까지 했습니다. 제가 우계를 헐뜯어 욕하고 싶었다면 그때 왜 한마디도 하지 않았겠습니까. 제가 한마디도 하지 않았을 뿐만 아니라, 서로 다투다가 얻어맞은 사람을 매우 잘못하였다고까지 하였습니다.[85]

83 아이가……때 : 아이는 손자 송주석(宋疇錫)을 말하며, 그가 용담 현령(龍潭縣令)으로 있을 때를 말한다. 송주석은 1688년 2월 2일 용담 현령에 임명되었으며 그해 10월 3일 파면되었다. 《肅宗實錄 14年 2月 2日, 10月 3日》

84 우계(牛溪)를……말 : 송시열이 일찍이 문인 이희조에게 답한 편지에서 "사계가 우계를 율곡에 비해서는 조금 낮게 보았다."라는 등의 말을 하였는데, 이것을 본 성혼(成渾)의 문하와 윤증이 "송시열이 우계를 헐뜯고 욕한 것이다."라며 떠들어 댄 것을 말한다. 《宋子大全 卷96 答李同甫(戊辰十二月二十二日)》

주자(朱子)는 성현의 잘잘못을 따지는 것을 어리석은 사람이 자기 아버지와 할아버지의 나이를 따지는 것과 같다고 하였고, 정자(程子)는 선배들의 단점을 논하는 사람을 보고 "너희들은 그분의 좋은 점만 배워라."라고 하였으며, 퇴계는 "허물이 있는 가운데서 허물이 없는 점을 찾아야 하고, 허물이 없는 가운데서 허물을 찾아서는 안 된다."라고 하였습니다. 제가 일찍이 이를 가슴에 새겨 아무리 보통 선배라도 감히 가볍게 논하지 않았는데 더구나 우계이겠습니까. 다만 길보가 늘 사계에게 불손했던 것은 실상 우계를 불만스럽게 여겼던 데서 비롯된 것입니다.

지난해에 마침 동보(同甫 이희조(李喜朝))와 함께 길보의 일을 얘기하다가 당시의 곡절을 대강 말하면서 우계에까지 말이 미쳤으나, 추호도 제가 먼저 시비를 논한 일은 없었습니다. 동보에게 물어보면 알 수 있을 것입니다. 저들이 상소하여 저를 공격하려고 한다고 들었습니다. 과연 그 말대로라면 저도 처음부터의 곡절을 자세히 논하여 변명할 것입니다. 그런 다음에야 피차의 의심이 얼음 녹듯이 풀릴 것입니다. 이만 줄입니다.

85 길보(吉甫)가……하였습니다 : 길보는 윤선거의 자이다. 김장생이 일찍이 이이와 성혼을 평하면서 "어떻게 우계가 율곡과 같을 수 있겠는가." 하였으므로 성혼의 문하에서는 이를 두고 김장생을 좋지 않게 여겼다. 그러던 중 어느 날 송시열과 이유태(李惟泰), 그리고 이유태의 아우인 이유겸(李惟謙)과 윤선거가 함께 동학사(東鶴寺)에서 만났는데, 이때 윤선거가 "사계의 문하에 정홍명(鄭弘溟)이 없었다면 도가 더욱 높았을 것이다." 하니, 이유겸이 이를 받아 "우계의 집안에 성문준(成文濬)이 없었다면 허물이 더욱 적었을 것이다." 하였다. 그러자 윤선거가 성을 내어 이유겸의 빰을 때렸다. 《宋子大全 卷20 辨誣毁牛溪之謗》

윤체원에게 보냄 무진년(1688, 숙종14) 8월 8일

與尹體元 戊辰八月八日

지난번 편지는 받아 보셨습니까? 저는 회(晦 송회석)의 병 때문에 마음이 타는 듯하여 만사가 모두 재가 되어 버렸습니다. 무목(武穆 악비(岳飛))의 글씨를 보내 드립니다. 병풍은 여덟 폭 중에서 두 폭에는 "무덤 위에 풀이 무성하다.〔墳上草離離〕"라는 근체시(近體詩)를 쓰려 합니다.

지금 영남 사람의 글을 보니, 제가 예전에 지어 올린 《심경석의(心經釋疑)》의 서문(序文)이 퇴계를 헐뜯은 것이라 하여 소를 올려 배척하려고 하면서 우계를 변무(辨誣)하려는 사람들과 피차 호응하여 한꺼번에 모두 일어날 것이라고 하니, 그 기세가 두려워할 만합니다. 윤(尹 윤증)의 기세와 계책이 이렇게 극도에 이를 줄은 짐작하지도 못했습니다. 옛날 윤휴가 사화를 일으키려고 꾀할 때 먼저 영남 사람들을 사주하여 선봉으로 삼고 그런 뒤에는 뒤따라 일어났습니다. 오늘날 윤증이 또 그 수법을 쓰니 '휴의 무리〔鑴黨〕'란 이름을 면하려 한들 어떻게 면할 수 있겠습니까. 그러나 절대로 남에게는 말하지 마십시오. 이만 줄입니다.

윤복원에게 답함 기유년(1669, 현종10) 7월

答尹復元 己酉七月

춘추대의(春秋大義) 수십 가지 중에 사건을 통해 나타나는 범례(凡例)가 있는데, 삼전도(三田渡)의 일[86]은 한강 물을 다 기울여도 그 오욕을 씻을 수 없습니다. 저는 살날이 얼마 남지 않았으니 조만간 땅으로 들어가 버린다면 이 일이 마침내 그대로 흐지부지되리라 생각했습니다. 그러므로 그 사람의 의리에 관한 주장을 가지고 마침내 말을 한 것입니다. 남들이 '서로 따진다'고 말하리라는 것은 당초에 이미 짐작했습니다. 그러나 어찌 작은 혐의에 얽매이겠으며 또한 어느 겨를에 한 몸의 이롭고 해로움을 돌아보겠습니까. 이 의리가 참으로 세상에 밝혀진다면 죽어도 전혀 한이 없을 것입니다. 저는 불손한 마음으로 늘 스스로 "나를 알아주는 것도 오직 종신소(從臣疏)이며 나를 죄주는 것도 오직 종신소일 것이다."[87]라고 말합니다. 그대는 어떻게 생각하는지 모르겠습니다.

86 삼전도(三田渡)의 일 : 인조(仁祖)가 정묘호란(丁卯胡亂) 때 삼전도에서 청 태종(淸太宗)에게 항복한 일을 말한다.

87 나를 알아주는……것이다 : 자신이 쓴 종신소에 대한 평가를 후대에 맡긴다는 말이다. 공자가 "나를 알아주는 이도 오직 《춘추》를 통해서요, 나를 죄주는 이도 오직 《춘추》를 통해서일 것이다."라고 한 말에서 가져왔다. 《孟子 滕文公下》 종신(從臣)은 원래 송(宋)나라 때 휘종(徽宗)을 시종하고서 금(金)나라에 잡혀가 항복문을 지은 손적(孫覿)을 말하는데, 여기서는 마지못해 인조의 명을 받들어 삼전도 비문을 쓴 이경석을 가리키며, 종신소는 송시열이 이경석을 폄하한 상소를 말한다. 《宋子大全隨箚 卷9》 《宋子大全 卷13 因留都大臣李景奭箚待罪疏》 《燃藜室記述 卷26 仁祖朝故事本末》

윤복원에게 보냄 정사년(1677, 숙종3) 11월 21일

與尹復元 丁巳十一月二十一日

오늘날의 인정을 대체로 알 만합니다. 이언강(李彦綱) 군 형제만은 사람을 우물에 빠뜨리고 돌을 떨어뜨릴 생각을 하지 않습니다. 이렇게 하지 않을 뿐만 아니라 또한 보내는 뜻이 간곡하고 후덕한 단서가 있으므로 늘 절조를 지키는 사람이라고 여겨 아끼고 그리는 마음이 있습니다. 벗 중에 서로 협의하는 자가 있다고 대략 들었는데, 몹시 옳지 않다고 여겨집니다.

임대중 방 에게 답함[88] 병오년(1666, 현종7) 9월

答任大中 埅○丙午九月

두 편지가 한꺼번에 오니 이런 시기를 만나 사립문을 닫고 지내는 회포[89]를 위로하기에 충분했습니다. 다만 말씀이 지나치게 겸손하니 보는 것이 사실보다 지나쳐 저를 몹시 편하지 않게 합니다. 세상의 도가 쇠퇴한 말세라서 온갖 허위가 다투어 나오니, 우리는 삼가 선현이 남긴 법을 지키며 착실히 밝히고 착실히 행할 뿐입니다. 그렇지 않고 스승과 제자라고 말만 하는 것은 저자에서 회초리로 맞는 것보다 더 심하게 부끄러운 것입니다. 그러므로 종전에 감히 남이 추켜세우는 것을 감당할 수 없었습니다. 이 말을 헤아려 주셔서 이제부터 형식적인 예의는 없애고 질박한 정성으로 대하신다면 곧 서로 지극히 믿는 것입니다. 아껴 주시는 마음을 받고 이렇게까지 마음을 기울여 말했는데 우리 벗께서는 어떻게 여기실는지 모르겠습니다.

물어보신 '타락(墮落)'이라는 것은 과연 헛말이 아닙니다. 그러나

88 임대중(任大中)에게 답함 : 임대중은 임방(任埅, 1640~1724)으로, 대중은 그의 자이며, 본관은 풍천(豐川), 호는 수촌(水村)・우졸옹(愚拙翁)이다. 송시열과 송준길(宋浚吉)의 문인이다. 이 편지는 바로 뒤의 1666년 9월 25일 편지에서 병풍으로 만들기 전의 퇴계 글씨를 임방에게 보내는 내용이 있는 것으로 보아 순서가 바뀐 듯하다.

89 사립문을……회포 : 한가한 회포를 말한다. 당(唐)나라 왕유(王維)의 〈산중송별(山中送別)〉 시에 "산속에서 그대 보낸 뒤, 해 저물어 사립문을 닫노라.〔山中相送罷, 日暮掩柴扉.〕"라는 구절이 있다. 1666년 8월 송시열은 속리산 서쪽 낙양산(洛陽山) 아래 화양동으로 거처를 옮겼다. 《宋子大全 附錄 卷5 年譜4》

구(狗 윤휴)처럼 틈타더라도 참으로 손상될 것이 없습니다. 아이의 약을 이렇게까지 부응해 주시니 마음에 새기지 않겠습니까. 퇴계의 글씨는 마침내 병풍으로 만들었으니 참으로 집안에 전할 보배가 되었습니다. 다만 회재(晦齋 이언적)의 "근래에는 꾸미는 데 점차 힘을 줄여, 푸른 산 늘 마주해도 시를 읊지 않노라.〔年來漸省經營力, 長對靑山不賦詩.〕"라는 구절을 외니 스스로 퍽 부끄럽습니다. 하고 싶은 수많은 말은 찾아온 심부름꾼이 바쁘다고 하여 이만 줄입니다.

임대중에게 보냄 병오년(1666, 현종7) 9월 25일

與任大仲 丙午九月二十五日

늙어 가는 이의 정회(情懷)는 그대를 보낸 뒤에 더욱 많았는데, 돌아간 그대도 그다지 다르지 않으실 것입니다. 요즈음 어버이를 모시며 잘 지내고 계시는지요? 저는 대략 선영에 도착하였는데 벌써 푸른 산이 꿈에 자주 들어오는 것을 알겠습니다. 다만 아이가 몹시 아파 마음이 퍽 심란합니다. 퇴계의 글씨를 삼가 보냅니다. 병풍으로 만드는 것이 쉽지 않다면 돌려주시는 것이 좋으며 억지로 부응하는 것은 바라는 바가 아닙니다. 이만 줄입니다.

임대중에게 답함 병오년(1666, 현종7) 10월

答任大仲 丙午十月

병이 있다는 것을 듣지 못했다가 지금 이미 나았다는 소식을 받으니 무슨 기쁨이 이만하겠습니까. 저는 잠깐 돌아왔으나 번거로운 것이 싫어 날마다 산속을 그리니 필경 선정에 드는 중이 되려는 것은 아니겠지요. 전에 회옹(晦翁 주희)이 친구가 병으로 아프다는 소식을 듣고 편지를 보내어 "듣고서 놀랐습니다."라고 하고, 또 "그대는 맑게 닦으며 욕심을 줄이는데 어떻게 이러한 일이 있습니까."라고 말한 것을 본 적이 있습니다. '맑게 닦으며 욕심을 줄인다.〔淸修寡欲〕'라는 네 글자는 바로 저에게 마음 깊이 새기게 하여 늘 이러한 마음을 두고 있기에 짐짓 읊어 드립니다. 퇴계의 글씨는 과연 표구하여 돌려주시니 얼마나 다행인지요. 마침 멀리서 온 손님을 대하느라 이만 줄입니다.

임대중에게 답함 병오년(1666, 현종7) 10월 22일

答任大仲 丙午陽月二十二日

한번 먼지 낀 세상으로 오고 나니 싫지 않은 일이 없었는데 이제 보내오신 편지를 보고 문득 반가움을 느끼니, 이 편지가 낙산(洛山 화양동 낙양산(洛陽山))의 풍경을 띠고 있어서가 어찌 아니겠습니까. 저는 어서 동쪽으로 돌아가고 싶은데 문득 《소학해(小學解)》를 찬수(纂修)하라는 명을 들으니 몹시 심란합니다. 전날의 넉 자[90]는 아끼기만 하고 도울 길이 없던 까닭에 그저 드린 말씀인데 지나치게 칭찬을 받으니 도리어 송구합니다. 나머지는 모두 그대 아우가 돌아가는 편에 말씀드리고 이만 줄입니다.

90 전날의 넉 자 : 1666년 10월에 보낸 편지에 있었던 '맑게 닦으며 욕심을 줄인다.〔淸修寡欲〕'라는 네 글자를 말한다. 《宋子大全隨箚 卷9》《宋子大全 卷87 答任大仲(丙午十月)》

임대중에게 답함 신유년(1681, 숙종7) 6월

答任大仲 辛酉六月

한창 그리워하고 있었는데 문득 보내오신 편지를 받았습니다. 거위로 바꾼 것보다 낫다는 말씀으로 칭찬하시니, 제가 회계(會稽)의 경호(鏡湖) 사이에 앉아 있는 것만 같아[91] 문득 지병이 있다는 것을 잊어버렸습니다. 더구나 두류산(頭流山)의 맑은 기운이 있으니 샘물 길어 눈을 씻고 누워서 노닐 날을 기다리고 있습니다.[92] 저의 병은 아픈 곳을 따로 지적하지는 못하겠으나 음식을 먹지 못한 지가 벌써 오래되어, 거의 곡기를 끊은 노승 같습니다. 신선이 아니면 장차 귀신이 될 것입니다. 어쩌겠습니까.

91 거위로……같아 : 이백(李白)의 〈송하빈객귀월(送賀賓客歸越)〉에 "경호의 흐르는 물에 맑은 물결 일렁이니, 사명광객 가는 배에 뛰어난 흥취 진진하리. 산음의 도사와 만일 서로 만나게 되면, 응당 《황정경》 써 주고 흰 거위와 바꾸겠지.〔鏡湖流水漾淸波, 狂客歸舟逸興多. 山陰道士如相見, 應寫黃庭換白鵝.〕"라고 하였는데, 이백의 이 시는 하지장(賀知章)이 글씨를 잘 썼기 때문에 진(晉)나라 왕희지(王羲之)가 산음(山陰)의 도사에게 《도덕경》을 써 주고 흰 거위와 바꾸었던 고사를 인용하여 지은 것이다. 경호는 산음에 있는 호수 이름이며, 사명광객은 하지장의 호이다. 일설에 왕희지가 써 준 것이 도가의 경전인 《황정경》이라는 말도 있기에 이백의 시에서 이렇게 말했다.

92 두류산(頭流山)의……있습니다 : '누워서 노닐 날'이란 상대방이 유람한 것을 그린 산수화를 감상하며 유람을 대신할 날을 말한다. 남조(南朝) 시대 송(宋)나라의 은자 종병(宗炳)이 노년에 병이 들어 명산을 유람하지 못하게 되자 그동안 다녔던 명승지를 그림으로 그려 걸어 놓고는 누워서 감상하며 노닐었던 고사가 있다. 《宋書 宗炳列傳》 임방이 당시 산음 현감(山陰縣監)으로 있었기에 하는 말이다. 두류산은 지리산의 다른 이름이며, 산음은 오늘날의 산청(山淸)으로 지리산을 끼고 있는 지역이다.

고을 수령이 수재(水災)와 가뭄을 떠벌리는 것은 원래 으레 있는 일입니다. 그러나 올해는 보내오신 말씀이 과연 그러한 듯합니다. 죄 없는 백성들이 장차 어떻게 살아남을지 성상께서 근심하실 것을 우러러 생각하니 늙은 신하의 뺨이 하염없이 젖습니다. 청주(淸州)의 흉악한 사람이 빌었던 글[93]에 대해서는 아마 이미 들으셨겠지요. 인심이 이런 지경에 이르렀으니 놀랍고 아픈 마음 어찌 끝이 있겠습니까. 조정이 장차 어떻게 처리할지 모르겠습니다.

절선(節扇)과 추로주(秋露酒)는 감사한 마음 그지없습니다. 올해의 무더위는 가을에 가까워 더욱 심하니 부채가 늦은 줄 모르겠습니다.

93 청주(淸州)의……글 : 청주 사람은 박상한(朴相韓)을 말한다. 가뭄에 비를 구하는 글에서 허물을 임금에게 돌렸는데, 숙종은 "내가 실로 부덕하다. 그의 말이 옳다."라고 말하였다고 한다. 그러나 실록 등의 기록에는 보이지 않는다.《宋子大全隨箚 卷6》《宋書拾遺 卷1 史官傳論後書啓》

임대중에게 답함 임술년(1682, 숙종8) 1월 23일
答任大仲 壬戌元月二十三日

해가 바뀌니 그리움도 새로웠는데 문득 이 편지를 받고서 참으로 저의 마음이 위로되었습니다. 지난겨울 영소전(永昭殿)[94]의 대상(大祥)에 가기 위해 병을 무릅쓰고 길을 떠났다가 중도에 병이 심해져 죽을 뻔하다가 다행히 소생하였습니다. 오로지 성상의 은혜를 입어 오늘날이 있게 되었으나 삶과 죽음의 경계를 아직 환히 꿰뚫지 못한 것을 어쩌겠습니까.

두 편의 시와 한 건의 문목(問目)에서 벼슬살이와 학문이 서로 진보하고 있는 증거를 보기에 충분하니 공경하고 우러르는 마음 이루 말할 수 없습니다. 삼가 답장을 보냅니다만 저의 정신이 쇠락하여 듣는 그대 귀를 어지럽게 할 것이니, 인편을 통해 바로잡아 가르침을 주시기 바랍니다. 세의(歲儀)는 후의를 알겠지만 길게 이어진 깊은 골짜기에는 너무 맞지 않습니다.

별지

〔문〕 제가 《초사변증(楚辭辨證)》[95]을 읽다가 원유편(遠遊篇)에서

94 영소전(永昭殿) : 숙종 비 인경왕후 김씨의 혼전(魂殿)이다. 인경왕후는 1671년(현종12) 세자빈에 책봉되었다가 1674년 숙종이 즉위하면서 왕비가 되었다. 1680년 10월 26일 경덕궁에서 승하하였다.

95 초사변증(楚辭辨證) : 주희가 후한 왕일(王逸)의 《초사장구(楚辭章句)》와 남송 홍흥조(洪興祖)의 《초사보주(楚詞補注)》에서 훈고(訓詁)와 문장의 뜻 외에 반드시

논한 부열(傅說)의 일에 대해 의문스러운 것이 있었습니다.

객이 "꿈에서 계시를 보여 주던 날[96] 즉시 태어났다면 강보에서부터 자라서 세상에 우뚝 설 때까지 이삼십 년이 필요하다. 어찌 수십 년 사이에 한마디도 하지 않고 재상의 자리를 비워 두었다가 젖먹이를 기다릴 수 있겠는가. 분명히 하루아침에 하늘에서 내려오자마자 성인(成人)이 된 것이고 점점 성장하지 않은 것이다."라고 하였는데, 주자도 괴이하게 여겨 감히 답하지 않았습니다. 그 아래에 또 "홍흥조(洪興祖)의 주(註)에서 인용한 《장자음의(莊子音義)》의 '부열은 나면서부터 부모가 없었다'는 말에 따라 옛사람의 생각이 이미 여기에 미쳤을 것이다."라고 하였습니다. 또 "홍씨가 인용하면서 다른 말이 없었는데, 어찌 또한 이것을 바꾸지 못할 논리라고 여겨서 의심이 없었겠는가."라 하고, 끝부분에서 "내가 이치에 어둡고 고루하며 일을 아는 것이 유독 더디니 우습다."라고까지 하였습니다.

이미 그렇다면 주자의 뜻은 이것을 믿은 것입니다. 저의 견해로 말하자면 객의 말은 꾸며 대어 이치가 없으니 신빙성이 없는 시골 사람의 말에 속합니다. 《장자음의》는 황당무계하고 근거가 없어 급총서(汲冢書)[97]에 가까우니, 주자는 반드시 통렬하게 배척하고

알아야 하지만 글이 너무 번잡하거나 너무 깊이 들어가서 핵심을 놓치고 있는 점에 대해 주인과 객이 문답하는 형식을 빌려 따로 설명한 책으로, 상하 두 권으로 되어 있다.

96 꿈에서……날 : 은(殷)나라 고종(高宗)에게 천제(天帝)가 재상(宰相)이 될 사람을 꿈에 보여 주었던 것을 말한다. 《書經 說命上》

97 급총서(汲冢書) : 서진 무제(西晉武帝) 때 하남성(河南省) 급군(汲郡)의 부준(不

분명히 분석해서 그릇되고 망녕된 말을 반박해야만 했는데 오히려 믿은 것은 무엇 때문입니까? 맹자가 "부열을 토목 일을 하는 곳에서 등용하였다."라고 하였고, 굴원(屈原)은 "부열이 부암(傅巖)에서 성 쌓는 일을 했다."라고 하였습니다. 옛사람이 모두 죄를 짓고 성을 쌓는 노역에 종사했다는 것으로 말했는데, 유독 〈열명(說命)〉의 주에 '터를 잡다.〔卜築〕'라는 것으로 '축(築)' 자를 풀이했으니, 즉 '터를 잡고 사는 것〔卜居〕'을 말합니다. 감히 여쭙건대 '터를 잡다.'라는 것이 맞고 맹자와 굴원의 말이 모두 틀렸습니까?

〔답〕 〈원유〉에 대한 의심은 보내오신 뜻을 삼가 잘 알았습니다. 대체로 《초사》는 대부분 가설(假說)의 말이고 〈원유〉는 또 더욱 가설로 된 글입니다. 주 선생이 가설을 따라 풀이하면서 일찍이 "한바탕 크게 웃지 않은 적이 없다."라고 하였습니다. 뒷날 보는 자도 '그런가?'와 '어찌 그러한가?' 사이에 두는 것이 마땅합니다. "어찌 또한 이것이 바꾸지 못할 논리이기에 의심할 것이 없다고 여겨서이겠는가?"라고 할 때의 '것이겠는가〔也耶〕'라는 두 자로 본다면 단언하는 말이 아닌 것이 분명합니다.

"일을 아는 것이 유독 더디다."라고 한 것은 대개 '옛사람의 생각이 이미 여기에 미쳤는데, 나 자신의 견해가 유독 여기에 미치지 못할 뿐이다. 또 의리가 단연코 이렇지는 않겠지만 내가 유독 뜻을 모르는

準)이란 자가 전국 시대 위 양왕(魏襄王)의 무덤을 도굴하면서 세상에 드러나게 된 죽간(竹簡)이다. 죽간에 과두 문자(蝌蚪文字)로 수만 글자가 쓰여 있었는데, 당시에 전하지 않던 선진(先秦) 시대 문헌이 76책가량 발굴되어 학자들이 그 연구에 전념하였으나 내용과 구절에 육경(六經)의 문장과 상치되는 부분이 많았다.

것이다.'라고 말한 것입니다. 선생이 일찍이 "이는 천제가 참으로 준 것이라고도 말할 수 없고 이러한 일이 없다고도 말할 수 없다."라고 하였으니, 마땅히 이 말을 정론(定論)으로 삼아야 할 것입니다. 선생이 또 일찍이 이 일을 당시 학자에게 물어보았더니 학자들도 모두 답하지 못했습니다. 당시 직접 배운 자들도 이러한데 더구나 지금 직접 나아가 배우지 못한 자가 어찌 감히 일설(一說)을 가지고 맞다 아니다를 정할 수 있겠습니까. 또 한(漢)나라 문제(文帝)가 "말의 간을 먹지 않았다고 해서 맛을 모르는 것이 되지는 않는다."라고 하였으니, 이것이 원래 좋은 말입니다.

'터를 잡다.〔卜築〕'라는 것은 '터를 잡고 사는 것〔卜居〕'이라고 말하는 것도 맞고 '성을 쌓는 부역을 하다.〔執板築之役〕'라고 말하는 것도 맞습니다. 그러나 '죄를 짓고 성을 쌓는 노역에 종사했다.〔胥靡〕'라는 말로 증명하건대 '노역을 했다〔執役〕'는 것이 옳을 것입니다. 일찍이 옛사람의 화보(畫譜)를 보니 절구를 잡고 흙을 다지는 모습을 하였습니다. 그러나 이것은 의리에 관계된 것이 아니니 어찌 굳이 애써 언어를 허비하겠습니까.

〔문〕《통감강목(通鑑綱目)》에서 한 헌제(漢獻帝)의 '헌' 자는 위(魏)나라가 내린 시호이고, 촉한(蜀漢)이 내린 시호는 효민(孝愍)입니다. 사마광(司馬光)의 《자치통감(資治通鑑)》은 위나라를 정통으로 여겼으니 위나라가 내린 시호를 따르는 것이 마땅하지만 주자의 《통감강목》은 촉한의 시호를 따라야 할 듯한데도 위나라의 시호를 따랐으니, 이것은 무엇 때문입니까? 다만 한 헌제는 산양공(山陽公)으로서 후주(後主 유선(劉禪)) 건흥(建興) 12년(234)

에 세상을 마쳤고, 촉한이 시호를 올린 것은 선주(先主 유비(劉備)) 장무(章武) 원년(221)인 것으로 살피건대, 촉중(蜀中)에서는 황제가 이미 해를 당한 것으로 잘못 전해졌으므로 발상(發喪)하고 시호를 올린 것입니다. 주자가 촉한의 시호를 따르지 않은 것은, 세상을 떠나지 않았는데 먼저 시호를 올리는 것을 불가하다고 여겨서 쓰지 않은 것은 아닙니까?

〔답〕 한나라 헌제의 시호는 조비(曹丕)가 내린 것인 데다가 황제(후주 유선을 지칭)가 이미 위나라에 신하가 된 만큼 위나라가 내린 시호를 따르는 것이 바로 합당한 도리이니, 그 필법이 또한 엄격합니다. 한나라 헌제가 나라가 망하면 군주가 죽는 의리를 알았다면 《통감강목》의 필법이 필시 이와 같지는 않았을 것입니다.

임대중에게 답함 갑자년(1684, 숙종10) 12월
答任大仲 甲子十二月

서리와 눈이 내리는 천 리 길을 병든 몸을 끌고 왕래하여, 돌아와 빈 골짜기에 누우니[98] 인사가 단절되었습니다. 문득 이런 때에 멀리서 안부를 보내 주시고 세 가지 음식의 세의(歲儀)까지 있으니 위로되는 마음 형언할 수 없습니다. 다만 그대가 하계진(賀季眞)의 옛일에 근거하여[99] 그림을 한 폭 그리셔서, 저에게 늙은 눈을 닦고 시원스레 보게 해 주었으면 하고 늘 바랍니다. 대체로 고을 이름은 아주 좋지만, 앞뒤로 일 벌이기를 좋아하는 사람이 없어서 지금까지 매몰되었던 것입니다. 듣자니 환아정(換鵝亭)[100]의 경치가 그렇게 좋다는데 늘 한번 유람

98 서리와……누우니 : 1684년 11월 송시열은 소명을 받고 서울로 떠났으며, 12월 4일 명성왕후(明聖王后)의 초기일(初期日)에 참배하고, 6일 입대한 다음 7일 광주(廣州) 궁촌(宮村)에 머물렀다. 손자 송주석이 7일과 9일 두 차례 왕명을 받들어 왔으며, 19일 사학 유생(四學儒生) 이성좌(李聖佐) 등이 상소하여 송시열을 만류하기를 청했다는 소식을 접하고는 상소하여 돌아갈 것을 고하고 1685년 1월 3일 화양동(華陽洞)을 향해 출발하였다. '돌아와 빈 골짜기에 누웠다'는 말이 있고, '세의(歲儀)'를 언급하고 있는데, 길 가는 도중에 받았다고 보기 어려우니 화양동으로 돌아간 뒤인 1685년 1월의 편지로 추측된다. 《宋子大全 附錄 卷10 年譜9》

99 하계진(賀季眞)의 옛일에 근거하여 : 계진은 당나라 현종(玄宗) 때 비서감(秘書監)을 지낸 하지장(賀知章)의 자인데, 그가 만년에 벼슬을 버리고 고향인 회계(會稽)로 돌아가려고 하자 현종이 회계에 있는 감호(鑑湖)의 한 굽이를 하사하였다. 《新唐書 隱逸列傳 賀知章》

100 환아정(換鵝亭) : 1395년(태조4) 산청 현감 심린(沈潾)이 건립한 객관 서쪽에 있던 정자로, 권반(權攀)이 중국 왕희지의 고사를 인용하여 정자의 이름을 짓고 글씨는

하고 싶으나 늙어 버려 희망을 끊고 상상만 하고 있습니다. 나머지는 새해에 더욱 신의 보살핌이 있으시기를 빕니다. 이만 줄입니다.

석봉(石峯) 한호(韓濩)가 썼다. 왕희지는 절강성(浙江省) 산음현(山陰縣)에 난정(蘭亭)을 짓고 문인들과 교유하였는데, 이곳의 한 도사가 키우는 거위가 탐나 도경(道經)을 베껴 주고 거위를 얻어 왔던 고사가 있다.《晉書 王羲之列傳》산청의 옛 이름이 산음이다. 임방은 1680년 산음 현감에 임명되었고, 1687년 금부도사에 임명되기 전까지 다른 이력이 드러나지 않으며, 바로 뒤에 산음현의 환아정에 대한 언급이 있는 것으로 보아 당시 산음 현감에 유임(留任)되었던 것으로 보인다.《承政院日記 肅宗 6年 11月 23日, 13年 9月 23日》

임대중에게 답함[101]

答任大仲

안부를 묻는 편지가 오래 막혀 늘 그리웠는데, 지금 멀리서 보낸 편지를 받으니 무슨 위로가 이만하겠습니까. 노병(老病)이 날로 침범하여 조만간 죽기를 기다리는데, 해와 달처럼 밝은 성상께서 오히려 살피지 못하시고 열흘 안에 소명(召命)을 두 번이나 내리니, 황공하여 어찌할 바를 몰랐습니다. 게다가 아이가 옥리(獄吏)에게 나아가자 손자가 급히 달려가니[102] 이곳의 근심을 형언할 수 없습니다. 또 이 손자가 처음에 지금의 사람들이 늙은 저를 비방하고 헐뜯는 까닭에 감히 조정에 있지 못하고 벼슬을 내놓고 돌아왔습니다.[103] 이른바 헐뜯고 비방한다

101 임대중(任大仲)에게 답함 : 앞뒤 편지의 날짜와 '벼슬을 버리고 돌아왔다'는 말, '무더위의 괴로움이 유월보다 심하다'는 말과 함께 송주석(宋疇錫)의 당시 정황으로 추측건대 1685년(숙종11) 7, 8월경의 편지로 보인다. 송주석은 1684년 9월 검열에 임명된 뒤 몇 달 지나지 않은 1685년 2월 사직소를 올리고 나아가지 않다가 11월이 되어서야 입시한 기록이 있다. 당시 이조 참판 윤지선(尹趾善)이 올린 파면을 청하는 상소를 참조하면, 송주석이 검열로서 송시열에게 전유(傳諭)의 명을 전하면서 그 김에 부모님을 뵌 일로 사헌부의 추고를 받은 것과 관련이 있는 것으로 보인다. 《肅宗實錄 10年 9月 17日》《承政院日記 肅宗 11年 1月 10日, 2月 25日, 3月 18日, 11月 3日》

102 아이가……달려가니 : 아이는 송기태(宋基泰), 손자는 송주석을 말한다. 1688년 금산 군수(錦山郡守)로 있던 송기태는 기한에 맞추어 서울로 올라가야 하는데 기한이 지나 올라갔던 일로 처벌을 받고 고신이 추탈(追奪)되었는데, 이 일을 말하는 듯하다. 《承政院日記 肅宗 14年 7月 9日》

103 이……돌아왔습니다 : 송주석은 1688년 용담 현령(龍潭縣令)에 임명되었는데, 어버이의 병을 이유로 휴가를 받아 귀가한 뒤에 돌아가지 않았다. 《承政院日記 肅宗

는 것은 대신(大臣)이 아뢴 것을 말합니다. 그가 기꺼이 스스로 벼슬을 그만두고 고요한 곳에서 글을 보는 것은 매우 유익하겠지만, 이제 문득 아버지의 일 때문에 황급하게 함부로 나와 버렸으니 몹시 낭패스럽습니다. 결말이 어떻게 될지 모르겠습니다. 가뭄의 형세가 이토록 혹심한데 그곳도 그렇습니까? 무더위의 괴로움은 유월보다 심한데 이 부채 묶음을 받으니 참으로 다행입니다. 은어〔銀唇〕도 아울러 감사합니다.

14年 2月 2日, 10月 3日》

임대중에게 답함 을축년(1685, 숙종11) 9월
答任大仲 乙丑九月

상사(喪事)[104]가 있은 뒤로 감정에 내맡겨 슬퍼하니 병이 크게 나서 막 거의 죽게 되었습니다. 문득 이런 즈음에 멀리서 보낸 편지를 받고 하신 많은 말씀을 모두 잘 알았으니 얼굴을 마주한 것만 같아 말할 수 없이 위로되었습니다. 아이(송기태(宋基泰))가 감옥에 갇히는 것은 면했으나 저보(邸報)가 잘못 나오는 바람에 그 아들(송주석(宋疇錫))을 황급히 올라가게 했는데, 그대로 숙직에서 벗어날 길이 없습니다. 늘 나무에 앉아 있는 듯한 두려움이 있으니, 누가 그에게 글을 짓고 과거에 급제하게 했는지 모르겠습니다. 늙은이가 옷자락을 붙잡지 못한 것이 또한 죄입니다.

시사(時事)가 문득 달라졌으니 내버려 두고 다시는 말하지 않는 것이 좋습니다. 오직 사문(師門)이 모함을 받아 위로 연원(淵源)에까지 미쳤으니,[105] 수몽(守夢 정엽(鄭曄)) 선생과 돌아가신 어른[106]의 영령 또한 반드시 저승에서 몹시 원통하게 여기실 것입니다. 어제 문원(文元

104 상사(喪事) : 윤박(尹搏)에게 시집간 송시열의 막내딸이 1685년 8월에 사망했다. 《宋子大全 附錄 卷10 年譜9》

105 사문(師門)이……미쳤으니 : 장령 홍수주(洪受疇)가 장유(張維)의 문집을 인용하여 이이가 산에 들어갔다는 내용의 상소를 올린 것을 말한다. 《承政院日記 肅宗 11年 5月 25日》《肅宗實錄 11年 5月 26日》

106 돌아가신 어른 : 임의백(任義伯, 1605~1667)을 말한다. 임방의 아버지이다. 김장생의 문인으로 송시열, 송준길(宋浚吉) 등과 교의가 깊었다.

김장생(金長生)) 선생의 문집을 교정해 올리는 김에 대략 사리를 밝히는 말을 하였으니,[107] 공격이 오는 것은 물론 마음에 달게 여기는 바입니다. 딸네 집에 보내신 부의(賻儀)와 진귀하고 맛있는 은어(銀魚)는 참으로 후의에 감사합니다.

107 어제……하였으니 : 김장생의 유고를 바치면서 홍수주가 상소에서 한 말이 모함이고 이치에 어긋났음을 말하였다. 《肅宗實錄 11年 9月 30日》

홍숙범[108] 득우 에게 답함 임자년(1672, 현종13) 12월 20일

答洪叔範 得禹○壬子十二月二十日

시열(時烈)은 머리를 조아려 두 번 절하고 말씀드립니다. 질병과 상사(喪事)로 인사(人事)를 끊어 버렸는데, 이제 보내신 편지를 받고 비로소 상중에 부모님을 모시면서 두 차례나 형제를 잃는 아픔을 만났다는 것을 알았습니다. 덕 있는 가문의 우환이 어쩌면 이러한 지경에 이르렀는지요. 신명의 이치가 어긋난 것이 한결같이 이와 같단 말입니까.

저의 집안이 불행하여 형님[109]이 초가을에 세상을 떠나 겨우 장례를 치르고 추모의 정이 한창 깊은데 지난 그믐에 문득 동춘(同春 송준길(宋浚吉)) 형이 병으로 위태롭다는 소식을 들었습니다. 황급하게 곧바로 달려갔더니 비로소 손을 잡고 말을 나눌 수 있었는데 사흘 뒤에는 다시 말하지 못하고 문득 세상을 떠나 버렸습니다. 그로서는 물론 온전한 몸으로 돌아가 섬기는 일을 마무리할 수 있었겠지만[110] 잊은 듯 저를

108 홍숙범(洪叔範) : 홍득우(洪得禹, 1641~1700)로, 숙범은 그의 자이다. 아버지는 우의정 홍중보(洪重普), 숙부는 영의정을 지낸 홍명하(洪命夏)이며, 송시열과 송준길의 문인이다.

109 형님 : 1672년 7월에 세상을 떠난 송시열의 중씨(仲氏) 송시묵(宋時默)을 말한다. 《宋子大全 附錄 卷6 年譜5》

110 온전한……있었겠지만 : 몸을 훼손하지 않고 욕되는 일이 없이 삶을 마치는 것이 효의 완성이라는 뜻이다. 증자(曾子)의 제자인 악정자춘(樂正子春)이 "부모가 온전하게 낳아 주셨으니 자식이 온전히 보전하여 돌아가야 효라 이를 수 있다. 그 몸을 훼손하지 않으며 그 몸을 욕되게 하지 않아야 온전히 보전했다고 할 수 있다."라고 한 말이 있다. 《禮記 祭義》

버리고 갈 줄 어찌 생각이나 했겠습니까. 이제 어느덧 스무 날이나 되어 음성과 모습이 날로 멀어지는데, 편지를 보내어 조문하는 자들은 모두 이 시대의 아픔이라 말하니, 이것이 어찌 참말이 아니겠습니까.

상중에 부모님을 모시면서 보내신 편지를 반도 읽기 전에 저도 모르게 눈물이 종이에 떨어지는 것은 어찌 늙은이의 회포가 감회에 젖기 쉬워서 그러한 것이 아니겠습니까. 만나서 회포를 펼 길이 없으니 더욱 목만 멥니다. 이만 줄입니다.

홍숙범에게 답함 갑인년(1674, 현종15) 5월 30일

答洪叔範 甲寅五月三十日

산에 있을 때 멀리서 역졸을 통해 보낸 편지를 받고 그립던 마음이 몹시 위로되었습니다. 그리고 또 누누이 하신 말씀은, 버려두지 않는 성대한 뜻에 매우 감사합니다. 오늘날 대소를 막론하고 한결같이 편안함에 힘쓰고 구차하게 얻는 것을 일삼고 있어 흐르는 시속에서 스스로 빠져나올 자가 드문데, 이번에 보내오신 뜻은 몹시 저의 영혼을 깨어 있게 하였습니다.

동춘(同春 송준길)의 묘에 자란 풀이 이미 묵었는데, 벗들 사이에 분분함은 더욱 심하니 구천에서 안다면 필시 눈을 감지 못할 것입니다. 이 때문에 그대 같은 분들에게 더욱 바라는 바가 있으니, 후파(侯芭)의 뜻[111]에 더욱 돈독하여 그 사람을 높이고 숭상할 뿐만 아니라 오직 그의 마음을 스승으로 삼으십시오. 깊이 인정해 주는 마음을 받아 이렇게까지 마음을 다 쏟아 말씀드렸으니 분수에 넘치고 송구합니다.

저는 남은 목숨을 근근이 이어 가면서 어제 죽음을 무릅쓰고 국상에 달려갔다가 감히 도성 문에 들어가지 못하고 돌아왔으니[112] 구설수를

111 후파(侯芭)의 뜻 : 제자의 본분을 다하는 뜻을 말한다. 한(漢)나라 양웅(揚雄)이 병이 들어 가난한 상태로 집에서 칩거하면서 《태현경(太玄經)》을 저술할 때 후파라는 제자 한 사람만이 극진히 시봉하다가, 양웅이 죽자 봉분을 세우고 삼년상을 지냈다고 한다. 《漢書 揚雄傳贊》

112 국상에……돌아왔으니 : 1674년 2월에 인선왕후(仁宣王后) 장씨(張氏)의 상이 있었고, 5월 28일 발인을 하였다. 3월에 현종으로부터 인선왕후의 지문(誌文)을 제술

더하였을 것입니다. 그러나 의리로 보아 실로 함부로 처신하기 어려운 점이 있는 것을 어쩌겠습니까. 날씨가 몹시 더우니 부모님 모시는 생활이 더욱 건강하시기를 빕니다.

(製述)하라는 명을 받았으나 복제(服制) 문제로 대죄(待罪)하고 있어 짓지 못하겠다는 뜻을 아뢰었다.《顯宗實錄 15年 2月 23日, 5月 28日》

홍숙범에게 답함 갑인년(1674, 숙종 즉위년) 11월 30일
答洪叔範 甲寅十一月三十日

싸움에 진 장수는 용맹에 대해 말할 수 없습니다. 저 조령(槽令)으로 인한 남은 두려움[113]이 아직 안정되지 않았으니, 그 말은 마땅히 이와 같아야 할 듯합니다. 그러나 지금 사람들이 철두철미하게 이해하려고 한다면 진실로 조용히 기다려 뿌리부터 다스리는 것을 받들어야 하고, 굳이 먼저 스스로 물러나서 움츠러들어 벗어나기를 구하듯이 할 필요가 없습니다.

오직 미안한 일이 동춘(同春 송준길)에게 미쳤으니, 하루도 머무를 수 없을 듯합니다. 다만 《주자어류》 병진이후류(丙辰以後類)-'병진 이후'라는 것은 《주자어류》의 소제목(小題目)이다.-에서 직경(直卿)이 운운한 한 조목을 보면 알 수 있습니다.[114] 이는 당시 주자가 한탄한 것이 소인배들에게 있지 않고 다만 벗들에게 있었던 것입니다.

○ 오늘날의 화(禍)가 기해년 여강(驪江) 사람이 '비주이종(卑主貳

113 저……두려움 : 조령(槽令)의 '조'는 지명으로, 이단하(李端夏)를 가리킨다. 《宋子大全隨箚 卷6》 이단하가 지은 인선왕후의 지문에 대해 숙종이 예를 어그러지게 논한 자의 이름을 지명하여 다시 고쳐서 바칠 것을 명하였으나 이단하가 거역하다가 처벌을 받은 일이 있었다. 《肅宗實錄 卽位年 11月 30日, 12月 18日》 예를 어그러지게 논한 자는 송시열을 말한다.

114 주자어류……있습니다 : 직경은 황간(黃榦)의 호이다. 주희가 도성을 떠나자마자 오렵(吳獵), 항안세(項安世), 양방(楊方) 등이 곧장 지방으로 나갈 것을 청한 일에 대해 황간이 비난하는 투로 말하자, 주희가 그들이 당고(黨錮)를 두려워하는 것이라는 등의 말을 했었다. 《朱子語類 卷107 朱子4 丙辰後》

宗)'[115]이라고 한 말에서 비롯하여 갈수록 천 층으로 더한 것이기는 하지만 실은 임자년 동춘의 소[116]가 격발한 것입니다.

115 비주이종(卑主貳宗) : 기해년(1659, 현종 즉위년) 예송(禮訟)에서 윤휴가, 효종은 인조의 자리를 이어받아 임금이 되었으니 당연히 장자의 복을 입어야 한다면서 송시열이 효종을 서자라 한 것은 군주를 낮게 보는 것이요, 또 종통(宗統)을 둘로 나누려는 것이라고 공격하였던 말이다. 《宋子大全 附錄 卷4 年譜3》

116 임자년 동춘의 소 : 《송자대전수차》 권9에는 1672년 송준길이 허적을 논한 소를 말한다고 하였으나 사료(史料)에서 그러한 내용을 확인하지 못하였다. 또 《동춘당집》 권7에 1672년의 상소로 〈사소명잉진계소(辭召命仍陳戒疏)〉 한 편이 있으나 윤경교(尹敬教)에 대한 현종의 처사에 대해 진계한 내용이 주를 이루며 허적을 논하는 내용은 없다. 다만 집의 이상(李翔)이 송준길을 찬양하고 허적을 역적에 비유한 상소와 진사 윤징주(尹徵周) 등이 허적을 공박하고 송준길을 찬양한 소가 있다. 《顯宗實錄 13年 5月 11日, 21日》

홍숙범에게 답함 갑인년(1674, 숙종 즉위년) 12월 29일
答洪叔範 甲寅十二月二十九日

춘형(春兄 송준길)의 상사(祥事)는 어제 이미 행했습니다. 앉아서 생각하면 슬퍼서 목이 메는데, 멀리서 보낸 이 편지를 받으니 언급하는 것이 있어 더욱 슬픔이 북받칩니다. 시사가 여기에 이르니 벼슬할 마음이 없는 것이 과연 보내오신 말씀대로입니다. 다만 당초에 그가 굽힌 것이 까닭이 있어서라면 오늘날의 거취는 고려해 보아야 할 듯합니다. 관유(館儒)의 소장(疏章)에서 춘형을 아울러 거론했는데,[117] 어쩌면 할 말이 없지는 않겠지만 구천(九泉)에 있는 사람을 아울러 치욕적인 자리에 몰아넣는 것은 또한 차마 하지 못할 일입니다. 어찌 관유의 의도가 혹시라도 이러한 데서 나온 것이겠습니까.

다만 저의 죄를 심의하여 결정한 뒤에는 저승에 있는 사람에 대한 처벌이 있을 것이라 들었습니다. 그렇다면 원래 앞뒤의 일일 뿐입니다. 그러나 모두 내버려 두고 말하지 않겠습니다. 오직 '강학'이라는 한마디 말은 몹시 저를 경계하고 반성하게 합니다. 지금 법문(法門)이 쇠퇴하였으니 이 일도 아울러 장차 죄목과 아울러 사라져 버릴 것입니다. 그대 같은 분이 동지를 앞장서서 이끌어 묵묵히 힘을 보태어 어두워진

117 관유(館儒)의……거론했는데 : 《승정원일기》를 참고하건대 1674년 유독 유생들의 상소가 많았다. 영남과 경기 지역 유생뿐만 아니라 관학 유생의 상소가 두드러지게 많아서 8월부터 12월 사이에 여섯 차례나 되지만 송준길을 언급한 관학 유생의 상소는 확인되지 않는다. 다만 1675년 송시열이 복제(服制) 문제로 귀양을 간 뒤 송준길 역시 관작이 추탈되었으니, 복제 문제와 관련된 말이었을 것으로 추측된다.

것을 다시 밝힐 수 있다면 동춘(同春 송준길)은 반드시 지하에서 눈을 감을 것입니다. 생선이 마침 절천(節薦)을 지낼 즈음에 오니 참으로 감사합니다. 나머지는 마침 몹시 바빠서 이만 줄입니다.

홍숙범에게 답함 을묘년(1675, 숙종1) 5월 13일

答洪叔範 乙卯五月十三日

안부 편지는 몹시 위로되었습니다. 다만 감히 답을 드리지 못한 것은 이유가 있습니다. 옛날부터 소인이 얼마나 많았습니까마는 금과 비단으로 사람의 서찰을 산다는 것은 들어 보지 못했습니다. 요즈음 기거는 어떠하십니까? 이곳은 장기(瘴氣)가 늘 푹푹 찌니, 안팎으로 달구어 대는 나머지 남은 목숨이 얼마 되지 않습니다. 그러나 옛사람을 낱낱이 헤아려 보건대 감당하지 못할 바가 어찌 여기에 그쳤겠습니까. 필요로 하시는 큰 글자는 보내오신 뜻을 묵묵히 알고 있어 그저 네 글자로 부응하니, 마음으로 이해하실 것입니다. 부디 몸을 삼가며 아끼시기를 빕니다.

○ 지금 저도(楮島)에 계십니까?[118] 산수가 좋다 해도 책 읽으며 이치를 음미하는 공부가 없다면 모두 맑고 그윽한 곳의 도움을 받을 수 없을 것입니다.

○ 방금 여근(汝根)[119]이 저도에 있는 줄 알고서 더할 수 없이 깨끗한 정취를 상상하니 저도 모르게 마음이 그곳으로 갑니다. 서쪽의 이웃을 보시면 그대는 부디 연천(漣川)의 간사한 사람(허목(許穆))이 지은 홍

118 지금 저도(楮島)에 계십니까 : 홍득우는 1675년 12월 송준길을 변호하는 상소를 올렸다가 사간원의 계청에 따라 귀양을 갔다. 《肅宗實錄 1年 12月 27日, 2年 1月 4日》

119 여근(汝根) : 고회(高晦)의 자이다. 송시열의 문인으로, 교관(敎官)을 지냈다. 1675년 안상억(安相億) 등과 상소하여 송준길의 무함을 변론하다가 귀양 갔다. 《肅宗實錄 1年 12月 27日》

적(洪迪)의 비(碑)[120]에 대해 물어보십시오. 그도 사람이라면 감히 율로(栗老 이이)와 정여립을 같은 부류로 보겠습니까. 세상의 도가 이 지경에 이른 것을 어쩌겠습니까. 허군(許君)이 가서 그 자리에서 글의 초고를 보고 돌아와서 사람에게 이렇게 말했다고 들었기에 언급했습니다.

120 홍적(洪迪)의 비(碑) : 김효원(金孝元)과 심의겸(沈義謙)의 대립으로 동서 붕당이 형성되자 선조는 이이의 건의를 받아들여 김효원은 함경도 경흥 부사(慶興府使)로, 심의겸은 개성 유수(開城留守)로 전출시켰는데, 경흥이 훨씬 외진 곳이라 하여 동인을 홀대한 것으로 받아들여졌다. 홍적은 홍문관 수찬으로 있으면서 이이가 서인을 부추기고 동인을 억제하였다는 내용의 상소를 올려 이이를 몰아내려다 장연 현감(長淵縣監)으로 좌천되었는데, 허목이 쓴 홍적의 묘갈명에 그 당시의 일을 말한 대목이 있다. 《宣祖實錄 16年 7月 1日》《記言別集 卷20 荷衣洪公墓碣銘》

홍숙범에게 보냄 병진년(1676, 숙종2) 6월 17일

與洪叔範 丙辰六月十七日

부모님 모시는 외에 생활은 어떠하십니까? 같은 남쪽 변방인데 소식을 듣기가 더욱 쉽지 않으니 한탄스럽습니다. 사람들이 혹 돌아가신 대감의 맑은 덕을 말하면서 숙범이 어떻게 스스로 살아 나가겠느냐고 하기에 제가 "숙범은 큰 악인[121]의 무리이니 반드시 사람을 막을 물건이 있을 것입니다. 옛 습관을 고치지 못하고 또 장차 남을 막아서 밥을 먹을 터이니, 다시 무엇을 근심하겠습니까."라고 하였습니다. 이는 장난으로 한 말이지만 또한 어찌 분통이 터져서 나온 말이 아니겠습니까. 이 말은 구천에 있는 분에게 해를 끼치지 않을 것이며 이 말을 하는 자는 복을 누릴 수 없을 것입니다. 그러나 내버려 두고 다시 말하지 않는 것이 좋으며, 그저 문을 닫고 책을 보며 본성을 수양하여 보탬이 되기를 바랄 뿐입니다.

저는 지난번에 여섯 차례나 학질을 앓아 남은 숨이 근근이 이어지고 있으니 어느 때에 갑자기 죽을지 모르겠습니다. 그러나 감히 자신을 속이지 못하여 때로 책을 읽습니다. 문곡(文谷 김수항(金壽恒))이 몹시 진보하여 장차 의지할 수 있을 것이니 얼마나 다행인지요. 나머지 수많은 말은 어찌 한두 마디로 할 수 있겠습니까. 모두 오직 묵묵히 이해해 주십시오.

121 큰 악인 : 송준길(宋浚吉)이 사후에 처벌을 받을 때의 죄명(罪名)이다. 《宋子大全隨箚 卷9》

홍숙범에게 보냄 병진년(1676, 숙종2) 10월 16일

與洪叔範 丙辰十月十六日

사면(赦免)한다는 명이 있다고 들었는데, 과연 북쪽으로 돌아갈 수 있습니까? 집으로 돌아가는 것도 돌아가는 것이고 죽는 것도 돌아가는 것이라 그다지 부럽지 않으니 한바탕 웃을 만합니다. 필요로 하는 글은 외람되게도 동춘(同春 송준길)이 남긴 뜻을 이어 삼가 이렇게 초안을 정했습니다. 다만 그의 어법을 본받으려고 해도 곧장 배울 수 없으니 실로 한단(邯鄲)의 걸음걸이[122]입니다. 그런데 남에게 보이지는 마십시오. 다시 남쪽 변두리로 갈까 두렵습니다. 아파서 대신 쓰게 하느라 이만 줄입니다.

122 한단(邯鄲)의 걸음걸이 : 남의 것을 배우려다 자기가 본래 가졌던 것마저 잃어버리는 것을 말한다. 연(燕)나라의 청년이 조(趙)나라의 도성인 한단에 가서 한단 사람들의 한아(閑雅)한 걸음걸이를 배우다가 걸음걸이가 아직 익숙해지기 전에 중도에 그만두고 고향으로 돌아가게 되었는데, 자기 고향 본래의 걸음걸이도 잊고 한단의 걸음걸이도 제대로 배우지 못하여 결국은 엉금엉금 기어갔다는 고사에서 온 말이다. 《莊子 秋水》

홍숙범에게 보냄 기미년(1679, 숙종5) 8월 16일

與洪叔範 己未八月十六日

벌이 혹독하고 재앙이 치우치니 하늘이 어찌 그리도 어질지 못합니까. 더구나 대석인(大碩人 홍득우의 어머니)이 세상을 떠나셨으니, 이는 실로 고금에 거의 듣지 못한 바입니다. 아마도 세상의 교화가 더욱 경박해지고 인심이 무너질 것이기에 그 이치를 백성들에게 깨우치고 격동시켜 도탑고 두터운 데로 돌리게 하지 않을 수 없어서가 아니겠습니까. 소식을 들은 뒤로 저도 모르게 목이 메고 눈물에 젖었으니, 이 또한 속이기 어려운 것인 듯합니다. 삼가 힘써 소식(疏食)을 드셔서 이효상효(以孝傷孝)[123]하지 마시기를 천만번 눈물을 흘리며 바라 마지않습니다. 몇 달 이래로 감히 한 자의 글도 쓰지 않았으나 이제 상중에 있는 그대에게 파계(破戒)하지 않을 수 없었으니 죽을죄입니다. 그러나 또한 감히 하고 싶은 말을 다 하지 못하니, 삼가 굽어 헤아리시리라 생각합니다.

123 이효상효(以孝傷孝) : 효성이 지극하여 어버이의 죽음을 너무 슬퍼한 나머지 병이 나거나 죽는 데까지 이르러 도리어 효도를 손상하는 일을 말한다. 450쪽 주31 참조.

홍숙범에게 답함 신유년(1681, 숙종7) 4월 20일
答洪叔範 辛酉四月二十日

시열은 머리를 조아려 두 번 절하고 말씀드립니다. 그대가 집에 머무를 때 그다지 멀지 않았는데도 자주 찾아뵙지를 못했는데, 더구나 멀리 떨어져 있으면서 어찌 소식이 이어지리라는 희망이 있었겠습니까. 그런데 문득 인편을 통해 상중에 있는 그대의 편지를 받으니 이루 말할 수 없이 위로되기도 하고 감격스럽기도 하였습니다.

손자며느리의 상[124]은 처음에 생각한 대로 수원(水原)에 장사를 지낸다면 머무르며 배회할 터이니 서로 소식을 듣는 편리함이 없지 않습니다. 아이와 손자들이 술사(術士)의 말에 따라 황간(黃澗)으로 옮기고 이를 통해 무덤을 지킬 계획을 하였습니다. 바른 예는 아니지만 또한 주자가 행한 한천(寒泉)의 일[125]이 있으니 지극한 정을 허락했습니다. 그러나 또 차마 외로이 산중에 있게 할 수 없어 조손(祖孫)이 함께 지내는 것을 오래 지낼 계책으로 삼으니, 이는 또한 지역이 외지고 사람이 적어 책을 읽고 병을 요양하기에 편하기 때문입니다.

한번 오라고 하셨으나, 이것이 어찌 쉬운 일이겠습니까. 오직 더욱 몸을 소중히 보호하여 멀리서 바라는 마음에 부응하시기를 바랍니다. 이만 줄이고 삼가 올립니다.

124 손자며느리의 상 : 송시열의 장손 송은석(宋殷錫)의 아내 박씨(朴氏)가 1월에 사망하였다. 《宋子大全 附錄 卷8 年譜7》

125 주자가……일 : 주희(朱熹)가 어머니 축부인(祝夫人)이 세상을 떠나자 복건성 건양현(建陽縣) 천호(天湖) 북쪽에 장례를 지내고 그 곁에 한천정사(寒泉精舍)를 짓고 시묘하며 독서와 저술 및 강학에 힘썼다. 《近思錄 朱子序》

홍숙범에게 답함 임술년(1682, 숙종8) 9월 3일
答洪叔範 壬戌九月三日

오래도록 소식을 듣지 못하여 줄곧 그리웠는데, 이번에 중추부의 하례(下隷)가 올 때 안부 편지를 받으니[126] 기쁘고 위로되는 마음 형언할 수 없었습니다. 편지는 얼굴을 직접 보는 것만 못하다고 누가 말했던가요. 다만 '조정에 나아갈 기약이 있으니, 이것은 거의 하늘의 뜻'이라고 운운한 것은 무슨 희극이 이렇기까지 합니까. 이는 재앙의 경책(警責)을 부르기에 충분합니다.

춘형(春兄)이 오랫동안 끝내 일어나지 못할 병을 안고 있더니 어진 이 형이 끝끝내 대를 이을 아들의 요절로 슬픔을 견디지 못할 줄 어찌 생각이나 했겠습니까.[127] 칠실(漆室) 과부의 근심[128]은 피차가 무엇이 다릅니까. 이런 때에 터럭만큼이라도 부지할 재주와 힘이 있다면 어찌 감히 스스로 편할 계책을 품어 은혜에 보답하는 의리를 잊겠습니까. 참으로 공적으로도 돕지 못하고 사적으로도 해가 있기에 은혜를 잊고

126 중추부의……받으니 : 송시열이 당시 영중추부사로 있었기에 하는 말이다.

127 춘형(春兄)이……했겠습니까 : 송시열이 영중추부사에 임명된 것은 1682년 9월이고, 송준길의 아들 송광식(宋光植)은 1664년(현종5)에 마흔의 나이로 요절했으며, 송준길이 사망한 것은 1672년이다. 옛일을 회상한 것으로 보인다.《宋子大全 附錄 卷8 年譜7》《宋子大全隨箚 卷13 目錄》

128 칠실(漆室) 과부의 근심 : 자기의 분수를 넘어서 지나치게 나라를 걱정하는 것을 뜻한다. 노(魯)나라 칠실 고을의 여인이 정치가 잘못된 탓에 낭패를 당했다면서 조정의 정사를 비판하여 울고 목을 매달아 죽었던 고사를 말한다.《後漢書 盧植列傳》《列女傳 魯漆室女》

의리를 저버린 죄인이 되는 것을 감수합니다. 그러나 한번 생각이 미칠 때마다 저도 모르게 눈물이 뺨에 흐릅니다.

우리 벗께서는 일찍이 산수의 보금자리에서 이은(吏隱)[129]이 되어 생활의 계책이 매우 온당하였는데, 생각건대 그것을 버리고 도시에 앉아 있으니 어찌 즐겁겠습니까. 말하고 싶은 것을 열에 하나도 말하지 못했으나 모두 묵묵히 이해해 주시기를 바랍니다.

별지

문묘(文廟)에 대한 논의[130]는 생각 없는 젊은이들이 갑작스레 가볍게 일으켜, 무한히 좋지 않은 일을 불러와서 은진(恩津)의 유생이 글을 돌려 따지기에 이르렀으니 장차 수습할 길이 없습니다. 처음에 숙범이 정지시키지 않은 것을 괴이하게 여겼더니 이제 제 손자를 통해 의심하던 것이 얼음 녹듯 풀렸습니다. 팔도에 돌린 글은 숙범도 제가 처음에 숙범을 의심했듯이 저를 의심했을 것입니다. 저처럼 늙어 망령 든 사람은 세상에 있으나 마나 하지만 숙범과 같은 사람의 처지에서는 참으로 처음부터 끝까지 유념하여, 구천에 있는 사람이 손을 놓고 괄시한다며 서운하게 여기지 않게 하시기를 바랍니다. 이 종이는 보신 뒤에 즉시 없애십시오.

129 이은(吏隱) : 관직에 있으면서도 은자(隱者) 같은 생활을 하며 이록(利祿)에 마음을 두지 않는 것을 말한다.

130 문묘(文廟)에 대한 논의 : 홍득우가 송준길과 송시열의 문인인 점과 뒤의 "구천에……바랍니다."라는 말로 볼 때 공홍도(公洪道)의 생원(生員) 이경화(李景華) 등이 김장생과 송준길을 문묘에 종사(從祀)할 것을 청한 일을 가리키는 듯하다.《肅宗實錄 8年 5月 6日》

홍숙범에게 보냄 임술년(1682, 숙종8) 10월 19일

與洪叔範 壬戌十月十九日

한강 밖에서 전송해 주신 것은 매우 감사했습니다. 저는 다시 예조 판서와 마주하였으니 이는 어떠한 은혜와 예우입니까. 몹시 황공합니다. 지금 막 사직 상소문을 썼습니다.[131] 윤허를 받으면 마땅히 이곳에서 느긋이 노닐며 이따금 성상의 안부를 받들 것이고, 그렇지 않으면 혐의가 있어 머무를 수 없습니다.[132] 《이정전서(二程全書)》와 《주자대전(朱子大全)》 및 《소학(小學)》은 부디 서둘러 이 하례(下隷) 편에 부쳐 보내 주시기를 몹시 바랍니다. 나머지는 새벽에 일어난 터라 이만 줄입니다.

○ 한강 밖에 있을 때 자신(子愼)의 일[133]로 말씀하셨는데, 이 일은

131 지금……썼습니다 : 이해에 다섯 번의 사직소를 썼는데 10월에 세 번, 11월에 두 번 썼다. 편지 쓴 날짜로 보아 10월에 올린 것을 말하는 듯하다. 《宋子大全 卷17 乞致仕疏》

132 한강……없습니다 : 송시열은 9월 중순 영중추부사에 임명하는 소명을 받은 뒤 서울에 들어갔다가 10월 중순 대궐에 나아간 뒤 곧바로 치사(致仕)를 청하고 만의(萬義)로 돌아갔는데, 숙종은 승지와 예조 판서를 보내어 만류하였고, 송시열이 여강(驪江)으로 가자 승지가 여강까지 따라갔다. 《宋子大全 附錄 卷8 年譜7》《宋子大全 卷17 自驪江到東湖復乞致仕疏》

133 자신(子愼)의 일 : 자신은 송시열의 제자 송상민(宋尙敏)의 자이다. 1679년에 예송(禮訟)의 일로 송시열의 설을 변호하고, 허목과 윤휴의 잘못을 적은 봉사(封事)를 지어 올렸다가 숙종의 노여움을 사서 형장을 맞다 죽었으며, 1681년 공조 좌랑에 추증되었다. 《華陽淵源錄 宋尙敏》《肅宗實錄 7年 3月 7日》

시골에 있을 때 들은 지 오래되었으나 감히 한 번이라도 입에 담을 수가 없었습니다. 성주(城主)의 뜻이 좋지 않은 것은 아니지만 또 돌고 돌아 성주에게 불안을 끼쳐 제가 사는 고을의 노소(老少)가 모두 조정의 의론에 죄를 얻을까 염려되니, 진천(鎭川)의 사실[134]이 귀감이 됩니다. 게다가 그대조차 이러한데 제 할아버지의 자손과 형제 및 도원(道源) 부자(父子)[135]가 장차 면하겠습니까. 부디 다시는 운운하지 마시기 바랍니다. 다른 사람 중에 혹 언급하는 자가 있더라도 부디 잘 말해 주시기를 지극히 빕니다.

134 진천(鎭川)의 사실 : 송시열이 이단하(李端夏)에게 보낸 편지를 살펴보면, 진천 향교(鎭川鄕校)에 과거를 보러 갔던 호남의 유생들이 어떤 소문이 있어 아직 과장(科場)에 들어가지 않은 자는 과장에 들어가지 않고, 이미 과장에 들어간 자는 글을 짓지 않고 나와 버린 일이 있었다. 송시열은 이들의 행위가 의리를 좋아하여 이익을 잊은 것이라 여겼는데, 다른 유생들은 듣고서 어리석고 꽉 막혔다고 여기고, 조정에서는 조정의 명을 따르지 않는다고 꾸짖었다고 한다.《宋子大全 卷50 與李季周》 또 1682년 6월 진천 유생 박지태(朴之泰) 등이 본현(本縣) 향소(鄕所)의 권일(權鎰)과 서로 다투고는 이 일로 인하여 현감을 몰아내고자 현감 앞에 함께 나아가 소리치고, 동헌(東軒)의 문밖에 모여 통곡하는 등의 일이 있었다.《肅宗實錄 8年 6月 25日》

135 도원(道源) 부자(父子) : 도원은 권도원으로 송시열의 제자 권상하(權尙夏)의 종조부이다. 권도원의 형 권성원(權聖源)의 손자 권상명(權尙明)이 그의 양자로 들어갔으므로, 도원 부자는 권도원과 권상명을 말한다.《寒水齋集 卷29 季祖父參奉府君墓誌》

홍숙범에게 답함 임술년(1682, 숙종8) 12월 10일

答洪叔範 壬戌十二月十日

능[136]의 잣나무를 바라보고 의지하니 막 돌아가셨을 때처럼 아팠고, 시사(時事)가 위태롭고 의심스러우니 외로운 마음은 더욱 어지럽습니다. 이런 때에 문득 보내신 편지를 받으니, 저의 마음이 활짝 펴져 병든 몸이 소생하는 것만 같았습니다. 진휼하는 일을 받들어 관장하는 것[137]은 벌써 실마리를 잡았겠지요. 생각을 다해 우리 성주(聖主)께서 아끼는 백성을 살리시면 만분의 하나라도 쓰러지려는 것을 부지하는 데 도움이 있을 것이니, 이것이 어찌 돌아가신 정승[138]께서 후손에게 바라는 것이 아니겠습니까. 말이 여기에 이르니 저도 모르게 목이 멥니다.

서책을 주시니 가난한 자가 갑자기 부자가 된 것이라 말할 만하여 기쁜 마음 형언할 길이 없습니다. 이미 남에게 얻었던 것은 돌려주었는데, 지난번에 보내온 《주자대전》에서 〈공이(公移)〉[139] 1책이 오지 않

136 능 : 효종의 능인 영릉(寧陵)을 말한다. 송시열은 당시 영릉과 가까운 여강(驪江) 이완(李浣)의 옛집을 빌려 머물고 있었다. 《宋子大全 附錄 卷8 年譜7》

137 진휼하는……것 : 당시 홍득우가 호조 좌랑의 자리에 있었기에 하는 말이다. 《肅宗實錄 8年 12月 4日》

138 돌아가신 정승 : 우의정을 지낸, 홍득우의 아버지 홍중보(洪重普)를 말한다. 1671년(현종12)에 세상을 떠났다.

139 공이(公移) : 공문서라는 말로, 주희가 관직에 있을 때 작성했던 공문서를 모아 놓은 것이다. 《주자전서》 권99와 권100이 이에 해당한다.

았으니, 아마 그곳에 빠트려 둔 것이 아니겠습니까. 한씨(韓氏)의 장례가 머지않으니 만나게 되기를 몹시 기다립니다. 나머지는 마침 바빠서 이만 줄입니다.

홍숙범에게 보냄 임술년(1682, 숙종8) 12월 11일

與洪叔範 壬戌十二月十一日

방문해 주셔서 감사합니다. 어제 장사에 심부름꾼을 보내고 겸하여 상주를 몹시 위로하고 싶었지만, 사람이 모자라 하지 못해 한탄할 뿐이었습니다. 찾아뵙고 간청드린 책들 외에 《근사록(近思錄)》, 《심경(心經)》을 가장 절실히 열람하고 싶습니다. 부디 아울러 중추원의 종에게 부쳐 서둘러 보내오게 하시는 것이 어떻겠습니까.

어제 저보(邸報)에서 신역(身役)을 감면하는 일에 대해 보고서 몹시 기뻤습니다. 본조(本朝)의 전세(田稅)는 백성이 많이 가져간다고 하지만 그래도 십일(什一 소득의 1할을 걷는 세법)에도 미치지 못하고, 신역은 실로 차마 말하지 못할 점이 있습니다. 그런데 각 읍이 지금 한창 독촉해서 받아들이니 서둘러 공문을 돌리지 않는다면 백성들은 은혜를 입지 못할 것입니다. 옛날에 여양(驪陽)이 호조 판서가 되었을 때[140] 공문을 돌려 산릉(山陵)의 쌀을 거두어 바치는 일에는 성화(星火)보다 급하더니, 도로 감면하게 되어서는 서리(胥吏)들이 중간에서 지체하고 돌려주지 않아 각 읍이 세금을 거두고 난 뒤에 돌려주니, 모두 하리(下吏)들이 빼어 간 것이 되어 버렸습니다. 이러한 폐단은 생각하면 괴롭습니다. 부디 이것을 판서와 의논하여 서둘러 잘 처리하시는 것이 어떻겠습니까. 나머지는 이만 줄입니다.

140 여양(驪陽)이……때 : 여양은 숙종의 계비(繼妃) 인현왕후의 아버지 여양부원군 민유중(閔維重)을 말한다. 1673년(현종14) 호조 판서에 임명되어 1681년까지 맡았다. 《承政院日記 顯宗 14年 4月 30日, 肅宗 6年 12月 1日》

홍숙범에게 답함 갑자년(1684, 숙종10) 5월 21일

答洪叔範 甲子五月二十一日

멀리서 안부 편지를 받으니 그지없이 위로되었습니다. 다만 아직도 힘든 것을 알고 더없이 염려됩니다. 저는 전에 앓던 병은 처음과 비교하면 조금 나아졌으나, 다시 일어나 사람 노릇 하는 날은 아마도 없을 것입니다. 별지에서 아껴 주는 은혜를 깊이 입었습니다. 그가 한 말은 모두 제가 실지로 가지고 있는 병이니,[141] 깨우치고 힘쓸 뿐입니다. 다만 등 뒤에서 말하여 끝없이 사달을 일으키는 것은 마땅하지 않습니다. 지금은 바로 분열되고 무너져 자자한 소문과 분분한 말을 수습할 수가 없는데, 이제 또 뜻밖에 이러한 말이 나와 그 형세를 더하고 조장하니 이것이 어찌 인력이 미칠 바이겠습니까. 실로 하늘이 그 마음을 유혹하는 것을 어쩌겠습니까.

최신(崔愼)이 올린 상소[142]의 망녕된 행태는 개탄스러운 마음 어찌 끝이 있겠습니까. 상소에서 배척하는 수위를 조금 낮추었으니, 숙범은 참으로 저의 마음을 아십니다. 일찍이 지태(砥台 이단하(李端夏))와 노봉(老峯 민정중(閔鼎重))이 이 의론에 대해 매우 준엄했다고 듣고서 서

141 그가……병이니 : 그는 윤증을 가리킨다. 1684년 5월 윤증이 박세채에게 편지를 보내어 "의(義)와 이(利)를 병행하고 왕도(王道)와 패도(霸道)를 병용하니, 《대학》의 성의(誠意) 정심(正心) 공부와 다르다."라며 송시열을 비난한 일이 있다. 《宋子大全 附錄 卷10 年譜9》

142 최신(崔愼)이 올린 상소 : 최신은 함경도 회령(會寧) 유생으로 송시열의 문인인데 상소를 올려 윤증을 비판하였다. 《肅宗實錄 10年 4月 29日》

둘러 편지로 지태에게 알렸더니 이미 시간이 촉박하다고 하였고, 또 지태에게 알려 판서인 지태를 통해 노봉에게 일러 주게 했으나 전해지지 않았습니다. 그리하여 탑전에서 논척하니[143] 일을 그르친 것이 일마다 이러합니다. 이 또한 운수에 매인 것을 어쩌겠습니까.

제가 시사에 대해 조금이나마 보태지는 못한다 해도 어찌 이렇게까지 분열되기를 바라겠습니까. 사그라들게 하고 진정시키려는 마음은 단사처럼 붉게 빛나지만 힘이 부족합니다. 상소하려는 연산(連山)과 여산(礪山)의 사람들만은 힘껏 제지하였습니다. 또 서원(西原) 사람들이 서로 만나자는 통문은 서둘러 편지로 제지하였고, 서울에서도 그러한 것을 가까스로 제지했습니다. 힘이 미치는 곳에는 이렇게 할 수 있는데, 미치지 않는 것은 또한 어찌해 볼 수가 없으니 어쩌겠습니까. 종이부채와 약으로 쓰는 꿀은 잘 받았습니다.

143 탑전에서 논척하니 : 민정중과 김수항이 최신에 대해 변호하고 송시열을 옹호하며 윤증을 비난하는 말을 하였던 것을 말한다.《肅宗實錄 10年 5月 13日》

홍숙범에게 답함 갑자년(1684, 숙종10) 7월 9일

答洪叔範 甲子七月九日

뜻밖에 편지를 보니 그리운 마음이 퍽 위로되었습니다. 저는 몹시 앓고 난 뒤의 목숨이 아직 이어지고 있으니 지극히 괴이한 일입니다. 다만 지난달부터 등에 혹이 있어 아파서 앉지도 못하고 눕지도 못하니 이것은 평범한 증세가 아니라서 삼가 관에 들어갈 날을 기다리고 있습니다. 오직 이 초여름의 큰 병을 어떤 사람은 윤휴의 글 때문에 발작한 것이라고 하기도 하는데, 이제 반드시 '등창이 나서 죽었으니 그 죽음은 또한 군자의 마지막과는 다르다'고 할 것입니다. 한바탕 큰 웃음을 터뜨릴 만합니다. 가뭄이 이렇듯 혹심하니 나랏일이 망극합니다. 성상께서 마음 졸이고 애태우며 근심하실 것을 삼가 생각하니 저도 모르게 목이 멥니다. 약이 되는 음식은 그지없이 감사합니다.

홍숙범에게 답함 갑자년(1684, 숙종10) 8월 19일

答洪叔範 甲子八月十九日

비에 갇힌 쓸쓸한 숲에서 병든 사람의 생각이 허전하더니 문득 그대가 보낸 편지를 받고 몹시 가슴이 트이는 것을 느꼈습니다. 저의 병은 한평생 다스렸지만 한시도 그친 적이 없이 그저 내내 함께합니다. 요즈음 벗 중에 지방관으로 있는 이들의 편지를 보면 백성이 흩어지는 것을 고민하지 않는 경우가 없습니다. 흩어져 떠난 저들은 열에 한 명도 살아남지 못하니 제지해 보지만 관에는 진휼할 곡식이 없어 그 형세가 위태롭다고 할 만합니다. 일전에 주상께서 제게 자문하셨는데, 제가 무슨 아는 것이 있겠습니까. 그저 주자(朱子)가 행했던 것으로 대답하였습니다. 그러나 시대가 다르고 형세가 막히니 또한 장애가 많은 것을 어쩌겠습니까. 호남 지역이 더욱 심하여 이곳으로 흘러 들어온 자가 이미 많다고 들었는데 앞으로의 일이 몹시 염려스럽습니다.

손자는 반드시 벼슬자리에서 벗어나려고 하였는데 문득 추고의 명을 받으니, 두려워하며 길을 나섰습니다.[144] 아마 오늘내일 사이에 서울에 들어갈 것입니다. 이런 때에 우리 벗과 같은 사람이 또한 멀리 밖에 있으니 헤매는 상황에서 길을 알려 줄 자가 누가 있겠습니까. 밤낮으로 염려스러워하니 거의 병이 더할 것만 같습니다.

144 손자는……나섰습니다 : 손자 송주석(宋疇錫)이 1683년 문과에 급제한 뒤 분관(分館)이 되기도 전에 예문관에 선발되어 들어갔으므로 윤증 등이 사관(史官)의 천거에 드는 것을 제지했다. 《承政院日記 肅宗 10年 7月 16日》

홍숙범에게 보냄 갑자년(1684, 숙종10) 11월 25일

與洪叔範 甲子十一月二十五日

회덕(懷德)에 있던 날 안부 편지를 받고 보내신 심부름꾼이 답장을 받아 가기를 삼가 기다렸더니, 문득 회손(晦孫 송회석(宋晦錫))의 병이 위독하다는 말을 듣고 심신이 놀라 저도 모르게 밤인데도 길을 떠났습니다. 중도에 마침 또 눈비를 만나 옷이 젖어 얼어서 길에서 거의 죽을 뻔했는데, 도착하자마자 병이 과연 크게 발작하여 겨우 약을 먹고 땀을 내었습니다. 그런데 갑자기 며칠 전에 담열(痰熱)이 치밀어 오르는 바람에 급히 새 약을 썼지만 증세는 문득 더하고 게다가 아이의 병이 아직 위태로운 지경에 있으니 이곳에 있는 저의 마음을 어찌 말로 다 하겠습니까.

대략 서울 근처에 도착해서는 시론(時論)이 괴이하고 놀라워 수습할 수 없다는 말을 들었습니다. 이는 실로 죽느냐 사느냐의 큰 관건이니 누가 이것을 주장했는지 모르겠으나 저의 마음이 괴롭고 머리가 아픕니다. 다만 크게 믿는 것이 있으니, 우리 벗이 지난번 편지에서 아무 재상의 죽음[145]을 언급하면서 깊이 안타까워하는 뜻이 있었던 것입니다. 마음가짐과 견지하고 있는 의견이 이러하고, 또 동료들이 믿고 따르니 성심으로 진정시킨다면 반은 구원할 수 있을 것입니다.

성상의 어질고 밝으심으로도 국가의 형세가 위태로우니 한밤중에

145 아무 재상의 죽음 : 1684년 9월에 김육(金堉)의 손자인 병조 판서 김석주(金錫胄)가 사망했다. 《肅宗實錄 10年 9月 20日》

이를 생각하면 저절로 눈물이 흐릅니다. 생각건대 숙범은 명문가 사람이니 저 같은 천한 사람의 마음에 그치지 않을 것입니다. 마음속에서 격발되어 감히 평소 쌓아 두었던 생각을 다 말씀드렸으니, 모르는 자는 풍병이 들었다고 할 것입니다. 부디 누설하지 마십시오.

홍숙범에게 보냄 을축년(1685, 숙종11) 1월 25일

與洪叔範 乙丑正月二十五日

8일 편지는 집에서 받지 못하여 심부름 온 관원이 두 번이나 찾아와 답장을 요구하게 했으니 몹시 수고스럽게 한 것이라 대단히 미안했습니다. 봄추위가 쌀쌀하여 겨울보다 더 추운데 남쪽도 이러한지 모르겠습니다.

저는 연초(年初)에 곧바로 치도(致道) 형제(권상하(權尙夏)와 권상유(權尙游))와 약속하여 산에 들어와《주자대전차의(朱子大全箚疑)》를 교정하면서 퍽 흥취가 있었습니다. 그런데 그들 형제가 갑자기 집안에 병의 우환이 있어 황급히 떠나가 버리고 눈 속에 추위를 견디며 궁벽한 산에 외로이 앉아 있자니 너무나 정취가 없어 어제 회덕(懷德)으로 돌아와 버렸습니다.

산에 있을 때 주손(疇孫 송주석)의 편지를 받으니, 갑자기 대간(臺諫)의 탄핵[146]을 받아 이리저리 형리(刑吏)들을 대하는 즈음에 본관(本館)에서 사학(四學)을 정거(停擧)한다[147]는 통문을 보내왔으므로, 그

146 대간(臺諫)의 탄핵 : 사헌부에서, 예문관 검열로 있던 송시열의 손자 송주석이 도성 밖으로 나가 송시열에게 전유(傳諭)한 것이 체통을 잃은 데다, 복명한 지 얼마 되지 않아 다시 전유를 보내게 한 것이 모두 경솔했으므로 바로잡아 경책해야 한다며 해당 승지와 사관의 죄를 캐묻도록 청한 일이 있다.《承政院日記 肅宗 10年 12月 9日·12日, 11年 1月 1日·9日》

147 본관(本館)에서 사학(四學)을 정거(停擧)한다 : 본관은 예문관을 말한다. 윤증이 그의 아버지 윤선거를 변호하기 위해 사국(史局)에 보낸 편지에 이이가 산에 들어갔

는 사학이 도학(道學)을 존중하고 절의를 높인 일로 정거되는 것은 구차히 따를 수 없기에 감옥에서 나오는 즉시 내려오려 한다고 하였습니다. 그 뒤로 어떤 일들이 있었는지 모르겠으나 그가 틈을 얻어 서책에 힘을 쏟는다면 유익함이 없지는 않을 것이니, 어쩌면 이것이 새옹지마(塞翁之馬)일 것입니다. 다만 손자 회석(晦錫)의 병이 아직도 낫지 않아 어제 그의 편지를 보니, 바싹 야윈 데다 구역질까지 한다고 하였습니다. 이는 매우 위급한 증세라 밤낮으로 애가 타서 제가 병이 들겠습니다.

별지(別紙)에서 저를 보잘것없다 여기지 않은 점에 매우 감사하지만 간략하게 답장하고 감히 자세한 말을 하지 않았던 것은 생각건대 이 몸이 사실상 오늘날의 죄인이기 때문입니다. 가만히 예문관의 통문을 보니 그 결말은 모두 저에게로 돌렸는데, "사학의 일에서 그의 속을 환히 볼 수 있다."[148]라고 하여 저도 모르게 온몸이 새파랗게 질렸습니다. 이러한 중죄를 지었는데 어떻게 감히 입을 열어 일을 논하겠습니까. 아무리 말을 조심하더라도 죄를 면치 못할 듯합니다. 이곳의 제생(諸生)이 율옹(栗翁 이이)을 위해 변명하려 하는데, 때가 아닌 듯하여

던 일을 예로 들자 윤증 쪽의 사람들과 송시열 쪽의 사람들이 대립하여 번갈아 상소하던 와중에 학유(學儒) 김성대(金盛大) 등이 통문으로 윤증의 죄를 성토하였는데 예문관 봉교로 있던 김홍복(金洪福)이 사학의 유생들에게 정거의 벌을 내리게 한 것을 말한다. 《承政院日記 肅宗 11年 2月 4日, 12日》《宋子大全 卷51 答金延之(乙丑二月二十五日)》

148 사학의……있다 : 1683년~1684년 무렵에 송시열이 서울에 들렀다가 내려갈 때마다 사학에서 상소를 올려 그를 만류할 것을 요청하였는데, 1683년에는 송시열이 잠깐 근교에 머무르는 동안 정승 자리에 천거된 일이 있었다. 이에 송시열을 공격하는 사람들이 "속으로는 사학을 사주하여 상소를 올려 자신을 만류하게 하고서 겉으로는 청렴한 체하여 물러가려 한다."라고 하였다. 《宋子大全 卷19 四學請留後南歸陳情疏》

방금 극력 저지하였으나 그치려는지 모르겠습니다.

별지

별지의 말씀은 삼가 잘 알았습니다. 근년에 들어서는 참으로 시사(時事)를 말하고 싶지 않은데 지난해에 우연히 어떤 생각이 나서 밤중에 잠을 이루지 못했습니다. 돌이켜 생각건대, 오늘날 동류(同類)에게 신망을 얻은 사람으로 숙범과 자직(子直 조상우(趙相愚)) 등 몇 사람만 한 이가 없기에 약간 언급하였습니다. 곧이어 생각하니 이것이 시속(時俗)을 근심하고 민망히 여기는 정성에서 나온 것이긴 하지만, 저의 도리로는 그저 눈과 귀를 꼭 막고서 여생을 마치는 것이 합당하였습니다. 또 숙범이 한번 웃어 버리고 말 것으로 여겼는데, 보내신 답장에서 간곡하고 간절한 뜻이 말 밖에 넘쳤습니다. 사람마다 마음가짐이 이러하다면 세상일이 잘못될까 왜 걱정하겠습니까. 그러나 깊이 숙범에게 기대했던 것을 도리어 저에게 책임 지우니 참으로 저는 그런 사람이 못 됩니다.

윤휴가 한번 주자를 업신여기면서부터는 온 세상이 그것을 편안히 아무렇지도 않게 여기는데, 어리석고 망녕된 저만이 자신의 힘이 부족하다는 것도 헤아리지 않고 함부로 배척하였다가 온 세상과 원수가 되었습니다. 이는 대체로 당초에 선대감(先大監 홍중보(洪重普))께서 성심으로 일러 주신 가르침을 받들지 않아서 저 사람들의 기세를 더욱 성하게 했기 때문이니 밝게 사리를 꿰뚫어 보지 못한 탓입니다. 그 뒤로는 또 너무 심하게 그를 공격하고 배척하면서 아울러 그의 당여(黨與)까지 언급하여, 말이 너무 정도에 지나쳐 사람을 다치게 하는 데까지 가고 나서야 그만두었습니다.

이렇게 엎치락뒤치락하여 오늘날에 와서는 극에 다다랐으니, 셀 수 없을 만큼 많은 죄에 대해 다시 죽음을 받더라도 어떻게 속죄할 수 있겠습니까. 이런 일종의 재앙과 실패로는 참으로 감히 그 죄를 용서받지 못할 것입니다. "김(金)과 박(朴)의 싸움……"이라고 한 것에 대해서는 누가 옳은지는 모르겠으나, 파란이 한번 일어나서 산악이 무너지는 듯하니 아무리 슬기로운 사람일지라도 어떻게 할 수가 없습니다.

옛날 선조(宣祖) 때 율곡 선생이 지극한 공평함과 정성으로 극력 동(東)·서(西)의 당을 조정하려고 했으나 보람은 조금도 얻지 못하고 자신이 낭패 보는 것을 끝내 면치 못했습니다. 그런데 더구나 그 나머지 사람들의 경우이겠습니까. 그러나 지난 일은 따지지 않더라도 요즘의 일은 더욱 두려워할 만합니다. 이는 참으로 사람의 힘이 아니고 하늘이 시키는 것이니 어찌겠습니까. 깊이 산속에 들어가 나무를 붙들고 말라 죽을 뿐, 이 밖에는 도리가 없을 듯합니다. 어떻게 생각하는지요.

○ 산속에 깊이 들어가 버리면 싸움을 조장하는 사람이 되지 않아서 화를 불러들이고 나라를 망친다는 죄목은 면할 수 있으니, 이 점이 의리에 조금은 편할 것입니다. 그러나 식량도 없고 밭도 없으며 갈 만한 곳도 없으니, 참으로 이른바 "사방을 둘러보아도 갈 곳이 없다."라는 격입니다.

○ 오늘날 굴기(崛起)하여 벼슬에 나아가려고 꾀하는 사람들은 나랏일이야 어떻든 오직 높은 명망만을 얻으려 하는데, 이런 사람과는 더불어 말할 수 없습니다. 명문대가의 자제들만은 반드시 그렇지 않아야 할 것인데도 가끔 그렇지 못한 사람이 있습니다. 이는 참으로

이른바 "명철한 사람치고 어리석지 않은 사람이 없다."라는 경우이니, 어쩌겠습니까.

홍숙범에게 답함 을축년(1685, 숙종11) 11월 그믐

答洪叔範 乙丑十一月晦日

막 누암(樓巖)의 정우(鄭友)[149]와 마주하여 한창 저곳의 일을 말하던 중에 보내신 편지가 마침 오니 또한 기이한 일이었습니다. 서둘러 열어 보니 '바다에 뛰어든다〔蹈海〕', '한 치의 예리한 단검〔寸鐵〕' 등의 말이 있었습니다. 그 말은 저를 일어나 앉게 했고, 묵은 병이 몸에서 떠나는 것 같았으니, 이런 말을 들어 보지 못한 지 오래입니다. 일찍이 지나가는 나그네가 영감(令監)이 다비(茶毗)를 당할 뻔한 일을 웃으며 전하였는데, 맹랑하다고 생각했더니 이제 정군을 통해 그 대략적인 까닭을 들었습니다. 우러러 모시는 백성들이 한 치의 예리한 단검도 없는 것을 한스러워하게 했다니, 인심이 이 지경에 이른 것을 어쩌겠습니까.

비석을 세우는 것은 일찍이 치도(致道 권상하(權尙夏))와 만났을 때 과연 이런 생각이 있다고 하였는데, 이제 저의 병이 낫지 않고 지금까지 끌고 있고, 또 막냇손자의 병이 위태롭다고 들으니 마음이 타들어 가서 온갖 생각이 모두 재처럼 사그라들었습니다. 평생을 돌아보니 늘 괴로운 얼굴이었는데, 조물주가 무슨 까닭으로 유독 이 못난 사람을 괴롭히는지 모르겠습니다. 북쪽의 협박[150]은 어떻게 결말이 날지 모르

149 누암(樓巖)의 정우(鄭友) : 누암은 충주(忠州) 탄금대(彈琴臺) 부근 남한강과 달천(ㆍ川)이 만나는 곳의 지명이며, 정우는 송시열의 문인 정호(鄭澔, 1648~1736)를 말하는 것으로 보인다. 본관은 연일(延日), 자는 중순(仲淳), 호는 장암(丈巖)이다. 《宋書續拾遺 附錄 卷1 賜祭文 知製教崔光泰製》

150 북쪽의 협박 : 실록이나 기타 참조할 만한 자료에서 확인이 되지 않으나 1685년

겠습니다. 외진 골짜기에 깊이 누워 있으니 공연히 심장이 마디마디 찢어지는 것만 같습니다. 보내신 세 가지 음식은 돌보아 주시는 마음을 잘 받았습니다.

1월 청나라와 러시아 사이에 흑룡강 일대에서 전쟁이 있었는데, 이 일 자체를 말하거나 이 일 때문에 청나라가 우리나라에 모종의 협박을 한 것을 말하는 것으로 추측된다. 《清史稿 聖祖本紀》

홍숙범에게 답함 을축년(1685, 숙종11) 12월 19일

答洪叔範 乙丑十二月十九日

쓸쓸한 빈산에서 심사가 무료하더니 문득 보내신 편지를 받고 많은 일을 다 잘 알았습니다. 하신 말씀은 저의 마음을 이루 말할 수 없이 위로해 주었습니다. 주 선생(朱先生 주희)이 일찍이 그림 족자가 화재를 당한 것을 보고 발문에 쓰기를 "세 가지 재앙을 만나는 것은 선성(仙聖)도 면하지 못하는가."라고 하였습니다.[151] 이제 우리 벗의 도가 높고 묘하다지만 구루(句漏)의 수령[152]이 되지도 않고 아직 지상에 있으면서 불을 때서 익힌 밥을 먹는데, 사람 사는 세상에서 만나는 재앙을 어찌 피할 수 있겠습니까. 한바탕 큰 웃음을 터뜨릴 만합니다.

회손(晦孫 송회석)을 이렇게까지 염려해 주시니 무엇이 이보다 더 감사하겠습니까. 날씨가 조금 따뜻해져 이곳으로 가져오기를 고대합니다. 감과 꿩은 감사히 잘 받았습니다.

○ 주 선생이 고을을 다스릴 때 일찍이 부호(富豪)에게 너그러운

151 주……하였습니다 : 오도자(吳道子)의 불화(佛畫)에 쓴 주희의 발문에 "이 그림의 윗부분 손과 발이 있는 곳을 보완하였는데, 지난번에 임안(臨安)의 화재를 겪었다. …… 이른바 천룡팔부(天龍八部) 또한 머리카락이 타고 이마를 그을게 하는 객을 피하지 못했으니 삼재(三災)의 재앙은 선성도 피하지 못하는 것이 아니겠는가."라고 한 말이 있다. 삼재는 바람·물·불을 말하며, 천룡팔부는 불법을 수호하는 신을, 선성은 부처를 말한다. 《宋子大全隨箚 卷1》《晦庵集 卷84 跋吳道子畫》

152 구루(句漏)의 수령 : 진(晉)나라의 선인(仙人) 갈홍(葛洪)을 말한다. 구루 지방에 좋은 단사(丹砂)가 생산된다는 말을 듣고 선약(仙藥)을 만들기 위해 구루 수령을 자청하였다. 《晉書 葛洪列傳》

적이 없었기에 천장(泉漳) 사람이 심지어 사인(士人)에게 재물을 보내어 대신에게 호소하여 선생이 이룬 훌륭한 정사를 훼손하였는데[153] 더구나 오늘날의 경우이겠습니까. 지금 환곡(還穀)의 일은 참으로 사실에 입각하여 처리하기가 쉽지 않으니, 가난한 백성에게 결코 채찍으로 독촉해서는 안 됩니다. 부호와 사나운 아전의 경우는 완악한 것을 믿고 조금도 움직일 생각을 하지 않아 조만간 빚을 탕감해 줄 것을 기대하니, 이는 어떻게 너그럽게 용서할 수 있겠습니까. 또 가난하고 쇠잔한 백성은 관의 명령을 가장 두려워하여 체납할 이치가 전혀 없으니, 이 또한 주 선생의 소장(疏狀)에 나오는 말입니다.

또 생각건대 상류의 중요한 지역은 관방(關防)에 가장 적합하니, 나랏일을 마음에 두고 있는 자라면 이것을 말하지 않는 자가 없는데, 영감이라고 어찌 생각이 없겠습니까. 이제 은총을 받았다는 내용을 보고 참으로 서글픈 마음 견딜 수 없어 함부로 이렇게 말씀드렸으니 남에게 보이지 마시는 것이 어떻겠습니까. 《사문유취(事文類聚)》는 산속에 보관하고 있는데 오는 봄에 그곳에 돌아가면 즉시 돌려드리겠습니다.

153 주……훼손하였는데 : 주희가 장주 지사(漳州知事)가 되었을 때에 일종의 농지 개혁인 경계법(經界法)을 실시하여 관리와 부호들의 전횡을 막고자 하였으나 부호들은 천주(泉州) 출신인 재상 유정(留正)에게 농지 개혁을 할 수 없다는 뜻을 전하였다. 장주의 진사 오우규(吳禹圭)는 주희가 농지 개혁 때문에 사람들을 분란하게 한다며 송사(訟事)를 하였다. 이에 광종(光宗)이 조칙으로 그 일을 그만두게 함으로써 개혁을 이루지 못하였다. 《朱子年譜 卷4》《宋子大全隨箚 卷9》

홍숙범에게 답함 병인년(1686, 숙종12) 7월 24일
答洪叔範 丙寅七月二十四日

손자가 오래 아픈 끝에 다시 지독한 설사를 앓으니 사세가 몹시 위태롭습니다. 차마 직접 보살피지 않을 수 없어 드디어 전염되는 것을 피하지 못하고 한창 이렇게 괴로워하고 있는데 뜻밖에 이런 때에 멀리서 보내신 편지를 받았습니다. 하신 모든 말씀은 모두 병들어 혼미한 정신을 떨치고 깨우치기에 충분하니 참으로 고맙습니다.

졸렬한 제가 명(銘)에서 한 말은 회옹 부자(晦翁夫子 주희)에게 근본을 두었으나 글을 짓고 뜻을 말한 것이 그다지 두드러지게 뛰어난 점이 없어 선인(先人)의 뜻을 발휘하기에 부족한데, 이에 총애와 장려를 지나치게 받으니 오히려 부끄러움만 더합니다. 연월(年月) 뒤에 쓰려고 하는 두 글자[154]는 설사 이 글이 다른 사람에게서 나왔더라도 이렇게 일컫는 것은 제 입장에서 오히려 부끄러운 일입니다. 더구나 스스로 짓고 스스로 이렇게 일컫는 경우이겠습니까. 반드시 '은진 송모(恩津宋某)'로 쓰는 것이 맞습니다.

올해 흉년이 든 것이 과연 보내오신 말씀대로라면 공적으로나 사적으로나 근심스러운 마음 어찌 끝이 있겠습니까. 황군(黃君)은 교정하는 일을 마치고 곧바로 떠났습니다. 그 뒤로 늘 지금 그대에게 있다고 여겼는데, 이제 보내오신 말씀이 이러하니 지금 어디에 있는지 모르겠습니다. 닭과 술은 참으로 감사합니다. 말씀드리고 싶은 것은 대신해서 쓰게 하느라 일일이 말씀드리지 못합니다.

154 두 글자 : '선생(先生)' 두 자를 말하는 듯하다. 《宋子大全隨箚 卷9》

홍숙범에게 답함 정묘년(1687, 숙종13) 7월 28일
答洪叔範 丁卯七月二十八日

병들어 산속에 칩거하며 한 사람의 소경이자 벙어리가 되어 주석(疇錫)이 억지로 가는 것만 보았습니다. 이윽고 그의 벗들이 다투어 그가 들어갈 때가 아니라고 하였다는 말을 듣고 몹시 놀라고 근심하면서도, 성명(聖明)께서 위에 계시는데 무슨 위태로운 기미와 몹쓸 증상이 있어서 그렇겠냐고 생각했습니다. 이제 이 편지에 또한 두렵다는 말씀이 있으니 더욱 의심스럽고 두려워 벗어날 바를 모르겠습니다. 흥망과 화복은 본래 하늘에 달려 있으니, 믿는 것은 이것뿐입니다.

제가 이번 여름에 죽지 않은 것은 참으로 기이한 일입니다. 그러나 앓고 있는 것이 가을에 들어와서도 소생하지 않으니, 얼마 있지 않아 늦더위를 따라 죽지 않겠습니까. 조만간 산속에서 한번 만나 뵐 수 있다면 얼마나 다행이겠습니까. 그러나 늙은 저의 운수가 박하여 걸핏하면 남을 연루시키고, 게다가 산에 들어오는 일꾼은 아마 쉽게 얻지 못하실 것입니다. 시원한 기운이 설핏 이는데 철에 맞게 몸조심하셔서 멀리서 보내는 저의 정성을 위로해 주시기를 빕니다.

○ 황 연풍(黃延豐)[155]은 지금 어디쯤 있습니까? 이분은 평소 자취가 기이하니 문을 닫고 지내는 것이 마땅할 듯합니다.

155 황 연풍(黃延豐) : 연풍 현감을 지낸 황세정(黃世楨, 1622~1705)을 말한다. 젊어서 송시열과 송준길에게 배웠으나 윤휴(尹鑴)에게 붙었다가 1674년(현종15) 이후로 윤휴와 관계를 끊었다. 《宋子大全隨箚 卷9, 卷13 目錄》

송자대전

제88권

書서

권치도 상하 에게 답함 을묘년(1675, 숙종1) 11월 18일

答權致道 尙夏○乙卯十一月十八日

지난 그믐에 큰형의 편지를 받고 대략 근황을 알았는데, 오늘 현도(顯道 나양좌(羅良佐))의 인편에 멀리서 보내신 편지를 받고 도적을 만났다는 것을 알았으니, 천지가 이렇게 크지만 칠 척의 몸이 편안히 있을 곳을 얻기 어렵다는 것을 알겠습니다. 저는 8월부터 풍토병을 얻어 손가락뼈가 툭 불거지고, 피를 토하며 복부가 팽창하는 증상들이 한꺼번에 발작하니 시험할 만한 약이 없어 그저 정 선생(程先生 정이(程頤))이 여주(汝州)에서 혹을 치료하던 방법[1]에 따라 샘물을 틔워 흘러가게 해서 지기(地氣)를 뽑아내어 보지만 또한 보람이 있을지는 모르겠습니다. 만나기를 기약할 수 없으니 추운 날씨에 더욱 잘 보호하십시오.

○ 그대가 깊이 들어가서[2]는 강산의 뛰어난 경치를 가졌을 뿐만 아니라 오히려 뜻밖의 일을 만났는데, 시류를 좇는 무리가 "그가 우리를

1 여주(汝州)에서……방법 : 여주는 오늘날 중국의 하남성(河南城) 평정산시(平頂山市)에 속한 지역이다. 의서(醫書)에서 풍사(風沙)가 많은 지역이라 모래가 우물에 들어가서 그 물을 마시면 혹이 생긴다고 여겼다. 정이는 지기가 막혀서 생기는 것으로 여겼으며, 치료하는 방법으로는 중간에 몇 개의 도랑을 파서 지기가 빠져나가게 하면 조금 괜찮다고 하였다. 《醫說 卷6 井錫鎭癭》《二程外書 卷10 大全集拾遺》

2 깊이 들어가서 : 권상하는 1675년 1월에 송시열을 신변(伸辨)하는 상소를 하였고 송시열이 덕원(德源)으로 귀양 갈 때 쌍수역(雙樹驛)까지 가서 배웅했으며, 같은 해 3월 가족을 이끌고 선영 아래 고산촌(孤山村)으로 들어갔다. 뒤에 황강촌(黃江村)으로 옮긴 다음 거주를 정하였는데 송시열이 그 처소의 이름을 수암(遂菴)이라고 지어 주었다. 《寒水齋集 年譜》

피해서 가더니 지금 어떠한가."라고 하자, 그대는 웃으며 "지금 만난 일은 사소한 것일 뿐이다."라고 하였으니, 오늘날 하나의 멋진 이야깃거리를 제공하기에 충분합니다. 지나는 나그네가 있어 이 말을 하면서 서로 한바탕 크게 웃었는데, 이제 이 말씀을 드리니 그대도 아마 배를 잡을 것입니다.

권치도에게 답함 병진년(1676, 숙종2) 12월 5일
答權致道 丙辰十二月五日

일전의 안부 편지는 지금까지 감사하고 있습니다. 차가운 날씨가 요즈음 혹심한데 고요하게 수양하며 지내는 안부는 더욱 좋으신지요? 저의 그리워하는 마음 간절하지 않은 날이 없습니다. 이곳의 일은 늘 번거롭게도 벗이 안부를 물어보게 만들지만 실로 대답할 만한 말이 없으니, 이는 어쩌면 나라를 원망한다는 법에 저촉될까 두려워서입니다. 이따금 책을 보기는 하나 또한 정신이 쇠락하여 얻는 족족 잊어버리니 그저 한가하게 세월이나 보내는 사람과 다름없습니다.

새해가 되려 합니다. 산속의 거처가 맑고 그윽하며 호랑이와 표범이 자취를 멀리하여 영구히 어려움과 근심이 없기를 빕니다. 병든 몸을 애써 부지하며 쓰느라 이만 줄입니다.

○ 일찍이 이름난 재상이 상소하여, '벼슬하지 않고 물러나 있는 사람이 장차 적미(赤眉)와 녹림(綠林)의 변고를 만들 것'이라 하였다고 들었습니다.[3] 저는 웃으며 그대만은 근심이 없을 것이라 여겼는데 일찍

3 일찍이……들었습니다 : '이름난 재상'은 이산해(李山海)의 손자 이무(李袤)를 가리킨다. 복제 문제로 여러 지역으로 분산되어 귀양을 간 자들에게 원근에서 사람들이 모여들고 선물 꾸러미가 이어져, 죽음을 같이하기를 결의하는 사람들이 많다는 등의 상소를 올린 적이 있다. 《宋子大全隨箚 卷9》《肅宗實錄 2年 2月 28日》 적미와 녹림은 왕망(王莽)의 신(新)나라 말기에 산동(山東)과 호북(湖北) 지역에서 각각 봉기한 반란군의 무리로, 실록에는 '녹림' 대신 하북(河北) 지역에서 일어난 '청독(青犢)'으로 기재되어 있다.

이 적미와 녹림의 재앙을 만났으니, 저들은 반드시 '한패라면 어찌 서로 공격할 이치가 있겠는가. 반드시 그렇지 않다.'라고 할 것입니다. 치도는 화를 면했으니 이는 한바탕 큰 웃음을 터뜨릴 만합니다.

권치도에게 답함 병진년(1676, 숙종2) 12월 17일

答權致道 丙辰十二月十七日

방금 회덕(懷德)의 이장(移葬)에 참석한 사우(士友)를 통해 '대단히 악한 사람'을 영결했다는 것을 들어 알고서 한편으로는 감격하고 한편으로는 두려웠습니다.[4] 지금 경상좌도 수군절도사의 비장(裨將)이 오는 편에 지난달 9일 보내신 편지를 받고서 말씀하신 것을 모두 잘 알았으니, 강과 바다가 서로 먼 줄을 모르겠습니다. 세상일에 대한 말씀은 참으로 무익하니, 이는 재앙을 싣고 와서 먹이는 것일 뿐만이 아닙니다.[5] 자신에게 실지로 힘쓸 곳이 있다면 이러한 한가한 일들은 염두에 두기에 부족할 뿐만이 아니라 또 그럴 겨를도 없습니다.

춘형(春兄 송준길(宋浚吉))이 구원(九原)에서 일어나 다시 땅으로 들

4 회덕(懷德)의……두려웠습니다 : 권상하가 송준길의 이장에 참석했다는 말이다. 송준길은 1672년(현종13) 12월 사망했는데 1673년 연기(燕岐) 죽안리(竹岸里)에서 장례를 치렀으며 1676년 11월 회덕의 흥농촌(興農村)으로 이장했다. 《寒水齋集 年譜》《同春堂集 續集 卷10 附錄5》 '대단히 악한 사람〔大憝之人〕'이란 송준길의 사후 처벌에 붙인 죄명으로, 유명천(柳命天)·강석빈(姜碩賓) 등이 송준길을 "종묘사직의 죄인이고 한 나라의 크게 악한 사람이다.〔宗社之罪人, 一國之大憝.〕"라고 한 말에서 가져왔다. 《宋子大全隨箚 卷6》《承政院日記 肅宗 2年 1月 3日, 4日》

5 재앙을……아닙니다 : 죄가 될 줄을 알면서도 죄인을 두둔한다는 의미로 쓰인 듯하다. 동한(東漢)의 하복(夏馥)이 당금(黨禁)을 만나 체포령이 내리자 임려산(林慮山)으로 숨어들어 대장간에서 일하고 있었는데, 그의 아우 하정(夏靜)이 비단을 싣고 찾아와서 대접하려 하자, "아우는 어찌하여 재앙을 싣고 와서 나를 먹이려 하는가."라고 한 일이 있다. 《資治通鑑 卷56 孝桓皇帝下》

어갔으니 지난 시절을 돌아보매 서글픈 눈물이 어찌 끝이 있겠습니까. "게으름이 익숙해져 성품을 이루고 옛날 익힌 학업이 더욱 황폐해졌다."는 것은 성찰의 공이 있지 않으면 어찌 이러하다는 것을 깨닫겠습니까. 어리석고 게으른 자를 깨우쳐 주시는 바가 많습니다.

여강(驪江)의 윤휴(尹鑴)가 다시 들어간 것[6]에 대해 어찌 생각이 없겠습니까. 그러나 저는 생사에 대해 마음을 끊어 버린 지 이미 오래이니 놀랍거나 두렵지 않습니다. 위리안치 중에 식량이 모자라는 경우는 본래 으레 있는 일입니다만, 또한 그물을 쳐 참새를 잡아먹고 땅을 파 쥐를 잡아먹는 지경에 이르지는 않습니다. 그런데 벗을 위해 근심하여 이렇게 보태어 주시니, 후의(厚意)가 감격스러울 뿐 아니라 굶주림에 대한 말이 아주 멀리까지 전해져 마침내 황강(黃江)의 은자를 느닷없이 무호거사(蕪湖居士)[7]로 만드니 더욱 우습습니다.

또 삼가 생각건대 주 선생(朱先生 주희(朱熹))은 일찍이 "조정이 죄인을 추방하는 것은 바로 이렇게 함으로써 그를 곤궁하게 하는 것인데 반드시 벗어나기를 구하려고 한다면 이는 군왕의 명을 받지 않는 것이고, 군왕의 명을 받지 않는 것은 천명을 받지 않는 것이다."라고 하였습

6 윤휴(尹鑴)가……것 : 윤휴가 이수경(李壽慶)과 조사기(趙嗣基)에 대해 변호하는 상소를 하면서 허적의 독단을 비판했는데, 이로 인해 조정이 동요하자 윤휴를 대사헌직에서 성균관 좨주로 벼슬을 갈았다. 이 뒤로 윤휴는 한강 이남으로 물러나 있다가 11월 입시했다. 《肅宗實錄 2年 6月 21日, 7月 5日, 11月 22日》

7 무호거사(蕪湖居士) : 송(宋)나라 무호(蕪湖)의 부호로 자가 심도(深道)인 위허(韋許)를 말한다. 명사를 초빙하는 것을 좋아하여 진요옹(陳了翁) 등이 귀양 갔을 때 해마다 천 민(緡)이 넘는 금액을 제공하여 보살피는 데 성의를 다하였다. 소흥(紹興) 연간 초에 고종(高宗)이 그를 불러 벼슬을 주려 하였지만 받지 않고 자호를 무호거사라 하였다. 《江南通志 卷169 太平府》《朱子語類 卷138 雜類》

니다. 오늘날 그저 죽음을 면하여 처벌이 내리기를 기다릴 수 있다면 저의 마음에 조금 편안할 듯합니다. 그대는 어떻게 여기십니까? 해가 바뀌려 하니 큰 복을 받으셔서 멀리서 보내는 정성을 위로해 주시기를 빕니다. 마침 설사를 앓고 있어 대신 쓰게 하느라 이만 줄입니다.

권치도에게 답함 정사년(1677, 숙종3) 11월 19일

答權致道 丁巳至月十九日

위로 편지 외에 다시 안부 편지를 받으니 실로 영남의 바닷가가 떨어져 있는 줄을 모르겠습니다. 이렇듯 흉년이 들었는데 간사한 백성이 떠들썩하게 모이는 근심거리는 없는지요? 요즈음 어떤 책을 보십니까? 근심 속에 즐거움이 있고 즐거움 속에 근심이 있다는 것은 바로 우리들의 오늘 일이니 그렇게 하지 않고 한가하게 아까운 세월을 놓쳐 버린다면 이것은 뜻을 잃어 슬퍼하고 근심하며 방종하는 것과 무엇이 다르겠습니까. 근래에 낭주(朗州)의 경우[8]는 마음속 깊이 공경할 만합니다. 회포가 있어 이렇게 마음을 다 기울였으니 매우 송구합니다.

○ 채시경(蔡時鏡) 군의 일[9]은 결말이 났습니까? 이 일은 지극히

8 낭주(朗州)의 경우 : 낭주는 영암(靈巖)의 옛 이름이다. 여기서는 1675년 윤휴, 허적 등의 공격으로 관직을 빼앗기고 원주와 영암 등으로 쫓겨난 김수항을 가리킨다. 1677년 김수항이 송시열에게 보낸 편지에 사서(四書)와 《주자전서》를 읽고 있다는 내용이 있는데, 그가 귀양을 가서도 독서에 힘쓴 것을 말하는 듯하다. 《文谷集 卷27 上尤齋別紙(丁巳)》

9 채시경(蔡時鏡) 군의 일 : 채시경은 양근(楊根) 사람으로 김집의 문인이다. 학문과 바른 행실이 있었으며 진사로 승지에 추증되었다. 《顯宗改修實錄 10年 9月 26日》《鼓山集 卷15 孺人蔡氏墓誌銘》 1677년 여름에 정언 이식(李湜)이 횡성(橫城)에 갔을 때 불한당을 만나 죽을 뻔하였는데, 누군가가 이식에게 '이 일은 바로 채시경이 조카 채성장(蔡聖章)에게 지시해서 한 것'이라고 하였다. 이식이 이 말을 관찰사 정륜(鄭錀)에게 하였고, 횡성 현감 장치세(張治世)가 덫을 놓아 찾아내어 체포하고 보니 현에 거주하는 이춘화(李春華) 등 열두 사람이 진짜 범인이었던 일이 있었다. 《損菴集 卷7 楓溪瑣言》

두려워할 만하니, 어찌 아계(鵝溪)의 손자[10]가 그 말을 입증하려는 목적에서 만들어 낸 것이겠습니까. 몸은 산림에 있어도 목숨은 주방에 달려 있으니[11] 어찌 사슴 같기만 하겠습니까. 몹시 두렵습니다.

10 아계(鵝溪)의 손자 : 이산해(李山海)의 손자 이무(李袤)를 말한다. 당시에 대사헌으로 있었다.

11 몸은……있으니 : 목숨이 천명에만 달린 것이 아니라 일을 만들어 내는 사람에게 달려 있다는 말이다. 제(齊)나라의 최저(崔杼)가 장공(莊公)을 시해하고 사대부들을 모아 맹약을 맺으면서, 그 뜻에 동조하지 않는 자는 모두 죽이겠다고 했는데, 안영(晏嬰)이 이를 거절하고 돌아가는 길에 마부가 급히 수레를 몰자, 안영이 "사슴은 산속에 있지만 그 목숨은 주방에 있다. 목숨은 매인 바가 있으니 어찌 빨리 달리겠는가."라고 하며 수레를 느긋이 몰게 하면서 떠나갔다는 고사가 있다. 《韓詩外傳 卷2》

권치도에게 답함 기미년(1679, 숙종5) 3월 3일

答權致道 己未三月三日

오래도록 소식을 듣지 못했으니 사세가 그러한 것입니다. 그런데 문득이 효자(李孝子)의 걸음에 지난달 17일 보내신 편지를 받으니 목마른 듯한 그리움이 몹시 위로되었습니다. 다만 "물은 것이 있었는데 답장을 받지 못했다."라는 말이 있으니, 지극히 놀랍습니다. 늘 그대 편지를 보면 그때마다 마음과 눈이 다 열리는 듯하여 서둘러 답장을 드렸습니다. 아마도 당시에 편지를 전하는 자가 확실하지 않아서 뒷날을 기다리려고 하다가 이렇게 지체된 것이 아니겠습니까. 이번에도 당신과 같은 마을 사람이라고 자칭하는 삼도수군통제사[12]의 비장(裨將)을 통해 안부를 여쭈었습니다. 이제 받았다는 말씀이 없으니, 옛날에 "다른 사람이 열어 보는 것은 아깝지 않으나 시비가 생길까 두렵구나."[13]라고 한 말은 실로 저의 마음을 먼저 안 것입니다.

뇌택(雷澤)의 점괘[14]가 있다고 들었는데, 어버이를 여읜 제가 일찍이 이 일을 겪을 때 가장 마음이 아팠으니, 아마도 저와 다름없을 것입니다. 책을 보는 것은 날마다 새로워지는 공부가 있을 터인데, "완전히

12 삼도수군통제사 : 당시 통제사는 이인하(李仁夏)였다. 송시열이 거제로 이배(移配)될 때 주찬(酒饌)을 베풀고 편비(編裨)를 보내어 문안했다는 이유로 삭출(削黜)되었다. 《肅宗實錄 5年 5月 21日》

13 다른……두렵구나 : 이백(李白)의 시에 나오는 말이다. 《李太白集 卷21 感興八首》

14 뇌택(雷澤)의 점괘 : 《주역》의 귀매괘(歸妹卦)로, 누이가 시집가는 것을 말한다.

그만두는 데까지는 이르지 않았다."라고 말씀하시니, 이는 오직 날이 모자라다 여기는 뜻이라 더욱 감탄하게 합니다.

《주역》은 전의(傳義)에서 위주로 하는 것이 어디에 있겠습니까. 저의 생각에 전(傳)은 달리 의리의 관점에서 볼 수 있다면 그 맛이 무궁할 것입니다. 경서(經書)의 뜻을 풀이한 것이라고 여긴다면 아마 막히는 부분이 있을 것입니다.[15] 어떻습니까?

이곳의 일은 감히 편지마다 번거롭게 알려 드리지는 못합니다. 오직 죽을 날짜가 다가오는 것은 말씀드리지 않아도 짐작하실 수 있을 것입니다. 전날 물어보신 것은 다시 써서 보여 주어 토론할 수 있게 해 주시기를 간절히 빕니다. 그리하여 이를 통해 가르침을 청하게 된다면 몹시 다행이겠습니다. 나머지는 등불 아래서 쓰느라 이만 줄입니다.

15 주역은……것입니다 : 《주역전의(周易傳義)》는 호광(胡廣) 등이 편찬하였는데, 정이(程頤)의 《역전(易傳)》과 주희(朱熹)의 《주역본의(周易本義)》를 함께 싣고 있다. 여기서는 정이의 《역전》이 의리(義理)에 입각해 《주역》을 해석한 서적이지 경전의 주석서로 보기에는 무리가 있다는 말이다.

권치도에게 보냄 경신년(1680, 숙종6) 윤8월 12일

與權致道 庚申閏八月十二日

천하의 일은 괴롭게도 완벽한 것이 없습니다. 강에 부는 바람과 언덕의 나뭇잎은 가을이 오니 더욱 꿈에도 그리운데 우리 벗이 이곳의 자연에 대해서도 반드시 이와 같을 것입니다. 이런 때에 한 세상의 맑은 복을 독차지하시니 그 즐거움은 남에게 알릴 수 없는 것이 있을 것입니다. 다만 편지에서 말씀하신 참된 즐거움이 육일공(六一公)과 비교해서 누가 더 나은지 모르겠습니다.[16] 저는 문을 닫고 죄를 살피는 것 외에 말씀드릴 만한 것이 없습니다. 병을 무릅쓰고 쓰느라 이만 줄입니다.

16 참된……모르겠습니다 : 독서의 즐거움이 구양수(歐陽脩)보다 더하냐는 말이다. 육일공은 송나라 구양수를 말한다. 그의 시에 "지극하구나, 천하의 즐거움이여, 종일 책상에 있도다.〔至哉天下樂, 終日在几案.〕"라는 구절이 있다. 《宋子大全隨箚 卷9》《文忠集 卷9 讀書》

권치도에게 답함 경신년(1680, 숙종6) 12월 27일

答權致道 庚申十二月二十七日

국상은 애통한 마음 어찌 끝이 있겠습니까. 지금 20일 보내신 편지를 받으니 그리운 생각이 몹시 위로되었습니다. 타박상을 입었다는 말씀은 과연 빈말이 아니니 어찌 이른바 새옹지마가 아니겠습니까. 이번에 지문(誌文)을 지으라는 명을 세 번 사양한 것은 모두 윤허를 받지 못하여 드디어 들어가서 지어 올렸습니다. 그러고는 곧장 서대문 밖으로 나와 남쪽으로 떠날 계획을 했는데, 문득 감히 말씀드리지 못할 변수[17]가 있어서 도로 성에 들어가 성 동쪽에 칩거하고 있으니 줄곧 답답합니다. 아마 그대의 동정과 비웃음거리가 되겠지요. 일찍이 사오(沙塢)에 있을 때 보내신 편지를 받고도 받은 것을 기억하지 못하니 한탄스럽습니다.

17 말씀드리지 못할 변수 : 숙종의 어머니 현열대비(顯烈大妃)가 시정(寺正) 김석연(金錫衍)을 보내어 한글로 쓴 편지로 선유(宣諭)하여, 천재지변이 거듭되고 나랏일이 위태롭고 어려우니 돌아와서 숙종을 돕도록 했던 일을 말한다. 《宋子大全隨箚 卷9》《宋子大全 附錄 卷8 年譜7》

권치도에게 답함 신유년(1681, 숙종7) 6월 1일

答權致道 辛酉六月一日

더위가 찌는 듯한데 강가의 맑은 바람은 아마 변함이 없겠지요. 지내시는 곳을 생각할 때마다 한문(寒門)을 나는 듯합니다.[18] 방금 찰방의 걸음에 보내신 편지를 받고 문득 고질병이 있다는 것도 잊었으니, 무슨 위로가 이만하겠습니까. 상사(喪事)와 장례가 빈번하니 남은 목숨이 많지 않습니다. 늙어 병든 뒤로 한 가지 일만 있을 뿐이니 황면 노자(黃面老子)가 이를 피하려 한 것[19]은 참으로 망상입니다.

가뭄의 형세가 이러하니, 아이를 훔치는 우환이 반드시 많을 것이라 우리 벗을 위해 깊이 근심스럽습니다. 대비하고 삼가는 뜻은 없는지 모르겠습니다. 황산첩(黃山帖)[20]의 발문(跋文)은 정신이 쇠락하여 지금까지도 이루지 못했으니, 참으로 기대를 저버렸습니다. 시원한 기운이 일고 병이 나으면 반드시 부응하겠습니다.

18 한문(寒門)을 나는 듯합니다 : 시원하다는 의미이다. 《초사(楚辭)》〈왕일(王逸)〉의 주(注)에 "한문은 북극(北極)에 있는 차가운 곳이다." 하였다.

19 황면……것 : 황면 노자는 부처의 몸이 금빛인 데서 온 말로, 부처를 가리킨다. 정이(程頤)가 "석가의 마음이 본래 죽음을 두려워하고 삶을 사랑하니, 이는 이롭기 때문이다."라고 하였다. 《宋子大全隨箚 卷9》《二程遺書 卷15 入關語錄》

20 황산첩(黃山帖) : 1653년(효종4) 황산(黃山)에서 뱃놀이하던 것을 그린 화첩(畫帖)을 말한다. 《宋子大全隨箚 卷9》

권치도에게 보냄 신유년(1681, 숙종7) 9월 23일

與權致道 辛酉九月二十三日

스무 날 정도 책상을 마주하였으니, 이는 짐을 꾸린 뒤[21]로는 없던 일이라 개인적인 다행함 중에 무엇이 이보다 크겠습니까. 또 채소 반찬 나물국을 박하다고 꺼리지 않는 것을 가만히 엿보니 안빈낙도(安貧樂道)의 뜻이 없다면 어찌 이러할 수 있겠습니까. 더할 나위 없이 감탄하고 우러릅니다.

《심경석의(心經釋疑)》[22]는 다시 한 번 읽어 보니 허술하고 놓친 것이 아직 많습니다. 바친 뒤에도 놓친 곳이 있다고 생각되어 사우들을 통해 추가적인 보충을 부탁할 수밖에 없을 듯한데 결국 어떻게 될지 모르겠습니다.

헤어진 뒤로 무슨 책을 보고 계십니까? 가능한 한 만나서 겨울을 날 작정인데 적당한 곳을 아직 생각지 못했습니다. 행여 생각해 둔 장소가 있습니까? 깊은 골짜기에 대여섯 집의 농가가 있는 마을이면 좋을 듯합니다.

21 짐을 꾸린 뒤 : 스승이 세상을 떠난 것을 의미한다. 여기서는 김장생의 상사(喪事)가 있은 뒤를 가리킨다. 《맹자》 〈등문공 상(滕文公上)〉에 "공자께서 돌아가시자 3년이 지난 다음 문인들이 짐을 꾸려 돌아갔지만, 자공(子貢)은 다시 돌아와 묘 마당에 집을 짓고서 홀로 3년을 거처한 다음에 돌아갔다."라고 한 데서 유래하였다.

22 심경석의(心經釋疑) : 이황의 제자인 이덕홍(李德弘), 이함형(李咸亨)이 이황의 뜻을 받들어 기록한 책이다. 전해 오는 동안에 글자가 틀린 것이 많아 1681년 숙종이 송시열에게 이를 바로잡을 것을 명하였으며, 2개월 남짓 교정을 거쳐 9월에 바쳤다. 《肅宗實錄 7年 7月 27日, 9月 19日》

권치도에게 답함 신유년(1681, 숙종7) 9월 28일

答權致道 辛酉九月二十八日

그리운 마음이 간절하던 차에 문득 편지를 받았습니다. 누누이 하신 말씀은 직접 만나 이야기를 나누는 것만 같았습니다. 더구나 서로 좋은 점을 본받는 유익함이 있었으니 궁하고 적막한 회포를 몹시 위로해 주었습니다. 또 단구(丹丘 단양(丹陽))의 유람이 있었던 것을 알고 앉아서 맑은 기운이 저에게 끼치는 것을 느꼈으니, 오석(烏石)과 영원(靈源)[23]이 사람 사는 곳과 멀지 않다는 것이 참말입니다.

저는 교정하는 일이 있은 뒤로 정신과 기운이 모두 빠져나가 큰 병을 앓은 뒤의 모양 같으니 스스로 가련히 여긴들 어쩌겠습니까. 이런 때에 손자들은 아직 돌아오지 않으니, 바라보는 눈이 뚫어질 것만 같다는 표현도 오히려 헐후한 말입니다. 《심경석의》에서 추가로 보충할 조목을 별지로 드립니다. 또 옥당(玉堂)의 여러분이 "상평(上平)[24]을 하지 않았다."라고 대략 알려 주신 한 조목은 당시에 무슨 까닭으로 이렇게 놓쳤는지 모르겠습니다.

책상을 마주할 곳은 물론 구미(龜尾)가 좋은 줄 알지만, 뱃길과 매우 가까워 세상일의 번거로움이 있을까 염려되니 주손(疇孫)이 돌아오기

23 오석(烏石)과 영원(靈源) : 《주자대전차의》에서 신선이 사는 곳이라 하였다. 선가에서 도원(桃源), 옥원(玉源), 영원을 삼원(三源)이라 한다. 《宋子大全隨箚 卷4》

24 상평(上平) : 극항(極行)과 같은 말로, 글의 줄에서 맨 위를 말한다. 존경의 뜻을 표하기 위하여 임금의 칭호나 훈호(勳號) 등을 쓸 때 줄을 바꾸어서 맨 위에 쓴다.

를 기다려 상의해서 다시 말씀드리겠습니다. 어제 주상께서 따로 액정서(掖庭署)의 사람을 보내어 문병하고 갔으니 지금 움직이는 것은 몹시 편하지 않을 듯합니다. 미리 했던 계획에 차질이 생길 듯하여 몹시 마음에 걸립니다.

보내신 물고기는 메기 같았습니다. 멀리서 호수와 강의 풍치를 생각하니 섬계(剡溪)의 눈 내리는 날 노가 없는 것이 한스럽습니다.[25] 《대학》을 읽는 줄 알고 있습니다. 조금이라도 의심스러운 곳이 있습니까? 무엇보다 청송장(聽訟章)의 크고 작은 주(註)는 서로 응하지 않는 곳이 있는데,[26] 일찍이 생각하여 바로잡았습니까? 마주하여 말씀드릴 수

25 섬계(剡溪)의……한스럽습니다 : 송시열이 권상하를 찾아갈 형편이 못 되어 아쉽다는 말이다. 섬계는 진(晉)나라 대규(戴逵)가 있던 곳이다. 왕희지(王羲之)가 산음(山陰)에 있을 때 눈 내린 밤 달이 밝은 것을 보고 문득 흥에 겨워 밤새도록 배를 저어 가서 대규의 집 문 앞까지 갔다가 도로 돌아왔다. 그 까닭을 물으니 "본래 흥이 나서 갔는데, 흥이 다하여 돌아왔다. 어찌 반드시 대안도(戴安道)를 만날 필요가 있겠는가." 라고 했다는 고사가 있다. 안도는 대규의 자이다. 《晉書 隱逸列傳 戴逵》

26 청송장(聽訟章)의……있는데 : 청송장은 《대학장구》 전(傳) 4장의 "공자가 말하기를 '송사를 다스리는 것은 나도 남들과 같지만, 반드시 백성들에게 송사가 없도록 하겠다.' 하였으니, 실정이 없는 자가 할 말을 다 하지 못하는 것은 백성의 마음을 크게 두렵게 하기 때문이다. 이것을 일러 근본을 안다고 한다.〔子曰: "聽訟, 吾猶人也, 必也使無訟乎!" 無情者不得盡其辭. 大畏民志. 此謂知本.〕"라는 내용을 말한다. 이에 대한 주희(朱熹)의 주(注)에 "성인은 진실함이 없는 사람이 감히 거짓된 말을 다 하지 못하게 할 수 있으니, 나의 명덕(明德)이 이미 밝아서 자연히 백성의 마음을 두려워 복종하게 하는 점이 있다."라고 하였는데 '나의 명덕이 이미 밝아서'라는 부분에 대한 소주(小註)에서는 "이것은 곧 신민(新民)이다."라고 하였는데 뒤에 나오는 허겸(許謙)의 주에서는 "명덕이 근본이 된다."라고 하였다. 이렇게 한 장(章) 안에서 명덕과 신민에 대해 각기 본(本)과 말(末)을 달리 보는 듯한 점이 있는 것을 말하는 것으로 보인다. 《宋子大全隨箚 卷9》 《宋子大全 卷101 答鄭景由(丁巳二月二十三日)》

없어 계신 곳을 바라보며 서글퍼합니다.

○ 선비들이 청하였다는 말을 듣고 을해년(1635, 인조13)에 있었던 그대 선친의 일을 추억하니 서글퍼 목이 멥니다.[27]

27 선비들이……멥니다 : 이이와 성혼을 문묘에 종사(從祀)하는 것에 대하여 유생들이 숙종에게 윤허를 청했는데, 이보다 앞서 1635년에 권상하의 아버지 권격(權格)이 먼저 주장하였기에 하는 말이다. 《宋子大全隨箚 卷9》

권치도에게 답함 신유년(1681, 숙종7) 11월 18일

答權致道 辛酉十一月十八日

병으로 생각이 허전하여 한가히 물소리를 듣고 있는데 문득 안부 편지를 받으니 병이 있다는 것도 어느새 잊었습니다. 그다지 심한 통증은 없으나 신음 소리가 입에서 끊이지 않고 자지도 먹지도 못하는 것은 전과 다름없으니 이 어찌 건강을 회복할 소식이겠습니까. 무엇보다도 사문(師門)의 글을 미처 정리하지 못한 것이 제법 있는데 끝내 잘 처리하지 못한다면 눈을 감기 어려울 것입니다. 드리고 싶은 말을 입으로 부르는데 호흡이 짧아 한두 가지도 말하지 못하겠습니다.

권치도에게 답함 신유년(1681, 숙종7) 12월 10일

答權致道 辛酉十二月十日

대형(大兄)이 방문해 주시니 산에 있는 저의 집을 빛내기에 충분했는데, 이어서 보내신 편지를 받으니 더욱 그리운 마음을 위로해 주었습니다. 저의 병은 말하자면 지루하니 신경 쓰실 것 없습니다. 근래에 옥당에서 보여 준 《심경석의》의 잘못된 부분은 그 수가 적지 않으니, 이 일은 참으로 먼지를 쓸어 내는 일과 같은 줄 알겠습니다. 어제 한 통의 편지가 있어 마을의 젊은이들에게 주어 그대에게 보여 주게 했더니 당초에 젊은이들도 이것을 그대에게 아뢰었다고 하는데, 사실인지 모르겠습니다. 만약 그렇다면 사리에 통달한 그대 같은 사람도 이것을 놓친 것은 무엇 때문입니까. 조만간 방문하신다는 소식을 받으니 기쁘고 다행스럽기 그지없습니다. 다만 세상의 일이 방해가 많을까 두렵습니다. 나머지는 누워서 대신 쓰게 하느라 이만 줄입니다.

권치도에게 보냄 임술년(1682, 숙종8) 7월 17일

與權致道 壬戌七月十七日

남은 더위가 아직도 심한데 고요히 지내시는 생활은 어떠한지 모르겠습니다. 《주자대전(朱子大全)》은 몇 권까지 보셨습니까? 그리고 《차의(箚疑)》의 문목(問目)도 아울러 관심을 기울여 주시겠지요.[28] 나중에 정리해 주신다면 얼마나 다행이겠습니까. 아마도 후학에게 또한 도움이 없지 않을 것입니다.

저는 와서 선영을 지키며 아침저녁으로 우러러 의지하며 조금이나마 돌아가신 부모님을 그리는 감회를 맡깁니다. 그러나 병과 쓸데없는 일이 서로 이어져 책 보는 것을 완전히 내버려 두고 있지만 때로 틈을 내어 대략 조금 엿보다가 우연히 마음에 맞는 부분이 있으면 의심이 확 풀리는 정취가 없지 않습니다. 다만 정력이 이미 소모되어 남은 날이 얼마 없으니 부질없이 "석양이 좋다지만 황혼에 가깝네."[29]라는

28 주자대전(朱子大全)은……주시겠지요 : 송시열의 저서인 《주자대전차의》는 《주자대전》 중에서 난해한 구절을 풀이한 주석서로, 권상하(權尙夏)와 김창협(金昌協)이 수정, 보완해서 만든 것이다. 줄여서 '주서차의(朱書箚疑)' 혹은 '주차(朱箚)'라고도 한다. 또 김창협이 그의 문인 어유봉(魚有鳳)과 함께 《주자대전차의문목(朱子大全箚疑問目)》을 완성하였는데, 《주자대전차의》를 두 사람이 수정 보완했던 점, 이 편지와 《송자대전》에 나오는 김창협과 권상하에게 보낸 송시열의 편지로 추측하건대 1677년에서 1683년 사이 권상하와 김창협이 송시열과 함께 상의하여 《주자대전차의문목》의 기초를 잡았던 것으로 추측된다. 《宋子大全 卷54 與金久之(丁巳七月十一日)》《宋子大全 卷88 答權致道(癸亥二月五日)》

29 석양이……가깝네 : 대본에는 '夕陽好近黃昏'으로 되어 있다. 《동파사(東坡詞)》

구절을 읊을 뿐입니다. 가을과 겨울 즈음에 마땅히 산속으로 갈 것입니다. 이전처럼 만날 수 있겠습니까? 만나기 전에 더욱 건강을 잘 돌보시기를 빕니다. 이만 줄입니다.

〈완계사(浣溪沙)〉에는 '好' 앞에 '雖'가 더 있다.

권치도에게 답함 임술년(1682, 숙종8) 7월 18일

答權致道 壬戌七月十八日

짧은 편지를 받은 뒤로 줄곧 동정을 듣지 못하여 더욱 그립고 답답하더니 문득 이렇게 뜻밖에 두 차례의 편지를 받으니 기쁘고 위로되는 마음 이루 말할 수 없습니다. 말세에 풍속이 경박해진 지 오래되어 벗들의 편지도 생사의 안부나 물을 뿐 의리(義理)나 경사(經史)를 말하는 것은 본 적이 없는데, 노쇠하여 죽음을 앞두고 우리 치도 같은 사람을 얻어 옛사람의 의리로 어울리게 될 줄 어찌 생각이나 했겠습니까. 못난 제가 자축하는 마음은 이루 다 말하기 어렵지만 안타깝게도 남은 날이 많지 않으니 마침내 좋은 가르침을 받을 수 없을 듯합니다.

《차의(箚疑)》의 문목에서 의심스러운 부분에 대해 찌를 붙여 정정한 것을 받는 것은 실로 학식이 얕고 못난 제가 당초에 바랐던 것이니 조만간 보여 주신다면 얼마나 다행이겠습니까. 《주자대전》은 《주자어류(朱子語類)》와 다를 뿐만 아니라 그 자체가 다른 점과 같은 점이 많으니, 《학부통변(學蔀通辨)》[30]을 보면 알 수 있습니다. 이러한 부분은 마음을 비우고 기운을 차분하게 하여 익숙히 읽고 정밀히 생각해야

30 학부통변(學蔀通辨) : 명(明)나라 학자 정민정(程敏政)이 《심경부주(心經附註)》의 끝부분에서 주희 만년의 학설이 육상산(陸象山)의 말과 합치한다고 주장한 것에 대하여 진건(陳建)이 이를 반박하기 위해 지은 책이다. 불교, 육상산, 왕양명(王陽明)의 학설에 대하여 주희의 문집, 어류(語類), 연보 및 육상산의 문집, 연보, 어록과 불교 서적, 그리고 송대 성리학 관련 자료까지 광범위하게 참고하여 그 오류를 분석하였다. 《學蔀通辨 提綱》《宋子大全隨箚 卷9》

만 그러한 까닭을 알 수 있습니다. 그리고 또한 병행해도 어그러지지 않는 것이 있으니 굳이 급히 조만간에 시비를 정하거나 잠깐 사이에 취사를 결정할 것은 아닙니다.

단양(丹陽)의 글[31]은 뜻이 바르고 글이 막힘없으니 무슨 이론(異論)이 있겠습니까. 다만 상의할 만한 곳이 한 군데 있기에 삼가 찌를 붙여 다시 여쭈어 봅니다. 다음 달 그믐이라고 말씀하시니 기다려 마지않습니다. 곱돌〔滑石〕은 아이들의 설사에 절실한 것이었으니 그지없이 감사합니다.

춘형(春兄)은 내내 병을 안고 있어 오늘내일 죽을 사람이라 슬픈 마음을 차마 말하지 못하겠습니다.[32] 어필(御筆)의 간행이 속히 이루어진다면 참으로 우리나라의 한 가지 다행한 일입니다. 나머지는 마침 분암(墳菴)에 와서 대신 쓰게 하느라 이만 줄입니다.

31 단양(丹陽)의 글 : 서원 유생들을 대신해서 지은 〈단양서원청액소(丹陽書院請額疏)〉를 말하는 것으로 추측된다. 《寒水齋集 卷2》

32 춘형(春兄)은……못하겠습니다 : 이 편지는 1682년 쓴 것으로 되어 있으나, 내용으로 보아 1672년(현종13) 송준길의 사망 직전에 썼을 것으로 추측된다. 다른 시기의 편지가 섞였거나 연도의 고증에 착오가 있는 듯하다. 《顯宗實錄 13年 12月 5日》《同春堂集 續集 卷10 附錄5》

권치도에게 답함 임술년(1682, 숙종8) 10월 3일

答權致道 壬戌十月三日

편지를 받고서 하시는 말씀을 모두 잘 알았고, 또 진사(進士)를 모시고 요즈음 안부가 평안하시다는 것을 알게 되니 기쁘고 위로되는 마음 이루 말할 수 없습니다. 저는 중추(仲秋) 이후로 다섯 번이나 은명(恩命)을 받들었기에 감히 꿈쩍 않고 누워 있지 못하여 모레 연기(燕岐)에서 그대로 앞으로 가려고 합니다. 하지만 이렇게 심하게 피곤하여 앞으로 가고 멈추는 것과 빠르고 더딘 것에 대해서는 참으로 미리 기약할 수 없으니, 정녕 자신의 몸과 마음을 어쩔 수가 없다는 경우입니다.

만에 하나 도성에 들어가게 되면 돌아오는 길에는 화양(華陽)으로 향할 것이니 한번 만날 기회가 어찌 없겠습니까. 마땅히 숙범(叔範 홍득우(洪得禹))과 더불어 종 한 명을 구해서 미리 말씀드리겠습니다. 《이정유서(二程遺書)》와 《학부통변(學蔀通辨)》의 말은 삼가 잘 알았습니다. 나머지는 누워서 대신 쓰게 하느라 이만 줄입니다.

권치도에게 보냄 임술년(1682, 숙종8) 11월 27일

與權致道 壬戌十一月二十七日

11월이 되었습니다. 조용히 독서하며 지내는 생활에 날로 새로워지는 공부가 있으리라 생각하니 칭송하는 저의 마음 하루도 간절하지 않은 적이 없습니다. 저는 초겨울에 선영을 떠나 이제 여강(驪江)에 도착했습니다. 그사이에 생긴 일은 대체로 번거롭게 말씀드릴 수 없고, 오직 종전에 주선해 달라고 부탁한 것은 이제 문득 얻었습니다. 그러나 은명(恩命)이 지극하여 가면 갈수록 정성스러우니 황공한 마음 끝이 없습니다. 편안히 지내면서 그대와 화숙(和叔 박세채(朴世采))과 함께 솥발처럼 자리 잡고서 끊임없이 의심하여 막힌 것을 풀어낼 수 있다면 이는 실로 노년의 큰 행운입니다. 박우(朴友)의 인편이 있다고 들었기에 대략 이렇게 쓰고 이만 줄입니다.

권치도에게 보냄 계해년(1683, 숙종9) 1월 10일

與權致道 癸亥正月十日

답장을 받고 또 그대 아우를 뵙고서 일찍이 괴로운 일이 있었으나 기쁘게도 지금은 괜찮아졌다는 것을 알았습니다. 저는 승지가 명을 받들고서 돈면(敦勉)하며 오래 머무르면서 돌아가지 않으니 본읍(本邑)이 폐단을 받는 것이 적지 않기에 대략 교외에 나아가겠다고 말을 해서 보내었습니다만 지금 추위가 날로 심하니 무릅쓰고 가기 어렵습니다.[33]

이번에 가면 반드시 죽음을 무릅쓰고 길이 편안하고 한가로운 처지를 만들도록 판가름 내려고 하였는데, 이렇게까지 지연되니 도리어 근심스럽고 고민됩니다. 그러나 이러한 것도 또한 며칠 지나지 않을 것입니다. 다시 예전처럼 버티게 된다면 석실(石室) 근처에 머무르며 사우들과 모여 고서(古書)를 교정할 것입니다. 치도가 와서 도와주신다면 얼마나 다행이겠습니까만 바랄 수 있는 바가 아닙니다. 나머지는 이만 줄입니다.

33 저는……어렵습니다 : 1682년 12월 말경 천재지변과 흉년이 거듭되자 숙종이 승지를 보내어 부르는 유지(諭旨)를 송시열에게 전했는데, '서울에 들어오면 치사(致仕)를 허락하겠다'는 말에 송시열은 승지를 먼저 돌아가게 한 다음 열흘쯤 뒤에 서울로 간다. 《肅宗實錄 8年 12月 25日》《宋子大全 附錄 卷8 年譜7》

권치도에게 답함 계해년(1683, 숙종9) 2월 5일
答權致道 癸亥二月五日

뜻밖에 보내신 편지를 받고 그리운 생각이 몹시 위로되었습니다. 오늘 치사(致仕)를 청했으나[34] 극히 번잡하고 조리가 없어 성상의 윤허하는 말씀을 듣지 못했으니, 박모(朴某)가 들어오기를 기다렸다가 상의하는 것이 마땅하다고 생각합니다. 어제저녁에 화숙(和叔 박세채)이 입대(入對)했는데, 별달리 묻는 말이 없었습니다.[35] 이 일이 다시 차질이 생겼고, 저의 병은 한창 심하여 밥 한 톨도 먹지 못한 지 이미 여러 날입니다. 두려워 위태로운 마음이라 어떻게 처신해야 할지 모르겠습니다.

《차의(箚疑)》의 문목(問目)은 이미 글씨를 쓰는 사람에게 부쳤다고 하시니, 어찌 그리도 신속합니까. 지극히 기쁘고 다행스럽습니다. 잡저(雜著), 속집(續集), 서간 2책(冊)은 문곡(文谷 김수항(金壽恒))의 집에서 얻어다 드립니다. 《이정유서(二程遺書)》를 베껴 쓸 종이는 문곡이 전라도 관찰사(이사명(李師命))에게 그 종이를 갖추어 보내게 했습

34 오늘 치사(致仕)를 청했으나 : 영중추부사로서 치사하는 차자를 올렸다. 《肅宗實錄 9年 2月 6日》《承政院日記 肅宗 9年 2月 6日》《宋子大全 卷17 又乞致仕箚》

35 어제저녁에……없었습니다 : 1683년 2월 4일 박세채가 도성에 들어와서 상소를 올리자 숙종이 사관(史官)을 보내어 속히 들어오게 하니, 박세채가 대궐에 나아갔다. 그는 이 자리에서 차자를 올렸는데 숙종은 "조용하게 펴 보고 유념하겠다."라는 말을 하고, 금중(禁中)에 숙직하면서 찾아 묻는 데 대비하게 하는 외에 다른 말이 없었고, 이튿날 바로 이조 참의에 임명했다. 《肅宗實錄 9年 2月 4日, 6日》

니다. 30권은 여강(驪江)의 손자가 있는 곳에 남아 있기에 이제 온 심부름꾼을 시켜 들러서 가져가게 했습니다. 저의 병이 이러하니 이 두 책을 완성하는 것을 볼 수 있을지 모르겠습니다. 그대가 힘써 떠맡아 주셔서 일찌감치 마치게 되기만을 바랍니다. 그렇다면 눈을 감을 수 있을 것입니다.

권치도에게 보냄 계해년(1683, 숙종9) 3월 22일

與權致道 癸亥三月二十二日

봄이 저물어 갑니다. 이런 때에 고요히 지내는 생활은 어떠한지요. 그리운 마음 그지없습니다. 제가 치사(致仕)를 청한 것이 마침내 윤허를 받았으니, 곧 한 명의 한가한 사람이 되었습니다. 노 하나로 삐걱삐걱 저어 가면 강으로 난 길에 장애가 없을 테지만 질병이 고질이 되어 객지의 숙소에 깊이 엎드려 있으니, 세상에 좋은 일이란 많지 않다는 것을 알겠습니다. 《차의(箚疑)》와 《정서분류(程書分類)》 두 건의 일은 이미 마쳤습니까? 호서백(湖西伯 윤가적(尹嘉績))이 문곡(文谷)의 말 때문에 종이 100권을 보내왔습니다. 4권을 덜어 내어 최미백(崔美伯 최방언(崔邦彦))에게 주었고, 그 나머지 96권은 이제 관수(觀水) 영공(令公)을 통해 보내 드리니 점검하고 받는 것이 어떻겠습니까. 양쪽 끝에 각기 봉한 표시가 있습니다.

권치도에게 보냄 계해년(1683, 숙종9) 4월 10일

與權致道 癸亥四月十日

맑고 화창하여 지금 강 언덕은 더욱 멋집니다. 멀리서 그윽한 거처의 흥취를 생각하니 몹시 궁금한 마음 견딜 수 없습니다. 앞뒤로 보낸 편지는 모두 받아 보셨습니까? 저는 치사한 뒤에 이미 한가한 몸이 되었으니 곧 남쪽으로 돌아갈 수 있습니다만 아픈 외에도 박화숙(朴和叔 박세채)이 만류하는 바람에 아직도 지체하고 있었습니다. 그러나 사슴의 성품이란 번거롭고 시끄러운 것을 견디지 못하는지라 지금 성곽을 나섰는데 벌써 세상일이 적어지는 것을 알겠으니 저도 모르게 유쾌해집니다.

주자의 봉사주차(封事奏箚)는 이제 주해(註解)를 바치려고 하는데, 이는 화숙이 건의한 것입니다. 오늘부터 시작했으나 정신이 어두워 홀로 맡을 수 없으니 그대가 우선 잠시 와서 도와주었으면 합니다. 부디 잠시 구름을 가는 손[36]을 놓고 열흘 동안 힘써 주시는 것이 어떻겠습니까. 일이 사문(斯文)과 관계되니, 듣는 것을 싫어하지 않으리라 생각하기에 감히 이렇게 번거롭게 떠들었습니다. 부디 간절히 바랍니다. 그 장소는 문수(文殊), 승가(僧伽) 등입니다.

36 구름을 가는 손 : 한가로이 지내는 은자의 초연한 생활을 형용한 말이다. 송(宋)나라 관사복(管師復)이 숭산(崇山)에 은거했는데, 어떤 사람이 그에게 "무슨 즐거움이 있느냐?"라고 묻자 "언덕에 덮인 흰 구름은 갈아도 다함이 없고, 못에 가득한 밝은 달은 낚아도 흔적이 없네.〔滿塢白雲耕不盡, 一潭明月釣無痕.〕"라고 한 데서 온 말이다. 《山堂肆考 卷109 耕雲釣月》

권치도에게 보냄 계해년(1683, 숙종9) 5월 10일

與權致道 癸亥五月十日

세상의 도가 크게 변하였으니 우려를 금할 수 없습니다. 지난달 관동(關東)의 유람이 있었습니다. 처음에는 돌아가 뵙고 생각을 말씀드리고서 물러나려고 했는데, 도중에 저의 망발(妄發) 때문에 대간이 혐의를 피하였고 사설(辭說)이 분분하다고 들으니, 두렵고 부끄러워 지레 강으로 돌아갈 수밖에 없었습니다. 그런데 마침 그대의 서숙(庶叔)을 배에서 만나 아드님이 약시중을 들고 있다는 소식을 듣고서 걱정되었습니다. 제가 돌아가는 것을 지체하지 않은 것은 서둘러 그대를 맞이하여 《주서차의(朱書箚疑)》를 대교(對校)하고 싶었기 때문이니, 대신도 연석(筵席)에서 아뢰었기에 더욱 감히 지체할 수 없었습니다. 이제 들은 바가 이러하니 지극히 심란합니다. 오늘 차도는 어떠합니까? 대단한 데까지 가지 않았으면 아드님에게 오로지 맡겨 두고 만나러 오실 수 있겠습니까. 몹시 바랍니다.

권치도에게 보냄 계해년(1683, 숙종9) 5월 12일

與權致道 癸亥五月十二日

그대 숙부가 배로 가는 편에 대략 한 통의 편지를 써 보내었는데, 받아 보셨는지요? 여기는 승선(承宣)과 마주하고 있으니 몹시 답답하고 위축되지만, 내일쯤 돌아갈 것이고 모레면 아무런 일이 없을 것입니다. 제비 새끼가 나날이 커 가니 책장 넘기기에 퍽 알맞은데,[37] 어느 날에나 그런 은혜를 베풀어 주시겠습니까? 밤낮으로 우두커니 기다립니다. 나머지는 이만 줄입니다.

37 제비……알맞은데 : 독서하기에 좋은 계절이라는 말이다. 황정견(黃庭堅)이 조카 황사(黃相)를 보내며 지은 시 〈질사수지명주행(姪相隨知命舟行)〉에 "모래톱 가에 가서 고기 낚는 것을 배우지 말고, 백 장을 녹로로 만들지 마라. 맑은 강에 발을 씻고 창가에 앉아라. 제비 새끼 날로 자라니 독서하기에 알맞으니.〔莫去沙邊學釣魚, 莫將百丈作轆轤. 淸江濯足窓下坐, 燕子日長宜讀書.〕"라고 한 데서 가져왔다. 《山谷集 卷6》

권치도에게 답함 계해년(1683, 숙종9) 윤6월 29일
答權致道 癸亥閏六月二十九日

앞의 편지에 대한 답장을 드리지 못해 늘 스스로 부끄럽고 한탄스러웠는데, 다시 이렇게 사람을 보내어 안부를 살피시니 부끄럽고 감사한 마음 더욱 더합니다. 며칠 전에 이동보(李同甫 이희조(李喜朝))의 편지를 받고서, 《주서차의》에서 미비한 부분을 토론해야 하는 것이 몹시 긴요하여 즉시 심부름꾼을 보내어 아뢰려고 하였으나 괴롭게도 집에 사람이 모자라 틈이 생기기를 조금 기다려 먼저 심부름꾼을 보내었습니다. 더욱이 부족한 제가 죄를 자인한 글[38]은 관례대로 초본(草本)을 바쳤는데, 오늘 비답을 받았으므로 이것도 한꺼번에 보내 드립니다.

박(朴 박태유(朴泰維))의 상소는 오늘날 사람이 주해(註解)를 달아 묵수(墨守)하는 듯한 점이 있으니 누가 감히 논쟁하겠습니까. 또 어디에 득실이 있는지 모르겠고, 대사헌[39]의 생각이 어떠한지 모릅니다. 그러나 일찍이 《진서(晉書)》를 보니 "장강(長江)으로도 소준(蘇峻)을 막을 수 없는데 어찌 면수(沔水)로 석호(石虎)를 막을 수 있겠느냐."[40]

38 죄를 자인한 글 : 박세당(朴世堂)의 아들 정언 박태유가 대각(臺閣)과 임금을 가까이 모시는 신하들의 과실을 심문하여 처단할 것을 상소하면서 송시열이 태조의 휘호(徽號)를 청한 일의 잘못을 논하고 온 세상이 송시열에게 부합한다는 등의 말을 하였는데, 어떤 사람이 중지할 것을 권하자 가져가서 그 부분을 삭제해 버렸다. 그러나 그 상소에서 한 말이 이미 세상에 전파되었으므로 송시열이 상소하여 인책하였다. 《肅宗實錄 9年 6月 2日, 閏6月 24日》《宋子大全 卷18 朴泰維疏後待罪疏》

39 대사헌 : 당시 대사헌은 박세채(朴世采)이다. 《肅宗實錄 9年 閏6月 13日》

라고 하였으니, 바로 이 영감의 오늘 일과 부합합니다. 전날의 차자 끝부분의 일[41]은 오늘이 있을 줄 알았다면 반드시 누를 끼치지 않았을 것입니다. 박의 일이 있고부터 뒤미처 뉘우쳐도 어쩔 수 없습니다. 나머지는 병 때문에 대신 쓰게 하느라 이만 줄입니다.

40 장강(長江)으로도……있겠느냐 : 아무리 방비를 하더라도 상대방의 공격을 피할 수 없다는 말이다. 동진(東晉)의 유량(庾亮)이 중원(中原)을 회복하려고 상소하여, 10만 대군을 면양(沔陽)의 석성(石城)으로 옮겨 조(趙)나라를 정벌할 것을 청하자, 태상(太常) 채모(蔡謨)가 "소준의 강함은 석호에 미치지 못하고, 면수의 험함은 대강(大江)에 미치지 못한다. 대강으로도 소준을 막을 수 없었는데, 면수로 석호를 막을 수 있겠는가."라고 하였다. 《晉書 蔡謨列傳》 소준은 서진(西晉) 때 반역을 일으켜 수도를 함락하기까지 했으나 도간(陶侃)에게 죽은 역적이고, 석호는 오호 십육국의 하나인 후조(後趙)의 제3대 임금 무제(武帝)의 성명으로, 용맹이 당대의 으뜸이라는 평을 받았다. 면수는 중국 섬서성에 있는 강으로, 동남으로 흘러 한수(漢水)가 되어 장강으로 들어간다.

41 전날의……일 : 송시열이 왕명으로 주희(朱熹)의 봉사주차(封事奏箚)를 써서 올리면서 차자 끝부분에, 권상하를 학술이 정밀하고 밝은 데다가 주자의 글에 전력을 기울였으니 강독에 참여시킬 만하다며 천거한 일을 말한다. 《宋子大全隨箚 卷9》《宋子大全 卷18 進朱子封事奏箚箚疑箚》

권치도에게 답함 계해년(1683, 숙종9) 7월 11일

答權致道 癸亥七月十一日

두 통의 별지가 편지와 함께 오니 얼굴을 마주하여 이야기를 나누는 것만 같아 후련한 마음 이루 말할 수 없습니다. 또 허다한 이런저런 사정에 대해 한 마디 한 글자가 분명하여 이해되지 않는 부분이 없으니, 이는 실로 주자의 글을 익숙히 읽은 효험입니다. 더불어 무이산(武夷山)과 담계(潭溪)[42] 사이에서 읍양(揖讓)하며 수많은 성현(聖賢)이 서로 전해 온 지결(旨訣)을 함께 여쭈어 보지 못하는 것이 아쉽습니다.

시사(時事)는 거의 자면서 꿈에서도 놀라니 끝내 어떻게 결말이 날지 모르겠습니다. 우리는 부디 이렇게 한가히 지내며 남들과 상관하지 않고 이 몇 권의 남은 책을 마쳐, 당시에 고생스레 저술하여 훗날의 사람에게 은혜를 끼친 본래 뜻이 밝혀지기만을 바랍니다. 문목(問目) 한 장은 모두 매우 합당합니다. 마땅히 한결같이 여기에 근거하여 원래의 글을 개정(改定)하여 충청도 감영에 보내십시오.

저는 요즘 병이 심하여 밤낮으로 병석에 누워 있고, 게다가 사람을 상대하는 일이 너무 많아 조금도 쉴 겨를이 없으니, 회옹(晦翁 주희)이 "나태한 마음이 있을 수밖에 없다."라고 한 것은 실로 저를 위해 준비한 말입니다. 나머지는 누워서 대신 쓰게 하느라 이만 줄입니다.

42 무이산(武夷山)과 담계(潭溪) : 주희가 낙향해 살던 복건성(福建省) 숭안현(崇安縣)에 있던 시내와 산 이름이다.

권치도에게 보냄 계해년(1683, 숙종9) 7월 그믐
與權致道 癸亥七月晦日

매미 소리가 더욱 맑으니 그리워하는 마음을 알 만합니다. 요즈음 고요히 지내시는 생활은 어떠한지요? 저는 만성 학질이 다시 발작하여 한 달 넘도록 그치지 않습니다. 또 팔이 아픈 증세로 6, 7일 괴로워하고 있으니 어찌 이렇게까지 재앙이 거듭되는지요.

다름 아니라 《대전차의(大全箚疑)》에 대해 어제 성유(聖諭)를 받았습니다. 서둘러 교정하여 올리고 싶으나 질병이 이러하여 아직도 일을 시작하지 못하니 밤낮으로 두렵습니다. 추석 뒤에는 결단코 감히 지연할 수 없으니, 모임에 와 주셔서 기어코 일을 마치게 되기를 간절히 바랍니다. 어떠십니까? 우리가 한 차례 《주자대전》을 읽어 가는 것은 또한 작은 일이 아니니 몹시 기대합니다. 모이는 곳은 화양(華陽)이거나 어촌(魚村)이거나 이곳 분암(墳菴)이거나 말씀대로 따르겠습니다. 부디 이 인편에 헤아려 보시고 말씀해 주십시오. 나머지는 이만 줄입니다.

권치도에게 보냄 계해년(1683, 숙종9) 10월 25일

與權致道 癸亥十月二十五日

이별하던 날 추위가 심하여 염려스럽던 마음이 지금까지 더욱 깊지만 가난한 집이라 심부름꾼이 모자라 안부를 묻지 못하여 한스러울 뿐입니다. 아마 헤아려 주시겠지요. 형수가 앓던 병환은 곧바로 나았으며, 독서하고 이치를 살피는 데 방해되는 점은 없었습니까? 그럽다는 것은 빈말이 아닙니다.

이곳의 일은 대략 예전 그대로입니다. 그리고 옥당의 관원이 명을 받고 내려와 있는데, 진강(進講)할 책자의 구(句)를 끊는 일[43]은 부끄러움을 감당하지 못하겠습니다. 그러나 며칠 뒤에는 마칠 것입니다. 제 병의 증세는 전에 비해 대략 줄었으나 추위가 갑자기 심하여 문을 닫고 이불을 끼고 있으니, 아마 퍽 좋지 못할 듯합니다. 타우(打愚 이상(李翔))가 돌아갈 날이 머지않은데, 그대는 언제쯤 약속을 지킬는지요? 밤낮으로 우두커니 기다립니다. 나머지는 바쁜 틈을 타서 쓰느라 이만 줄입니다.

43 진강(進講)할……일 : 송시열이 숙종에게 주자서(朱子書)를 읽을 것을 권한 일로 인하여 숙종이 홍문관에 명하여 주자서 중 긴요하고 절실한 것을 뽑아 진강하게 하자, 홍문관의 신하들이 송시열에게 물어 초선(抄選)해 올릴 것을 청하였다. 이에 숙종이 사관(史官)을 보내어 송시열에게 초선해 올리라는 뜻으로 유시(諭示)하였다. 《肅宗實錄 9年 8月 13日》

권치도에게 보냄 계해년(1683, 숙종9) 11월 14일

與權致道 癸亥十一月十四日

오늘날의 경사[44]는 억만년토록 무궁하리라는 것을 점칠 수 있으니, 열명의 길보(吉甫)라고 해도 어찌 다 기릴 수 있겠습니까.[45] 지난달 허겁지겁 서울로 갔다가 이어서 서쪽으로 향곡(香谷)으로 가서 화숙(和叔 박세채(朴世采)), 운거(雲擧 이상(李翔))와 느긋이 지냈습니다. 또 성안에 들러 주상께 장차 남쪽으로 갈 것이라고 아뢰었는데,[46] 온실(溫室)[47]에서 뵈니 성군의 풍채가 사람을 비추고 음성이 온화하여 참으로 기뻐 어깨가 들썩이는 줄도 몰랐습니다.

44 오늘날의 경사 : 숙종이 당시에 천연두를 앓다가 회복되었기에 하는 말이다. 《肅宗實錄 9年 10月 18日, 11月 17日》

45 열……있겠습니까 : 길보는 주(周)나라 선왕(宣王) 때의 중신(重臣)으로, 문무의 재주를 지녀 북방의 험윤(玁狁)을 정벌하는 데에 큰 공을 세웠던 윤길보(尹吉甫)를 말한다. 그는 〈숭고(崧高)〉, 〈증민(烝民)〉, 〈한혁(韓奕)〉, 〈강한(江漢)〉 등의 시를 지어 선왕을 찬미했다.

46 지난달……아뢰었는데 : 송시열은 당시 권상하와 화양동의 서재에서 책을 교열하고 있었는데, 1683년 10월 26일 숙종의 병이 심상치 않다는 말을 듣고 그 즉시 서울로 올라갔다. 11월 6일 병세가 호전되었다는 소식을 듣고 잠시 고양(高陽)의 향동(香洞)에서 이단하와 박세채를 만났으며, 8일에 다시 서울로 갔다. 송시열이 내려갈 뜻이 있음을 알고 숙종이 승지를 통해 면유(面諭)를 기다리라는 뜻을 전하자 10일 숙종을 입대(入對)한 다음 죽산(竹山)을 거쳐 14일 화양으로 돌아왔다. 《宋子大全 附錄 卷9 年譜8》

47 온실(溫室) : 온실은 원래 한나라 장락궁(長樂宮)의 전각 이름인데 여기서는 궁궐을 말한다. 당시 숙종이 천연두 증세가 있어 송시열이 문안하러 갔다. 《肅宗實錄 9年 10月 29日》

길에 오른 이틀 사이에 승지가 두 차례 말씀을 전하였으나 감히 명을 받들지 못했습니다. 이제 괴산(槐山)의 관아에 도착했는데 그대도 편치 못하다고 들으니 그지없이 염려됩니다. 지금은 어떻습니까? 옛 유람을 이을 수 있겠습니까? 몹시 기대합니다. 손자가 외람되게도 과거에 급제하였습니다. 가르치지도 않았는데 벼슬에 나가니 세상에 대한 근심이 다행으로 여기는 마음보다 심하여 밤낮으로 마음에 걸립니다. 부디 그대가 깨우치고 채찍질하여 방향을 헤매는 데까지 가지 않게 해 주십시오. 나머지는 이만 줄입니다.

권치도에게 보냄 계해년(1683, 숙종9) 12월 26일

與權致道 癸亥十二月二十六日

황급히 헤어져도 추억이 생생합니다. 요즘 봄이 돌아왔는데 고요히 지내시는 생활은 어떠한지요? 보고 계신 것은 또 무슨 책입니까? 저는 가다가 말다가 하느라 열하루 만에야 들어갔는데 즉시 면대(面對)를 받게 되었고, 이어서 지문(誌文)을 지으라고 명하셨습니다. 세 번 사양하였으나 권면하는 유지(諭旨)가 더욱 간절하였습니다. 어쩔 수 없이 물러나 즉시 서산(西山)의 선영으로 돌아오니, 질병이 위태롭고 괴로웠고, 또 사관(史官)이 와서 지문의 명을 다시 전하니 황공하여 어찌할 줄을 몰랐습니다. 지문을 바친 뒤에 즉시 남쪽으로 돌아가서 전에 하던 일을 마치려고 하지만 뜻대로 할 수 있을지 모르겠습니다. 남은 날이 얼마 없는데 부질없이 보내니 세월이 아까워 한밤중에 이를 생각하면 몹시 기분이 좋지 않습니다. 나머지는 마침 연풍(延豐)[48]의 인편을 맞이하느라 이만 줄입니다.

48 연풍(延豐) : 1683년 송시열이 황세정(黃世楨)에게 보낸 편지로 추측하건대 연풍 현감으로 있던 황세정을 말하는 듯하다. 《宋子大全 卷87 答洪叔範(丁卯七月二十八日), 卷109 答黃周卿(癸亥八月十九日)》《宋子大全隨箚 卷10》

권치도에게 보냄 갑자년(1684, 숙종10) 1월 23일

與權致道 甲子正月二十三日

서대문 밖에서 칩거하고 있는데 문득 조카가 병들었다는 소식을 듣게 되었습니다. 14일에 바쁜 틈을 타서 서울에 들어와 지문(誌文)을 바치고, 15일 어전(御前)에 나아갔으며, 그날 저녁에 도성을 나와 만의(萬義)로 와서 대략 아들의 병을 살펴보았고, 오늘 아침 비로소 조카가 천연두를 앓고 있는 곳에 왔습니다. 천신만고 끝에 산을 넘고 물을 건너오니 생기가 다해 버렸고, 게다가 중간에 승지가 세 번이나 오고 사관이 두 번이나 와서 성지(聖旨)의 은근함이 갈수록 깊으니, 두려운 저의 마음을 어찌 말로 다 하겠습니까.

청주(淸州) 고을에 도착하여 편지를 받아 보니 저의 마음과 눈이 다 열려 겹겹의 고개에 막혀 있는 줄도 몰랐습니다. 참으로 연풍(延豐)과 괴산(槐山)의 지경으로 나아가서 그대를 맞이하여 전에 하던 일을 마치고 싶으나 일 때문에 그대로 회덕(懷德)으로 향했습니다. 남은 날이 많지 않은데 이렇게까지 부질없이 저버리니 어찌합니까. 와서 만나겠다는 소식을 받으니 기쁘고 죄송한 마음 이루 말할 수 없습니다. 다만 길이 먼 것이 염려되니 부디 하늘의 도움 덕에 마침내 방문해 주신다면 무슨 위로가 이만하겠습니까만 감히 바라지는 못합니다. 이에 심부름꾼을 빌려 감히 이렇게 답을 드립니다.

권치도에게 답함 갑자년(1684, 숙종10) 3월 6일

答權致道 甲子三月六日

거듭된 슬픔[49]이 있다는 소식을 듣고 즉시 편지를 써서 위로해 드리고 싶었으나 산속의 거처에 사람이 모자라 우편에 부쳤으니, 늘 일이 뜻대로 되지 않는 것을 한탄하였습니다. 지금 1일에 보내신 편지를 받고 앞서 편지로 안부를 물어보신 줄을 알았습니다. 아직 받지 못했으나 더욱 부족함이 부끄럽습니다. 등에 종기가 났다는 말씀은 더더욱 깊이 놀랍더니 이제 나아서 기쁩니다. 오늘 과연 장례 행렬을 따라 동쪽으로 가십니까? 하관한 뒤 이곳에 오실 수 없다면 제가 서로 가까운 곳에 책을 가지고 가서 마치지 못한 일을 마칩시다. 이는 공홍도 관찰사(公洪道觀察使 윤이도(尹以道))가 돌아갈 뜻이 있어 여러 번 이 책을 요구했기 때문입니다.

손자는 참으로 지조를 버리고 남을 따르고 싶어 하지 않습니다. 오늘 이미 예문관의 독촉을 받고 거취를 결정해야 하는 상황을 마주하게 되었으나 결정할 바를 모르겠습니다. 일찍이 영의정과 좌의정 및 몇몇 신진이 정성스럽게 주선하여 낭패를 보지 않게 했으나 결국 깊은 우물에 떨어지고야 말았으니, 남에게 믿음을 받기가 이렇게까지 어렵습니까. 교정하는 일은 반드시 그대를 기다려야 하므로 미처 손을 대지 못했습니다. 나머지는 병으로 대신 쓰게 하느라 이만 줄입니다.

49 거듭된 슬픔 : 연보에는 아우 권상명(權尙明)의 사망만 확인이 되며 그 이전의 상에 대해서는 확인되지 않는다.《寒水齋集 年譜》

권치도에게 답함 갑자년(1684, 숙종10) 7월 16일

答權致道 甲子七月十六日

어제 연풍(延豐 황세정)의 인편에 안부 편지를 받고 그리운 마음이 몹시 위로되었습니다. 즉시 답장을 써서 그 인편을 빌려 전달하였으니 조만간 받아 보실 수 있을 것입니다. 《절작통편(節酌通編)》[50]에 들어갈 교정하신 글은 이미 충청도 감영에 보내면서, 두 건을 베껴 쓰기만 하고 신중히 하여 목판에 새기지 말 것을 다시 간청하였습니다. 어제 그 답을 얻으니 간행할 뜻이 매우 분명하여 돌이킬 수 없을 듯합니다. 또 불가하다는 뜻으로 답하였고 게다가 어쩔 수 없다면 새겨서 보관하는 것이 좋다고 하였는데, 끝내 어떻게 될지 모르겠습니다. 대체로 처음에 엄정하게 거절하지 않다가 끝내 처리하기 어렵게 되었으니 이것이 한스럽습니다.

윤(尹)의 편지에 답하는 것은 우물쭈물한 지가 오래되었습니다. 10여 일 전에 그가 또 편지를 보내오니 굳센 뜻이 열에 일고여덟은 줄어들었으나 여전히 애원하고 간청하는 듯한 점이 있었습니다. 전날 초안을 요약한 것에다 아울러 짐짓 새로운 말이 있으니 그가 어떻게 생각할지 모르겠습니다. 중동(中洞)의 사람이 며칠 전에 세상을 떠났는데[51] 옛날

50 절작통편(節酌通編) : 이황(李滉)의 《주자서절요(朱子書節要)》와 정경세(鄭經世)의 《주문작해(朱文酌海)》를 합하고 다시 주희의 글을 추가하여 편집하고 주석을 붙인 송시열의 저서이다. 1686년에 36권 20책으로 간행하였다.

51 중동(中洞)의……떠났는데 : 중동은 공주(公州)에 있는 지명으로, 이유태(李惟泰)를 말한다. 송시열, 송준길, 윤선거(尹宣擧), 유계(兪棨)와 더불어 충청도 유림의

따라 노닐던 친밀함을 생각하자니 저도 모르게 눈물이 흐릅니다. 그는 원래 좋은 사람이었는데 자식과 조카들의 잘못 때문에 낭패를 당해 다시는 여지가 없으니, 몹시 마음 아픕니다. 윤의 뒤 편지와 답장은 지금 주손(疇孫 송주석)에게 대략 대강의 내용을 답하라고 하였습니다.[52]

오현(五賢)으로 손꼽히는데, 1660년에 일어난 복제 시비(服制是非) 때 송시열의 기년설(朞年說)을 옹호했으나 숙종 초 송시열과 사이가 벌어져 유현(儒賢)으로서의 지위를 상실한 채 불만 끝에 세상을 떠났다.

52 윤(尹)의……하였습니다 : 윤은 윤증을 말하는 것으로 보인다. 《명재유고(明齋遺稿)》 별권(別卷) 3에 윤증이 송시열에게 보내려다 보내지 않은 이른바 '신유의서(辛酉擬書)'가 실려 있는데, 그 속에 1684년 2월 12일부터 8월 26일까지 여섯 차례에 걸쳐 윤선거의 묘지(墓誌)와 관련하여 윤증이 노여워하던 상황 속에서 윤증의 입장을 알 수 있는 내용이 있다. 한편 송시열은 이해에 윤증에게 5월에 두 차례 7월에 두 차례, 모두 네 번의 답을 하는데, 10여 일 전에 보낸 편지라면 6월 말 7월 초가 된다. 《명재유고》에는 이즈음에 송시열에게 보낸 편지가 실려 있지 않으나 《송자대전》 권101에 7월 2일에 보낸 편지가 있으니, 그 답장으로 추측된다.

권치도에게 답함 갑자년(1684, 숙종10) 8월 26일

答權致道 甲子八月二十六日

그리워하던 중에 연풍(延豐 황세정) 편에 보낸 편지를 받고서 삼가 근황이 좋으신 것을 알았으니 위로되는 마음 말로 형용할 수 없었고, 더구나 마침내 벗의 의사를 따르겠다는 말이 있으니 더욱 경도됩니다. 제가 걱정이 없었으면 책을 들고 만난 지 오래되었을 것입니다. 성균관의 논의에 대해 하신 말씀을 보니 놀랍고 두렵습니다. 산곡(山谷)의 시는 생각할 것이 많이 있지만 주 선생(朱先生)은 유독 '서강 물결〔西江波浪〕'을 읊으며 귀신도 울 만하다고 하였습니다.[53] 이제 이렇게 분분하니 편안히 쉴 기약이 없어 고민되는 것을 어쩌겠습니까.

그(윤증)의 편지는 중간에 대략 말의 기색을 낮추었다가 뒤에 다시 맹렬한 기세가 더욱 증가하였습니다. 당초 사양하여 조정하고 화해하기를 바란 뜻은 그대에게 비웃음을 샀다고 말할 만하니 부끄러워하고 뉘우쳐도 소용이 없습니다. 이렇게 흉년이 들었는데, 그곳은 어쩌면 얼마 되지 않는 것이나마 수습하여 큰 낭패를 초래하는 것은 면했는지요? 이제 공채(公債)를 다 갚을 수 있다면 한 해의 일이 끝날 것입니다. 나머지는 이만 줄입니다.

53 산곡(山谷)의……하였습니다 : 산곡은 북송(北宋) 황정견(黃庭堅)의 호이다. '서강 물결'은 원통한 마음을 서강의 거친 파도에 비유한 것으로, 황정견의 〈훼벽(毁璧)〉이라는 시에 "돌아가 소요하려나, 서강의 물결 언제나 잦아지려나.〔歸來兮逍遙, 西江波浪何時平?〕"라는 구절이 있는데, 주희가 이 구절을 두고 "참으로 귀신을 울릴 만하다." 라고 평하였다. 《古今事文類聚 後集 卷11》《朱子大全 卷100 林井伯》

권치도에게 답함 갑자년(1684, 숙종10) 9월 29일

答權致道 甲子九月二十九日

김(金)의 편에 보낸 편지는 받고서 매우 위로되었는데, 이제 관(官)의 우편으로 25일 보내신 편지를 거듭 받으니 더욱 마음에 감사했습니다. 이곳의 일은 실로 말할 만한 것이 없습니다. 오직 이(李)와 윤(尹)[54]이 합세하여 욕하는 말에 대해서 다시는 인간적인 도리로 대처하지 못하겠습니다. 사람을 그의 가랑이 밑으로 지나가게 하는 것과 가까우니 우습습니다.

속히 산에 들어가고 싶으나 과부가 된 딸[55]이 다음 달에 윤씨의 집에서 이곳으로 이사하게 되었기에 정리되어 안정되기를 기다린 뒤에나 움직일 수 있을 것입니다. 그대가 멀리서 오시니 정말 쉽지 않은 일이고, 또 오래 머무르기도 어렵습니다. 그런 만큼 우선 제가 움직일지 아닐지를 기다렸다가 결정하는 것도 좋을 것입니다.

얼핏 풍문에 들으니 시사가 날이 갈수록 더욱 흉흉해진다는데, 손자가 바로 이런 때에 외람되게 영예로운 자리에 들어가니,[56] 자나 깨나

54 이(李)와 윤(尹) : 이는 이유태의 막냇동생인 이유겸(李惟謙)의 아들 이구(李頛)와 이유태의 아들 이적(李頔)을, 윤은 윤증을 가리킨다.《宋子大全隨箚 卷9》

55 과부가 된 딸 : 윤박(尹搏)에게 시집갔던 막내딸을 말하는 것으로 보인다. 1666년 결혼한 뒤 젊어서 과부가 되었으며 1685년 8월에 사망하였다. 윤박은 윤선거의 형 윤문거(尹文擧)의 아들이다.《宋子大全 附錄 卷9 年譜8, 卷10 年譜9》

56 손자가……들어가니 : 송주석(宋疇錫)이 예문관 검열이 된 것을 말한다.《宋子大全 附錄 卷10 年譜9》《肅宗實錄 10年 9月 17日》

염려됩니다. 어떻게 될지 모르겠으니 일찍 벗어나기만을 바랍니다. 마침 분잡한 개인적인 일을 만나 편지 꼴을 이루지 못했으니 모두 마음 속으로 이해해 주십시오.

권치도에게 보냄 갑자년(1684, 숙종10) 11월 29일

與權致道 甲子十一月二十九日

일전에 작별한 것이 지금까지도 서글픕니다. 그 뒤에 제 병은 한바탕 다시 심해져 치료할 만한 약이 없어서 급히 새로 길어 온 물로 속에 든 것을 내렸습니다. 내린 뒤에는 원기가 갑자기 소진되어 지탱할 수 없을 듯하였는데 이렇게 며칠 지내다 대략 생기가 있게 되었습니다. 그런데 아이의 병은 아직 위험한 지경을 완전히 벗어나지 못했습니다. 그러나 타들어 가는 마음은 처음보다는 차이가 있습니다.

국연일(國練日)[57]의 거취에 대해서는 서울의 친구와 젊은이들은 모두 들어오지 않았으면 하는데, 노봉(老峯 민정중(閔鼎重)) 같은 분들은 그렇지 않다고 여기고 광성(光城 김만기(金萬基))의 경우는 다시 편지를 써서 권합니다. 저 스스로 의리에 정밀하지 못하여 며칠 동안 마음에 어지럽더니 어젯밤에 신명(神明)에게 물어보고 복(復)이 진(震)으로 간 괘[58]를 얻었으니, 바로 주 선생(朱先生 주희)이 일찍이 만난 적이

57 국연일(國練日) : 숙종의 어머니이며 현종의 비인 명성왕후(明聖王后)의 소상(小祥)을 말한다.

58 복(復)이……괘 : 복괘(復卦 ䷗)가 변하여 진괘(震卦 ䷲)로 간 것을 말하는데, 복괘의 초구(初九)는 일양(一陽)으로 오음(五陰)의 주(主)가 된다. 육사(六四)는 오음의 가운데 있으면서 홀로 초구의 양과 응하여 오직 도를 따르므로 그와 함께 변한다. 그러므로 음효가 변하여 양효가 되어 전체가 진(震)이 된다. 〈복괘 상(象)〉에 "우레가 땅속에 있는 것이 복괘이니, 선왕이 이것을 보고서 응용하여 동짓날에는 관문을 닫아 장사꾼과 여행자들이 다니지 못하게 하였으며 임금이 지방을 시찰하지 않았다.〔雷在地中, 復, 先王以至日閉關, 商旅不行, 后不省方.〕"라고 하고, 〈진괘 상〉에 "우레가 거듭된

있던 괘인 만큼 몹시 외람되고 또 더없이 황공합니다.

본괘(本卦)로 추측해 보면 《주역본의(周易本義)》에 이른바 "옳음을 바르게 지키고 그 도를 밝힌다.〔正義明道〕"라는 등의 말[59]로 비방의 의론을 따지지 않는 뜻이 있으나 오직 지괘(之卦)에서 이른바 "마침내 빠져 있다.〔遂泥〕"라는 것은 한 걸음도 나아가기 어려움이 있는 상입니다. 〈상전(象傳)〉에 이른바 "광대(光大)하지 못하다."라는 것[60]은 더욱 시의(時義)의 사실에 부합합니다. 이미 소본(疏本)을 초(草)하여 깨끗하게 베끼는 즈음에 보내신 편지가 문득 왔으니, 이것 또한 하나의 시채(蓍蔡)[61]이기에 상소하려던 계획을 또 바꾸었는데, 마침내 어떻게 결말이 날지 모르겠습니다. 과연 가게 될 경우 새벽에 들어갔다가 저녁에 나와 사람과 만나지 않음으로써 사람을 응대하는 사이에 생기는 후회할 일을 면한다면 벗의 부끄러움이 되지는 않을 것입니다. 크고

것이 진괘이니, 군자가 이것을 보고서 두려워하고 조심하여 행실을 닦고 반성한다.〔洊雷, 震, 君子以恐懼修省.〕"라고 하였으니, 본괘(本卦)나 변괘(變卦)가 모두 움직이지 말고 삼가라는 내용이다. 또 복괘 초효와 응하는 사효(四爻)는 정응(正應)이 되니, 송시열이 복괘나 진괘의 사효의 상(象)에서 점괘를 취하고 있다. 《易變體義 卷5 上經5》

59 주역본의(周易本義)에……말 : 《주역》 〈복괘 육사(六四)〉에 "음(陰) 가운데를 가지만 홀로 돌아온다.〔中行獨復〕"라고 하였는데, 주희가 "사(四)가 군음(群陰)의 가운데에 처하여 홀로 초(初)와 응하니, 무리와 함께 가나 홀로 선(善)을 따르는 상이다."라고 풀이하면서 동중서(董仲舒)의 "어진 사람은 의(義)를 바르게 지키고 이익을 도모하지 않으며, 도를 밝히고 공(功)을 따지지 않는다."라는 말을 인용하였다.

60 지괘(之卦)에서……것 : 지괘는 복괘에서 변한 진괘를 말하며, 〈진괘 구사(九四)〉에 "진동하여 마침내 빠져 있다.〔震遂泥〕"라고 하였고, 〈상전〉에 "'진수니'는 광대하지 못하다.〔震遂泥, 未光也.〕"라고 한 것을 말한다.

61 시채(蓍蔡) : 시귀(蓍龜)라고도 하는데, 점을 칠 때 쓰이는 시초(蓍草)와 거북 껍질을 말한다. 여기서는 점괘의 뜻으로 쓰였다.

작은 강의 물고기는 그지없이 감사합니다.

○ 설을 쇤 뒤에 장차 어디에 거처할 계획입니까? 고요한 곳에서 한 달 동안 서로 모여 교정하는 일을 마치고 싶은데 손댈 수 있을지 모르겠습니다. 회덕(懷德)은 분잡한 것이 매우 괴롭습니다.

권치도에게 보냄 을축년(1685, 숙종11) 2월 22일

與權致道 乙丑二月二十二日

창졸간에 헤어진 뒤 저도 바삐 서쪽으로 돌아갔으니, 재앙의 싹이 이미 터서 여러분이 상소를 의논하는 것이 매우 예리하므로 서둘러 돌아가서 제지하려 했던 것입니다. 가난한 집이 사람이 모자라 안부를 여쭙지 못했지만, 어찌 하루인들 생각나지 않은 적이 있겠습니까. 지금 봄 날씨가 따사로운데 병시중을 드는 외에 공부하고 지내는 생활은 좋으시겠지요. 저는 지금 화양(華陽)에 도착했는데, 그대를 불러 교정하는 일을 마치고 싶었고 또 사고가 있을까 염려되었기 때문입니다. 그래서 즉시 찾아가서 열흘 동안 있을 계획을 하였으니, 이는 봄날 강의 경치가 한창 좋고 겸하여 어진 주인[62]이 간청하는 바가 있었기 때문입니다. 서산(西山)이 나그네를 거절하는 뜻[63]이 있다면 어촌이나 연풍(延豐) 지역의 산수가 좋은 곳이거나 모두 좋습니다. 부디 생각해서 서둘러 말씀해 주시는 것이 어떻겠습니까.

시사는 들어 아십니까? 문곡(文谷)이 대략 정도(正道)를 부지하는

62 어진 주인 : 김수증(金壽增)을 말한다. 당시 청풍 부사(淸風府使)로 있었다. 《宋子大全隨箚 卷9》

63 서산(西山)이……뜻 : 미안하여 제자가 스승의 방문을 거절하는 뜻을 말한다. 서산은 주희의 제자 채원정(蔡元定)의 호이다. 주희가 그를 방문하겠다고 하자 자신이 나아가 뵈어야 마땅하니 수고스럽게 걸음을 하지 말라고 하므로 주희가 "서산의 약속은 한결같이 어찌 그리 심하게 객을 거절하는가."라고 하였다. 《宋子大全隨箚 卷4》《晦庵集 卷44 答蔡季通(癸丑三月二十一日)》

의론을 꺼내었는데,[64] 뭇 화살의 집중 공격을 받아 인피(引避)할 수밖에 없었다고 합니다. 지주(砥柱)도 꺾였으니 어쩌겠습니까. 늙은 저는 입술이 타고 입이 마릅니다. 겨우 상소하자는 논의를 제지하였으니 송자신(宋子愼)의 재앙[65]은 없을 것입니다. 환관에게 조문하지 않고 나라가 온전하기를 기대할 수 있겠습니까.[66]

64 문곡(文谷)이……내었는데 : 문곡은 김수항의 호이다. 김수항은 윤증이 이이에 대해 한 말과 관련하여 당시 분분하던 의론에 대한 의견을 밝혔다.《文谷集 卷15 病未赴問安待罪仍陳情勢乞免箚》《承政院日記 肅宗 11年 2月 12日》

65 송자신(宋子愼)의 재앙 : 자신은 송상민(宋尙敏)의 자이다. 송시열의 제자로 1679년에 예송(禮訟)의 일로 송시열의 설을 변호하고, 아울러 허목과 윤휴의 잘못을 적은 봉사(封事)를 지어 올렸다가 숙종의 노여움을 사서 형장을 맞다 죽었다.《華陽淵源錄 宋尙敏》

66 환관에게……있겠습니까 : 공격하는 측에 머리를 굽히고 타협하지 않을 수 없다는 말이다. 후한(後漢) 말기의 명사 진식(陳寔)의 정자를 취성정(聚星亭)이라 불렀는데, 그 위치가 바로 고정(考亭)에 있었다. 송나라 주희가 그 정자를 수리하고 〈취성정화병찬(聚星亭畫屛贊)〉을 지었는데 그 내용 중 "몸을 바쳐 대중을 편안케 하고 환관에게 조문하여 나라를 온전케 하였네."라는 말이 있다. 환관은 영제(靈帝) 때 권세를 잡은 장양(張讓)으로, 그 부친의 장례를 치를 때에 온 고을 사람들이 모두 조문하였으나 명사(名士)들은 찾아오지 않았으므로 이를 매우 부끄럽게 여겼는데, 진식이 홀로 조문하였다.《後漢書 陳寔列傳》

권치도에게 답함 을축년(1685, 숙종11) 4월 23일

答權致道 乙丑四月二十三日

지난번에 김생(金生)을 통해 9일에 보내신 편지를 받고 하신 말씀을 모두 잘 알았습니다. 그리운 생각을 위로하였고 또 간곡한 말씀을 받았으니 몹시 다행입니다. 살날이 얼마 남지 않은 저로서는 세월을 허송하는 것은 더욱 아깝습니다. 손자가 저의 사사로운 뜻을 지키려고 죽음을 무릅쓰고 사정을 아뢰었다가 세상에 넘치는 비방을 야기하였으니, 앞길은 더욱 가시밭일 것입니다. 이 일 때문에 내버려진다면 한가한 틈을 얻어 책을 볼 수 있으니 새옹지마의 복이 아닌 줄 어찌 알겠습니까.

막 운대(雲臺)의 기록[67]을 마주하여 토론하였습니다. 사중(士中)[68]이 간청한 것은 오래도록 부응하지 못하다가 이제 비로소 다듬어 정리하여 보내 드리니, 편지와 아울러 드리는 것이 어떻겠습니까. 단신(丹申)[69]의 비기(碑記)에서 첨삭할 곳은 말씀하신 것이 마땅하고, '이사룡

67 운대(雲臺)의 기록 : 《역학계몽(易學啓蒙)》을 말하는 것으로 보인다. 주희가 운대관(雲臺觀)의 사관(祠官)을 지냈으므로 《역학계몽》 발문(跋文)에서 "운대진일(雲臺眞逸)은 기록한다."라고 하였다. 《宋子大全隨箚 卷9》

68 사중(士中) : 홍만선(洪萬選, 1643~1715)의 자이다. 본관은 풍산(豐山), 호는 유암(流巖)이다. 예조 참의를 지낸 홍주국(洪柱國)의 아들이다. 《산림경제(山林經濟)》를 지었다.

69 단신(丹申) : 단양(丹陽) 사람인 효자 신맹경(申孟慶)을 말한다. 자는 백상(伯祥), 호는 운계(雲溪)이다. 제천 현감과 충주 병마절제사를 지냈다. 송시열이 그의 정려비기(旌閭碑記)를 지었다. 《宋子大全隨箚 卷9》

전(李士龍傳)'[70] 뒤의 '포(砲)' 자는 없애는 것이 매우 타당합니다. 당초에 놓치고도 깨닫지 못했습니다.

○ 신맹경(申孟慶)의 비 중에서 '지문폐문(至門閉門)'의 '문(門)' 두 글자는 서로 방해가 되니 뒤의 '문' 자는 '이(而)' 자로 고치는 것이 좋겠습니다.[71] 이 작은 편지를 즉시 그에게 보내 주시기를 바랍니다.

70 이사룡전(李士龍傳) : 이사룡은 경상도 성주(星州)의 양민(良民)으로, 1640년(인조18) 청나라가 명나라를 치기 위하여 원병을 청했을 때 포사(砲士)로 징발되었다. 금주(錦州)에서 명장(明將) 조대수(祖大壽)와 싸우게 되자 헛총질만 하다가 청나라군에게 발각되어 위협을 받았으나 끝내 굽히지 않고 죽음을 당했다. 죽은 지 2년 후 성주 목사에 제수되었고, 성주 충렬사(忠烈祠)에 제향되었다. 1668년(현종9) 온양에 행차한 현종에게 송시열이 추장(推奬)할 것을 주청하자 현종이 이사룡의 아들 이선(李善)을 만호(萬戶)에 임명하였고, 송시열이 전(傳)을 지어 기렸다. 《宋子大全隨箚 卷9》《宋子大全 卷213 砲手李士龍傳》

71 신맹경(申孟慶)의……좋겠습니다 : 신맹경의 정려비는 송시열이 지었는데, 단양 북평리(北坪里)에 있다. 오늘날 남아 있는 글에는 "급제하여 영광스럽게 집 문에 이른 사위가 한 명 있었는데 닫고서 보지 않았으니, 그가 광해조 때 폐모를 주청하는 상소에 참여했기 때문이다.〔有一壻登第榮歸至門, 閉而不見, 以其光海朝參廢母疏也.〕"라고 되어 있는데, 이 편지로 초고에서 '榮歸至門, 閉門不見'으로 썼던 것을 현재의 '榮歸至門, 閉而不見'으로 고쳤음을 알 수 있다. 《宋子大全 卷171 孝子堤川縣監申公旌閭碑》《西坡集 卷19 題雲溪申公孟慶遺事後》

권치도에게 보냄 을축년(1685, 숙종11) 5월 24일

與權致道 乙丑五月二十四日

무더운 여름비가 침울한데 조용한 속에 공부하는 생활은 무탈하시겠지요. 저는 요즈음 몹시 피곤하여 늘 자리에 누워 있으니, 참으로 좋지 않은 소식인 것을 어쩌겠습니까.

《차의(箚疑)》는 이전의 공홍도 관찰사(윤이도(尹以道))가 반드시 간행하겠다고 했는데 시사(時事)가 어수선하니 극력 저지하여 중지되었습니다. 어제 그가 신본(新本) 35책(冊)과 구본(舊本) 21묶음〔沓〕[72]을 보내왔습니다. 이제 주경(周卿 황세정(黃世楨))을 통해 완전히 봉해서 드립니다. 부디 대교(對校)할 자를 얻어 교정을 거쳐 두드러지게 잘못된 것은 곧장 고치는 것이 어떻겠습니까.

시사는 홍수주(洪受疇)의 상소[73] 뒤로는 더욱 저를 분하고 한탄스럽게 합니다. 그러나 혐의 때문에 감히 그때마다 변명할 계획을 하지는 못하겠습니다. 옛날에 범순부(范淳夫)가 이천(伊川)의 무고를 즉시 밝히지 못했는데, 순수한 스승은 아니었음에도 주 부자(朱夫子)가 오히려 잘못이라고 여겼습니다.[74] 더구나 오늘날에는 속죄할 수 없는 경우

72 21묶음〔沓〕: 《송자대전수차》 권9에서 '沓'는 종이를 모아 두루마리로 만들었다는 뜻이라고 풀이했다. 낱개의 원고를 두루마리로 만든 것이 21묶음이라는 말인 듯하다.

73 홍수주(洪受疇)의 상소 : 윤증(尹拯)을 변호하려고 이이(李珥)가 산에 들어갔던 일을 논한 상소를 말한다. 《肅宗實錄 11年 5月 26日》

74 범순부(范淳夫)가……여겼습니다 : 소식(蘇軾)이 정이(程頤)와 평소 틈이 있어 정이를 간사하다고 비방한 적이 있었는데, 범조우(范祖禹)는 소식과 같은 고향 사람으

이겠습니까. 그러나 가슴이 너무나 벌렁거려 장차 참지 못할 것이니 귀양 가는 날 와서 이별할 수 있겠습니까? 이는 실없는 말이 아닙니다. 이만 줄입니다.

로 친밀했기에 이를 즉시 반박하지 않고 몇 년 뒤에 변호하였다. 이 일을 두고 주희가 "범공(范公)이 순수하게 정씨(程氏)를 스승으로 섬긴 것은 아니지만 실제로는 존숭하였으며 모범을 취하였다. …… 그가 이천을 변호한 주문(奏文)을 보면 그의 마음이 어찌 동파(東坡)를 다 옳다고 여겨서였겠는가. 강단이 부족하여 정이와 소동파 양쪽 모두를 따르려는 사심을 면치 못하였기 때문이다."라고 평하였다. 《朱子全書 卷62 歷代2 宋》《晦庵集 卷35 答呂伯恭》

권치도에게 보냄 을축년(1685, 숙종11) 6월 7일

與權致道 乙丑六月七日

일찍이 한 통의 편지와 아울러 《차의(箚疑)》 신구 건(新舊件)을 상자에 넣고 봉하여 연풍 현감(延豐縣監 황세정)에게 부쳐 대신 드리도록 했는데, 받아 보셨는지요? 더운 기운이 너무 성한데 이런 때에 일상생활 외에 하시는 모든 일은 어떠신지요? 그리운 마음 금치 못하겠습니다. 이곳은 그저 예전 그대로이고 저리고 나른한 것은 더욱 심합니다.

가만히 듣자니 '머리를 깎았다'고 주장하는 홍헌(洪憲 사헌부 장령 홍수주(洪受疇))의 상소로 서울이 또 한바탕 떠들썩하다 하는데, 돌아가신 스승 문원(文元 김장생) 선생을 하나의 증거로 삼았다고 합니다. 처음에는 한 편의 상소를 바쳐 대략 조목조목 밝히려고 했는데, 이제 듣자니 사학(四學)의 상소[75]에 대해 성상이 그 속임수를 분명히 밝혔다고 합니다. 그러나 세상의 도는 한심하다고 할 만합니다. 그렇지 않은 사실은 동쪽을 유람한 시의 서문[76]에 보일 뿐만 아니며 요즈음 본 임석천(林石川)의 시집에는 또 아주 명백합니다.[77] 사학의 유생들이 올린

75 사학(四學)의 상소 : 홍수주가 상소하여 이이가 산에 들어갔던 일과 관련하여 윤증의 입장을 옹호하자, 서문환(徐文渙) 등 사학의 유생들이 상소하여 이를 비난한 것을 말한다. 《肅宗實錄 11年 5月 26日》

76 동쪽을……서문 : 《율곡전서》에서 금강산과 관련된 시에서 서문이 있는 것으로는 권2의 〈풍악증소암노승(楓嶽贈小菴老僧)〉이 있다. 이 시 서문에 "불가의 묘한 곳이 우리 유가를 벗어나지 못하는데, 하필이면 유가를 버리고 불가를 찾아야겠소."라는 등의 말이 있다.

상소의 글이 과연 어떠한지 모르겠습니다. 대체로 이 일은 전혀 결말이 나지 않으니 근심스럽고 절박하여 어찌할 바를 모르겠습니다.

《차의》의 교정은 착수할 수 있습니까? 잘못되고 어긋난 것이 반드시 많을 터이니 반복해 토론하는 것을 귀찮아하지 마십시오. 나머지는 더욱 몸을 잘 보살피시기를 빕니다. 이만 줄입니다.

77 임석천(林石川)의……명백합니다 : 석천은 임억령(林億齡)의 호이다. 그의 시집에 "이이와 산을 유람했다.〔與李生珥遊山〕"라는 말이 있는 것을 말하는 듯한데, 오늘날 전하는《석천시집(石川詩集)》에 그러한 문구는 보이지 않는다.《宋子大全 卷74 與金永叔(丙寅至月)》

권치도에게 답함 을축년(1685, 숙종11) 6월 19일

答權致道 乙丑六月十九日

며칠 전에 인편으로 답장을 받고 근심으로 가슴이 막힌다는 말씀과 염려하시는 마음이 자기의 일과 다름없이 여기시는 것을 모두 잘 알았습니다. 무슨 이유로 좋지 않은 운수가 이렇게까지 거듭되는 것입니까. 그대 조카의 병은 더욱 염려스럽습니다. 저는 요즘 더위로 인한 설사를 앓아 침식을 전폐하고 있는데 교정하는 일은 범위가 방대하여 또한 늦출 수가 없습니다. 그러므로 억지로 정력을 쓰니 늙어 병든 자에게는 전혀 적절하지 않습니다. 어쩔 수 없이 주손(疇孫 송주석)에게 의지하여 도움을 받고 있는데, 그의 공부 시간을 빼앗으니 퍽 안타깝습니다. 춘형(春兄 송준길)의 원고를 가져간 뒤의 일은 전혀 모릅니다. 홍숙범(洪叔範), 조자직(趙子直) 공 등이 서울에 있으니 어찌 소홀히 할 것을 걱정하겠습니까. 오직 〈강의(講義)〉[78] 등의 글은 혹여라도 실수가 있게 되면 작은 일이 아닙니다.

사학 유생(四學儒生)이 상소한 뒤로 삼학사(三學士)를 비방하고 배척하는 것이 심합니다.[79] 이 뒤의 일은 전혀 모릅니다. 어찌 단지 그칠

78 강의(講義) : 《대학》 1장부터 6장까지 해석한 주희의 〈경연강의(經筵講義)〉를 말하는 것으로 보인다. 송 광종(宋光宗) 소희(紹熙) 5년(1194)에 주희는 환장각대제 겸 시강(煥章閣待制兼侍講)으로 있으면서 조칙을 받고 《대학》을 강의했는데, 물러나서 궁리(窮理)·수신(修身)·제가(濟家)·치국(治國)·평천하(平天下)의 도리를 자세히 설명하고, 그것을 편집하여 바쳐 영종에게 《대학》을 익숙히 읽을 것을 권하였다. 《晦庵集 卷15 講義》

수 있겠습니까. 주 선생(朱先生)이 '서강의 물결'이라는 구절에 대해 "귀신도 울릴 만하다."라고 했는데, 까닭이 있었던 것입니다.[80] 동쪽을 유람한 시[81]의 서문 중에 이른바 "시속의 선비가 아니다.〔非俗儒〕"라고 한 세 글자는 더욱 분명한 증거가 되는 것이 지극히 맞습니다. 일찍이 임석천(林石川)의 시집을 보았습니까? 그 속에는 분명한 근거가 또 있습니다.[82] 나머지는 이만 줄입니다.

79 사학……심합니다 : 삼학사는 병자호란 당시 척화론을 주장하다가 심양(瀋陽)으로 압송되어 죽음을 당한 홍익한(洪翼漢), 윤집(尹集), 오달제(吳達濟)를 가리킨다. 《宋子大全 卷213 三學士傳》 윤선거가 병자호란 때 죽음으로 절의를 지키지 못하고 살아났던 일에 대해 아들 윤증이 변호하면서 자결로 절의를 지킨 권순장(權順長), 김익겸(金益兼)과 삼학사를 비난했던 것을 말한다. 《宋子大全 卷127 寄疇錫(丁卯四月)》 사학 유생의 상소에 대해서는 612쪽 주75 참조.

80 주……것입니다 : 누이의 억울함을 호소한 황정견의 시를 두고 주희가 "귀신도 울릴 만하다."라고 하였던 것은 그 시가 자신의 억울한 마음을 대변한다고 여겼기 때문이듯이 송시열 자신도 그러하다는 말이다. 600쪽 주53 참조.

81 동쪽을 유람한 시 : 612쪽 주76 참조.

82 임석천(林石川)의……있습니다 : 송시열은 이이가 쓴 "잔디가 봄을 만나 푸르구나, 문 앞에 평지가 넓어.〔莎草逢春綠, 門前平地濶.〕", "드디어 반년 동안 머무르니, 들은 것이 빈말 아니었네.〔遂作半歲留, 所聞非虛說〕"라는 구절과 임억령(林億齡)이 강원도 관찰사로 재직 중에 가을을 읊은 시에 '이생과 함께〔與李生〕'라는 말이 있는 것을 증거로, 초봄에 머리를 깎고 승려가 되었다가 임억령과 함께한 가을 사이에 머리를 길러 산을 나왔다는 것은 시간적으로 타당하지 않다고 하였다. 《宋子大全 卷149 書林石川詠秋天詩後》 《栗谷全書 拾遺 卷1 余之遊楓嶽也, 卷38 前後辨誣章疏》

권치도에게 답함 을축년(1685, 숙종11) 7월 10일

答權致道 乙丑七月十日

별지는 삼가 잘 알았습니다. 돌아가신 스승의 문집은 교정을 거의 다 했고 《근사록석의(近思錄釋疑)》만은 20여 판을 마치지 못했는데, 한 편으로 깨끗이 쓰고 있으니 오래지 않아 올릴 것입니다. 올릴 때 한벽(寒碧 김창협(金昌協))이 말한 바에 따라 아울러 글을 써서, 범순부(范淳夫)가 즉시 이천(伊川 정이(程頤))에 대해 조리를 따지지 않아 회옹부자(晦翁夫子 주희(朱熹))에게 비난을 받았던 것을 인용하여 자책하려 합니다.[83] 그 무성한 비방의 의논에 대해서는 마음을 쓸 수 없는 점이 있습니다.

창랑(滄浪) 한 대목[84]은 감히 마음대로 삭제하지 못하니 아울러 써서 중숙(重叔 김만중(金萬重)) 등이 빼거나 취하기를 기다리려 합니다. 추포(秋浦 황신(黃愼))의 글은 아직 붓에 먹을 적시지 못했습니다. 그중 한 대목[85]은 우선 어떻게 처리해야 할지 모르겠습니다. 저로(渚老)의

83 올릴……합니다 : 범순부(范淳夫) 즉 범조우(范祖禹)가 주희에게 비난을 받았던 일은 610쪽 주74 참조. 송시열이 김장생의 유고를 바치면서 이이가 머리를 깎은 것에 대해 변론하고 범조우의 일을 인용한 상소는 1685년 9월 30일에 올린다. 《宋子大全 卷19 進文元公遺稿……孫疇錫歸田讀書疏》

84 창랑(滄浪) 한 대목 : 창랑은 성혼의 아들 성문준(成文濬)을 말한다. 김장생이 신응구(申應榘)에게 보낸 편지에 성문준이 단호하지 못한 것을 꾸짖는 내용이 있는데, 김만기(金萬基) 형제가 반드시 크게 시끄러운 일이 생길 것이니 원래의 문집에서 빼자고 하였고, 송시열은 넣어야 한다는 입장이었다. 《宋子大全隨箚 卷9》《沙溪全書 卷4 答申子方》《宋子大全 卷36 答尹汝望(乙巳)》

글[86]은 막 초본(草本)을 마쳤는데, 문득 서울에서 온 편지에 "모(某 송시열을 지칭)가 평생 윤휴를 배척하기에 힘을 다했는데 포로(浦老 조익(趙翼))는 도리어 찬양했으니 공정한 글이 될 수 없다."라고 하는 말이 있었습니다.

오늘 김군평(金君平 김만준(金萬埈))이 밖에서부터 와서 또 사람에게 들은 것을 말하는데, 대략 서울 편지와 일치하였습니다. 옛날에는 조금 들리는 것이 있어도 지금 듣는 것과는 달랐기에 모두가 두려워서 서둘러 송병하(宋炳夏)를 불러 말하고,[87] 또 포로의 문집을 보여 달라고 했더니 없다고 했습니다. 또 "저의 할아버지가 이 어른에 대해 지극히 존숭하였습니다. 또 시장(諡狀)을 지으면서 선양하는 데 미진함이 없었습니다. 우리는 여기에 대해 감히 아는 바가 없습니다."라고 하였습니다. 이 일로(一路)는 또 너무 현격한 차이가 있어 어쩔 수 없이 곧장 일선 사군(一善使君)에게 알렸습니다. 이윽고 이러한 광보(光甫)의 편지[88]를 얻었으니 이 일이 끝내 어떻게 결말이 날지 알 수 없어 몹시

85 그중 한 대목 : 황신이 왜(倭)와 강화(講和)하는 일로 성혼에게 질의한 적이 있는데, 이 일을 가리키는 듯하다. 송시열이 황신의 묘비를 지으면서 이 한 대목을 남길지 뺄지를 상의한 것이다. 《宋子大全隨箚 卷9》

86 저로(渚老)의 글 : 저로는 포저(浦渚) 조익을, 저로의 글은 송시열이 지은 조익의 신도비문을 말한다. 《宋子大全 卷162 浦渚趙公神道碑銘》

87 송병하(宋炳夏)를 불러 말하고 : 송병하는 송준길의 손자이다. 송준길이 조익의 시장(諡狀)을 지었기에 하는 말이다. 《同春堂集 卷22 大匡輔國崇祿大夫……浦渚趙公諡狀》

88 광보(光甫)의 편지 : 광보는 조지겸(趙持謙, 1639~1685)의 자이다. 조익의 손자이고, 조복양(趙復陽)의 아들이다. 부친이 윤선거와 절친한 사이였으며, 그도 윤증과 우의가 두터웠다. 당시 경상도 관찰사에 임명된 지 며칠 되지 않아 사망했다. 《肅宗實錄

염려스럽습니다.

충소(忠疏)[89]는 끝내 어떻게 될지 모르겠습니다. 이 일은 끝날 기약이 없으니 산곡(山谷)의 시에 대해 "귀신도 울릴 만하다."라고 한 말[90]이 다시 은자(隱者)와 지사(志士)의 입에서 나올 줄 몰랐습니다. 석천(石川)의 시[91]는 손자가 기록하여 바쳤으니, 이는 유첨연(柳燂然) 군의 집에서 나온 인본(印本)입니다. 사람들의 집에 반드시 이를 보관한 자가 있을 터이니 다시 반드시 찾아서 보여 주십시오.

11年 7月 4日, 19日》《우재집(迂齋集)》에 송시열과 왕래한 서간이 없어 확인할 수는 없으나 《송자대전》에 송시열이 지은 조익의 신도비와 관련하여 1683년 조지겸에게 보낸 편지가 있고, 그중에 '일선(一善)의 인편'이라는 말이 나오는데, 이 편지에서도 '일선 사군'이라는 말이 나오는 것으로 보아 일선은 조지겸을 지칭하는 것으로 보인다. 또 두 편지는 내용으로 보아 같은 시기의 것인 듯하나 연도에 차이가 있는데 이 편지는 '충소'라는 말로 보아 1685년의 것임을 확인할 수 있으니 조지겸에게 보낸 편지의 연도 오류로 보인다. 《宋子大全 卷77 答趙光甫(癸亥)》

89 충소(忠疏) : 홍수주(洪受疇)가 상소하여 "율곡이 입산하여 머리를 깎았다."라고 주장한 것에 대해 반발하여 충원(忠原)의 유생 이시규(李時硅) 등이 '위로는 대신으로부터 아래로는 대각(臺閣)에 이르기까지 오직 호당(護黨)만을 일삼으며 한마디 말도 없다.'는 등의 내용으로 상소한 것을 말한다. 《肅宗實錄 11年 5月 26日, 7月 6日》

90 귀신도……말 : 600쪽 주53 참조.

91 석천(石川)의 시 : "이이와 산을 유람했다.〔與李生珥遊山〕"라는 말이 있는 임억령(林億齡)의 시를 말하는 것으로 보인다. 615쪽 주82 참조.

권치도에게 답함 을축년(1685, 숙종11) 7월 28일

答權致道 乙丑七月二十八日

막 영월(寧越) 사람을 통해 안부 편지를 받고, 한벽(寒碧 김창협)의 심부름꾼이 편지를 가지고 뒤따라와서 하신 말씀을 모두 잘 알았습니다. 추포(秋浦 황신(黃愼))의 비(碑)에 대한 두 장의 쪽지는 마땅히 그대로 고치겠습니다. 그 나머지는 영월 사람에게 자세하게 회답하겠습니다. 영월의 사당[92]에서 필요로 하는 것은 모두 이미 대충 부응했습니다. 오직 봉안 제문(奉安祭文)은 미처 지을 겨를이 없고, 심부름꾼이 그대에게 간청하니 부디 사양하지 마시고 성대한 의식을 이루게 해 주신다면 몹시 다행이겠습니다. 이 글은 마땅히 여섯 선생의 발 아래서 대략 그 일생을 서술해야 하지만 목숨을 바친 부분에 대해서는 감히 구구절절 서술할 것이 못 됩니다. 부디 미리 생각해 보시는 것이 어떻겠습니까.

92 영월의 사당 : 1685년 강원도 영월의 단종(端宗) 묘 근처에 세운 성삼문 등 육신을 기리는 육신사(六臣祠)를 말하는 것으로 보인다. 권상하가 〈영월육신사봉안제문(寧越六臣祠奉安祭文)〉을 지었다. 《寒水齋集 年譜》

권치도에게 답함 을축년(1685, 숙종11) 7월 29일

答權致道 乙丑七月二十九日

어제 한벽(寒碧 김창협)의 인편을 통해 두 통의 편지를 한꺼번에 받았습니다. 돌아가신 스승의 유고(遺稿)는 며칠 전에 벌써 4책(冊)을 올렸고, 한창 교정하고 있는 것은 대략 2책이니 내일쯤 마칠 것입니다. 광보(光甫)는 애통한 마음을 어찌 다하겠습니까.[93]

제가 편지를 써서 근심할 만한 단서가 없지 않다고 했던 것은 오늘날으레 트집을 잡아 싸움을 일으키는 것을 능사로 삼기 때문이었는데, 함부로 하는 말이 끝내 나오지 않을 줄 어찌 알겠습니까. 글로 서로 범범하게 대응하지 말 것을 경계하였으니, 참으로 지극한 말입니다. 다만 청양(青陽)[94]이 아주 오래 알고 지내는 자에게 허락했던 것은 식언할 수 없어서였는데, 이 때문에 사람의 말이 많은 이러한 몸으로 다시 시비의 덤불로 들어갔으니 어찌 지혜를 다한 자이겠습니까.

영월의 글은 어제 편지에 이미 말씀드렸습니다. 부디 명심하여 큰일이 낭패를 보지 않게 하십시오. 서늘한 기운이 생기고 추워지기 전에 한 차례 만나기를 기다리니 부디 미리 타당한 곳을 생각해 보십시오.

93 광보(光甫)는……다하겠습니까 : 광보는 조지겸(趙持謙, 1639~1685)의 자로, 그가 사망했기에 하는 말이다. 《肅宗實錄補闕正誤 11年 7月 4日》

94 청양(青陽) : 명종 비 인순왕후(仁順王后)의 동생 심의겸(沈義謙, 1535~ 1587)의 봉호이다. 구세력을 대표하는 척신(戚臣)으로, 김종직(金宗直) 계통의 신진 사대부 출신 김효원(金孝元)이 이조 정랑으로 천거되는 것을 반대하여, 그를 지지하는 서인(西人)과 김효원을 지지하는 동인(東人)으로 갈라지는 당쟁의 요인을 제공하였다.

어촌은 대략 꺼리는 바가 있습니다. 비석에 새길 글을 짓는 것은 창강(滄江)이 정백(靜伯)을 피한 뜻[95]을 미루어 보면 또한 어떨지 모르겠습니다. 모든 일은 찬찬히 생각하십시오. 파산(巴山)은 그대 거처와 조금 먼데, 늘 집안 걱정에 방해를 받으므로 이렇게 한 것입니다.

○ 영월 사당의 글은 부디 점검하여 부응하십시오. 사당의 편액은 늙은 저의 글씨가 더욱 마땅하지 않습니다. 한벽의 팔분서(八分書 예서(隸書)체의 일종)로 바꾸면 매우 좋겠으니 부디 주선해 주십시오.

95 창강(滄江)이……뜻 : 《송자대전수차》 권9에서 "정백은 이홍연(李弘淵, 1604~1683)의 자이며 창강은 조속(趙涑, 1595~1668)의 생질이다. 비석을 세운 것은 청안(淸安) 땅인데 송시열의 생질 이덕로(李德老)가 당시 청안 현감이었기 때문에 송시열의 말이 이렇다. 창강의 일은 자세하지 않다."라고 하였다. 창강은 조속의 호인데, 여기서는 조속의 생질을 가리키는 것으로 보인다.

권치도에게 답함 을축년(1685, 숙종11) 8월 18일
答權致道 乙丑八月十八日

영월의 글은 이렇게까지 겸양하니 서운함을 견딜 수 없지만 말조심하며 잠자코 있는 것이 또 어찌 때에 따라 알맞게 대처하는 뜻이 아니겠습니까. 기문(記文)의 잘못된 부분은 알려 주시니 매우 고맙습니다. 삼가 즉시 초본(草本)을 고치겠습니다. 호장(戶長)의 종인(宗人)은 본래 꺼릴 만한 일이 아닌데 세상 사람들의 식견과 도량이 이렇듯 변변치 못하니, 적 양공(狄襄公)이 팔의 문신을 없애지 않은 것[96]과 비교해 보면 어찌 그리도 먼 것인지요. 삼가 보내오신 말씀대로 고치겠습니다.[97]

따로 알릴 것이 있습니다. 주손(疇孫 송주석)은 참으로 다시 벼슬하러 나갈 뜻이 없었는데 갑자기 자기 아버지가 의금부에 나아가 심리를 받는다는 소식을 듣고 황급하게 올라갔다가 숙직에 얽매일 수밖에 없

96 적……것 : 북송 인종(北宋仁宗) 때의 무신 적청(狄青)의 시호가 무양공(武襄公)인데, 처음에 미천한 신분으로 종군(從軍)하였다가 한기(韓琦)와 범중엄(范仲淹)에게 인정을 받아 뒤에 추밀(樞密)의 자리에까지 올랐다. 누군가 그에게 문신한 것을 지우라고 권하자, 적청이 "내가 귀해졌지만 감히 근본을 잊지 않는다."라고 하였는데, 송나라 때 군졸은 반드시 팔뚝에 문신을 새겨 표시했다가 군역을 벗으면 문신을 지웠다. 《宋子大全隨箚 卷9》《宋名臣言行錄 前集 卷8 狄青武襄公》

97 호장(戶長)의……고치겠습니다 : 호장은 고을 아전의 우두머리를 말한다. 송시열이 지은 〈영월군육신사기(寧越郡六臣祠記)〉 끝부분에 "나에게 기문(記文)을 청한 이는 호장의 종인 엄민도(嚴敏道)이다."라는 구절이 있는데, 그 사람이 아전이라는 말을 꺼려서 고치기를 청하였던 것으로 보인다. 《송자대전》에는 그 구절을 고치지 않았다. 《宋子大全隨箚 卷9》《宋子大全 卷144》

다고 하니, 낭패스러움이 가련할 뿐만 아니라 앞으로의 일이 몹시 답답합니다. 그의 아내가 홀로 거처하면서 먹을 것이 없을 뿐만 아니라 갖가지 곤란한 일이 한두 가지가 아닙니다. 또 주손이 끝내 벼슬에서 벗어나지 못할까 염려되니 객지 생활의 고달픔을 어찌 견디겠습니까.

가만히 그 아내의 말을 듣자니 단양(丹陽)의 어른[98]이 근래에 데려가고 싶다고 한다는데, 데려갔다가 배를 타고 서울에 당도하면 일은 매우 편하고 순조롭겠으나 저곳의 일은 알 수 없는 점이 있습니다. 혹시라도 사람과 말을 도와준다면 이것을 노자(路資)로 하여 곧장 서울에 보내려고 합니다. 부디 이런 뜻을 이 어른께 전달해 주시는 것이 어떻겠습니까? 저곳의 형세는 그대가 반드시 자세히 알 터이니 알릴 만한지 아닌지도 부디 짐작하여 융통성 있게 처리하십시오.

98 단양(丹陽)의 어른 : 송주석의 장인 이민장(李敏章)을 말한다. 당시 단양 현감으로 있었다. 《畏齋集 卷2 贈別李斐仲之任丹陽》《承政院日記 肅宗 11年 2月 8日》

권치도에게 답함 을축년(1685, 숙종11) 9월 7일

答權致道 乙丑九月七日

편지를 받고 곽란 증세가 위중했던 것을 알았는데 지금 괜찮아졌다니 기쁩니다. 글을 쓰는 방식에 대한 의심스러움은 보내오신 말씀이 정밀하고 타당합니다. 소초(疏草)[99]는 유고(遺稿)를 바치는 일이 급한 데 내몰려 바쁜 틈에 대충 지었습니다. 초본(初本)을 빈 편지와 아울러 올려보내 베껴 쓰는 사람에게 주어 써서 올리게 하였으니, 이후에 주손(疇孫 송주석)을 시켜 보내 드리겠습니다. 혹 그대가 곧장 가져가서 보아도 무방합니다. 대략 처음에는 유고를 바치는 뜻을 아뢰고 이어서 억울함을 밝히는 말을 하였는데, 처음 한 말에 근거하여 곧 당초 율옹(栗翁 이이)이 산에 들어갈 때 벗과 작별한 편지를 인용하였습니다. 그가 산에 들어간 것이 오로지 선학(禪學)에 빠졌기 때문이 아니기에 이야기가 매우 많습니다. 말이 많아서 헐뜯는 것도 반드시 많을 테니, 이 뒤로 주먹질과 발길질은 하는 대로 맡길 뿐입니다.

○ 이미 스승의 억울함을 밝혔다면 벗[100]은 또 그다음입니다. 그러므로 아울러 강화도의 일을 언급했습니다.

99 소초(疏草) : 송시열이 김장생의 유고를 바치면서 이이가 머리를 깎은 것에 대해 변론한 상소를 말한다. 《宋子大全 卷19 進文元公遺稿……乞許孫疇錫歸田讀書疏》

100 벗 : 김익겸(金益兼)을 말한다. 송시열은 그가 강화도에서 절의를 지켜 죽었음에도 인경왕후(仁敬王后)의 조부이기 때문에 조정의 의론이 그를 기리는 일을 혐의하는 것에 대해 한나라 때 두무(竇武)의 예를 들어 부당함을 밝혔다. 《宋子大全 卷19 進文元公遺稿……乞許孫疇錫歸田讀書疏》

권치도에게 보냄 을축년(1685, 숙종11) 10월 18일

與權致道 乙丑十月十八日

추위가 벌써 닥쳤는데 근황이 어떤지 모르겠습니다. 그리운 마음 간절한데, 책 보는 것은 멈추지 않고 있겠지요? 보는 것은 어떤 책입니까? 저는 이달 초부터 갑자기 병에 걸려, 먹고 마시는 것을 딱 끊었는데도 주리지 않습니다. 아픈 곳은 없지만 신음 소리는 끊임없이 이어지니 치료하지 못할 증세인 듯합니다.

딸자식의 장례[101] 날이 벌써 닥쳤는데 장차 영결할 수 없으니, 이 한을 어쩌겠습니까. 뜻밖에 승정원이 넌지시 아뢰어 의원을 보내라는 명이 있었는데, 의원의 말이 병세가 대단한 지경에까지는 이르지 않았다고 하지만 어찌 믿을 수 있겠습니까. 소초(疏草)는 벌써 주손(疇孫 송주석)이 전해 드렸습니까? 어떤지 모르겠습니다. 성상의 밝은 판단으로 머리를 깎았다는 무고를 시원스레 씻었으니, 사문의 다행 중에 무엇이 이보다 크겠습니까.

다만 제가 상소한 뒤에 이러한 지시가 있으니, 이 몸은 머리가 목 위에 잠시 붙어 있는 것이라 할 만합니다. 그러나 두 선생(이이와 김장생)의 억울함이 남김없이 깨끗이 벗겨졌으니 아홉 번 죽더라도 후회될 바가 없습니다. 신령스러운 하늘 덕에 위태로운 숨이 이어지고 있는 만큼 이곳에서 병을 조리하기에 불편하여 깊은 곳에 들어가 서로 가까

101 딸자식의 장례 : 윤박(尹搏)에게 시집간 막내딸의 장례를 말한다. 1685년 8월에 사망했다.

이 지내고 싶지만 어찌 바랄 수 있겠습니까. 《차의(箚疑)》의 교정은 얼마나 하였습니까? 이 일은 몹시 마음에 걸립니다.

권치도에게 답함 을축년(1685, 숙종11) 10월 26일

答權致道 乙丑十月二十六日

인편을 보내어 멀리서 안부를 물으시니 참으로 감사하여 말할 바를 모르겠습니다. 죽은 딸을 22일에 묻었는데 슬픈 생각이 더욱 절실하여 오장이 찢어지는 듯할 뿐만이 아닙니다. 저의 병은 이달 초부터 괴롭더니 중간에 거의 죽을 뻔하였습니다. 그런데 뜻밖에 승정원에서 넌지시 아뢰어 의원을 보내라는 은혜로운 명이 있었으니 너무나 송구하여 한 가지 큰 병을 더하였습니다. 지금 아픈 증세는 그쳤지만, 원기가 시들하여 몸을 자리에 붙이고 있으니 조물주가 장차 어떻게 처분할지 모르겠습니다.

《계곡만필(谿谷漫筆)》에서 머리를 깎았다고 한 무고(誣告)[102]에 대해 감히 변론하지 않을 수 없었는데, 글이 이미 들어간 뒤에 시류를 좇는 자들의 의심과 노여움을 크게 일으켰습니다. 그러나 오히려 "바다를 건너가 도적을 불러서 날을 정하여 대궐을 범하려 했다."[103]라는 것으로 죄안(罪案)을 삼지 않으니 매우 다행입니다. 한바탕 웃을 만합니다.

부본(副本)은 일찍이 주손(疇孫 송주석)이 찾아서 드렸습니까? 혹시

102 계곡만필(谿谷漫筆)에서……무고(誣告) : 이이가 산에 들어갈 때 머리를 깎았는지에 대해 시비가 있었는데, 장유(張維)가 김장생에게 물어보았더니 김장생이 "머리를 깎은 듯하다."라고 말했다는 기록을 말한다. 《谿谷漫筆 卷2》

103 바다를……했다 : 청주(淸州) 사람 이지린(李之麟)의 상소문에서 송시열을 비방한 말 중 하나이다. 《肅宗實錄 6年 閏8月 14日》

아직도 드리지 못했을까 염려되어 확손(確孫)[104]을 시켜 드리게 했으니, 그의 아비에게 얻은 것은 본 뒤에 돌려주시는 것이 어떻겠습니까. 옳지 않은 부분을 지적해서 보내 주시면 더욱 다행이겠습니다. 처음에는 장사를 지낸 뒤에 일찍이 계획했던 것을 저버리지 않으려 했는데 지금 병이 이러하니 그저 마음에 걸릴 뿐입니다. 그곳에도 우환이 없지 않다는 소식을 받으니 그지없이 염려스럽습니다. 나머지는 누워서 대신 쓰게 하느라 이만 줄입니다.

104 확손(確孫) : 송시열의 증손 송유원(宋有源)을 말한다. 어릴 때 자가 증확(曾確)으로, 송주석의 아들이다.

권치도에게 보냄 을축년(1685, 숙종11) 12월 20일

與權致道 乙丑十二月二十日

어제 편지는 받아 보셨습니까? 복두(幞頭)는 어디 있는지 몰라 부응하지 못해 아쉽습니다. 장차 노봉(老峯 민정중(閔鼎重))에게 부탁하여 다시 원래의 방법대로 만들려고 합니다. 이를 통해 사람들이 모두 그 방법을 알게 되면 한결같이 점점 중화(中華)의 제도를 쓰게 될 것입니다.

간절히 알려 드릴 것이 있으니, 벽(壁)과 확(確)[105] 두 손자가 지금 혼사를 의논하는 곳이 있어서 정월이나 2월에 한꺼번에 관례를 행하고 싶습니다. 그런데 이런 누추하고 외진 곳은 보내신 편지에서 말씀하신 사람을 청하고 싶어도 먼저 스스로 마음에 차지 않고 조심스러워 감히 입을 열지 못하겠습니다. 헤아리건대 우리 벗께서 저를 심히 못난 사람이라고 여기지 않으실 것이니, 그때 마침 오지 못하시더라도 제가 생각하는 사람으로는 다시 다른 사람이 없습니다. 그런데 이 두 달 사이에 일이 있는지 없는지 알 수 없지만, 분명히 말씀해 주신다면 때가 되어 아들 한 명을 보내어 예에 따라 경계의 말씀을 받들게 되기를 간절히 바랍니다. 이에 감히 미리 말씀드리니 부디 말씀해 주시는 것이 어떻겠습니까. 나머지는 대신 쓰게 하느라 이만 줄입니다.

105 벽(壁)과 확(確) : 벽은 어릴 때의 자가 증벽(曾壁)인 송한원(宋漢源)을, 확은 어릴 때의 자가 증확(曾確)인 송유원(宋有源)을 말한다. 둘은 각각 송시열의 맏손자 송은석과 둘째 손자 송주석의 아들이다. 《宋子大全隨箚 卷9》

권치도에게 답함 병인년(1686, 숙종12) 1월 23일
答權致道 丙寅正月二十三日

추위가 아직도 심한데 지내는 생활은 어떠하십니까? 그리운 마음 늘 간절합니다. 일전에 김생(金生) 형제가 돌아와서 그대 편지를 전해 주었는데, 하신 말씀을 모두 잘 알았습니다. 대개 저의 겸손함은 실정(實情)이지 꾸미는 것이 아닙니다. 더구나 예를 행하는 일에 어찌 육항(陸抗)에게 사양할 이치가 있겠습니까.[106] 그러나 이는 모두 핑계입니다. 제 집의 관례와 혼례는 늘 《주자가례》에 근거를 두어 종자(宗子)가 주관하게 했습니다. 앞으로 할 일은 송원석(宋元錫)이 당연히 주인이 되어야 하고 사유가 있으면 조카 기학(基學)이 대신할 것입니다. 앞서 날짜를 알려 드렸는데 장차 변동이 있을 듯합니다.

다음 달 보름 뒤로부터 냉절(冷節)까지 무슨 일이 있습니까? 알고 싶습니다. 어제저녁에 주손(疇孫 송주석)이 써서 보여 주는 종이 한 장을 받았는데, 감히 베껴서 드립니다. 이 일은 중지할 수 없을 듯합니다. 주상께서 보시게 되는 것은 마땅히 완녕가본(完寧家本)으로 해야

106 육항(陸抗)에게……있겠습니까 : 벗으로 여기는 것을 마다할 이치가 없다는 말이다. 당(唐)나라 한유(韓愈)가 제자인 장철(張徹)에게 준 시에 "그대를 친구로 삼자 하니 그대는 항(抗)이 되기를 사양하고, 나를 스승으로 받드니 나는 정(丁)이 되기에 부끄럽네.〔結友子讓抗, 請師我慙丁.〕"라고 한 데서 온 말이다. '항'은 곧 삼국 시대 오(吳)나라 육항을 가리키는데, 그는 양호(羊祜)와 특별히 정분이 두터운 친구 사이였고, '정'은 곧 춘추 시대에 활 잘 쏘기로 유명했던 유공차(庾公差)의 스승인 공손정(公孫丁)을 가리킨다. 《三國志 吳書 陸遜傳》《韓昌黎集 卷2 答張徹詩》

할 듯합니다.[107] 재가(裁可)한 뒤에 간행하는 일이 바로 급하니 《차의(箚疑)》의 교정을 조금도 늦출 수 없습니다. 그러나 추위가 이러하여 저의 몸이 감히 움직이지 못하는 데다 저곳의 사정이 또 이러하니 어쩌겠습니까.

관례의 일을 마치고 나면 마땅히 불시에 산에 들어가 서로 모일 계획을 해야 합니다. 어쩌면 그대로 그대 거처로 가는 것도 어렵지 않을 것입니다. 그 전에 부디 교정에 전념하여 의심스러운 부분에 일일이 찌를 붙이십시오. 만날 때를 기다려 의논하여 정하는 것이 마땅할 듯합니다. 회옹(晦翁)은 말년에 《의례경전통해(儀禮經傳通解)》의 일에 급급하여 조정에 청하려고까지 했습니다.[108] 지금은 이미 주상의 명이 있으니 늦출 수 있겠습니까. 다만 주해(註解)에 혹 실수를 하여 성상의 뜻을 저버려 사문에 죄를 지을까 두려울 뿐입니다. 이만 줄입니다.

107 완녕가본(完寧家本)으로……듯합니다 : 완녕은 이사명(李師命)의 봉호이다. 그가 전라도 관찰사를 지내면서 《절작통편(節酌通編)》을 간행하려 했으나 미처 하지 못했는데, 그의 집에 있는 것이 정서본(正書本)이므로 이렇게 말한 것이다. 《宋子大全隨箚 卷9》《肅宗實錄 8年 8月 6日》《절작통편》은 송시열이 이황(李滉)의 《주자서절요(朱子書節要)》와 정경세(鄭經世)의 《주문작해(朱文酌海)》를 합편하고 여기에 빠진 주희(朱熹)의 글을 첨가하여 주해를 붙여 만든 책으로, 1686년에 간행되었다.

108 회옹(晦翁)은……했습니다 : 주희가 말년에 예서(禮書)에 전념하여 영종(寧宗) 초에 〈걸수삼례차자(乞修三禮箚子)〉를 올려 삼례(三禮)를 정리할 것을 논의하려고 하였으나 미처 올리지 못하고 조정에서 물러나게 되었으며, 그가 《의례경전통해》를 저술하다가 마치지 못하고 세상을 떠난 뒤 문인 황간(黃榦)이 완성했다. 《四庫全書總目 卷11 禮類4》《晦庵集 卷14 乞修三禮箚子》

권치도에게 답함 병인년(1686, 숙종12) 2월 7일

答權致道 丙寅二月七日

날씨가 조금 풀렸는데 고요히 지내는 생활이 평안하며 날로 새로 얻는 공부가 있으리라 생각합니다. 어제 인편이 돌아와 답장을 받고 말씀하신 내용을 잘 알았습니다. 그리고 부모님의 건강이 회복되었다는 것도 알았으니, 실로 다행스럽고 기쁜 마음을 말로 형용할 수 없습니다. 다만 열흘이 이미 다가왔으니, 형제를 잃은 애통함은 더욱더 견디기 어려울 것이라 저도 모르게 슬퍼 눈물이 흐릅니다. 저는 줄곧 앞의 편지에서 말한 대로이고, 귀에 들어오는 것이란 모두가 심하게 욕하는 말입니다. 처음에는 몹시 부끄러운 듯하더니 이제는 본래 그렇던 것만 같습니다.

두 증손자[109]의 관례를 치르는 일은 지금 은석(殷錫)과 주석(疇錫)의 편지를 받았는데, 이번 달 17일에 와 주시기를 청합니다. 그런데 은석은 기일이 되었을 때 와서 만났으면 하기에 감히 질손(姪孫)을 보내어 숙빈(宿賓)[110]의 의절로 모십니다. 다만 길이 질척하여 산을 넘고 물을 건너기가 참으로 어려우니 감히 마음이 편치 않습니다. 유도(有道)[111]

109 두 증손자 : 629쪽 주105 참조.

110 숙빈(宿賓) : 의식을 행하기 하루 전에 빈(賓)으로 청한 사람에게 다시 나아가 참석해 주기를 거듭 확인하는 절차이다. 빈은 의식을 주관하는 주례자(主禮者)이며, '숙(宿)'은 '나아가다〔進〕'라는 뜻이다. 《儀禮 士冠禮 特牲饋食禮》

111 유도(有道) : 권상하의 아우 권상유(權尙游, 1656~1724)의 자이다. 또 다른 자는 계문(季文), 호는 구계(癯溪)로, 송시열의 문인이다.

도 함께 와 주신다면 얼마나 다행이겠습니까. 대체로 이미 왕림해 주기로 하셨으니 그 김에 머무르셔서 교정의 일을 마쳤으면 합니다. 김생(金生)을 통해서 하신 말씀을 들은 뒤에, 그대로 머물렀다가 동춘(同春 송준길) 집의 성대한 의식도 기다렸으면 하는데, 그렇다면 일마다 몹시 편할 것입니다.

《절작통편(節酌通編)》의 신편(新編)과 구편(舊編), 《차의(箚疑)》를 전부 가지고 오면 몹시 다행이겠습니다. 한벽(寒碧 김창협)이 있는 곳에 오는 날짜를 알려 주시면 필시 제게 부치는 서신이 있을 것이니 번거롭겠지만 신경을 써 주십시오. 언 강이 다 풀리지 않았으면 확(確)의 걸음은 단양의 관아[112]에 머물러 있을 터인데 과연 그런지 모르겠습니다. 나머지는 대신 쓰게 하느라 이만 줄입니다.

112 단양의 관아 : 송유원(宋有源)의 외조부 이민장(李敏章)이 단양 군수로 있었다.

권치도에게 보냄 병인년(1686, 숙종12) 3월 3일

與權致道 丙寅三月三日

이산(尼山)의 일행이 오늘 과연 아뢰었습니까? 그들이 저를 모욕하는 말에 결코 변명하지 말고 그저 "그런가, 그런가."라고만 말하면 될 듯합니다. 벗의 재물을 사사로이 차지하고 여승을 첩으로 받아들였다는 것에 대해 주 선생(朱先生)도 오히려 "이것은 모두 사실을 살핀 것이고 무고(誣告)가 아니다."라고 하였습니다.[113] 군자가 비방에 대처하는 도는 마땅히 이와 같아야 합니다. 터럭만큼이라도 변명한다면 주자 문하의 올바른 법을 크게 어기는 것입니다. 천만번 바랍니다.

113 벗의……하였습니다 : 남송 영종(南宋寧宗) 때의 감찰어사(監察御史) 심계조(沈繼祖)의 탄핵 상소에서 주희를 열 가지 죄로 무고했는데, 주희는 〈낙비각수찬의전관사표(落秘閣修撰依前官謝表)〉를 올려 "벗의 재물을 사사로이 차지하고 비구니를 첩으로 들였으며 학궁(學宮)의 땅을 계략을 꾸며 차지하여 승방으로 바꾸었다는 것은 모두 조사해서 밝혀진 것으로, 무고가 아닙니다."라고 시인하였다. 《宋史 道學列傳 朱熹》《晦庵集 卷85》

권치도에게 보냄 병인년(1686, 숙종12) 4월 19일

與權致道 丙寅四月十九日

사직하는 상소는 이미 현(縣)과 도(道)를 통해 올렸습니까? 염려를 그칠 수 없습니다. 제가 갖가지 병이 있을 뿐만 아니라 회손(晦孫 송회석)의 질병이 날로 위태롭게 악화하니 늙은이의 마음이 타들어 가는 것을 참으로 말로 할 수 없습니다. 그리고 그의 가련함은 차마 말하지 못할 점이 있으니 어찌합니까.

《차의》를 단독으로 간행한다[114]는 말씀은 처음에 연지(延之 김수증(金壽增))에게 듣고서 그저 보통의 관례에 따라 행하여 갑작스럽게 바꿀 수 없다는 것을 알았기에 어쩔 수 없이 그대로 따랐습니다. 이번에 김야(金爺 김수항(金壽恒))가 하시는 말씀이 이러하니 이는 모든 사람의 생각과 부합할 뿐만 아니라 저의 마음도 몹시 쏠립니다. 그러므로 이미 받들겠다고 답하였습니다. 이 뒤로는 일의 형편상 이대로 일치시켜 처리해야 합니다. 반드시 앞뒤의 초본(草本)을 합해 편집하고 '대전차의(大全箚疑)'라고 명명해야 할 것입니다.

서둘러 진남루(鎭南樓 공주 감영에 있던 누각)에서 모이는 김에 벗들과 만나 상의하고 싶으나 손자가 아프니 차마 버리고 가지 못하겠기에 감히 엄두를 내지 못하겠습니다. 하늘의 신령 덕분에 만에 하나 회생할 기미가 있다면 마침내 벗들을 저버리지 않을 것입니다. 근황을 알고

114 차의를 단독으로 간행한다 : 처음에는 《절작통편(節酌通編)》 끝에 붙였다가 지금 《주자대전차의》를 단독으로 간행하려는 것이다. 《宋子大全隨箚 卷9》

싶어 겸하여 이 일을 아룁니다. 인편이 서찰을 전하는 승려에게 갔으니 부디 회답해 주시는 것이 어떻겠습니까?

권치도에게 보냄 병인년(1686, 숙종12) 4월 23일

與權致道 丙寅四月二十三日

《주자대전차의》는 범례(凡例)를 고치자는 논의가 있어 즉시 아뢰는 편지를 써서 돌아가는 인편에 부치려 하였으나, 그 인편이 말도 하지 않고 지레 가 버려 막 아쉬워하고 있었습니다. 이제 성상께서 사관(史官)을 보내어 초본을 찾아가기까지 하시니 문예를 숭상하고 은택을 끼치는 뜻이 지극합니다. 다만 우리들의 노력이 부지런하지 않고 정밀하지 않아 바람을 저버리게 될까 두려울 뿐입니다.

이번의 서계(書啓)는 자세한 사정을 진술할 수밖에 없으니 부디 자세히 보아 주시고, 고칠 만한 것이 있으면 옥여(玉汝 송상기(宋相琦))와 상의하여 고쳐도 무방합니다.[115] 대체로 반드시 1건(件)은 아뢰고 또 반드시 1건은 남겨 두어 우리가 교정하는 바탕으로 삼아야 합니다. 그런데 저기에 있는 것은 두 가지에 흠이 있을까 염려스러워 여기에 있는 초본(初本)을 한 상자 보내 드리니, 어쩌면 모자라는 것을 보강하고 빈 것을 막을 수 있을 것입니다. 화양(華陽)에 있는 것은 당시에 가지고 갔는지를 기억하지 못하겠습니다. 대략 손자의 병이 소생할 길이 있다면 마땅히 병을 무릅쓰고 나가서 가르침을 받을 것이나 장담

115 이번의……무방합니다 : 서계는 주희의 글이 우리나라에서 중시되어 온 내력과 《주자대전차의》를 저술하게 된 배경을 진술한 글을 말한다. 편지 내용으로 보아 권상하와 송상기의 윤문을 거쳤음을 알 수 있다. 《宋子大全 卷25 假注書宋相琦傳諭後書啓》 《承政院日記 肅宗 12年 4月 28日》

할 수는 없어 퍽 심란합니다.

그대가 체직된 뒤[116]에 와 주셔서 만나게 된다면 얼마나 다행이겠습니까만 바라기는 더욱 어렵습니다. 나머지는 앞의 편지에서 말씀드렸으니 다시 일일이 말씀드리지 않습니다.

○ 사관[117]이 떠난 뒤의 일을 알고 싶으니, 부디 사관에게 부탁해서 역졸 한 명을 얻어 말씀해 주시기를 바랍니다.

116 그대가 체직된 뒤 : 권상하는 1686년 3월에 사헌부 지평에 임명되었으나 사직 상소를 올리고 나아가지 않았는데, 이때는 청풍(淸風)에 있으면서 상소를 올리기 전이다.《承政院日記 肅宗 12年 3月 27, 7月 16日, 8月 2日》

117 사관 : 송상기가《주자대전차의》와 관련하여 올린 서계가 있는 것으로 보아 그를 말하는 것으로 보인다. 그는 송시열에게서 초고가 권상하의 처소에 있다는 말을 듣고, 회덕에서 다시 권상하가 있는 청풍으로 가서 받아 오는 바람에 복명을 지체하게 되었다는 서계를 올렸다.《肅宗實錄 12年 4月 28日》《承政院日記 肅宗 12年 4月 28日》

권치도에게 답함 병인년(1686, 숙종12) 4월 28일

答權致道 丙寅四月二十八日

앞의 편지는 몹시 염려스러우나 답장할 방법이 없더니 지금 역졸(驛卒)이 가지고 온 편지를 받고는 몹시 바라던 바가 위로되었습니다. 다만 4책(冊)은 원래 1건인데 이제 또 바쳤으니, 만일 중대(重台) 등이 우리 벗이 조심하는 것만 못하여 잃어버리기라도 한다면 작은 일이 아닙니다. 이곳의 초본(草本)은 또 10묶음〔沓〕을 보내 드립니다. 이들 중에 4책의 초본이 있다면 다행입니다. 우리가 이 일에 대해 경솔히 하여 성상의 지극한 뜻을 저버려서는 안 됩니다. 저의 타들어 가는 마음이 이렇지만, 자리를 함께해서 점검하지 못하여 밤낮으로 근심스럽고 두려울 뿐입니다. 나머지는 마음이 심란하여 이만 줄입니다.

권치도에게 답함 병인년(1686, 숙종12) 5월 4일

答權致道 丙寅五月四日

이어서 편지를 받으니 참으로 아침저녁으로 만나는 것만 같습니다. 얼마나 다행인지요. 상소에 대한 비답에서 위로하시는 말씀이 은근하고 지극하였고, 부르는 명이 있으니 황공하여 어찌할 바를 모르겠습니다.

《논맹정의(論孟精義)》는 모두 10책입니다. 《중용》의 체례(體例)대로 《혹문(或問)》에서 조목마다 그 아래에 절취(節取)하여 넣어 판각한다면 이는 또한 수많은 정력과 일을 허비할 것입니다. 그런데 스스로 짐작건대 남은 날이 많지 않고 또 방해를 받지는 않지만 도움을 받는 것이 지극히 적으니 어쩌겠습니까. 이 일은 그대만 믿습니다. 부디 동보(同甫) 등의 벗과 마치는 것이 어떻겠습니까?

전에 가지고 가신 의관 중에서 복두(幞頭)는 《주자어류(朱子語類)》에 근거하면 양쪽으로 드리우는 발이 있는데 가난한 집이라 마련하지 못했습니다. 이제 다행히 구비되었다면 사용하는 것이 어떻겠습니까? 이것은 물건은 작지만 몸 위에 없는 것이니 너무 질박하면 실상과 맞지 않을 듯합니다. 나머지는 일일이 말씀드리지 못합니다.

권치도에게 보냄 병인년(1686, 숙종12) 5월 23일

與權致道 丙寅五月二十三日

앞의 강에 물이 불어나 심신이 상쾌하시리라 생각하니 그리운 마음 금치 못하겠습니다. 관례는 이미 행했으며 모든 일이 아름답고 길한지요? 이곳은 질병의 근심이 여전하여 근심스럽고 괴로운 것을 어찌겠습니까. 《주자대전차의》 1책(冊)은 교정을 마쳤기에 드립니다. 그중에 고칠 곳이 제법 있지만 이 일은 참으로 빨리 이루려고 해서는 안 됩니다. 이 뒤의 일은 《논맹집의(論孟集義)》로 옮겨 가야 하고 다른 것에 미칠 겨를이 없습니다. 이 일은 그대만 믿고 맡깁니다. 부디 다른 일을 깨끗이 정리하시고 한결같은 마음으로 힘쓰시는 것이 어떻겠습니까? 이곳은 오직 임덕함(林德涵 임영(林泳))이 함께 상의할 만한데 그를 임명하는 명이 빈번하다고 들으니 아마 이 일을 의논하기 어려울 듯합니다. 나머지는 이만 줄입니다.

권치도에게 보냄 병인년(1686, 숙종12) 6월 18일

與權致道 丙寅六月十八日

역관(驛官)이 들러 저의 편지를 전했습니까? 더위가 이렇게 몹시 심한데 근황이 어떤지 모르겠습니다. 저의 병은 날로 더하니 몹시 답답하고 괴롭습니다. 지금 양산(楊山)의 소본(疏本)[118]을 보니 참으로 알 수 없는 점이 있습니다. 제가 당초에 성상께 의견을 말씀드렸던 것은, 그저 성상께서 주자의 글을 존숭하여 일찍이 저에게 명하여 성학(聖學)에 관계되는 것을 초록(抄錄)하게 하여 한밤중에 익숙히 읽으려 하셨기에, 저는 주자의 몇 마디 간단한 말과 문자를 드러내어 알려 후학에게 은혜를 끼칠 때는 바로 지금이라고 여겨, 감히 《주자대전차의》를 수정하라는 명이 있는 김에 대략 습유(拾遺)에 대한 말을 언급했던 것입니다. 허물을 살펴 재앙을 그치게 하는 도에 방해가 될 줄 생각지도 못했습니다.

또 이미 '어진 이를 높이고 옛일을 살펴보는 대체(大體)'라고 한 만큼

118 양산(楊山)의 소본(疏本) : 양산은 양산에 거주하던 박세채를 말한다. 송시열이 《주자대전차의》를 바치면서 "박세채와 함께 《주자대전》에서 누락된 약간의 주자 글을 모아 별도로 작은 책을 만들었는데, 현재 박세채에게 있습니다."라고 했기에 숙종이 박세채에게 유문(遺文)을 바치게 했다. 이에 박세채는 주희(朱熹)의 유문을 바치면서 "여름에 눈이 내리고 지진이 발생하는 등 재앙이 거듭되는 때라 상하가 근심하고 있습니다. …… 송시열이 어진 이를 높이고 옛일을 살펴보는 대체에 주안점을 두어 당초에 그와 왕래한 것들이 구차하고 소략한 것을 살피지 못했습니다."라는 등의 말을 하였다. 《肅宗實錄 12年 閏4月 23日》《南溪集 卷14 再辭召命因進朱子大全拾遺疏》

어진 이를 높여서 어진 이의 말을 채용하고, 옛일을 헤아려 옛사람의 도를 따르는 것은 바로 성학에서 몹시 요긴하게 힘써야 하는 것입니다. 어디에 병통이 있어 이렇게 갈등을 일으키는지 모르겠습니다. 그가 배척하는 것은 아마 여기에만 이유가 있는 것이 아닌 듯합니다.

대체로 어리석은 저는 외부의 기색을 대략 알았기에 어제 사관이 돌아갈 때 감히 《주자대전차의》를 죽을힘을 다해 사양한다고 아뢰었습니다. 오늘 과연 이러한 상소가 있으니 앞으로 《주자대전차의》에 대한 일을 어떻게 해야겠습니까. 다시 간행하는 것이 마땅하지 않음을 극언하는 한 편의 상소를 몹시 올리고 싶은데 어떨지 모르겠습니다. 부디 은밀히 말씀해 주십시오.

권치도에게 보냄 병인년(1686, 숙종12) 7월 10일

與權致道 丙寅七月十日

가뭄과 비가 극심하여 농사뿐만 아니라 사람도 앓지 않는 이가 없습니다. 그중에 늙은 자는 더욱 심하고 아울러 질병의 우환이 있으니 이곳의 일은 다 말할 수가 없습니다. 이런 때에 댁내 모든 일은 줄곧 두루 평안한지 모르겠습니다. 동보(同甫)는 자주 만날 수는 없으나 늘 가까이 있는 것을 다행으로 여겼는데, 이제 그가 가게 되었으니 서운한 마음을 어찌 견딜 수 있겠습니까.[119] 장차 강가에 나아가 이별하리라 들었습니다. 많은 대화를 나눌 터인데 함께할 수 없는 것이 아쉽습니다.

화숙(和叔 박세채)의 상소를 써서 드립니다. 그 뜻을 일괄하여 상세히 말씀드리자면, 이런 재난을 만나 갈팡질팡 어쩔 줄 모르는 때에 참으로 재앙을 사라지고 그치게 하는 도에 오로지 마음을 써야 하고, 이러한 자질구레한 글이 급급하게 성상의 생각을 수고롭고 번거롭게 해서는 안 된다는 것입니다. 그의 뜻은 이 《주서습유(朱書拾遺)》[120]에

119 동보(同甫)는……있겠습니까 : 동보는 이단하의 아들 이희조(李喜朝)의 자이다. 송시열의 문인으로, 당시에 진천 현감(鎭川縣監)으로 가까이 있다가 평강 현감(平康縣監)으로 옮겨 가게 되었기에 하는 말이다. 《承政院日記 肅宗 11年 9月 18日, 12年 11月 13日》

120 주서습유(朱書拾遺) : 정식 명칭은 《주자대전습유(朱子大全拾遺)》이다. 박세채가 《주자대전》 및 《속대전》 등에서 빠진 주희의 글을 《주자어류(朱子語類)》 등에서 주희의 글만 뽑아 1672년(현종13)에 편집하였다. 현재 규장각에 소장되어 있으며 홍문관인(弘文館印)이 있는 것으로 보아 간행되지는 않은 듯하다. 권말에 편자(編者)의 발문이 있다.

만 있는 것이 아닙니다. 《주서습유》만이라면 이 몇 개의 판을 새기는 것이 어찌 하는 일 중에 만분의 일이라도 될 것이 있겠습니까.

대체로 오늘날 책을 간행하라는 명이 빈번히 내리니, 이렇게 한 자의 베와 한 말의 곡식도 함부로 쓸 수 없는 때에 긴요하지 않은 문자가 그사이에 끼어든 것이 아니겠습니까. 지난해에 충청도 관찰사가 《절작통편》을 간행하려고 했으나 저는 곧 극력 만류하였으니, 교정이 정밀하지 못해서일 뿐만이 아니었습니다. 화숙의 본의도 반드시 저의 견해와 같을 것입니다. 다만 주자가 한 말이 후련하게 통하지 못해 본의가 드러나지 않고 구절마다 병통이 생겨 외부 사람이 보기에 주자의 글을 싫어하는 듯한 점이 있으니 몹시 한탄할 만합니다.

근심할 만한 것은 오늘날 흑수(黑水)[121]의 여파가 점점 커지고 있어서 모르는 자가 이 상소를 가지고 조장한다면 세상의 도에 해가 되는 것이 작지 않을 것입니다. 이 점은 화숙이 알지 않아선 안 됩니다. 민사앙(閔士昂 민태중(閔泰重))이 교정한 《주자대전차의》는 처음에 드리려고 했으나 비 오는 형세가 이러하니 젖을까 염려스러워 그만두었습니다.

121 흑수(黑水) : 여강(驪江)의 윤휴를 지칭한다. 여강에서 '여(驪)'가 '검다'는 뜻이기에 이렇게 표현한 것이다.

권치도에게 답함 병인년(1686, 숙종12) 7월 25일
答權致道 丙寅七月二十五日

어제 숙범(叔範 홍득우(洪得禹)) 영공(令公)의 인편으로 편지 한 통을 부쳤습니다. 미처 전달되기도 전에 보내신 편지가 먼저 와서, 다리가 아프다가 반갑게도 지금 좋아졌다는 것을 알았습니다. 저는 앓고 있는 심한 설사가 어젯밤부터 대략 차도가 있으니 이대로 낫게 된다면 얼마나 다행이겠습니까. 회(晦 송회석)의 병이 낫기를 기다려 추석 뒤에 즉시 파계(巴溪)로 들어가 수많은 서책을 수정할 것이니, 《주자대전차의》 한 책을 위해서만이 아닙니다. 양산(楊山 박세채)이 편집한 《율곡별집》과 《주자대전》, 《이정유서(二程遺書)》는 서둘러 상의해야 할 것이 있으니 이 일은 참으로 늦출 수 없습니다. 부디 그때 만사를 제쳐 놓고 참석하시기를 지극히 바랍니다.

양산의 여러 책에 대한 공로는 참으로 적지 않으나 대략 그 주된 생각을 엿보면 오로지 학식이 많은 것을 자랑하고 말이 번지르르한 것을 뽐내기에 힘쓰니, 이 벗이 속에 간직한 것이 이러할 줄 생각지도 못했습니다. 갓과 옷 등은 잘 받았습니다. 나머지는 마침 새로 부임한 전라도 관찰사의 행차가 도착하여 대신 쓰게 하느라 이만 줄입니다.

○ 일사(一絲)[122]의 편지는 삼가 받았습니다. 춘운(春韻)[123]을 써서

122 일사(一絲) : 오늘날 서울시 성동구 금호동 지역인 동호(東湖)의 일사정(一絲亭)을 말하는 것으로 보인다. 김상헌의 손자인 김수증(金壽增)이 지었다. 《宋子大全 卷145 一絲亭記》《宋子大全隨箚 卷6》

보여 주시면 마땅히 적어서 이 뒤에 서울 가는 인편에 답해서 부치겠습니다. 지우(砥友)가 몹시 낭패스러운 사정이 있어[124] 벗들이 모두 근심스럽게 여깁니다. 어떻게 결말이 날지 모르겠습니다. 그의 맏아들이 체직되었으니 잘 되었다고 말할 만합니다.

123 춘운(春韻) : 춘운은 보통 입춘시(立春詩)를 말하지만 이 편지를 보낸 날짜가 7월이니 입춘시라기보다 '춘' 자 운으로 쓴 시로 보인다.

124 지우(砥友)가……있어 : 지우는 지평(砥平)에 살던 이단하를 말한다. 그가 진휼청 당상을 맡고 박신규(朴信圭)와 동료로 있을 때 어떤 일 때문에 서로 저지하느라 교장(交章)을 올려 변론하면서 두 사람이 모두 남구만을 언급함으로써 남구만이 변명하는 소를 올린 일이 있다. 이 일로 이단하는 사직소를 올리고 지평으로 내려갔다. 《肅宗實錄 12年 1月 10日》《承政院日記 2月 29日, 8月 21日》

권치도에게 답함 병인년(1686, 숙종12) 10월 4일
答權致道 丙寅十月四日

충주의 인편이 지난달 26일 편지를 와서 전해 주어, 하신 많은 말씀을 모두 잘 알았습니다. 무엇보다도 《주자대전차의》를 베끼는 일이 생각한 것만 못하니 한탄할 만합니다. 그를 볼 수 있다면 대면하여 자세한 사정을 따져 볼 것입니다. 우리는 이 일이 중한 것만 아는데 나랏일이 한창 급하니 그가 이 일에 마음을 나누어 쓰지 못하는 것도 마땅합니다. 사앙(士昂 민태중(閔泰重))이 교정하여 3책을 돌려주었지만, 당시에 증손 중 있는 자가 없었고 동남(洞男)만 새로 와서는 헤매면서 어떻게 처치할 줄 모르다가 충주 사람이 와서 변명하는 일이 있게 되었으니 몹시 편치 못합니다. 지금 한창 되는대로 찾아내고 점검하고 있으니 찾아내면 마땅히 심부름꾼을 통해 보내 드리겠습니다.

군왕의 악을 드러내어 백성에게 환심을 사는 것은 삼인(三仁)[125]이 차마 하지 못하던 짓입니다. 이제 불의를 마음속에 가지고 있는 사람에게 어찌 바라겠습니까. 그가 바야흐로 윤(尹)·이(李)와 화목하기도 하다가 비방하기도 하여 그 형세를 몹시 떨치니 매우 두렵습니다.

또 대관(臺官) 한 사람이 앞뒤로 있던 죄과를 논한 것이 모두 공정하

125 삼인(三仁) : 은(殷)나라 말기의 충신 미자(微子), 기자(箕子), 비간(比干)을 가리킨다. 은나라 주왕(紂王)이 폭정을 일삼자 미자는 떠나고, 기자는 노예가 되었으며, 비간은 간언하다가 죽음을 당하였다. 이에 대하여 공자가 은나라에 '삼인'이 있다고 하였다. 《論語 微子》

지 않았다 하니, 당시에 주석(疇錫)이 과거에 응시하는 것을 허락한 것이 더욱 후회스럽습니다. 주 선생(朱先生 주희)이 어찌 저를 속여서 그런 것이겠습니까. 그가 태백산 사고(史庫)의 명을 받들고 있으면서[126] 장차 도산(陶山)을 들르려 하니, 잘하는 일이라고 하겠으나 또한 비난하는 말을 야기할까 두렵습니다. 무엇 때문에 오늘날 두려운 것이 윤휴와 허적의 때보다 심합니까?

또 한 가지 기이한 일이 있으니, 나난(羅難)[127]이 문득 문서(問書)를 보내었으니 어찌 정탐하고 시험하려는 것이 아니겠습니까. 저는 어쩔 수 없이 성심껏 답장을 보내었는데 어리석다고 비웃음을 사지는 않겠습니까? 하고 싶은 말을 일일이 말씀드리지 못합니다.

○ 양산(楊山 박세채)은 아직도 답장을 보지 못했습니다. 습유(拾遺)와 별집(別集) 두 책은 어떻게 결말이 날지 모르겠으니 몹시 염려됩니다.

126 그가……있으면서 : 《숙종실록》 12년 11월 3일 기사에 검열 송주석이 역사 기록을 검토하고 복명한 일이 실려 있다. 10월 무렵에는 태백산 사고에서 기록을 검토하고 오라는 명을 받고 수행하고 있었던 것으로 보인다.

127 나난(羅難) : 나양좌(羅良佐)와 나석좌(羅碩佐) 형제를 말한다. 《宋子大全隨箚 卷9》 '난(難)'은 난형난제(難兄難弟)에서 나온 말이다.

권치도에게 답함 병인년(1686, 숙종12) 11월 11일

答權致道 丙寅十一月十一日

어제 김생(金生)의 인편으로 6일에 맡기신 편지를 받고 삼가 근황을 잘 알았습니다. 우환이 여전하다는 것을 알고 그지없이 염려스럽습니다. 이곳의 일은 한 가지 단서만 있는 것이 아니니 조금도 얼굴을 펼 때가 없습니다. 게다가 천연두의 기세가 사방에서 성하여 집안에 꺼려 피하는 자가 몹시 많으니 밤낮으로 조심스럽습니다. 《주자대전차의》는 관찰사(권시경(權是經))의 뜻이 이러하니 형편상 반드시 따라야 합니다. 오직 사앙(士昂 민태중)으로부터 온 3책은 끝내 찾을 수 없으니 의아스럽고 또 한 가지 일이 생긴 것입니다. 부디 초본(草本)을 교정하는 것이 어떻겠습니까.

나양좌의 편지는 위로했을 뿐이고 이제부터는 또한 전례대로 답할 것입니다. 대략 그 형제가 여러 박(朴)에게 줄곧 힘을 바쳤다고 들었으니 반드시 서로 맞버틸 텐데, 오늘날의 일은 또한 그 일단일 뿐입니다. 사학(四學)의 상소 때문에 소요가 크게 일어났으며, 늙은 저의 성명이 다시 끌어내는 속에 있다고 하니 두렵고 부끄러워 몸 둘 곳을 모르겠습니다. 이제부터 만초(萬初)[128]가 있는 곳에도 안부를 묻는 글을 통하기 어렵게 되었습니다. 양산(楊山 박세채)의 책을 적어 드립니다. 그가 저와 끊지 않았다가 제윤(諸尹 윤선거, 윤휴, 윤증 등)에게 죄를 얻은

128 만초(萬初) : 권상하의 계조부(季祖父) 권도원(權道源, 1659~1666)의 자이다. 권상하의 아우 권상명(權尙明)을 양자로 삼았다. 《寒水齋集 卷29 季祖父參奉府君墓誌》

것이 적지 않다고 들었으니, 그와 왕래하는 것 또한 어려운 일입니다. 어떻습니까?

권치도에게 답함 병인년(1686, 숙종12) 11월 28일

答權致道 丙寅十一月二十八日

이달 20일에 보낸 편지는 3일 전에 받고 말씀하신 뜻을 자세히 알았습니다. 《주자대전차의》는 의당 우리끼리 서로 수정하여 안목을 갖춘 후세 사람의 취사(取舍)를 기다리는 것이 온당한 도리였는데, 뜻밖에 김상(金相)이 경솔하게 진계(陳啓)하여 주상까지 번거롭게 하고 말았습니다.[129] 이미 벌어진 일이라 다시 수습할 수도 없으니 이보다 더 한탄스러운 일이 어디 있겠습니까. 화숙(和叔 박세채)의 상소가 순전히 이 일만을 지적한 것은 아니라 하더라도 또한 그 가운데 미세한 내막이 었습니다.

관찰사(권시경(權是經))가 필사(筆寫)할 사람들을 한곳에 뽑아 보내려고 하지 않는 것은 책을 만드는 기관을 설치하는 것처럼 되는 것을 혐의해서이니, 그 생각도 좋습니다. 모름지기 감영에 사람을 속히 보내서 편의에 따라 베끼게 하는 것이 옳겠습니다. 또 관찰사가 받고 있는 원망과 비방이 적지 않으니, 이곳에 오래 있지 못할 것 같습니다. 그렇

129 김상(金相)이……말았습니다 : 김상은 재상인 김수증을 말한다. 김수증이 경연에서 숙종에게, 송시열이 적소(謫所)에서 《주자대전차의》를 만들었다고 아뢰자, 숙종이 이를 간행하여 반포하라고 하면서 아울러 박세채의 《주자대전습유》도 가져와 간행하게 하라고 하였다. 이때 박세채는 상소를 올려 "지금 여름에 눈이 내리고 지진이 일어나는 변괴가 잦은 때에 상하가 모두 그 재변의 대책에 부심해야 합니다. 책을 간행하는 것은 긴요하지 않은 일로 문치(文治)나 꾸미려는 것입니다."라고 하였다. 《南溪集 卷14 再辭召命因進朱子大全拾遺疏》

다면 이 일을 끝내는 것도 꼭 이룬다고 볼 수 없습니다. 만일 새로 부임해 온 관찰사가 다른 쪽 사람일 경우에는 그 일을 저지하거나 모욕하지 않기도 어려울 것입니다.

또 문원(文元 김장생) 노선생을 문묘(文廟)에 종사(從祀)하자는 상소가 파주(坡州)와 적성(積城) 등지에서 일어나려고 한다고 들었습니다. 그런데 누가 이를 주장하는지 모르겠습니다. 그들 중에 그대가 아는 사람이 있으면 극력 저지하는 것이 어떻겠습니까? 이번 일이 아무리 성심으로 존경하고 사모하는 마음에서 나왔다 하더라도 지금의 시의(時宜)에는 타당하다고 할 수 없습니다. 더구나 혹시라도 일 만들기를 좋아하는 경박한 무리가 이런 사달을 일으켜 놓고서 성패가 어떠한지 보려고 하였다면 관계되는 바가 더욱 적지 않습니다. 부디 유의하십시오. 벌써 손자 주석(疇錫)에게 편지를 써서 빨리 정지하게 하였으나 그의 역량으로는 하지 못할 것 같아서 이렇게 알립니다.

여러 해 전에 이 같은 논의가 그 지역에서 일어났으나 제가 힘껏 저지하지 못했던 것은 까닭이 있습니다. 대체로 이전 수십 년 사이에 문득 이런 논의가 있으면 저는 힘껏 저지하였으나 동춘(同春 송준길) 형은 권하지도 않고 저지하지도 않았습니다. 제가 일찍이 이것이 도리인가 싶었기 때문에 그 일이 재차 발의되었을 때에는 부득이 그같이 하였습니다. 다만 상소의 문장이 적절하지 않아 거듭 사람들에게 조소를 받는다면 관계되는 바가 적지 않기에 대강 주의만 시켰던 것입니다.

그런데 뜻밖에 한쪽 곁에서 새로운 의논이 생겨나자 그 논의에 딱 붙어 갑자기 충주(忠州)에서 일어났습니다.[130] 저는 이쪽 사람이라 하

130 뜻밖에……일어났습니다 : 1682년 김장생을 문묘에 종향(從享)하자는 상소가 나

여, 그들은 곧바로 자기들끼리도 형체를 숨기고 겉으로 나서지 않아서 시비의 바깥에서 편리함을 취하였으니 이것이 무슨 도리입니까. 뒤따라 자세히 알아보니 이 논의는 일어날 곳에서 일어났고 충주에서 비롯한 것이 아니라 합니다. 아, 그들의 경솔하고 사리를 알지 못함이 이 지경에 이르렀단 말입니까. 오늘날의 일은 그 당시의 일과는 다르지만 정작 자중지란이 일어나고 있는 이때에 또 이것으로 불난 데 부채질을 한다면 이 어찌 더욱 세상의 도리에 해가 되지 않겠습니까.

이 말을 듣고부터는 이 때문에 침식이 편치 못하여 급히 이 편지를 써서 간청드립니다. 이는 저 혼자서 이러한 곧음과 억울한 마음을 간직하고 있으나 누구에게 말할 곳이 없고, 그대만은 저를 알 만한 사람이기에 감히 이렇게 모두 털어놓았으니 모두 헤아려 살펴 주기 바랍니다.

별지

《율곡별집》 중 〈태극문답(太極問答)〉은 《구봉집(龜峯集)》의 초본 첫머리에서 나온 것이고 그 초본의 제목은 신로(愼老 김집(金集))가 쓴 것입니다. 이것이 율곡의 저서였다면 신로가 왜 한마디 말도 없이 그 제목을 썼겠습니까. 또 그 논의가 때로는 묘하게 부합하여 이치에 잘 들어맞는 곳도 있으나, 성(性)을 논하는 데 있어 가장 중요한 곳에서는 분석이 그리 명확하지 못하여 마치 신 신고 발바닥 긁는 격이었으니, 이것은 아마도 율곡의 저서가 아닌 듯합니다. 그 때문에 이것을 가지고 화숙과 편지를 왕복하였으나 끝내 일치를 보지 못했습니다.

왔는데 이때 송준길도 종향하자는 의논이 있었던 것을 말한다. 《宋子大全隨箚 卷9》

또 "이것은 이경림(李景臨 이이의 서자(庶子))의 집에서 나온 것으로, 경림이 기록한 것이 있다."라고 했는데, 제 생각에는 당초에 구봉(龜峯 송익필(宋翼弼))이 율곡에게 질문한 글이 그대로 이씨의 집에 간직된 것인데 경림이 이것을 율곡의 저서로 잘못 안 것이 아닌가 합니다. 별집(別集)의 인쇄본을 보니 제목 아래 주(注)에 누구의 저술인지 의심스럽다는 말이 있고 또 《주자대전(朱子大全)》의 〈옹계록(翁季錄)〉[131]을 인용하여 증거로 삼았습니다.

대체로 〈옹계록〉은 두 분의 편지를 편집하여 한 책에 묶은 것이기는 하지만, 주자(朱子)의 말은 주자의 말대로 계통(季通)의 말은 계통의 말대로 각기 분류해 놓았으니 이것과는 전혀 상관이 없습니다. 《주자대전》에서 논한 것을 끌어와서 유정부(游定夫 유조(游酢))의 저술이 《이정전서(二程全書)》에 끼어든 것을 증거로 삼는다면 그래도 말은 될 것입니다.

윤(尹)과 성(成)의 기록들[132]이 별집에 끼어든 것에 대해서는 어떤 사람을 통해 비방하는 의논이 있다는 말을 듣고 나서야 비로소 알았습니다. 이것은 전혀 제가 참여하지 않았습니다. 간행된 책을 보니 사람들의 비방하는 의논이 과연 빈말이 아니었습니다. 이러한

131 옹계록(翁季錄) : 옹(翁)은 《옹록(翁錄)》, 계(季)는 《이계찰록(李季札錄)》으로, 주희가 채원정(蔡元定)과 문답한 편지를 정리한 것이다. 《宋子大全隨箚 卷9》

132 윤(尹)과 성(成)의 기록들 : 윤은 윤선거, 성은 성지선(成至善)을 말한다. 이들은 성혼이 이이보다 낫다는 뜻으로 여러 말들을 《율곡별집》에 삽입하였는데, 예를 들면 "율곡이 계집종과 종일 쉬지 않고 얘기를 하자 우계가 이를 보고 '숙헌(叔獻)은 왜 그리 말이 많은가.' 하니, 율곡이 부끄러워하며 미안하다고 하였다."라는 내용 등이다. 《宋子大全 卷130 栗谷別集訂誤》

것은 모두 근거 없이 전해 오는 말에서 나온 것으로 사의(邪議)를 조장하기에 꼭 알맞으니, 이는 이 친구(박세채)가 너무 신중하려는 데서 실수를 빚은 것 같습니다. 율곡에게 참으로 이러한 일이 있었다 하더라도 단지 《우계집(牛溪集)》의 부록에 이를 끼워 넣어서 두 선생 사이에 이런 조그마한 동이(同異)와 득실(得失)이 있었음을 드러내는 데 그쳤어야 옳습니다. 대체로 책을 편집하는 틀이 그러한 것입니다.

기억하건대, 명도(明道 정호)가 일찍이 조례사(條例司)에 재직하였으나 이천(伊川 정이)이 그것을 좋게 여기지 않았기 때문에 행장(行狀)을 지으면서 그 사실을 빼 버렸으니 그 은미한 뜻을 짐작할 수 있을 것입니다. 그런데 지금 하필 근거도 없는 말들을 책에 실어서 흠을 찾는 사람들에게 구실을 제공하여 피차간의 시끄러운 단서를 일으킨단 말입니까.

선생이 서모(庶母) 때문에 집을 떠났다는 말은 더욱 이치에 닿지 않습니다. 제가 선생의 문하에서 들은 바로는 그 서모가 과연 남달리 패악스럽긴 하였으나 선생께서 더욱 공경하고 효도하여 마침내 화락한 데 이르렀다고 하였으니, 이것이 곧 사실입니다.-선생께서 일찍이 손님을 맞아 앉았는데 어떤 사람이 홍시 한 쟁반을 가져와 올렸습니다. 선생은 손님이 시장하리라 생각하고 하나를 손님에게 대접하고 또 자기도 하나를 집고서 들여보내었는데, 서모가 두 개가 빈 것을 발견하고는 큰소리로 꾸짖어 "이같이 욕심나면 왜 굳이 들여보냈느냐."라고 하였습니다. 선생이 급히 두 개를 집어 들고 들어와 잘못을 빌며 "찾아온 손님이 시장한 기색이 있었기에 지레 대접하였습니다. 제가 과연 잘못하였습니다."라고 하자 서모도 마침내 화를 풀고 먹었다고 하였습니다. 이것이 그중 한 가지 일입니다.-

《예기(禮記)》에 "부모에게 허물이 있어 세 번 설득해도 들어주지 않으면 울부짖으며 따라다녀야 한다."라고 하였고, 또 "부모에게 매를 맞아 피가 흐르는 지경에 이를지라도 감히 원망하지 말고 더 공경하고 더 효도하여 부모의 낯빛이 화락하면 다시 간해야 한다."라고 하였습니다. 선생의 더없이 효성스러운 성품으로 어찌 어버이의 마음에 들지 못하고 등져서 집을 떠났을 리가 있겠습니까.

조중봉(趙重峰 조헌(趙憲))은 율곡 선생에게서 배운 분인데, 그분 역시 계모 밑에서 자랐으나 마침내 그 계모가 마음을 돌리게 하여 율곡 선생의 이 일처럼 하였습니다. 이 말은 제가 중봉의 매부 박사삼(朴事三) 어른에게서 들었습니다.-박사삼 어른은 이어서 "성인은 내가 못 보았으나 중봉이 바로 성인일 것이라고 여긴다."라고 하였습니다. 이때 동춘도 그 자리에 있었는데 "이 말은 마음으로 기뻐하며 진정으로 따르는 데서 나온 말이다."라고 하였습니다. 박사삼 어른의 아들 박유동(朴惟棟)은 83세인데 황간(黃澗)의 산속에 깊이 들어가 글을 읽으며 농사를 짓고 있습니다.-

말하는 사람들의 얘기대로라면, 율곡 선생이 자신을 나무라는 상소에서 "마침내 불가의 가르침에 탐닉하여 기름에 빠지듯 물에 젖어 들듯 거듭 미혹된 길로 빠져 깊은 산사로 들어갔습니다."라고 한 말들은 모두가 임금을 속인 말입니다. 성의(誠意) 정심(正心)의 학문이 깊은 선생으로서 어찌 이런 일이 있겠습니까. 그러므로 저의 뜻은 모든 이런 근거 없는 잡설들은 모두 빼 버리는 것이 옳다고 여깁니다.

이러한 것들을 화숙과 상의하지 않으면 끝내 바로잡을 길이 없기에 늘 그와 할 말을 다 하고 끝까지 논하고자 하였습니다. 그런데 들으니, 윤증의 집에서 화숙이 저와 절교하지 않은 것을 허물로 삼고 그 젊은이들은 퍽 방자하게 욕설을 퍼붓는다고 합니다. 그래서 저는 마음이 매우 불안하여 감히 그와 직접 상의할 수 없으므로, 그대를 사이에 세워 편지를 왕복하고자 합니다. 그러나 성(成)과 윤(尹)의 기록들을 삭제하는 데에는 반드시 매우 충분한 설명이 있어야 할 것이니, 이것이 매우 난처한 일입니다. 어떻게 하는 것이 좋을지 모르겠습니다. 이 편지는 결코 경솔하게 남에게 보여서는 안 됩니다. 부디 기회를 보고 형편을 헤아려서 잘 처리해야 할 것입니다.

말씀하신 회혼례(回婚禮)라는 말은 근래 사대부의 집에서 나온 것입니다. 대체로 부모가 고령(高齡)까지 함께 생존하기란 실로 얻기 어려운 기쁜 일입니다. 저는 남의 집에서 이런 일을 치렀다는 말을 들을 때마다 부모를 여윈 마음에 애통한 감회를 금할 수 없었습니다. 다만 생각해 보면, 삼대(三代)의 융성했던 시절은 장수하던 세상이라서 100년의 수를 누린 사람이 매우 많았기에 임금이 100세 된 분에게는 안부를 묻는 예가 있었습니다. 나이 30에 장가를 든다 해도 90세가 되면 꼭 회혼(回婚)의 해입니다. 지금 세속에서 행하는 것이 천도(天道)와 인리(人理)에 과연 합당하다면 성인이 반드시 예절을 만들어 백성들에게 가르쳤을 것입니다. 또 부인의 입장으로 말하자면, 두 번 초례(醮禮)를 치르는 것은 한 번 초례를 치르는 것과 비교할 때 그 명분과 의리가 매우 온당치 못하니, 이러한 명분을 사람들의 귀와 눈에 익숙하게 해서는 안 될 것 같습니다. 그러나 사람의 자식 된 마음에 이날을 맞아 잠자코 지나칠 수 없다면 잔치를 마련해서 축하하여 대략 생일날의 의식처럼 하는 것은 어쩌면 무방하겠지요.

대체로 이 일은 반드시 먼저 그것을 행해야 하는지의 여부를 정한

다음에 복(服)이 있는지 없는지를 물어야 할 것입니다. 행할 만하여 그냥 지나칠 수 없다고 한다면 《가례(家禮)》의 "자신과 주혼자(主婚者)가 기년(朞年) 이상의 복이 없어야 한다."라는 조항을 보아서 처리해야 할 것입니다.

권치도에게 답함 병인년(1686, 숙종12) 12월

答權致道 丙寅十二月

한 해가 이미 저물었는데, 가만히 외진 산에 엎드려 있으니 생각이 막히는 것만 같습니다. 이런 때에 멀리서 편지를 받고 말씀하신 내용을 모두 잘 알았으며, 기쁘고 위로되는 마음 그지없습니다. 별집(別集)은 그와 의논하기를 기다리자는, 보내오신 뜻이 옳습니다. 그러나 서울에서 보낸 편지를 보면 아직도 봉함을 뜯지 않고 내버려 두었다[133]고 하니 이 말이 과연 사실이라면 이 또한 서로 맞지 않는다는 것을 알 수 있습니다. 우선 이것을 내버려 두고 그의 마음이 평안해지고 기운이 온화해지기를 기다리는 것이 옳을 듯합니다. 더구나 습유(拾遺)에 대해서는 서둘러 의견을 하나로 합치하려고 하다가 분란만 일으키고 싶지 않습니다. 한꺼번에 모두 모아서 기다리는 것이 어떻겠습니까?

대개 앞의 편지에서 한 망발 중에 "학식이 많은 것을 자랑하고 말이 번지르르한 것을 뽐내기에 힘쓴다."라고 한 것이 있는데, 이 또한 성격이 치우쳐 극복하지 못해서 그러한 것이니 뉘우쳐도 소용이 없습니다. 몇 년 이래 세태의 변화를 실컷 맛보다 보니 비가 내릴 기세가 있다는 소문만 듣고도 문득 다시 혼이 떨리고 마음이 놀랍니다. 이는 몸에 해로울 뿐만 아니라 마침내 나라를 망치는 재앙이 되니 자연히 뜨거운

133 아직도……두었다 : 박세채가 송시열이 《율곡별집》과 《주자대전습유》를 논의한 것에 화가 나서 송시열이 보낸 편지를 뜯지도 않고 내버려 두었던 것을 말한다. 《宋子大全隨箚 卷9》

국에 덴 사람은 냉채도 불어 먹는 마음이 있습니다.

남궁(南宮)의 상소[134]가 있은 뒤에 관학(館學)이 전혀 응하지 않는다고 하니 그 징후가 매우 좋지 않습니다. 당초에 참으로 이미 이렇게 될 것을 염려했기에 원하지 않는 뜻이 매우 절실하였습니다. 편지 두 통은 돌려드립니다. 양산(楊山 박세채)이 종이 끝에 찌를 붙인 곳은 부디 자세히 보시고 《이정전서(二程全書)》를 자세히 살펴 시비가 어떠한지 회답해 주시는 것이 어떻겠습니까? 이 친구가 인용한 비유는 늘 정밀함이 모자란 데서 놓칩니다.

134 남궁(南宮)의 상소 : 경기의 유생 남궁학(南宮學) 등이 올린 상소를 말한다. 김장생을 문묘에 배향할 것을 청했다. 《肅宗實錄 12年 11月 27日》

지은이 **송시열(宋時烈)**

1607(선조40)~1689(숙종15). 자는 영보(英甫), 호는 우암(尤菴)·우재(尤齋)·파옹(巴翁)·화양동주(華陽洞主) 등이며, 시호는 문정(文正), 본관은 은진(恩津)이다. 부친은 송갑조(宋甲祚)이고, 모친은 선산 곽씨(善山郭氏)이다. 사계(沙溪) 김장생(金長生)과 신독재(愼獨齋) 김집(金集)을 사사하여 기호학파의 종장(宗匠)이자 노론의 영수로 활동하면서 조선 후기 학문과 정치에 큰 발자취를 남겼다. 효종의 즉위 이후 청나라에 대한 복수설치(復讎雪恥)를 역설한 《기축봉사(己丑封事)》를 올려 북벌론을 제시하였고, 학문적으로는 주자성리학을 정통으로 삼아 남인 학자인 윤휴(尹鑴)와 대립하였다. 이후 남인, 소론과 갈등이 깊어지다가 효종의 천릉(遷陵), 왕실 복제를 둘러싼 예송(禮訟)으로 논핵을 받아 삭탈관직되고 덕원(德源), 장기(長鬐), 거제도(巨濟島)에서 유배 생활을 하였다. 1689년 원자 책봉 문제로 제주(濟州)에 유배되었다가 서울로 압송되던 중 정읍(井邑)에서 사사(賜死)되었다. 1756년(영조32) 문묘(文廟)에 배향되고 영의정에 추증되었다. 저서로 《송자대전》, 《주자대전차의(朱子大全箚疑)》, 《정서분류(程書分類)》, 《주자어류소분(朱子語類小分)》, 《논맹혹문정의통고(論孟或問精義通考)》 등이 있다.

옮긴이 **박미경(朴娓敬)**

1965년 경남 밀양에서 태어났다. 경북대학교 대학원에서 〈《동파서전(東坡書傳)》 연구〉로 박사 학위를 받았다. 한국국학진흥원 번역연수과정을 졸업하였고, 한국국학진흥원 및 한국고전번역원에서 번역을 하고 있다. 번역서로 《창계집》, 《유연당집》(이상 공역), 《무송헌집》, 《성재집》 등이 있다.

송자대전 19

송시열 지음 | 박미경 옮김

2023년 12월 31일 초판 1쇄 발행

발행인 김언종 | 발행처 한국고전번역원
등록 2008. 3. 12. 제25100-2018-000049호
주소 (03310) 서울시 은평구 진관1로 85
전화 02-350-4800 | 팩스 02-350-4994 | 홈페이지 www.itkc.or.kr

연구총괄 정영미 | 연구책임 장희성 | 연구기획 강지원 | 자문 정선용

책임편집 이선주 | 편집진행 신진호 서윤이
교정 김상순 송숙희 | 조판 김지현 | 제작 조은지
디자인 씨디자인 | 인쇄 명일인쇄

값 20,000원
ISBN 978-89-284-1097-2 94810
978-89-284-0619-7 (세트)